REVOLTA

REVOLTA

O Levante Mundial Contra a Globalização

Nadav Eyal

ALTA BOOKS
GRUPO EDITORIAL
Rio de Janeiro, 2023

Revolta

Copyright © 2023 da Starlin Alta Editora e Consultoria Ltda.
ISBN: 978-65-5520-181-9

Translated from original Revolt. Copyright © 2021 by Nadav Eyal. ISBN 978-0-06-297335-1. This translation is published and sold by permission of HarperCollins, the owner of all rights to publish and sell the same. PORTUGUESE language edition published by Starlin Alta Editora e Consultoria Ltda, Copyright © 2023 by Starlin Alta Editora e Consultoria Ltda.

Impresso no Brasil – 1ª Edição, 2023 – Edição revisada conforme o Acordo Ortográfico da Língua Portuguesa de 2009.

Dados Internacionais de Catalogação na Publicação (CIP) de acordo com ISBD

E97r   Eyal, Nadav
Revolta: O Levante Mundial Contra a Globalização / Nadav Eyal ; traduzido por Wendy Campos. – Rio de Janeiro : Alta Books, 2023.
528 p. ; 16cm x 23cm.

Tradução de: Revolt
Inclui índice.
ISBN: 978-65-5520-181-9

1. Globalização. I. Campos, Wendy. II. Título.

CDD 303.4
CDU 316.42

2022-1284

Elaborado por Vagner Rodolfo da Silva - CRB-8/9410

Índice para catálogo sistemático:
1. Globalização 303.4
2. Globalização 316.42

Todos os direitos estão reservados e protegidos por Lei. Nenhuma parte deste livro, sem autorização prévia por escrito da editora, poderá ser reproduzida ou transmitida. A violação dos Direitos Autorais é crime estabelecido na Lei nº 9.610/98 e com punição de acordo com o artigo 184 do Código Penal.

A editora não se responsabiliza pelo conteúdo da obra, formulada exclusivamente pelo(s) autor(es).

Marcas Registradas: Todos os termos mencionados e reconhecidos como Marca Registrada e/ou Comercial são de responsabilidade de seus proprietários. A editora informa não estar associada a nenhum produto e/ou fornecedor apresentado no livro.

Erratas e arquivos de apoio: No site da editora relatamos, com a devida correção, qualquer erro encontrado em nossos livros, bem como disponibilizamos arquivos de apoio se aplicáveis à obra em questão.

Acesse o site www.altabooks.com.br e procure pelo título do livro desejado para ter acesso às erratas, aos arquivos de apoio e/ou a outros conteúdos aplicáveis à obra.

Suporte Técnico: A obra é comercializada na forma em que está, sem direito a suporte técnico ou orientação pessoal/exclusiva ao leitor.

A editora não se responsabiliza pela manutenção, atualização e idioma dos sites referidos pelos autores nesta obra.

Produção Editorial
Grupo Editorial Alta Books

Diretor Editorial
Anderson Vieira
anderson.vieira@altabooks.com.br

Editor
José Ruggeri
j.ruggeri@altabooks.com.br

Gerência Comercial
Claudio Lima
claudio@altabooks.com.br

Gerência Marketing
Andréa Guatiello
andrea@altabooks.com.br

Coordenação Comercial
Thiago Biaggi

Coordenação de Eventos
Viviane Paiva
comercial@altabooks.com.br

Coordenação ADM/Finc.
Solange Souza

Coordenação Logística
Waldir Rodrigues

Gestão de Pessoas
Jairo Araújo

Direitos Autorais
Raquel Porto
rights@altabooks.com.br

Produtor Editorial
Thales Silva

Assistente Editorial
Caroline David

Produtores Editoriais
Illysabelle Trajano
Maria de Lourdes Borges
Thiê Alves
Paulo Gomes

Equipe Comercial
Adenir Gomes
Ana Claudia Lima
Andrea Riccelli
Daiana Costa
Everson Sete
Kaique Luiz
Luana Santos
Maira Conceição
Nathasha Sales
Pablo Frazão

Equipe Editorial
Ana Clara Tambasco
Andreza Moraes
Beatriz de Assis
Beatriz Frohe
Betânia Santos
Brenda Rodrigues

Erick Brandão
Elton Manhães
Gabriela Paiva
Gabriela Nataly
Henrique Waldez
Isabella Gibara
Karolayne Alves
Kelry Oliveira
Lorrahn Candido
Luana Maura
Marcelli Ferreira
Mariana Portugal
Marlon Souza
Matheus Mello
Milena Soares
Patricia Silvestre
Viviane Corrêa
Yasmin Sayonara

Marketing Editorial
Amanda Mucci
Ana Paula Ferreira
Beatriz Martins
Ellen Nascimento
Livia Carvalho
Guilherme Nunes
Thiago Brito

Atuaram na edição desta obra:

Revisão Gramatical
Hellen Suzuki
Thais Pol

Tradução
Wendy Campos

Copidesque
Ana Gabriela

Diagramação
Joyce Matos

Editora afiliada à: ASSOCIADO

Rua Viúva Cláudio, 291 – Bairro Industrial do Jacaré
CEP: 20.970-031 – Rio de Janeiro (RJ)
Tels.: (21) 3278-8069 / 3278-8419
www.altabooks.com.br – altabooks@altabooks.com.br
Ouvidoria: ouvidoria@altabooks.com.br

Para Tamar
"... E estes lhe pareciam apenas poucos dias."

Sem esforço, não há progresso.

— FREDERICK DOUGLASS,
DISCURSO DE EMANCIPAÇÃO DA ÍNDIA OCIDENTAL, 1857

Sumário

AGRADECIMENTOS		XI
INTRODUÇÃO	A Morte de uma Era	1
CAPÍTULO 1	Ataque a um Jornal	17
CAPÍTULO 2	Banho Duas Vezes por Mês	37
CAPÍTULO 3	As Guerras da Globalização	57
CAPÍTULO 4	A Terra dos Últimos Elefantes	83
CAPÍTULO 5	"Nós Nos Recusamos a Morrer"	101
CAPÍTULO 6	Os Arautos da Rebelião	121
CAPÍTULO 7	Conversando com Nacionalistas	147
CAPÍTULO 8	Um Renascimento Nazista	167
CAPÍTULO 9	As Rebeliões da Classe Média	183
CAPÍTULO 10	Anarquistas com Ferraris	203
CAPÍTULO 11	O Desaparecimento das Crianças	223

CAPÍTULO 12	"A Humanidade É o *Titanic*"	241
CAPÍTULO 13	As Faces do Êxodo	263
CAPÍTULO 14	Um Experimento e Seus Custos	279
CAPÍTULO 15	Rios de Sangue	299
CAPÍTULO 16	Com a Palavra, um Súdito do Império	321
CAPÍTULO 17	"Minha Mãe Foi Assassinada Aqui"	343
CAPÍTULO 18	O Antiglobalizador	363
CAPÍTULO 19	A Implosão da Verdade	385
CAPÍTULO 20	A Batalha pelo Progresso	413
CAPÍTULO 21	Uma Nova História	437
NOTAS		453
ÍNDICE		509

Agradecimentos

O exemplar em suas mãos é produto de um trabalho jornalístico de cerca de duas décadas, portanto, devo muito à mídia impressa e à emissora em que trabalho e trabalhei no passado. Elas me concederam uma enorme flexibilidade para escrever este livro ao mesmo tempo que cobria histórias jornalísticas em constante ebulição. Os canais de notícias News 10 e Reshet News 13 de Israel, os jornais *Yedioth Ahronoth* e *Ma'ariv* e a revista *Liberal* me permitiram usar material de minhas colunas e reportagens de televisão, e agradeço aos editores de cada um deles. Sou grato aos dois chefes das editoras Yediot Books, Dov Eichenwald e Eyal Dadush, que foram os grandes responsáveis pelo sucesso da versão em hebraico deste livro. Deborah Harris é minha agente literária, mas muito mais do que isso. Sem sua sabedoria e determinação, eu não teria conseguido transformar meu manuscrito em livro.

Meu tradutor para o inglês, Haim Watzman, fez sugestões e comentários astutos, e sinalizou erros. George S. Eltman fez comentários e correções e melhorou significativamente o conteúdo deste trabalho com suas percepções brilhantes. Inbal Asher verificou fatos e fontes, mas também fez comentários perspicazes sobre o próprio texto.

Dafna Maor, editora da edição hebraica, e também editora de notícias internacionais do *Ha'aretz*, desempenhou um papel

xii AGRADECIMENTOS

muito importante no meu trabalho. O trabalho investigativo posterior foi conduzido por Noa Amiel Lavie e Inbar Golan. Muitos amigos e especialistas ajudaram, adicionaram material e corrigiram erros, entre eles Anshel Pfeffer, Profª. Liad Mudrik, Yair Assulin, Dr. Tomer Persico, Dr. Ori Katz, Prof. Uri Shanas, Dr. Sefy Hendler, Prof. Yoav Yair, Dr. Yuval Dror, Prof. Omer Moav, Saikat Datta, Dr. Jeremy Fogel, Ruti Koren, Hilik Sharir, Ariel Elgrabli, Emmanuelle Elbaz-Phelps, Gali Bartal, Orit Kopel, Antonia Yamin, David Agasi, Neta Livne, Dr. Noam Gidron e Barak Ravid. Quaisquer erros encontrados aqui são de minha inteira responsabilidade.

A pessoa mais significativa é aquela que me encorajou ao longo do caminho, minha amorosa e paciente esposa, Tamar Ish Shalom. Ela foi a primeira e mais importante leitora de cada palavra. Não sou capaz de expressar toda minha gratidão a ela e nossos filhos, Zohar, Hilel e Naomi, que sacrificaram o recurso mais valioso do mundo: o tempo em família.

Introdução:
A Morte de uma Era

O prédio era uma típica torre de escritórios comum a qualquer cidade próspera — Manhattan, Londres ou Tel Aviv. Por um corredor nos fundos, os VIPs foram conduzidos até um pequeno elevador de serviço, totalmente inapropriado para a ocasião, o que aumentou o clima de mistério. O elevador desceu e suas portas se abriram, revelando o local do evento da noite — uma adega particular, e secreta, segundo nosso anfitrião. Nos fundos do recinto, um famoso chef preparava nosso jantar. Ao longo das paredes envidraçadas estavam expostas garrafas de vinho trazidas de vinhedos do mundo todo. Os convidados — empreendedores de alta tecnologia, um ex-primeiro-ministro, um ex-oficial sênior do exército que hoje é empreendedor social, CEOs de empresas líderes — ficaram impressionados, e não eram exatamente o tipo fácil de impressionar. Todos os presentes — na verdade, a maioria das pessoas em todos os lugares — conheciam de nome o generoso anfitrião.

Enquanto nos acomodávamos ao redor de uma mesa, olhei em volta e examinei os ultrarricos. Tenho certeza de que era o único convidado que dirigia um Toyota Corolla com um para-choques caindo.

Eu fora convidado para palestrar sobre a situação internacional, a globalização e a revolta que despertou. Meu público naquela adega iluminada com primor ouviu atentamente às minhas considerações sobre as populações relegadas pela prosperidade decorrente da atual ordem mundial, e sobre como as gigantes de tecnologia se furtam à responsabilidade pelos males do mundo conectado que criaram. Argumentei que os valores liberais estão sendo contestados pela ressurgência dos inimigos do progresso, e sugeri que os jovens se tornaram menos propensos a lutar pela democracia e, em vez disso, clamam por soluções radicais. Mencionei que os números mostram que a humanidade está indo bem, de modo geral. Então, por que tantas pessoas se sentem tão aprisionadas?

Deveria ter previsto a reação. Os membros do 1% mais rico achavam, em sua maioria, que a crise de 2008 foi apenas uma nuvem passageira; que a eleição de Trump não foi nada além de um acaso histórico singular; que o progresso — ou melhor, a versão aristocrática do progresso que defendem — é inevitável. Nosso magnânimo anfitrião e alguns de seus convidados entenderam o propósito da análise, mesmo que não concordassem com ela. Os demais se recusaram a aceitá-la. "É pessimismo exagerado", um deles exclamou de repente, e os outros começaram a entoar as sílabas "pes-si-mis-mo". Rapidamente rebateram meus argumentos com a sabedoria convencional: é uma "onda de populismo", um breve contratempo que passará sem danos significativos. A conversa degringolou em um discurso anacrônico típico de pessoas nascidas na década de 1950 e 1960, incluindo clichês como "confiança gera sucesso", "a sorte favorece os audazes", "os jovens envelhecerão" e "não podemos voltar à Idade Média". A maioria não estava interessada em ouvir o que eu tinha a dizer. Em vez disso, queria me instruir — e, por consequência, a minha geração — de que tudo ficaria bem se pensássemos positivamente. A sobremesa foi servida, pondo um fim elegante ao debate, se é que pode ser chamado assim. É fácil discordar educadamente quando o futuro de seus filhos está garantido por títulos de baixo risco.

De certa forma, o jantar me fez recordar de um evento ainda mais impressionante a que compareci como jornalista dois anos antes. A ansiedade era onipresente em ambas as ocasiões. Só que, quando estão ansiosos, os ultrarricos se revestem de uma aura que irradia otimismo. A classe média adota uma tática muito mais simples: a revolta.

A noite de 8 de novembro de 2016 foi festiva e fria em Manhattan. O céu sem nuvens era visível pelo teto de vidro do Javits Centre, que estava pronto para a coroação do novo líder do mundo livre. Do lado de fora, vendedores ambulantes conduziam um negócio fervilhante — camisetas da presidente Hillary vestida de Mulher-Maravilha e de seu marido, Bill Clinton; broches de campanha de todas as cores, suvenires do dia histórico. Centenas de policiais e agentes de segurança privados se posicionavam nos arredores, bem como um exército de veículos de transmissão e um mar de antenas parabólicas. A presença da mídia era muitas vezes maior do que a designada para a sede da campanha de Trump, mais frugal, a menos de um quilômetro de distância.

"Ela foi feita para se levantar", escreveu a poeta Maya Angelou sobre Hilary Clinton em 2008; agora ela estava prestes a se libertar do mais enferrujado dos grilhões e se tornar a pessoa mais poderosa do mundo.

Representantes dos Estados Unidos, de todas as cores do arco-íris, compunham o palco. Havia gays e héteros, hispânicos, negros e brancos, mulheres e crianças. Deveriam servir de modelo da nova era que a eleição de Hillary Clinton anunciava. Com infinita paciência, sentaram-se por horas à espera dos poucos segundos em que seus filhos os veriam na

4 REVOLTA

televisão ao lado da primeira mulher a ser eleita presidente dos Estados Unidos da América, uma imagem que para sempre guardariam na memória. Mesmo quando o céu escureceu sobre o Javits Center, eles não se moveram de seus assentos.

No final, é claro, Clinton não compareceu. Nem sequer chegou a ver a comemoração preparada para ela. Com o cair da noite, tudo virou pó.

Há um aspecto brutal no olhar de um jornalista. Ele vê a cena se desenrolar diante de seus olhos, a distância lhe proporciona perspectiva. Consegue perceber a decepção se espalhar pela multidão, os suspiros de perplexidade, as lágrimas e os corações partidos, a banalidade das reações humanas — negação, decepção, a esperança desesperada que continua a permear os que creem.

Quando os resultados começaram a chegar, os partidários de Hillary murmuravam incrédulos, os olhos grudados em seus smartphones. Esse era exatamente o problema. Eles não conseguiam acreditar, não compreendiam como aquilo podia estar acontecendo. Muitos choraram. Um homem me disse que, como judeu e homossexual, temia um novo Holocausto.

Eu lhe perguntei se era só uma figura de linguagem.

"Não", respondeu entre soluços, "estou com medo de verdade".

À primeira vista, parece não haver qualquer conexão entre os militantes confusos e aterrorizados de Hillary daquela noite de outono e os ricos seguros de si que encontrei na adega. Estes eram otimistas convictos, determinados a explicar como a ordem mundial, que é tão boa para eles, individualmente, também é maravilhosa para todo mundo. Os apoiadores de Hillary perceberam que a democracia estava em perigo e que seu futuro havia sido roubado. Mas o ponto principal é que ambos compartilhavam de um medo profundo e velado. Os membros do 1% mais rico lidaram com a situação enterrando suas cabeças na areia euforicamente; os militantes de Hillary, inundando o Javits Center com suas lágrimas.

Ambos não estavam apenas amedrontados pela perspectiva de que Trump, os defensores do Brexit, os nacionalistas europeus ou os fundamentalistas islâmicos empurrassem o mundo para a catástrofe. Afinal, se a catástrofe acontecesse, provaria o quanto eles próprios estavam certos em sua lealdade aos valores liberais ou à economia de mercado. Não, eles não temiam o cataclismo, mas, sim, o oposto — que o outro lado, que Trump, fosse bem-sucedido. Seu triunfo significaria um mundo com uma ordem antiliberal duradoura e uma cooperação global severamente reprimida.

Seria um mundo em que as crenças fundamentais — na vitória sobre o mal na Segunda Guerra Mundial, na liberdade como precondição para a prosperidade, na rejeição da intolerância, no princípio do direito das mulheres sobre seus corpos e, acima de tudo, na fé fervorosa no valor universal do progresso — acabariam por se mostrar efêmeras. Para eles, a história pararia e, depois, retrocederia. Para muitos, os anos desde então provaram que a mudança já começara.

Não sou norte-americano nem europeu. Vivo em uma província distante que se abriga sob as asas do império norte-americano. Daqui consigo ser um observador, com o luxo de algum distanciamento emocional da tempestade que se aproxima. Em 2016, alguns meses antes do dia da eleição, parti em uma jornada pelos Estados Unidos, em busca de uma resposta para uma pergunta simples: se Trump vencesse, como seria? As pesquisas diziam que era praticamente impossível, mas eu estava cético. Na Pensilvânia, uma das pedras angulares da

Revolução Industrial, me sentei na sala de estar de uma família de mineradores enquanto a chuva caía e o vento zunia do lado de fora. A família era tão austera e esmorecida quanto o clima, desprovida de qualquer vestígio do otimismo norte-americano em que tanto eu depositara minha confiança. Ativistas negros na Filadélfia me contaram que o presidente Obama foi apenas mais uma máscara usada pelos brancos que matavam residentes inocentes de seus bairros. Eles juraram não votar "naquela Hillary". Uma garotinha em Charlotte, Carolina do Norte, me disse, com lágrimas nos olhos, que uma colega de classe havia parado de lhe convidar para suas festas de aniversário porque as mães dela eram mulheres trans. Em seu relato pude sentir a ebulição da animosidade em relação aos novos Estados Unidos. No mesmo estado, frequentei missas dominicais em uma igreja cujo pastor alega que os Estados Unidos seriam punidos com uma praga pior que o ebola por aceitar a sodomia homossexual. Eu lhe perguntei se o país em que ele acredita estava morrendo; sua resposta foi: "Ei, não nos enterre ainda!"

O que vem acontecendo nos Estados Unidos sob o governo Trump não é uma mudança política rotineira nem uma revolução baseada em uma ideia política nova e coerente. Também não há uma ideia política coerente por trás do Brexit. O aumento do populismo e do nacionalismo em lugares como Brasil, Itália e Hungria é um ataque, ainda que difuso, à globalização de hoje, nascido de uma caixa de ressonância de injustiças que flagelaram a classe média por meio do mundo industrializado. Os que se concentram excessivamente no que está acontecendo nas Américas, na Europa, na África ou na Ásia ignoram o fenômeno social, cultural e político mais importante de nossa era. Assim como em uma pintura pontilhista, os pequeninos pontos, juntos, formam uma imagem de revolta. Uma grande quantidade de pessoas está rejeitando a globalização como sistema de valor econômico, cultural e universal. A revolta é mundial, espontânea e gradual. Está mais relacionada à rejeição das atuais estruturas de poder do que às minúcias de inová-las.

A hostilidade fundamental contra a globalização começou em dois polos opostos — de um lado, os anarquistas radicais; de outro, os fundamentalistas religiosos. Incentivadas pela crescente inquietação social, ideias radicais e reacionárias começaram a se infiltrar na classe média. A revolta é manifestada na decisão britânica de sair da União Europeia, no avanço da extrema direita na Europa, no crescimento do fundamentalismo, assim como no aumento do apoio à esquerda radical e no crescente ressentimento em relação aos ricos e à concentração da riqueza. Políticos tentam desesperadamente navegar em meio ao maremoto. Após sua eleição, o presidente dos Estados Unidos inundou o discurso internacional e norte-americano com contínuas provocações. O som de seu teclado quando ele tuíta é tão ensurdecedor que nos esquecemos de tudo o que sua vitória nos fez perceber: Trump é uma manifestação de um fenômeno muito mais abrangente, que antecede as eleições de 2016 e de 2020. Agora, alguns anos depois, podemos fazer o que é preciso e examinar as últimas décadas como um pedaço do mosaico histórico e político que forma nosso mundo atualmente. A era da revolta é significativa demais, substancial demais, para ser definida por Trump ou pela obsessão que ele desperta na mídia.

Os rebeldes são uma coalizão discrepante de excluídos. Alguns alegam que a globalização, os valores liberais aos quais está vinculada e a tecnologia que gerou e da qual se alimenta são aspectos nocivos para suas vidas, suas comunidades e seus valores e crenças mais caros. Outros protestam, às vezes literalmente, contra a classe política que prometia que as soluções globais trariam prosperidade para todos ao mesmo tempo que se aliava ao 1% mais rico. Eles estão revoltados porque lhes disseram que a globalização nivela o mundo — tudo está à nossa disposição, tudo é imediato, tudo está ao nosso alcance, só precisamos pegar. Isso, desnecessário dizer, é uma noção vazia, pois a economia internacional é construída muito mais sobre a desigualdade do que sobre a igualdade. Os rebeldes veem seus filhos renunciarem à sua cultura, e a disseminação do politicamente correto impedi-los de expressar suas frustrações legítimas. Eles estão se insurgindo porque sua segurança, sua identidade e seu meio de vida estão ameaçados. O terrorismo pode atacar a qualquer momento, há imigrantes por toda parte e seus empregos estão em constante risco. A pandemia de Covid-19 que assolou o globo em 2020 revelou a degeneração da política do século XX, sua incapacidade de lidar com os desafios contemporâneos, como a propagação de um novo patógeno em um mundo altamente conectado. Rotineiramente, líderes e sistemas políticos vendem ilusões de controle, certeza e segurança à população. Ao longo da história, as epidemias destruíram essa ilusão. Elas também revelam quem são os governantes eficazes e capazes e expõem os irresponsáveis e perigosos. Luchino Visconti, que governou Milão no século XIV, impôs quarentena às casas em que a Peste Negra eclodiu, salvando muitas vidas em sua cidade durante a primeira onda da epidemia. Outros governantes fugiram para seus palácios de verão enquanto seus súditos morriam, algo que lembra Donald Trump jogando golfe enquanto o coronavírus se espalhava. "Em tempos sombrios, os olhos começam a ver", escreveu o poeta norte-americano Theodore Roethke. Não é por acaso que, com a propagação do vírus, protestos generalizados despontaram em muitos países. A Covid-19 catalisou ainda mais a revolta contra uma ordem mundial fragmentada.

INTRODUÇÃO: A MORTE DE UMA ERA 9

Essa efusão de insatisfação, essa onda de ressentimento, está mudando o mundo. Contrariando a imagem frequentemente pintada pela mídia, os protestos contra o comércio internacional ou, em um diferente plano, contra os valores universais, são muito mais do que surtos de ódio e ignorância ou um fenômeno passageiro. Protestar contra o aumento da imigração nas sociedades ocidentais nem sempre é propaganda jingoísta, hipernacionalista. A globalização melhorou a condição humana, mas também dizimou comunidades e aniquilou ecossistemas, plantando as sementes da insurgência. A revolta irrompeu no fim da Era da Responsabilidade.

APÓS A SEGUNDA GUERRA MUNDIAL, O MUNDO ENTROU EM UMA ERA de relativa estabilidade, orientado por cautela e senso de dever. Foi a Era da Responsabilidade, moldada, em um sentido profundo, pelas terríveis experiências pessoais tanto dos eleitores quanto dos representantes que elegeram. Diante deles havia um mundo devastado e exaurido, um globo em estado de choque. Eles testemunharam as pavorosas consequências do racismo, da vingança hipernacionalista, do declínio econômico, das guerras comerciais e da tendência ao extremismo ideológico, e rejeitaram tudo isso. Por um breve período depois da Guerra, a civilização se encharcou de otimismo, como o solo que recebe a chuva após uma longa seca. O presidente Franklin Roosevelt deu voz a esses sentimentos já em 1943, dois anos antes do fim da Guerra: "Temos fé que as futuras gerações saberão que aqui, na metade do século XX, houve um tempo em que homens de bem encontraram uma forma de se unir, produzir e lutar para destruir as forças da ignorância, da intolerância, da escravidão e da guerra."[1]

O objetivo singelo declarado por ele foi atingido. Soviéticos, norte-americanos, chineses, britânicos e franceses concordaram que havia sido uma guerra justa, e compreenderam a importância dos horrores que testemunharam. Porém, o consenso só chegou até aí. Roosevelt mencionou as futuras gerações, mas a geração dele presenciou Hiroshima e Nagasaki, e logo depois se aterrorizou com o primeiro teste nuclear soviético em 1949. Um novo mundo nascia, mas enfrentava a perspectiva de sua própria extinção.

O maior temor desse mundo abalado era que outra guerra mundial estivesse a caminho, deflagrada pelos perigosos antagonismos da Guerra Fria. O otimismo logo foi suprimido por um profundo pessimismo. Se, imediatamente após a Segunda Guerra Mundial, os norte-americanos pensavam que a União Soviética cooperaria para alcançar a paz mundial, apenas um ano depois eram poucos os que ainda acreditavam que os soviéticos eram dignos de confiança e 65% previam outra guerra dentro de no máximo 25 anos. Ao mesmo tempo, de acordo com uma pesquisa, seis a cada dez norte-americanos desejavam uma ONU mais forte, ou até um governo mundial único.[2]

Ansiedades e medos às vezes são convenientes, especialmente para os governantes. Uma vantagem dessas emoções é que elas podem incitar a cautela. E cautela gera responsabilidade.

A Era da Responsabilidade foi praticamente definida em 1947 por William A. Lydgate, editor da Pesquisa Gallop, em uma extensa análise. "O extremismo daqueles que clamam pelo lançamento de bombas atômicas em Moscou não atrai o nosso povo... O fato de a situação parecer tão sombria pode, porém, ser um sinal saudável. Em vez de presumir idealisticamente, tal como muitos fizeram depois de 1918, que o mundo era seguro para a democracia, a nação hoje percebe com sensatez que é preciso trabalhar para manter a paz."[3]

A nostalgia é tanto insidiosa quanto perigosa. A Guerra Fria não se *assemelhava* à Era da Responsabilidade. O Ocidente renunciou às suas colônias no mundo em desenvolvimento de forma relutante e frequentemente violenta. O mundo ouviu os tambores da guerra na crise dos mísseis cubanos, nas tensões em Berlim e nas Guerras das Coreias e do Vietnã. As duas superpotências lutaram por intermédio de várias guerras por procuração, nas quais o povo do chamado Terceiro Mundo foi sacrificado em nome de evitar uma guerra nuclear entre o Ocidente e o Oriente.

Apesar de tudo, era um mundo responsável, e o reconhecimento do fato, mesmo em retrospecto, é útil agora. É difícil discernir o bem no presente, e é ainda mais complicado acompanhar a rápida trajetória do mal. Depois da Segunda Guerra Mundial, os líderes mundiais viveram em constante ansiedade pela perspectiva de um novo conflito verdadeiramente calamitoso. Foi essa ansiedade que os impediu, em muitas ocasiões, de tomar o caminho do aventurismo militar. E, de maneira ainda mais significativa, a opinião pública os impediu. Tanto na propaganda soviética quanto nos pronunciamentos dos generais norte-americanos, a paz era o valor soberano, ou pelo menos os líderes queriam que o público acreditasse que era ela o seu objetivo. Até o beligerante general Douglas MacArthur falava muito em paz. Ele afirmou: "O soldado almeja, acima de tudo, a paz" e abordou a necessidade de "preservar na paz o que se conquistou na guerra", dizendo, inclusive, que a honra deve ser sacrificada pelo bem da paz.[4] Eram essas ideologias que restringiam ou constrangiam os líderes sob os grilhões da responsabilidade? Na verdade, não. Era uma força muito mais profunda — a memória pessoal e coletiva dos horrores da guerra, e as lições morais aprendidas com eles. "Todas as guerras nascem da estupidez", declarou o presidente John F. Kennedy durante a crise de Berlim de 1961.[5] Durante a crise dos mísseis cubanos, quando os líderes militares apresentaram a Kennedy um plano para executar um primeiro ataque nuclear que destruiria todo o bloco soviético (o plano incluía lançar 170 bombas atômicas e de hidrogênio só em Moscou), o presidente saiu da sala, consternado. "E nos consideramos a raça humana", revelou com amargura ao secretário de Estado Dean Rusk, a caminho do Salão Oval.

Os líderes daquele mundo — Nikita Khrushchev e Kennedy, bem como Josip Broz Tito, da antiga Iugoslávia; Konrad Adenauer, da Alemanha Ocidental; David Ben-Gurion, de Israel; Clement Atlee, da Grã-Bretanha; Leonid Brezhnev, da União Soviética; e François Mitterrand, da França — sobreviveram a uma grande e destrutiva guerra, ou até mesmo a ambas as guerras mundiais. Eles não eram pacifistas ingênuos. Tinham, na verdade, objetivos pragmáticos, coerentes com seus interesses nacionais específicos — estabilidade, instituições internacionais e evitar a próxima grande guerra.

No Ocidente, a responsabilidade também assumiu a forma de um declínio das forças extremistas nos dois espectros políticos, direita e esquerda, e de um crescente apoio à democracia. Os cientistas políticos Roberto S. Foa e Yascha Mounk demonstraram que mais de 70% dos norte-americanos nascidos na década de 1930 consideravam "essencial" viver em uma democracia. Um percentual aproximado de britânicos nascidos nessa década — 65% — pensava o mesmo. A democracia era um valor essencial também para os nascidos nas décadas de 1940 e 1950.[6] As pessoas que construíram o Ocidente compartilharam uma experiência formativa pavorosa e única — a terrível destruição provocada pela guerra. Esses pais e avós da atual geração compartilhavam um *éthos* que trespassava fronteiras nacionais. Eles ostentavam diligência e escrúpulos quase religiosos, e santificavam o presente em vez de acalentar fantasias do futuro. Exigiam uma política mais ou menos predominante e responsável, e foi isso que conseguiram.

INTRODUÇÃO: A MORTE DE UMA ERA   13

Lenta e dolorosamente, a Era da Responsabilidade acarretou uma relativa estabilidade e paz. As duas superpotências mantiveram uma relação antagônica e competitiva que era fundamentalmente racional e responsável. Elas fugiram do populismo e se concentraram na ciência e na tecnologia como meios para vencer a Guerra Fria e aprimorar as condições materiais das sociedades. Cada uma em sua esfera distinta de influência, as superpotências idealizaram a cooperação internacional dentro de seus blocos.

Na verdade, depois da Segunda Guerra Mundial, com exceção de um pico temporário nos conflitos após a queda do comunismo, o número de guerras entre nações diminuiu.[7] A última vez que regimentos armados completos lutaram foi na Guerra do Golfo em 2003. O número de mortes em conflitos ao redor do mundo está em franco declínio, assim como o número de pessoas vivendo com menos de US$2 por dia. A mortalidade infantil despencou. Em 1950, menos da metade da população mundial sabia ler e escrever; hoje, a porcentagem é 86%.[8] Entre 2003 e 2013, a renda média anual per capita quase dobrou.[9] Nada disso aconteceu por acaso. As sociedades amedrontadas e os líderes apreensivos do período pós-guerra plantaram a árvore da estabilidade. E esses são os frutos.

Há dois aspectos da Era da Responsabilidade que é preciso ter em mente. Primeiro, ela foi uma exceção na turbulenta era moderna devastada pela guerra. A Segunda Guerra Mundial calou o extremismo e o populismo. O silêncio durou apenas um instante na história, mas foi durante esse período que muitos dos leitores deste livro nasceram. Então a memória da guerra começou a esmaecer. Ao contrário da geração nascida na década de 1930, a dos anos 1980 na Grã-Bretanha e nos Estados Unidos não tende a acreditar que a democracia é vital. Apenas 30% consideram que sim.[10] Os avós dessas pessoas podem ter feito o sacrifício derradeiro nas praias da Normandia para defender a democracia, mas elas acham que o termo perdeu seu significado.

O segundo aspecto fundamental sobre a Era da Responsabilidade é algo que você já deve ter percebido: ela acabou.

A ERA DA RESPONSABILIDADE CHEGOU AO FIM QUANDO AS TORRES DO World Trade Center ruíram. Estamos vivendo as primeiras sequelas do 11 de Setembro. Os ataques da Al-Qaeda no solo norte-americano foram um ato de guerra de fundamentalistas contra a visão universalista que os Estados Unidos representam. Os terroristas pretendiam uma guerra global entre o cristianismo e o islamismo e, no processo, libertaram demônios até então subjugados, muitos dos quais nada tinham a ver com as duas fés. Foi o início de uma batalha para determinar o destino do mundo, porém, dessa vez, o combate não era entre religiões, mas entre ideias. De um lado, estão aqueles que acreditam que o mundo está se movendo lentamente em direção à integração política e cultural; de outro, aqueles que consideram tal perspectiva um pesadelo e que estão dispostos a lutar para garantir que ela nunca aconteça. No meio, está a classe média do mundo, especialmente a do Ocidente, oscilando incerta entre o Estado-nação e a globalização, entre a identidade individual e os valores universais.

A globalização de hoje não é sustentável; a relativa paz da era pós-Segunda Guerra Mundial está ameaçada e os sinais de instabilidade estão se multiplicando. O mais sério deles é a crise climática. O preço da prosperidade da Era Industrial foi a exploração do mundo natural presente e futuro.

Este livro é uma jornada pelas trincheiras da revolta, tanto seus contornos visíveis quanto seus cantos obscuros. No Norte do Sri Lanka, vi as últimas manadas de elefantes

INTRODUÇÃO: A MORTE DE UMA ERA 15

segregadas em remanescentes florestais que estão sendo lentamente destruídos por fazendeiros miseráveis, que, por sua vez, tentam lidar com as consequências do comércio internacional. Refugiados sírios adolescentes me falaram do futuro enquanto caminhávamos ao longo dos trilhos de uma ferrovia que liga a Grécia e a Alemanha. No Japão, que enfrenta uma crise demográfica sem precedentes, uma senhora me contou, em uma escola deserta, sobre sua saudade dos sons das crianças brincando. Assisti às manifestações populares dos gregos, protestando contra a grave recessão no país, e estava em Londres na erupção da grande crise financeira de 2008, a mais severa desde a Grande Depressão da década de 1930. Conversei com racistas e nacionalistas deslumbrados sobre suas perspectivas para o futuro.

Esta é uma história que traz conversas e observações de indivíduos que lidam com problemas locais em épocas e lugares específicos, mas das quais emergem questões muito maiores. É uma história que fala do advento de uma consciência global que ultrapassa fronteiras geográficas e culturais, e da maneira pela qual a globalização alterou as sensibilidades morais.

Estamos vivendo em uma época na qual uma era de relativa paz impeliu uma enorme onda de refugiados a abandonar seus lares nos epicentros de catástrofes para buscar refúgio no Ocidente; na qual uma grande crise econômica foi superada, mas, ainda assim, continua a arruinar a classe média e a ameaçar a globalização e suas instituições; na qual a cooperação entre as pessoas, as instituições e as nações está diminuindo justamente quando o mundo precisa enfrentar a maior crise global já vista, a do clima. O fundamentalismo está prosperando em uma era na qual a pobreza diminui e a educação aumenta em taxas igualmente rápidas; na qual os serviços de saúde estão cada vez melhores e a renda não para de crescer — mas também é uma era na qual as pessoas geram cada vez menos filhos, com todas as suas implicações. Uma comunidade internacional alicerçada sobre a visão liberal aceita por consenso está se voltando mais para os extremos.

Essas tensões geraram uma cruzada contra a própria ideia de progresso. O progresso no sentido dos valores iluministas depende da confiança nos fatos e na razão, na aceitação da ciência como essencial para melhorar a condição humana e em uma sociedade aberta na qual a tradição não tenha o poder de veto absoluto sobre o pensamento crítico. A energia da revolta contra a globalização está sendo aproveitada tanto por velhos quanto por novos oponentes do progresso. Sua ambição não é lidar com as queixas decorrentes de um sistema global insustentável, mas apenas usá-las como distração. Políticos populistas racistas, charlatões anticientíficos, anarquistas bakuninistas, fundamentalistas, comunidades virtuais em redes sociais, ideólogos totalitários, neoluditas e devotos de teorias da conspiração — estão todos em marcha.

A revolta e a política que ela suscita podem levar a um sistema internacional mais justo e, portanto, mais forte, que equilibre o local e o global, exija mais igualdade de oportunidade e facilite a cooperação ambiental tão crucial para nossa sobrevivência. Porém, esse cenário otimista não é óbvio nem inevitável. Se há algo que aprendemos nos últimos vinte anos é que nada é predeterminado e que nenhum progresso é irreversível.

O progresso aparenta ser robusto, mas é, na verdade, bastante frágil. É totalmente dependente da disposição das comunidades de lutar por ele e da determinação dos líderes para evitar a insensatez. As pessoas ao redor do globo enfrentam um momento de radicalismo. Este livro é uma tentativa de fazer com que sejam ouvidas.

CAPÍTULO 1

Ataque a um Jornal

Certa vez, acredito que acabei contribuindo para um ataque realizado por dezenas de homens armados contra um jornal paquistanês. Algo que não conseguiria prever e certamente nunca desejei. Não conhecia nem os agressores nem as vítimas; na verdade, nunca estive na redação do jornal. Paquistão e Israel, onde moro, não têm relações diplomáticas. Porém, em um mundo globalizado, o que uma pessoa faz em um país pode ter consequências terríveis, e até avassaladoras, para aqueles que moram longe. Às vezes elas são mais nefastas do que qualquer resultado esperado.

Em 2004, conheci Ammara Durrani, na época editora sênior do Jang Media Group do Paquistão e redatora do maior jornal de língua inglesa do país, o *News International*. Integrávamos um grupo de jornalistas que viajou até os Estados Unidos para um extenso programa financiado pelo Departamento de Estado, a convite de uma das estações de rádio públicas mais conhecidas do país, a WBUR, de Boston. Os organizadores da rádio tiveram, em sua opinião, uma ideia brilhante. Eles reuniriam tribos hostis, israelenses e palestinos, indianos e paquistaneses. O foco do programa era o papel da mídia em conflitos, um jeito educado de dizer que os jornalistas alimentam a fogueira dos conflitos e inflamam a opinião pública, e que talvez fosse melhor que não o fizessem. O governo Bush estava interessado em projetos desse tipo porque, em meio à guerra contra o terror e à ocupação do Iraque, ele precisava da fumaça do incentivo ao diálogo entre grupos hostis como demonstração de seu comprometimento em resolver conflitos internacionais por meios pacíficos. Os organizadores podem até ter acreditado que israelenses e palestinos pudessem, a milhares de quilômetros de casa e na vigência de um conflito paralelo no subcontinente indiano, ser capazes de chegar a um denominador comum. Era uma esperança vã. Ao dividir uma sala com estrangeiros, eles se entrincheiraram em suas posições tradicionais. Assim como os paquistaneses e indianos. Todavia, desse encontro emergiram algumas amizades interculturais excepcionais. Todos se deram bem com Durrani. Ela é a típica egressa de Oxford, fala inglês fluente de uma maneira séria e polida. Todos os representantes do Oriente Médio, fossem israelenses, fossem palestinos, a invejaram.

Seu passaporte, tal como todos os emitidos por seu país, especificava que era válido para viagens a todos os países, exceto Israel. Há uma longa tradição de hostilidade latente entre o Estado judeu e a República Islâmica do Paquistão. Remonta ao nascimento de ambas as nações, com um ano de diferença, quando a Grã-Bretanha se despiu de seu império. Apesar e, na verdade, por causa disso, Durrani e eu mantivemos contato por e-mail após o seminário nos Estados Unidos. Em 2005, ela começou a trabalhar em um artigo minucioso sobre as relações não oficiais entre os dois países e a possibilidade de que pudessem ser promovidas a um reconhecimento diplomático pleno. Ela me escreveu dizendo que adoraria entrevistar o primeiro-ministro Ariel Sharon para o artigo. Minha opinião foi de que não seria fácil convencê-lo a conceder uma entrevista. Mas sugeri que, se ela quisesse, eu poderia conseguir uma entrevista com o vice-primeiro-ministro Shimon Peres, a quem conhecia bem. Durrani aproveitou a oportunidade. Peres, ex-primeiro-ministro e vencedor do Prêmio Nobel, não era um personagem menos internacional do que Sharon — na verdade, provavelmente era ainda mais conhecido. Mas havia um problema. Ela me contou que, devido à hostilidade entre os dois países, não poderia fazer um telefonema de Karachi para Jerusalém. Como não havia Skype e outros serviços do tipo em 2005, propus que ela enviasse suas perguntas por e-mail. Eu me encarregaria de arranjar uma entrevista por intermédio do assessor de imprensa de Peres. Eu seria fiel às perguntas enviadas, gravaria as respostas e depois as transcreveria e enviaria de volta para ela.

O gabinete de Peres estava entusiasmado com a perspectiva de que eu o entrevistasse para um importante jornal paquistanês, e o próprio Peres ficava sempre muito satisfeito de propagar seu incansável otimismo político. O resultado foi que certo dia, em meados de janeiro de 2005, sentei-me frente a frente com Peres na mesa da lanchonete do Knesset [o parlamento de Israel] e, em vez de simplesmente tentar obter informações, como de costume, sobre a possibilidade de ele recuperar a liderança do Partido Trabalhista — um assunto rotineiro do tipo que lido diariamente em minhas reportagens políticas —, eu o entrevistei para um jornal paquistanês, acrescentando algumas perguntas por conta própria. Transcrevi suas respostas e as enviei para uma exultante Ammara Durrani, que, por sua vez, escreveu o artigo para o *News International*.

Quatorze anos depois, os dois países ainda não tinham relações oficiais, mas Ammara Durrani e eu já conseguíamos fazer videochamadas entre Karachi e Tel Aviv, recordando a entrevista e suas consequências. Ela me confessou que, na época, não tinha sido totalmente sincera sobre seus sentimentos.

20 REVOLTA

"Eu estava com medo", disse. "Era a primeira vez que um oficial israelense de alto escalão fazia uma declaração para uma agência de notícias paquistanesa. Como era algo inédito, eu estava apavorada e esperava um impacto negativo, e gigantesco. O que realmente me deu confiança foi o apoio de meus editores — ouvi um imediato 'Sim, vamos fazer.'" E foi o que fizeram. A entrevista estampou a primeira página, seguida do artigo de quatro páginas de Durrani sobre as relações entre os dois países, citando autoridades de Israel, dos Estados Unidos e do Paquistão.

A manchete dizia: "Peres: 'Se o Paquistão e a Índia Conseguem, Israel e Paquistão Também'." O subtítulo era: "Peres Diz que a Paz Não É Vergonha; Se o Paquistão Quiser Integrar o Processo de Paz do Oriente Médio, Não Poderá Fazê-lo com um 'Controle Remoto'."

A matéria não levou à paz nem às relações diplomáticas. Um dia após a publicação, na calada da noite, cerca de trinta homens armados, montados em motocicletas, chegaram ao escritório central do Jang Media Group. Dispararam suas armas a esmo, dominaram e surraram os seguranças, invadiram os escritórios do editorial, vandalizaram a sala de redação e tentaram incendiar tudo. Felizmente, ninguém morreu. Eles partiram gritando "Allahu Akbar!". Ficou claro para todos no Paquistão que o ataque fora uma resposta direta à entrevista. Não necessariamente uma reação às palavras de Peres, mas simplesmente ao precedente criado — uma grande e renomada agência de notícias paquistanesa publicando uma entrevista com uma autoridade israelense clamando pela paz entre os dois países. O ataque foi repercutido pelas agências de notícias internacionais, como a Reuters, principalmente por causa desse contexto. O governo paquistanês condenou o ataque, assim como a Repórteres Sem Fronteiras. Fechando o círculo, o ataque também foi noticiado em Israel, onde ocorreu a entrevista que serviu de estopim para o incidente. Notícias gerando notícias.

Vamos analisar em detalhes o que aconteceu nesse episódio.

Dois jornalistas que cresceram em dois cantos distantes de um grande continente se encontraram em um curso patrocinado pelo governo de um país em um continente do outro lado do mundo, uma superpotência tentando reforçar sua posição como intermediadora de conflitos em andamento ao redor do globo — ao mesmo tempo que ela própria ocupa uma grande faixa do Oriente Médio. Os países dos jornalistas eram inimigos, mas os dois podiam se comunicar livremente graças à tecnologia que elimina a imensa distância e rompe as barreiras diplomáticas e políticas entre eles. Extremistas reagiram — com violência — a uma entrevista que sinalizava a possibilidade de paz e conciliação. O ataque foi noticiado no mundo todo, retornando a Israel na forma de notícia.

Todo esse incidente, do início ao fim, aconteceu em um intervalo de poucos dias. É uma história sobre as conexões humanas, a natureza viral das ideias, o desafio tecnológico à política tacanha e conservadora, o fundamentalismo, o papel da mídia. É uma história, é claro, sobre os interesses capitalistas, neste caso, a necessidade de uma manchete chamativa para vender jornais. Este último fator é o principal gerador de toda a sequência de eventos. O desfecho violento da história demonstra como essas interações supranacionais representam uma ameaça às estruturas de poder, tradições e crenças locais. Adversários não observarão calados, e nem devem. Eles estão se rebelando.

Somente três anos depois ficou claro que isso não acontece apenas em países como o Paquistão. Acontece em todo lugar, de diferentes maneiras e por meios distintos. Pude testemunhar isso durante uma estada em Londres, quando o mundo inteiro mergulhou em sua mais séria crise financeira desde a Grande Depressão.

UM PEDESTRE EM LONDRES SE VÊ ALIENADO AO TEMPO E CADA VEZ mais absorto em sua própria agenda. Olhos sorvem a rua, sua intensidade, sedimentos da humanidade depositados e mineralizados por séculos. A diversidade humana é tão típica de Londres hoje em dia e tão arraigada na história britânica que se pode imaginar que todas essas pessoas a aceitam como natural. Não é verdade. Muitas pessoas nas ruas sentem um profundo sentimento de alienação, de viver em meio a estranhos. É um sentimento que, ao mesmo tempo, desconcerta e estimula a cidade. Quase 40% dos londrinos nasceram fora da Grã-Bretanha, a maioria fora da União Europeia. Trezentos dialetos são falados na metrópole. A alienação está enraizada em sua atual identidade.

Eu era um estranho em meio a mútuos estranhos. Minha mulher e eu precisávamos de uma pausa da corrida de obstáculos que eram nossas carreiras em Israel. Queríamos experimentar a vida em um lugar diferente, então decidimos fazer pós-graduação longe de casa. Nova York, Londres, Paris, Washington — a verdade é que não importava onde. Viemos de uma província distante e, para nós, qualquer uma dessas cidades era o centro do Universo, maravilhosamente estrangeira e fascinante.

Meu trajeto até a universidade era sempre o mesmo. Eu caminhava pelas ruas que contornavam o Bloomsbury até chegar a Theobalds Road e, então, ao meu lugar favorito. Era um tipo de viela, estreita e com aparência antiga, que se afastava da rua principal. Cheirando à fritura, a viela era salpicada por um velho pub e alguns cafés que ofereciam sanduíches insípidos. Imaginei-a tomada de ratos carreando a Peste Negra e pessoas despejando seus dejetos nas ruas. Suas paredes imundas e incrustadas exalavam sua história. A cidade moderna transformara essa pequena passagem em um lugar quase exótico que fervilhava com o trânsito intenso de pessoas, os passos apressados dos engravatados na hora do rush matinal.

No fim da viela, depois de um pequeno parque, eu chegava ao aglomerado de prédios que compunham o campus urbano da London School of Economics and Political Science (LSE), não muito distante da estação Holborn e do British Museum. Não era como Oxford ou Cambridge — em vez de jardins verdejantes e ciclovias, havia a agitação de uma cidade ambiciosa ocupada com seus próprios afazeres.

Era setembro de 2007, e o mundo era mais ou menos coerente, apesar de profundamente polarizado entre a ideologia do governo Bush e a comunidade internacional. Ouvidos mais sensíveis foram capazes de ouvir quando o trem bala da mudança partiu, que os dormentes dos trilhos construídos pela era anterior davam seu último suspiro. Mas foram poucos que compreenderam o significado profundo dos ataques de 11 de setembro de 2001 e suas consequências. Eu e meus colegas do programa da LSE fomos designados para estudar política global, abrangendo a governança global, os desafios enfrentados por instituições econômicas como o Banco Mundial, o comércio internacional, a política de taxas de juros, o pós-imperialismo, a igualdade de direitos, o crescimento da desigualdade econômica internacional e a política de imigração.

Vindo de um pequeno país no Oriente Médio e tendo dedicado a maior parte do meu tempo à sua turbulenta política, eu não tinha a mesma expertise que meus colegas em assuntos como política de comércio internacional ou investimento estrangeiro direto. Entretanto, ao contrário dos demais, eu era jornalista. Já havia coberto campanhas eleitorais, visto primeiros-ministros irromperem em fúria ao se deparar com perguntas especulativas. Cobri a Segunda Guerra do Líbano, correndo em busca de abrigo em meio à chuva de mísseis no Norte de Israel, e estive no Salão Oval para cobrir visitas oficiais. Essa era minha bagagem. Em outras palavras, tal como qualquer repórter em apuros, eu conseguiria compensar a falta de conhecimento com histórias — o episódio do jornal paquistanês, por exemplo. Mas minha bagagem, assim como a dos outros estudantes, logo se provaria bem pouco pertinente. Apenas alguns meses depois, no meio de nossos estudos, a globalização enfrentaria sua pior crise desde a Grande Depressão, e a política internacional começaria a mudar e desafiar as suposições sobre as quais toda a ordem mundial fora construída.

Esse movimento tectônico na economia e na política internacionais não estava, é claro, em nossos pesados livros de referência ou nas aulas a que assistíamos, elaboradas e ministradas antes da crise. Apenas as abordagens mais radicais no plano de ensino tratavam, de alguma maneira, dos acontecimentos avassaladores que aniquilaram a confiança dos especialistas.

No final de 2007, o Federal Reserve, o banco central dos Estados Unidos, percebeu que uma crise de liquidez era iminente devido à inadimplência nos financiamentos imobiliários oriundos de títulos subprime, que levaram ao colapso do mercado de derivativos baseados nesses créditos hipotecários. Os Estados Unidos logo enfrentaram uma crise financeira em larga escala. No início de 2008, o governo Bush tentou combatê-la com um pacote de incentivo, mas não adiantou. Então, entre a primavera e o outono daquele ano, gigantes norte-americanas, como o Bear Stearns e o Lehman Brothers, começaram a falir. Exatamente as instituições financeiras nas quais meus colegas de classe esperavam trabalhar.

Foi uma daquelas situações em que nossos livros se tornavam obsoletos conforme os líamos, suas teorias eram invalidadas assim que submetidas à prova prática. À medida que a crise desmantelava modelos e refutava as opiniões dos especialistas, fomos forçados a questionar muito do que pensávamos ser indiscutível. Nascidos nos anos 1980 ou no início dos anos 1990, meus colegas de turma e eu crescemos em um mundo de progressiva interconectividade, que muda em ritmo exponencial. Parecia óbvio que o mundo inteiro se tornaria mais integrado em uma única ordem e economia, e que isso traria mais prosperidade a todos. Mas então a falsa premissa da inevitabilidade da globalização ruiu.

Uma Revolução Constante

Ao longo da última década, a globalização perdeu grande parte de sua atratividade. Em relação ao PIB mundial, os dados em si apontam para um encolhimento ou estagnação do mercado internacional, do investimento transfronteiriço e dos empréstimos bancários, um fenômeno que o *Economist* chama de *slowbalisation*, mistura das palavras lenta e globalização, em inglês. Sem dúvidas, a grande crise econômica minou as premissas fundamentais da globalização. Talvez as pessoas simplesmente tenham se cansado das profecias otimistas de um mundo globalizado que subestimaram perigosamente o lado sombrio da força.

No entanto, a inconstância do discurso popular não é capaz de mudar a dura realidade de que a globalização é uma revolução constante. Eu uso a palavra "constante" para denotar a agressividade com que a globalização vem mudando, de maneira contínua e intensa, o modo de vida das pessoas desde tempos remotos. Ela criou uma atmosfera em que os seres humanos precisam cooperar com o mundo, material e conceitualmente, como um lugar único e integral. No instante em que essa matrix entrou em vigor, as circunstâncias de nossas vidas mudaram constante e radicalmente. Ela é uma máquina política de movimento perpétuo alimentada pela energia resultante da crescente tensão entre o local e o global.

O vai e vem da globalização molda o cenário internacional, e continuará a fazê-lo pelo futuro previsível. A globalização expressa uma incerteza fundamental que tem permeado a história desde as eras dos impérios chinês e romano até hoje. Será que o mundo está se fundindo em um todo único ou é uma coleção de comunidades apartadas?

À medida que surgem os desafios globais, a globalização em sua definição mais ampla se tornou o problema central de nossa era. A história não terminou com o reinado incontestado da democracia liberal, como previsto por Francis Fukuyama em *O Fim da História e o Último Homem*, nem se deteriorou em um conflito de civilizações permanente, como Samuel P. Huntington afirmou em *O Choque de Civilizações*. Mas agora estamos aprisionados em uma batalha ferrenha em torno de uma questão mais antiga: até que ponto os seres humanos estão destinados a viver, essencialmente, em um mundo consolidado, um cosmos em que os valores básicos são universais e as comunidades locais se fundem em uma economia supranacional? Essa é, e sempre foi, a verdadeira pergunta. A globalização e a resistência a ela são respostas a essa pergunta. Convenientemente, um número crescente de líderes e movimentos políticos de hoje — incluindo Recep Tayyip Erdoğan, da Turquia; Emmanuel Macron, da França; e Donald Trump, dos Estados Unidos — baseou partes cruciais de suas políticas em sua hostilidade ou simpatia pela globalização e pelos valores atribuídos a ela.

Para a corrente dominante de economistas, a globalização guarda a promessa do fim da pobreza; para fazendeiros franceses, é uma infecção maligna que ameaça destruir comunidades e até meios de subsistência. Nem as epidemias de gripe nem o mercado competitivo dos smartphones na Ásia podem ser compreendidos sem que se entenda como a globalização funciona. Ela se tornou tão difundida que é tudo ou nada, apenas um clichê sem sentido. Mas é fundamentalmente clara como conceito — ela significa uma rede cada vez mais intrincada de inter-relações entre tudo e todos.

O resultado é uma crescente integração, o produto inevitável do comércio internacional que requer e cria o fluxo de capital, trabalho, conhecimento, cultura e tecnologia entre nações industrializadas. Hoje, os seres humanos são atlas virtuais ambulantes, adornados com roupas e acessórios que carregam a marca dos países de todo o globo.

Pense em uma cristaleira, um móvel que alguns associam à casa dos avós. Ela exibe, atrás de espessas portas de vidro, os objetos mais preciosos da família, como a porcelana, que pode ter vindo da China. Talvez uma estatueta de leão vinda do Irã. Candelabros de prata fabricados na Inglaterra ou na Alemanha. As pessoas sempre gostaram de ter itens vindos de lugares remotos. Quanto mais ricas, mais desses objetos elas colecionam. O transporte e o comércio de longa distância era sempre arriscado, fosse a viagem por terra ou pelo mar. Por essa razão, o custo dos itens de lugares distantes computava esses riscos, o que significa que o preço era alto. Essas mercadorias, como folhas de chá, tecidos, porcelanas e determinados temperos, em geral vindas do Extremo Oriente, eram chamadas de "exóticas" e, assim, especialmente valorizadas. Um item exótico era também um emblema dos tênues laços entre as culturas. Hoje não poderia ser mais diferente. A cristaleira da família foi esvaziada e abandonada. Se tivéssemos uma hoje, seria muito mais apropriado, no Norte global, usá-la para expor bugigangas produzidas localmente, que em geral são mais caras do que as importadas. As relações entre lugares distantes não são mais tênues — são amplas, profundas e intensas.

Cada um de nós veste ou usa produtos que contêm componentes e design vindos de dezenas de países em diferentes continentes, de lentes de óculos a bijuterias e marca-passos. Em nossos corpos, carregamos os dramas e as oportunidades de lugares distantes e de pessoas que nunca conheceremos.

Revolução Emancipatória

A globalização não é apenas autoperpetuante — ela também oferece oportunidades que a tornam emancipadora. O avanço supremo de nossa era é que, desde 1990, mais de 1 bilhão de pessoas saíram da mais profunda miséria.[1] Nunca tantas passaram tão rapidamente da constante batalha pela própria sobrevivência para uma vida de oportunidades, por mais modesta que fosse. Em 2000, a ONU determinou para si mesma "um objetivo de desenvolvimento do milênio": reduzir pela metade a extrema pobreza, definida pelo Banco Mundial como aqueles que vivem com menos de US$1,25 por dia. O objetivo deveria ser alcançado até 2015; na verdade, foi atingido cinco anos antes do prazo. Muitos daqueles que escaparam da pobreza desesperadora vivem na Índia e na China, mas outros países também se beneficiaram — Vietnã, Etiópia, Ruanda e Bangladesh são os principais exemplos. A extrema pobreza geralmente é medida por renda diária ou consumo per capita, mas outros indicadores ilustram a melhoria na existência material ao redor do mundo — a queda na taxa de mortalidade infantil, o aumento na expectativa de vida e a diminuição do analfabetismo. Todo lugar que desfrutou de crescimento econômico e aumento na renda também apresenta a drástica influência do progresso tecnológico, seguida pela participação no comércio internacional.[2] Analisados em um contexto histórico amplo, tais indicadores mostram, sem muita ambiguidade, que essa é uma continuação direta da melhoria na condição humana iniciada com a Revolução Industrial e as inter-relações globais decorrentes.

Até cerca de dois séculos atrás, no mundo todo, a expectativa de vida ao nascer era em torno de trinta a quarenta anos.[3] Na Grã-Bretanha da metade do século XIX, as crianças que atingiam os cinco anos de idade tinham uma expectativa de vida de cinquenta e poucos anos.[4] As pessoas sobreviviam com aproximadamente US$400 por ano ou menos, em valores atuais. A grande maioria da população era analfabeta, doente e miserável. Muitos viviam em algum tipo de escravidão — não apenas escravizados não brancos, cuja servidão era o produto do racismo, mas também camponeses, servos e trabalhadores contratados europeus e asiáticos, que eram, de uma forma ou de outra, propriedade de aristocratas e capitalistas.

Os legalmente livres, na medida em que isso era possível em um mundo desprovido de democracia e direitos iguais para as mulheres, eram escravos da pobreza inclemente. Economistas estimam que, nos séculos passados, pelo menos 84% das pessoas viviam em privação extrema — do tipo em que cada segundo de esforço era, diariamente, dedicado à sobrevivência[5] —, criando terríveis ineficiências na exploração de recursos. Imagine um servo que poderia ganhar dinheiro cortando e vendendo lenha, mas não tinha um machado. E, mesmo que tivesse a ferramenta, não teria uma carroça para transportar a madeira até o mercado.

30 REVOLTA

A experiência mais angustiante na vida das pessoas comuns era presenciar, impotentes, a morte de seus filhos. No início do século XIX, cerca de 40% da prole de uma família morria antes dos cinco anos de idade. Em muitos lugares, as altas taxas de mortalidade de bebês e crianças continuaram nas décadas de 1920 e 1930.[6] Na maioria dos casos, as condições de vida, para a maior parte da humanidade, era miserável — quase intolerável, às vezes chegando ao ponto da apatia.

A fé fervorosa em um mundo imutável e cíclico e uma hierarquia santificadora de supostas crenças e valores eternos ditavam ideias distorcidas e distorcivas. Durante a maior parte da história, a pobreza foi considerada uma parte natural e necessária da sociedade humana, e as elites procuraram justificá-la. Martin Ravallion, da Universidade de Georgetown, reuniu algumas dessas visões e analisou como o mundo veio a reconhecer a necessidade de reduzir a pobreza.[7] Em 1771, um escritor britânico declarou: "Todos, exceto os idiotas, sabem que as classes mais baixas devem ser mantidas pobres ou nunca serão industriosas"[8] e um economista, também do século XVIII, afirmou: "Para deixar a Sociedade feliz e as pessoas cooperativas sob as mais severas circunstâncias, é necessário que um grande número delas seja ignorante e pobre."[9] Para essas pessoas, a pobreza parecia uma necessidade e uma característica natural de uma sociedade saudável, porque como dizia Philippe Hecquet: "Os pobres... são como as sombras de uma pintura: eles fornecem o contraste necessário."[10]

As condições humanas não melhoraram por causa de um evento cósmico ou uma dádiva divina. As *ideias* provocaram a mudança — as ideias no alicerce da revolução científica e do Iluminismo. A libertação da humanidade da horrível miséria das gerações anteriores foi suscitada pelo pensamento livre, pela libertação da superstição, pelo esfacelamento do monopólio da Igreja Católica sobre o conhecimento e pelo reconhecimento da necessidade de respeitar a autonomia individual. A partir do século XV, a competição política na Europa criou incentivos para avanços em tecnologia, ciência militar e outros campos, o que, por sua vez, levou à necessidade de novos arranjos econômicos. Os valores do Iluminismo forneceram uma base para a construção de instituições sociais e a proteção da propriedade privada, facilitando essas reformas e, simultaneamente, sendo promovidos por elas. "O Iluminismo é a emergência do homem de sua imaturidade autoimposta", escreveu Immanuel Kant. "Imaturidade é a incapacidade do indivíduo de usar a compreensão sem orientação alheia. Esta imaturidade é autoimposta quando sua causa reside não na ausência de compreensão, mas na falta de determinação e coragem para usá-la sem a orientação de um outro. *Sapere Aude!* 'Tenha coragem de usar seu próprio discernimento!' — esse é o lema do Iluminismo."[11] Os valores do Iluminismo foram a armadura que protegeu as conquistas da revolução científica e, ao fazer isso, possibilitou a Revolução Industrial. Por sua vez, a indústria e o capitalismo exigiam a globalização para sobreviver, distribuindo seus produtos ao redor do mundo.

Terrivelmente Eficiente

Imagine o dono de uma fábrica têxtil em Manchester, Inglaterra, no século XIX. A adoção revolucionária da máquina de fiar hidráulica, inventada em 1764, e do tear mecânico, inventado vinte anos depois, possibilitou a produção de tecidos mais rapidamente e em quantidades muito maiores do que a demanda do mercado local. As inovações nas tecnologias de transporte e comunicação permitiram ao proprietário transformar esse aumento de produtividade em lucro. Considerando seu grande investimento e os mercados locais já saturados de produtos dos concorrentes, o dono da fábrica precisava aumentar as receitas o mais rápido possível, então procurava vender suas mercadorias sempre que podia, de Londres para a Ásia. Além disso, os constantes avanços tecnológicos exigiam que ele preservasse sua competitividade e se expandisse comprando novas máquinas e mantendo-se atualizado, o que geralmente significava que precisava obter capital dos credores. Nesse estágio, se o proprietário não conseguisse encontrar esses novos mercados, acabaria falindo.

É aí que entram em cena os políticos. Se a Grã-Bretanha precisava forçar suas colônias a comprarem seus produtos, em vez dos locais, ou enviar sua marinha para obrigar outras nações a abrirem seus mercados a esses novos magnatas, assim seria. Marx e Engels tinham razão em 1848: "A necessidade de mercados sempre crescentes para seus produtos impele a burguesia a conquistar todo o globo terrestre. Ela precisa estabelecer-se, explorar e criar vínculos em todos os lugares."[12]

Não muito depois que *O Manifesto Comunista* foi escrito, a Grã-Bretanha já produzia metade do tecido de algodão do mundo — apesar de não cultivar algodão.[13] Esse feito não se devia ao poder político da burguesia ou à violência empregada pelos capitalistas para defender seu controle dos meios de produção. Era simplesmente uma questão de eficiência da Revolução Industrial, que tornava possível produzir produtos mais baratos e transportá-los a grandes distâncias, e da enorme tentação de prosperidade que ela trouxe.

A globalização não pede — ela ordena, e seu comando é eficiência. Essa eficiência é julgada exclusivamente pelas lentes dos negócios, focadas na receita. As preocupações locais são relevantes apenas na medida em que servem ou interferem na obtenção de lucro. Portanto, por sua própria natureza, a globalização cria fenômenos como as indústrias têxteis indonésias de hoje, ou o despejo de grandes quantidades de resíduos tóxicos nos países do Sul global. Ao operar sem códigos morais ou regulamentação significativa, ela é cega, nada além de um simples mecanismo de oferta e demanda alimentado pela eficiência.

É um processo abrangente e poderoso. As conversas sobre o tema giram em torno de previsões de uma globalização irreversível e baseada na tecnologia, ou profecias globais de caos. A realidade é mais complexa, tem prós e contras. Um resultado positivo da Revolução Industrial e da maneira como ela se tornou global foi o surgimento de instituições sociais mais fortes, principalmente a educação.

À medida que a Revolução Industrial avançava, exigia uma força de trabalho com pelo menos uma educação básica, para equipar as fábricas.[14] As escolas, fossem públicas, fossem as chamadas escolas fabris para trabalhadores adolescentes, forneciam dois serviços essenciais para os capitalistas: os trabalhadores adquiriam experiência técnica básica e alfabetização, ambas necessárias em uma sociedade que exigia o uso de títulos de crédito, a redação de cartas, a leitura de avisos e a aprendizagem. Um segundo serviço era comportamental: os trabalhadores empregados em uma grande fábrica, em oposição a uma indústria agrícola ou familiar, como no passado, precisavam aprender a obedecer ordens, ser pontuais e entender a responsabilidade comunitária. A educação para as massas era uma necessidade capitalista.

Com o tempo, no entanto, a educação pública se desatrelou das circunstâncias instrumentais de seu nascimento e se tornou um valor por mérito próprio, associado à igualdade. Somente no século XIX, em todo o mundo, o percentual de pessoas de quinze anos ou mais com educação básica quase dobrou, de 17% para 33%. Em meados do século XX, chegou a 51% e, em 2000, atingiu os 80%.[15]

Esse salto foi um resultado histórico da necessidade da classe abastada por capital humano. Mas, paralelamente ao seu caráter explorador, a educação pública capacitou populações inteiras anteriormente reprimidas e lhes deu ferramentas para melhorar suas vidas nos níveis pessoal e político, em parte destruindo estruturas de classes e reforçando a democracia e os direitos dos trabalhadores.[16]

A Revolução da Desigualdade

A globalização é uma revolução constante, emancipadora e assustadoramente eficiente. Não é uma vila em que membros de diferentes nações e raças se sentam em círculo e cantam "Kumbaya". O "mundo plano" é uma miragem que obscurece os choques e as reviravoltas que a globalização requer para se sustentar. De fato, o pior cenário para o atual modelo de globalização é que o mundo possa se tornar uma vila comunitária e igualitária. A economia global é alimentada pela desigualdade. A produção e o comércio internacionais exigem diferenciais e lacunas de arbitragem no custo da mão de obra, no poder de compra, nos preços de commodities e matérias-primas, e nas taxas de câmbio.

Os empresários aproveitaram essas disparidades para criar empresas lucrativas em uma economia global de exportação e importação, um processo que se acelerou após a queda do Muro de Berlim. Simultaneamente, cerca de 128 mil pessoas escaparam da pobreza todos os dias nos 25 anos seguintes.[17] A desigualdade e a tentativa de capitalizá-la em nível global têm sido fatores essenciais para a melhoria da renda e do padrão de vida.

O ponto final é de importância crítica. A versão atual da globalização é totalmente sem precedentes. Sempre houve comércio internacional movendo mercadorias em todo o mundo, com mudanças de intensidade. Mas, no passado, em contraste com o presente, ele não elevou o padrão de vida global e certamente não reduziu a penúria. Explorados e oprimidos eram peões em um jogo de soma zero em que sempre perdiam. De qualquer forma, o mundo ficou preso na armadilha malthusiana — lentos avanços tecnológicos e aumento da produção de alimentos levaram ao crescimento populacional, exigindo que os recursos fossem distribuídos para uma população maior, até que, finalmente, o padrão de vida retornou à sua terrível condição inicial.

No século XVIII, o filósofo iluminista Voltaire defendeu o luxo e atacou a hipocrisia de seus críticos, que, segundo ele, doutrinavam contra a cultura do consumismo enquanto desfrutavam das coisas boas da vida, incluindo o café. "Não precisa ser colhido dos campos da Arábia pela indústria humana?", disse Voltaire sobre a bebida. "A porcelana e a beleza frágil desse revestimento esmaltado na China foram feitas para você por mil mãos, queimadas e requeimadas, pintadas e decoradas. Essa prataria refinada, perseguida e ornamentada, lisa ou transformada em vasos ou pires, foi arrancada da terra profunda, em Potosí, no coração do Novo Mundo. O Universo todo trabalhou para você, de modo que, em sua raiva complacente com amargor piedoso, você possa ultrajar o mundo inteiro, exaurido para lhe dar prazer."[18]

Voltaire oferece uma primeira versão da teoria do gotejamento. O luxo, ou o que chamaríamos de consumismo, une o mundo porque gera emprego, o que leva ao comércio e à indústria. Certamente era uma alegação falsa quando ele a fez. O historiador de economia Gregory Clark explica de forma sucinta: "A pessoa média no mundo de 1800 não estava em melhor situação do que a pessoa média de 100.000 a.C. De fato, em 1800, a maior parte da população mundial era mais pobre que seus ancestrais remotos."[19]

Não foi o Universo que trabalhou pelo bem dos hedonistas da Paris do século XVIII, como argumentou Voltaire. Foram os seres humanos escravizados por questões raciais e que, às vezes, trabalhavam até a morte, sem nenhuma chance de melhorar seu bem-estar material. Aqueles que apreciavam os produtos de luxo provenientes de terras estrangeiras eram um fino estrato de aristocratas e a burguesia rica, como o próprio Voltaire. Além de as massas terem sido abandonadas na pobreza, a economia também não prosperou — a taxa média de crescimento da produção per capita na Europa Ocidental foi de 0,14% nos anos 1500–1820.[20]

A Revolução Industrial, seguida pela globalização contemporânea, mudou tudo isso profundamente. A natureza industrializada, maciça e liberal desses fenômenos redirecionou drasticamente a história humana, criando, pela primeira vez, oportunidades para a maioria dos seres humanos. A globalização é um facilitador da exploração *e* um remédio comprovado para a pobreza global.

O processo é tão poderoso que tendemos a esquecer que não é um fenômeno natural, não é uma marcha de progresso ou uma aldeia global. É uma criação político-econômica que obriga todos, feliz ou infelizmente, a fazer parte da mesma história. Às vezes, a história é escrita em Londres ou em Karachi. No entanto, é em Beijing que ela acontece cada vez mais.

CAPÍTULO 2

Banho Duas Vezes por Mês

Michael Wong pertence à primeira geração que cresceu na economia globalizada da China. Somos amigos há anos e, de tempos em tempos, conversamos; ele da barulhenta Xangai, sua cidade natal, e eu da sufocante Tel Aviv. Ambos nascemos em 1979, exatamente na fronteira entre as eras analógica e digital. Para a China, foi uma época de reformas sem precedentes. Quando Michael nasceu, o produto interno bruto (PIB) per capita do país (em dólares atuais) era inferior a US$200. O de Israel era trinta vezes maior. Desde então, essa disparidade foi reduzida drasticamente. Michael, um homem sério e trabalhador, sempre com um sorriso no rosto, é um especialista e adepto de hip-hop ocidental e chinês. Gosto da precisão matemática com a qual ele decodifica esses fenômenos culturais. Ele é descolado sem fazer esforço.

Alguns anos atrás, nos encontramos com um grupo de amigos em uma noite de inverno na Califórnia, não muito longe de São Francisco. A conversa nos levou de volta à nossa infância. O melhor dia da semana para mim, contei a Michael, era o da minha aula de informática depois da escola. Eu não me interessava por programação, mas ainda não tínhamos um computador em casa, e no final da aula eles nos davam alguns minutos de divertimento com aqueles jogos de computador rudimentares dos anos 1980, como o Montezuma's Revenge.

Para Michael, o melhor dia da semana era totalmente diferente — era o dia em que ele e seus pais podiam se dar ao luxo de tomar banho em uma casa de banho pública.

Michael cresceu com os pais, residentes de primeira geração, em Xangai. Durante a Revolução Cultural, as escolas secundárias de seus pais foram fechadas e muitos familiares foram enviados para trabalhar em fazendas, meras engrenagens do programa maoista para reestruturar a sociedade chinesa. Por causa da agitação popular, seu pai "se educou sozinho no segundo grau", explicou Michael. Somente mais tarde, quando as universidades do país foram reabertas, ele começou a estudar engenharia mecânica; e, depois, aprendeu a programar por conta própria.

"Quando eu estava no jardim de infância e na escola primária, a vida era realmente uma batalha", disse Michael.

"Era muito difícil. Morávamos com nossos avós e primos, todos no mesmo apartamento. Eu dormia em um quarto minúsculo, sem janelas, e nem sequer tinha uma mesa ou cama. Meu pai teve que usar um pouco de madeira para fazer uma cama para mim. Precisávamos de cupons de alimentos, já que os alimentos eram limitados, por isso em geral não comíamos carne, era principalmente arroz e legumes. Em feriados e ocasiões especiais, quando nos sentávamos em uma grande mesa festiva, apenas as crianças e os avós comiam carne, os pais deixavam a carne para as crianças, que eram todas filhas únicas."

Sua família não tinha geladeira; eles usavam a água fria de um pequeno poço no quintal para resfriar a comida, "e comíamos alimentos bem salgados, porque assim eles eram preservados melhor nos meses de verão". Michael cresceu em um prédio de apartamentos sem chuveiro; os banheiros ficavam em uma casinha nos fundos. Eles se lavavam com a ajuda de um balde de metal. "Havia um espaço minúsculo embaixo da escada onde as pessoas colocavam uma cortina, e cada uma usava a própria água para tomar banho. Então, uma vez por mês ou a cada duas semanas, íamos aos banhos públicos com nossos pais. Lá podíamos nos lavar por inteiro. Mas não dava para usá-los muitas vezes, pois eram pagos."

No início dos anos 1980, viver dessa maneira não era incomum na China, ou na Ásia em geral. A família de Michael não era pobre para os padrões chineses — os pobres nas áreas rurais estavam em uma situação muito pior.

Então, no final dos anos 1980, as condições começaram a melhorar de uma maneira que poucos imaginaram ser possível. "Primeiro, as lojas não estavam sempre desabastecidas dos produtos que precisávamos", recordou Michael. "De repente, havia mercadorias para comprar. Segundo, havia mercados privados. As pessoas podiam comprar e vender por conta própria. A partir de então, muitos criaram os próprios negócios e começamos a ter um mercado livre." Em resumo: "A vida estava ficando cada vez melhor. Mudava a cada ano."

Seus pais trabalhavam em fábricas de equipamentos eletrônicos e montaram a própria televisão em preto e branco com peças que recolhiam de diversos lugares. Michael venceu um importante concurso de matemática para crianças em idade escolar em Xangai, o que o colocou no caminho do sucesso.

Ele me disse que, no início dos anos 1990, começou a baixar arquivos via BBS, uma tecnologia antiga que conectava computadores por meio de uma conexão discada, uma espécie de versão preliminar da internet. Nesse momento da conversa aconteceu um fato interessante: nossas experiências subitamente convergiram e tivemos uma memória de infância compartilhada. Até então, minha vida não se parecia em nada com a de Michael. Cresci em uma família de classe média israelense que podia pagar viagens esporádicas ao exterior. Até tínhamos dois carros. Apesar de vivermos em circunstâncias incrivelmente diferentes, a internet recém-emergente era um ponto em comum que tornou nossos mundos um pouco mais semelhantes. Nós dois, da mesma idade, compartilhávamos arquivos e nos comunicávamos por meio de conexão discada, típicas crianças da década de 1980, a primeira geração a crescer com a internet como parte integrante de suas vidas.

A história de Michael não é apenas sobre mercados abertos e seus efeitos. Quando criança, ele se beneficiou do investimento do governo em um sistema escolar que identificou seu talento. Os valores chineses tradicionais, que fizeram da educação uma prioridade para as famílias, e seus pais, excepcionalmente aptos tecnicamente, também desempenharam um papel. Mas ele é o primeiro a admitir que teve muita sorte. Hoje, Michael, um garoto de Xangai cujos pais economizavam dinheiro para tomar banho todas as semanas em uma casa de banho pública, é um empresário, um dos fundadores de uma empresa cujas ações são negociadas na Bolsa de Valores de Nova York. É bem provável que muitos leitores deste livro usem o aplicativo desenvolvido por sua empresa. "Minha geração é muito agradecida", disse ele. "Tem um imenso valor para mim, pois nada deve ser dado como certo. Essas crises em nossa infância nos fizeram valorizar muitas coisas. Somos gratos aos nossos pais, ao progresso, ao governo, porque nós vivenciamos a mudança."

A mudança foi provocada por Deng Xiaoping e seus aliados. Em 1978, a China embarcou em grandes reformas, sob a liderança do determinado Deng. Ele permitiu o comércio limitado em mercados privados e criou zonas econômicas especiais para promover a manufatura e a exportação. Empresas privadas transformaram rapidamente a vida cotidiana na China. Ao mesmo tempo, investidores estrangeiros se reuniram lá para aproveitar seus baixos custos trabalhistas. A economia do país começou a crescer quase imediatamente, a uma taxa média de 10% ao ano, atingindo 15% em poucos anos. Em 1980, o PIB per capita chinês era de US$195. Em 2018, atingiu US$9.770.[1] Entre 1980 e 1990, o número de chineses que viviam em extrema pobreza foi reduzido em 167 milhões.[2] Em 2013, mais de 850 milhões haviam escapado da armadilha mortal.[3] A globalização está acelerando as relações interdependentes e, no caso chinês, significou uma mudança vertiginosa. Essas não eram políticas econômicas inseridas em pacotes de planos de desenvolvimento complicados que levam décadas para mostrar resultados — elas trouxeram melhorias práticas em todas as áreas da vida em um tempo muito curto. Em 1990, dois em cada dez cidadãos chineses — centenas de milhões de pessoas — eram analfabetos. Duas décadas depois, 95% sabiam ler e escrever. No início dos anos 1990, apenas 68% das mulheres eram alfabetizadas; em 2010, praticamente não havia diferenças entre os gêneros.[4] Entre 1990 e 2017, a taxa de mortalidade de bebês e crianças, até os cinco anos de idade, despencou 83%.[5] Por meio de todos os critérios possíveis, a vida na China melhorou profundamente. De fato, o mesmo aconteceu em toda a Ásia, em taxas variáveis, exceto na Coreia do Norte, a última ditadura stalinista do mundo.

A industrialização é fundamental. Não existe correlação mais fatídica para os seres humanos do que a entre industrialização e aumento nos padrões de vida. Os chineses tiveram uma Revolução Industrial tardia. O trem chegou à estação no século XIX, mas eles só embarcaram no século XX. No entanto, isso representa apenas um piscar de olhos na história humana. Em 1978, sete em cada dez chineses trabalhavam na agricultura ou em áreas afins. Em 2018, a situação havia se invertido — agora, em cada dez chineses, sete a oito trabalham em setores não agrícolas, como comércio, indústria e serviços. Às vezes, em minhas palestras, peço que o público nomeie o líder mais importante do século XX. As respostas usuais são Churchill, Hitler e Stalin. Sugiro que, talvez, eles devam olhar mais para o Leste. Stalin acreditava estar construindo uma superpotência soviética que duraria para sempre e se tornaria o futuro da humanidade; Churchill esperava salvar o Império Britânico; e Hitler sonhava com um Reich de mil anos. Os três falharam, embora Churchill tenha salvado a civilização ocidental no processo. Somente um líder do século XX herdou um país atrasado e pobre e devolveu uma superpotência latente — Deng Xiaoping. Ele foi capaz dessa proeza porque, em seu caso, tinha a globalização como maior aliada.

Criando Avatares

Michael e muitos outros como ele ilustram o ritmo acelerado das mudanças globais. Não são esperanças vagas de que nossos filhos tenham uma vida melhor do que nós, mas o potencial de uma mudança imediata na maneira como vivemos. Milhões passaram diretamente de uma vida sem água corrente para o trabalho em empresas orientadas à exportação ou em desenvolvimento de software e aplicativos.

Por si só, o comércio entre nações e culturas não é novidade. Em Roma, Plínio, o Velho, protestou contra a natureza global do mercado de luxos em sua época. "Vivemos para ver... as viagens feitas a Seres [China] para obter tecidos, os abismos do Mar Vermelho explorados em busca de pérolas e as profundezas da terra vasculhadas em busca de esmeraldas", escreveu ele. "Em uma estimativa modesta, Índia, Seres e a Península [Árabe], juntas, drenam de nosso império 100 milhões de sestércios todo ano. Esse é o preço que nossos luxos e nossas mulheres nos custam."[6] Essas palavras foram escritas há mais de 2 mil anos e podem ser o primeiro discurso (machista) contra um deficit comercial, ou seja, quando um país paga mais pelas importações do que recebe das exportações. Plínio se limitou a itens de luxo desfrutados pela diminuta alta sociedade do império. Mas, para a maioria dos habitantes do mundo, esses bens só se tornaram acessíveis cerca de duzentos anos atrás. Essas pessoas não compravam favas de baunilha ou tecidos de seda. Passavam a maior parte do tempo obtendo comida para o presente e o porvir.

O comércio global recíproco era muito restrito. Ocorria entre pequenas classes aristocráticas e ricas. Pouco comércio cruzava de fato enormes extensões de território. A natureza global da Rota da Seda era um mito que começou a se disseminar durante o século XIX. Representava um mundo antigo de abundância e variedade, comércio aberto e funcional, transporte intercontinental e diálogo intercultural. Hoje sabemos que a imagem de uma Rota da Seda muito movimentada, repleta de cáfilas que cruzavam a Ásia, carregadas de seda a ser vendida em troca de moedas romanas, é uma ilusão romântica exagerada. Os produtos eram transportados por não mais de quinze quilômetros por dia, principalmente entre centros rurais e agrícolas que supriam suas próprias necessidades por meio do comércio local. Eram conduzidos pelos "mascates", termo usado por Valerie Hansen, em seu livro *Silk Road: A new history* [sem publicação no Brasil].[7]

No mundo atual, a ampliação desse comércio se manifesta no fato de que a *maioria* dos bens em um lar de um país industrializado não foi produzida nas proximidades. De fato, o que realmente significam "perto" e "longe" em um mundo no qual as mercadorias podem ser transportadas por via aérea de um hemisfério para outro em um dia, e dinheiro e informações por fibra óptica em menos de um segundo?

44 REVOLTA

Em 1881, a Royal Geographical Society da Inglaterra publicou um grande mapa de um tipo que nunca mais seria visto. Era pintado de verde, amarelo, laranja, azul — cores que indicavam os tempos de viagem a partir de Londres. Na época em que as viagens eram feitas de carruagem e barco, esse mapa era essencial para o planejamento de trajetos longos e árduos. Toda a Europa era mostrada em verde-escuro no mapa, o que significava que um viajante de Londres poderia esperar chegar ao seu destino dentro de dez dias. Nos Estados Unidos, a Costa Leste aparecia em amarelo, o que indicava vinte dias de viagem a partir da capital britânica — o tempo que um barco relativamente rápido levava para atravessar o Atlântico. Destinos muito distantes — o Leste da Ásia, por exemplo — eram mostrados em marrom, pois exigiam uma viagem de pelo menos seis semanas.

Esse mundo desconectado que demorava tanto para ser cruzado, no qual a notícia do fim de uma guerra dependia da velocidade do vento, da altura das ondas e do tamanho e da força das velas, foi substituído pelo mundo instantâneo, no qual informações e mercadorias se movem em velocidades enormes, e negócios são fechados e implementados imediatamente.

Ainda mais importante, as mudanças estão acelerando. Após a invenção do telefone, levou cinquenta anos para metade dos norte-americanos ter um aparelho em suas casas. Depois da invenção do rádio, 38 anos se passaram até que sua audiência chegasse a 50 milhões de ouvintes nos Estados Unidos. Foram necessários treze anos para a televisão atingir o mesmo marco.[8] O Facebook, por outro lado, tinha 6 milhões de usuários em seu primeiro ano, e esse número aumentou cem vezes em cinco anos.[9]

Esses avanços são fruto não apenas do comércio e da tecnologia, mas também — talvez em grande parte — da relativa estabilidade política alcançada em 1945 e consolidada após a queda do Muro de Berlim. O aumento no fluxo de informações, capital e bens foi possibilitado graças aos cautelosos e meticulosos tomadores de decisão e eleitores da Era da Responsabilidade. Os padrões internacionais de tarifas e impostos foram estabelecidos, os custos de transporte diminuíram e os investidores de mercados internacionais se sentiram mais seguros. Assim como as economias não prosperam sem instituições fortes, a globalização não é capaz de se expandir sem uma ordem internacional que proceda com moderação.

É UMA LIÇÃO QUE O MUNDO APRENDEU DA MANEIRA MAIS ÁRDUA. Durante a primeira década do século XX, a crença de que a tecnologia, a ciência e o lucro impulsionariam uma marcha irresistível de progresso era generalizada entre as elites políticas. Ela naufragou nos arrecifes da Primeira Guerra Mundial. Essa versão inicial de globalização, que durou do final da Guerra Franco-Prussiana, em 1871, até o troar dos canhões de agosto de 1914, é frequentemente chamada de *Belle Époque*, a bela época. Foi um tempo de incrível prosperidade humana. O mundo experimentou uma das maiores ondas de migração humana em tempos de paz, muitas delas tiveram a América do Norte como destino. Italianos, irlandeses, judeus, holandeses, alemães, tchecos, ingleses, escoceses, poloneses e muitos outros deixaram o Velho Mundo em busca de um novo futuro. E, em geral, o encontraram. As descobertas científicas e as tecnologias surgiram uma na esteira da outra. Marie e Pierre Curie investigaram os segredos da radioatividade; Louis Pasteur e Robert Koch descobriram como as bactérias causam fermentação e doenças. Henry Ford foi pioneiro na produção em massa de automóveis; Alexander Graham Bell projetou o primeiro telefone útil; Thomas Edison criou a primeira lâmpada incandescente. Os irmãos Lumière realizaram a primeira exibição pública de filmes. Por si só, cada um desses avanços teria mudado radicalmente a maneira como as pessoas viviam; reunidos, no espaço de apenas algumas décadas, eles transformaram o mundo.

A Belle Époque também foi uma era de eflorescência cultural, produzindo, entre outras coisas, parte da arte mais apreciada até hoje — as obras dos impressionistas, pós-impressionistas, cubistas e expressionistas. Foi a grande era do realismo literário e da imersão na psique humana por escritores modernistas inovadores, como Thomas Mann e Marcel Proust. Mas um dado corrobora a alegação de que a globalização atual é apenas uma repetição (com tecnologia mais avançada) da época anterior — o comércio internacional como uma porcentagem dos PIBs mundial e dos países líderes. O comércio internacional representava 44% do PIB britânico em 1913, um nível que só voltaria a ser atingido sessenta anos depois.[10] O valor dos produtos exportados como parcela do PIB mundial era de 14% às vésperas da Primeira Guerra Mundial, e não alcançaria esse nível novamente até a década de 1980.[11]

A Grande Guerra despedaçou tudo. "As luzes estão se apagando por toda a Europa, não as veremos brilhar novamente em nossa existência", afirmou Edward Grey, secretário de Relações Exteriores britânico, na véspera do sangrento conflito. Depois das trincheiras cruentas de 1914 a 1918, vieram as turbulentas décadas de 1920 e 1930, que culminaram em outra guerra mundial. E então surgiu o mundo dos blocos ocidentais e soviéticos, um mundo de muros, tarifas e arame farpado.

Certa vez, um amigo japonês me disse que a Guerra Fria fez ao mundo o que a neve faz pelas cerejeiras no Japão. Quanto mais frio o clima no inverno, mais vívidas as flores da primavera. A infraestrutura estabelecida na Era da Responsabilidade mostrou seu valor quando o frio passou. A queda do Muro de Berlim e do bloco oriental levou a um renascimento do comércio internacional de alcance singular. A nova globalização quebrou todos os recordes da Belle Époque.

Porém, algo mais aconteceu. Não foi apenas a aceleração e a expansão das relações interdependentes entre os países; essas relações também se tornaram mais profundas para os indivíduos. A subsistência de um trabalhador industrial na Indonésia agora depende da oferta e demanda nos sites norte-americanos. Esse mesmo trabalhador usa um telefone celular fabricado na China com base em patentes norte-americanas e a manutenção ou a perda de seu emprego depende das taxas de juros estabelecidas pelo Federal Reserve nos Estados Unidos. Um cidadão alemão pode residir em Berlim ao mesmo tempo em que o centro de sua vida está em outro continente. Seus negócios, amigos e hobbies não precisam estar na mesma cidade que sua cama. Em seu tablet, via internet, ele lê revistas especializadas escritas em um terceiro continente. Faz suas compras em sites internacionais, investe suas economias em empresas sediadas em outros países e pode optar por adotar valores, espiritualidade, rotina de exercícios e dieta de uma cultura estrangeira (ou mais de uma) de outro continente.

Essa escolha, de viver como um avatar global da presença física, está se tornando cada vez mais comum. É uma possibilidade que levanta questões e dilemas que os seres humanos nunca enfrentaram. A globalização penetrou profundamente em nossas veias, nosso sangue, nos testes genéticos que fazemos antes de trazer crianças ao mundo e na maneira como as criamos.

Consciência Global

Uma pesquisa de longa duração conduzida para a BBC perguntou às pessoas se elas se identificavam com a afirmação "Eu me vejo mais como cidadão global do que como cidadão do meu país". O estudo demonstrou que, em 2016, o conceito de cidadão global atingiu seu auge — pela primeira vez, metade dos cidadãos dos países incluídos na pesquisa se viam como cidadãos do mundo.[12] Resultados semelhantes podem ser encontrados em um estudo norte-americano de 2017, no qual cerca da metade dos entrevistados disseram sentir um comprometimento com os valores de uma "comunidade humana global". Não houve diferença significativa entre os grupos demográficos distintos.[13] Uma pessoa que se considera mais um cidadão do mundo do que de seu país sente, ou deseja sentir, que sua vida não está inteiramente vinculada a algo local. É uma sensação de que "Existe um mundo inteiro a seus pés", para citar Bert do filme *Mary Poppins*, que não deve ser desfrutado apenas por "pássaros, estrelas e limpa-chaminés".

Durante quase toda a história humana, o oposto foi verdadeiro. Experiências ou acontecimentos longínquos, por mais potentes ou significativos, tinham muito pouco impacto material na vida da maioria das pessoas. Um bom exemplo é o Grande Incêndio de Londres, em setembro de 1666. Na época, Londres já era a capital de um crescente império marítimo, com vasto território além-mar. O incêndio destruiu grande parte da enorme e importante capital desse reino em expansão. Três quartos da cidade medieval original foram incendiados — mais de 13 mil casas, 87 igrejas e muito mais. O incêndio teve impacto cultural, arquitetônico, literário, social e até religioso. Mas quem soube do ocorrido? Quem ouviu falar do triste acontecimento?

Obviamente, os londrinos; certamente, as pessoas de toda a Inglaterra; e, provavelmente, os muitos residentes da Grã-Bretanha. Após uma investigação parlamentar, os ingleses se apegaram a um bode expiatório, acusando a "facção papista" — ou seja, os católicos — pelo incêndio. Os defensores da intolerância religiosa e da xenofobia usaram essa acusação

BANHO DUAS VEZES POR MÊS 49

como desculpa para perseguir estrangeiros e católicos por um tempo. Somente em 1830 a inscrição culpando os católicos foi apagada do monumento à tragédia em Londres.

Para todos os efeitos, o incêndio nunca aconteceu para a maioria da humanidade e dos europeus. Eles não ouviram falar; não tinham interesse em saber; e nem recebiam qualquer incentivo específico para se interessar. O mundo em que viviam era extremamente local. Como sempre, histórias e rumores se espalhavam e eram disseminados em situações sociais, como no sermão dominical da igreja ou no pub local. Mas eram lampejos de conhecimento, alusões a um mundo maior além da vila. Uma pessoa se definia em relação à sua comunidade ou ao distrito em que nasceu. Os clérigos, a aristocracia e uma pequena classe de comerciantes ricos integravam uma elite global que possuía conhecimento, tempo de lazer e dinheiro, o que lhes permitia conhecer mais sobre o mundo. A compreensão do mundo — sua essência e seus acontecimentos — limitava-se a classes pequenas e privilegiadas.

É fácil imaginar um cenário em que o Grande Incêndio de Londres afete a vida do inglês comum. A floresta perto de sua casa é cortada para fornecer a madeira necessária à reconstrução da capital. O corte das árvores impacta o inglês plebeu de várias maneiras, mas ele não exerceu papel algum na tragédia. Era um mero peão insignificante e mudo em um tabuleiro de xadrez arbitrário. Trabalhadores contratados pelo senhor local chegam para derrubar a floresta, e a ele só resta assistir. Fragmentos de informações sobre os motivos do corte podem chegar até ele — talvez ouça falar de um incêndio em um lugar distante. Mas o mais provável é que não. E, mesmo que ficasse sabendo, possuir essa informação faria alguma diferença em sua vida? O único lugar em que ele podia influenciar as decisões e controlar sua vida era em sua própria casa, uma estrutura que às vezes nem sequer era de sua propriedade.

Compare isso ao alcance de uma catástrofe moderna — o colapso das Torres Gêmeas no ataque da Al-Qaeda aos Estados Unidos em 11 de setembro de 2001. Mais de 2 bilhões de pessoas assistiram à segunda torre desmoronar.[14] Mais da metade da humanidade, em uma estimativa conservadora, pôde presenciar a colisão dos aviões nas torres, que destruiu o World Trade Center e matou 2.606 pessoas nos prédios e nas áreas adjacentes. O atentado foi um evento de enorme importância, com amplas implicações geopolíticas. No entanto, o que aconteceu em Manhattan foi menos significativo do que as tragédias de Auschwitz, ou de Hiroshima e Nagasaki no final da Segunda Guerra Mundial.

Todavia, o atentado às Torres Gêmeas foi filmado e transmitido ao vivo. É essa a questão. A queda das torres foi uma imagem decisiva que atravessou fronteiras nacionais e adentrou o consciente popular internacional. Grande parte da espécie humana partilhou do trauma ao testemunhá-lo, embora o povo do Paquistão e dos EUA tenha interpretado a imagem de maneiras díspares. As pessoas extraíram inferências opostas e experienciaram sentimentos totalmente diferentes. Mas todas tomaram conhecimento do fato, e a imagem estava em toda parte, levando a milhares e depois milhões de decisões individuais em todo o mundo.

Quando as inter-relações entre lugares e pessoas são tão densas e intensas quanto as de hoje, acontecimentos em lugares distantes podem ter um forte impacto local. Assim, os indivíduos têm um incentivo para criar uma base comum de ideias, fatos e imagens. Entretanto, o que chama a atenção não é que as pessoas saibam mais sobre o que afeta suas vidas — afinal, esse tipo de conhecimento é de seu interesse —, mas, sim, que saibam muito sobre o que ostensivamente não influencia de maneira imediata suas vidas. Cerca de 2,5 bilhões de pessoas assistiram ao funeral da princesa Diana em 1997. A abertura dos jogos da Copa do Mundo de 2018 foi vista por 3,5 bilhões. Um bilhão de seres humanos ouviu ou assistiu ao resgate dos mineiros presos quando os túneis em que trabalhavam desabaram no Chile em 2010. Qualquer pessoa que não viva na miséria absoluta, que não esteja lutando pela subsistência, é capaz de criar uma perspectiva global. Agora, o privilégio desfrutado há alguns séculos apenas por monges beneditinos que se debruçavam sobre livros em seu priorado isolado está disponível para quase todos.

Saber ler e escrever, ter acesso a água corrente, eletricidade e internet são estados binários. É algo que se tem ou não. A presença desses elementos muda a condição humana e concede uma visão mais ampla aos que os adquirem. O mundo continuamente conectado cria uma consciência comum. Uma criança pode conversar com outra sobre um jogo de videogame online; os adultos lembram exatamente onde estavam no dia da queda das Torres Gêmeas; dois estranhos podem zombar de um líder político aparvalhado que ambos conhecem apenas de vista ou pela reputação. À medida que as inter-relações se fortalecem, as pessoas compartilham mais formas de pensar. Cada novo conhecimento, cada imagem ou paradigma, aumenta sua visão compartilhada do mundo. As pessoas não precisam amar ou aceitar a pornografia, o fast food, o entretenimento de Hollywood, o poder do dólar, o medo do terrorismo, os smartphones, o fundamentalismo religioso ou o empoderamento das mulheres, mas todos esses elementos constituem uma parte crescente de uma consciência humana comum. Essa consciência em expansão nutre as aspirações e os medos comuns, que influenciam e desconstroem convenções sociais em todos os lugares, desde a demanda do consumidor até políticas domésticas. E a tecnologia é tanto um facilitador quanto um acelerador desse processo.

Um bom exemplo é o experimento "Buraco na Parede", um estudo sobre educação e domínio da informática conduzido por Sugata Mitra, de Newcastle, Inglaterra, que inspirou o romance *Sua Resposta Vale um Bilhão*, de Vikas Swarup, e sua adaptação cinematográfica, *Quem Quer Ser um Milionário?*. Em 1999, Mitra embutiu um monitor de computador em uma parede em uma favela em Nova Delhi. Ao lado havia um mouse que poderia ser usado para navegar na internet. Como o nome indica, era simplesmente um buraco na parede, dentro do qual foi encaixado um computador. O equipamento tinha livre acesso e não havia adultos responsáveis supervisionando-o. Mitra usou uma câmera escondida para registrar as reações das crianças, muitas das quais navegavam na internet pela primeira vez. As gravações mostram as crianças ensinando umas as outras, em grupos, como usar o computador sem nenhuma instrução formal, como acessar sites e fazer download de softwares, jogos e música. Mitra expandiu o experimento para outras cidades, sempre em bairros pobres, incluindo locais remotos onde não havia internet. Nessas estações, disponibilizou uma biblioteca com jogos e softwares educacionais — tudo em inglês, um idioma que nenhuma criança falava. Quando revisitou um desses lugares, elas disseram a ele: "Precisamos de um processador e mouse melhores", bem como: "Você nos deu máquinas que funcionam apenas em inglês, então aprendemos inglês."

O experimento de Mitra mostrou como o acesso à internet, sem a supervisão de um adulto, possibilita que grupos de crianças adquiram habilidades, educação e conhecimento aos quais não teriam acesso sem um computador em seu bairro. E isso inclui o conhecimento básico de como operar um computador, mas também como buscar informações, adquirir facilidade em matemática, aprender um idioma, desenvolver o pensamento crítico e muito mais. A interatividade intrínseca à internet e aos próprios computadores levou a um processo no qual as crianças adquiriram conhecimento de forma independente.[15] "O analfabeto de amanhã", disse o psicólogo Herbert Gerjuoy, "não será aquele que não sabe ler; será aquele que não aprendeu a aprender".[16] As crianças que compartilham um smartphone em Mumbai (ou que, no passado, passavam algum tempo em cibercafés) aprendem sozinhas a aprender. Elas enfrentam outros obstáculos, frequentemente bastante complexos, mas que se mostram muito menos prejudiciais ao seu desenvolvimento do que as correntes da ignorância de antigamente. No mundo atual, os fatos estão a um clique de distância. Porém, como sabemos, as mentiras são tão acessíveis quanto.

QUANDO A REVOLUÇÃO DA TUNÍSIA ECLODIU EM 2010, OS JORNALIStas ocidentais precisavam nomeá-la. O nome escolhido foi Revolução do Jasmim, em homenagem ao símbolo nacional do país. (Os próprios tunisianos a atribuíram um nome mais significativo, Thawrat al-Karaamah, a Rebelião da Dignidade.) Levou apenas algumas semanas para a revolta se espalhar pelo Norte da África e pelo Oriente Médio em uma onda que passou a ser chamada de Primavera Árabe.

No entanto, esse episódio reverberou no Extremo Oriente, na China em particular. Em fevereiro de 2011, protestos exigindo reformas políticas eclodiram em Beijing e em outras cidades. Os manifestantes usaram a flor de jasmim, que tem profundas raízes culturais na tradição chinesa, como um símbolo de mudança política. Distribuíram flores e cantaram uma canção chinesa popular chamada "Mo Li Hua", ou "Que Belo Jasmim", em tradução livre. Como o povo chinês estava ciente do que tinha acontecido na Tunísia, não havia necessidade de criar outro slogan — o contexto era claro. O governo reagiu com censura à palavra "jasmim", bloqueando as pesquisas por ela e pela frase "Revolução do Jasmim" nas mídias sociais e nos aplicativos. Quando os protestos se espalharam para o Egito, alguns sites chineses também bloquearam a palavra "Egito".[17] A censura foi generalizada. O ex-presidente Hu Jintao já havia sido gravado cantando a canção do jasmim e, de repente, a música não podia mais ser acessada na internet. A China realiza todo ano um festival internacional do jasmim, que naquele ano foi subitamente adiado. Em alguns lugares, a polícia proibiu a venda de flores de jasmim, causando enormes prejuízos para os cultivadores de jasmim ornamental no distrito de Daxing, no subúrbio de Beijing. De acordo com o jornal *The New York Times*, em alguns mercados, os floristas foram instruídos a denunciar quem demonstrasse curiosidade pela flor e a anotar o número da placa do carro de qualquer pessoa interessada em comprá-la.[18]

Eis uma história simples da globalização de uma ideia, e uma tentativa de combatê-la. A ideia era liberdade e, por causa das circunstâncias políticas na Tunísia, foi simbolizada pelo jasmim. Se o povo chinês tivesse ignorado completamente a revolução democrática da Tunísia, o jasmim estaria isento de significado, seria simplesmente uma flor e nada mais. No instante em que ele se transformou em um símbolo para pessoas em diversos lugares, elas passaram a ter algo em comum. Por mais básico que pudesse ser, esse denominador comum ameaçava estruturas de poder em toda parte.

Existem tentativas agressivas de impedir a consciência global. Certa vez, comentei com um amigo chinês que o ambicioso atual presidente de seu país, Xi Jinping, é o líder mais poderoso da China desde Mao Zedong. Meu amigo discordou: "Ele é obviamente mais forte que Mao." Fiquei surpreso e perguntei por que achava isso. "Mao era muito forte e controlava tudo", respondeu, "mas não sabia o que se passava dentro da cabeça das pessoas". Ele se referia ao fato de o Partido Comunista Chinês estar implementando as mais ambiciosas políticas de vigilância, supervisão e monitoramento da história. O governo chinês tem capacidade tecnológica para controlar o discurso público, usando a tecnologia de análise de big data. Governantes autoritários entendem que não há maior ameaça às estruturas de poder político e social do que a globalização da consciência. As ideias são canhoneiras da globalização.

Os críticos da globalização atual afirmam que ela cria uma falsa consciência; que, na realidade, é ela quem dá suporte à máquina opressora de um décimo do 1% mais rico, ou da única superpotência mundial. Na verdade, eles afirmam que "global" é apenas um código para americanização, na forma de imagens difundidas por Hollywood e subordinação ao consumismo norte-americano. O mais pernicioso, eles dizem, é a expansão maligna do conceito norte-americano de felicidade.

Em 1941, Henry Luce propôs uma narrativa que chamou de Século Americano. Em uma das revistas que fundou, a *Life*, publicou um artigo que apresentava o modo de vida norte-americano como modelo para o mundo. Defendeu ideias "infinitamente preciosas e particularmente norte-americanas — amor pela liberdade, apreço pela igualdade de oportunidades, tradição de autossuficiência e independência, e cooperação".[19] O próprio Luce nasceu na China, filho de missionários cristãos que foram para lá disseminar o evangelho. Ele transformou o trabalho missionário à moda antiga de seus pais em um novo tipo secular de evangelho, envolto no espírito intoxicante de uma nação que, em suas palavras, fora "concebida na aventura".

Desde o primeiro momento, essa proposta fascinante ameaçou identidades locais, estruturas de poder e tradições em todo o mundo. Poucos duvidavam da prosperidade trazida

56 REVOLTA

pela globalização, mas muitos rejeitavam a consciência global emergente, em particular suas influências norte-americanas. A cultura tem efeitos econômicos profundos e vice-versa. Se, digamos, os importadores de arroz o venderem no Vietnã a preços atraentes, os produtores locais de arroz provavelmente sofrerão um impacto direto em sua renda. Porém, se as crianças vietnamitas de repente decidirem comer mais batatas fritas, tal como seus colegas adolescentes ocidentais, a ameaça é mais grave. Se o fast food norte-americano se infiltrasse na cultura vietnamita, a demanda por arroz provavelmente diminuiria. Nesse cenário, os produtores locais de arroz não ficariam vulneráveis à concorrência; seriam simplesmente dizimados. Uma mudança na preferência alimentar provocada pela integração cultural suscitaria um acontecimento — a eliminação do cultivo de arroz.

O comércio internacional é capaz de transformar os mercados e os modos de vida, mas as ideias têm o poder de inventá-los ou destruí-los completamente. A consciência global emergente cria um mundo novo, mas, ao mesmo tempo, é como o deus Krishna no Bhagavad Gita, que declara: "Eu sou o Tempo todo-poderoso, que destrói todas as coisas."[20] A globalização é um navio de luxo que esconde seus segredos sujos nas cabines internas, no convés inferior e na sala de máquinas. Nesses lugares escuros, as massas são subjugadas para que o navio possa continuar navegando. Apropriadamente, o manifesto de Luce para o Século Americano foi publicado nas páginas internas da *Life*. A capa exibia uma estrela hollywoodiana em um vestido de noite ao lado da manchete "FESTA DE HOLLYWOOD".

CAPÍTULO 3

As Guerras da Globalização

Dèyè mòn, gen mòn
("Além das montanhas, mais montanhas")

— PROVÉRBIO HAITIANO, NORMALMENTE USADO PARA ILUSTRAR QUE,
DEPOIS QUE RESOLVEMOS UM PROBLEMA, SURGE OUTRO

A globalização melhorou os padrões de vida, possibilitando a erradicação da pobreza extrema e o estabelecimento das bases para a consciência global. Ao fazê-lo, ameaçou a tradição e as estruturas de poder comunal em todos os lugares. Simultaneamente, o comércio e o capitalismo impeliram forças poderosas a explorar sociedades mais pobres e mais fracas, e as elites dessas mesmas sociedades a explorar localidades e classes mais fracas em seus próprios países, muitas vezes de forma violenta. Esse padrão insustentável de exploração se manifestou em uma série de guerras e conflitos que seguiram um padrão recorrente.

Beijing, 2017

Estava montado na garupa de um ciclomotor no centro de Beijing, minhas mãos se agarravam aterrorizadas às costas do condutor. Não que os semáforos fossem mera recomendação, mas os motoristas reservavam a si o poder discricionário de tomar a decisão final por conta própria. O condutor, meu amigo, não usava capacete e, de vez em quando, checava seu smartphone enquanto dirigia só com uma mão em alta velocidade entre os carros. Exércitos de scooters elétricas lotavam as imensas ruas comunistas, com seus motoristas vestindo máscaras brancas contra a forte fumaça.

Beijing imediatamente o envolve e o arrasta com ela. Dá para sentir o Grande Salto Adiante, o zumbido constante do desenvolvimento. A China pode ainda não ser uma superpotência, mas Beijing está pronta para ser a capital de uma. Nasceu pronta. Carece do tumulto inflamado de Nova Delhi, mas certamente não da seriedade frenética de Nova York. Beijing é enorme, mas muito bem ordenada; fervilhante, mas sem erupções de cores exóticas. As decisões de planejamento urbano são tomadas de maneira rápida e sem sentimentalismos. O ciclomotor diminuiu a velocidade e parou do outro lado da rua de um shopping center deserto. Meu amigo me disse, em um tom um tanto indiferente, que fora construído sobre os destroços de um pequeno bairro. Seus moradores foram despejados em questão de dias e praticamente expulsos para os subúrbios distantes. Os negócios não iam bem, as lojas fecharam e, agora, o shopping center, construído sobre o bairro desocupado, estava destinado a ser demolido e substituído por um hotel. A placa do empreendedor já estava exposta, anunciando o novo projeto em letras garrafais. Todos esses acontecimentos, que mudaram a vida de milhares de pessoas, ocorreram ao longo de apenas vinte meses.

Os mais afortunados ainda podem se refugiar do alvoroço da cidade nos pequenos bairros tradicionais do centro, que assumem a forma de *hutongs*, prédios baixos que geralmente rodeiam um pátio comum; às vezes, há até um velho poço no meio. No centro, lojas e butiques de grife tomaram conta da paisagem, mas aqui e ali é possível encontrar alguns bairros remanescentes desse tipo, ilhas de verde no meio de uma cidade cinza e marrom. Nos fins de semana, vemos idosos passeando de pijama, cumprimentando vizinhos aboletados do lado de fora para observar os transeuntes. Podem até olhar para o céu, embora, quase sempre, consigam ver apenas uma névoa lúgubre.

A vida cotidiana em Beijing é uma batalha constante contra a poluição do ar. "O dia será bom ou ruim de acordo com o que o ovo diz", me contou meu amigo, o ousado condutor de ciclomotor. O "ovo" é um dispositivo doméstico que mede partículas transportadas pelo ar; um utensílio vital para os moradores da cidade. Há dias em que os pais proíbem os filhos de brincar do lado de fora por causa do nível de poluição. As escolas que atendem a famílias abastadas anunciam que seus playgrounds e campos esportivos são cobertos por uma cúpula protetora que limpa a fuligem do ar para que, durante os exercícios, as crianças possam respirar um ar mais puro. Outro aparelho essencial nas casas de Beijing é o purificador de ar, que faz o possível para filtrar a sujeira e é indicativo de status e renda — existem dispositivos de ponta que custam centenas de dólares. Esses equipamentos de alta qualidade, semelhantes a um aparelho de ar-condicionado portátil ou fixo, possuem filtros que deveriam funcionar por seis meses, mas geralmente precisam ser trocados a cada poucas semanas devido à enorme quantidade de fuligem e outras poeiras cinzentas que os entopem.

O nível de poluição foi catastrófico até 2017. Por semanas inteiras, o céu ficava cinza-amarelado com uma suspensão tão densa de partículas que havia dias em que era difícil para os motoristas evitar colisões. Os jornais noticiavam que os hospitais estavam lotados de bebês e idosos desesperados por oxigênio puro. Um artigo publicado no *New York Times* em 2013 declarava que a poluição mudou toda a experiência da infância. A manchete era "Na China, Respirar Se Tornou um

60 REVOLTA

Perigo para a Infância".[1] Nos piores dias, os níveis excediam o que a Organização Mundial da Saúde definiu como um risco sanitário imediato. Desde então, a qualidade do ar melhorou, mas, às vezes, as máscaras ainda são uma necessidade; em dias de nevoeiro de poluição, andar sem máscara por vinte minutos provoca náusea.

A maioria das partículas transportadas pelo ar provém de fábricas e usinas elétricas movidas a carvão — espalhadas pela gigantesca cidade e pelas cidades industriais de Harbin e Hebei. O Partido Comunista, sempre sensível à opinião pública, forçou as fábricas e as usinas a adotar um plano detalhado de redução de emissões, com objetivos rígidos. Aparentemente, o plano deu certo.

No entanto, estudos recentes mostram que, na realidade, a ação do governo foi simplesmente mover cerca da metade da produção de eletricidade para fora da área de Beijing. De acordo com estimativas fornecidas por um desses estudos, as emissões de carbono e particulados na China como um todo podem, na verdade, ter *aumentado* como resultado do programa para melhorar o ar de Beijing. O governo apenas transferiu a poluição para as áreas rurais, em regiões periféricas já desfavorecidas.[2] Lá, os níveis de poluição chamam menos atenção nacional e internacional, os moradores têm menos poder político e suas aflições são menos visíveis. *Sob a Redoma*, um fascinante documentário de 2015, apresenta uma menina de 6 anos moradora de Shanxi, a província de mineração de carvão — na época, um dos lugares mais poluídos da China.

"Você já viu as estrelas?", pergunta a entrevistadora. "Não", diz a garota. "Você já viu um céu azul?" Ela responde: "Vi um céu um pouco azul."

A entrevistadora então questiona: "Mas você já viu nuvens brancas?" A garota suspira. "Não."[3] O filme, um trabalho independente da jornalista Chai Jung, foi visto 300 milhões de vezes em menos de uma semana, antes de ser banido dos sites de mídia social chineses.

Segundo dados da Organização Mundial da Saúde, no mundo todo, 4,2 milhões de pessoas morrem a cada ano como resultado da poluição do ar externo, muitas delas na China.[4] As crianças estão expostas ao maior risco — em todo o mundo, cerca de 1,7 milhão morre anualmente devido a algum tipo de poluição ambiental, na maioria das vezes por inalação de partículas tóxicas e metais pesados.[5] Nove em cada dez mortes decorrentes desse tipo de poluição são de pessoas que vivem em países pobres, principalmente na Ásia e na África.[6]

Hubs de Exploração

Esse é o preço da rápida Revolução Industrial. Hoje, ele é pago por Beijing, assim como já foi cobrado de Manchester e Londres, onde a palavra "smog", junção das palavras neblina e fumaça em inglês, foi cunhada pela primeira vez. No entanto, mais do que nunca, as fábricas que operam em toda a China e poluem seu céu e rios produzem enormes quantidades de mercadorias, muitas das quais são vendidas para clientes no exterior — especialmente para o Ocidente. Esse é um ponto muitas vezes esquecido. A transferência da indústria para o Leste da Ásia deslocou a poluição que costumava ser produzida no Norte global para os países em desenvolvimento. Um estudo publicado na *Nature* em 2017 constatou que, apenas no ano de 2007, 750 mil pessoas morreram em todo o mundo como resultado da poluição do ar decorrente de bens e serviços produzidos em seu país de origem, mas consumidos em outros lugares.[7] O número, sem dúvida, aumentou desde então. Segundo o mesmo estudo, ainda em 2007, outras 411 mil pessoas morreram como resultado de partículas que chegaram aos seus países de origem, provenientes de chaminés e fábricas em outras partes do mundo. Os autores do estudo observam: "Se o custo dos produtos importados for menor por causa de controles de poluição do ar menos rigorosos nas regiões onde são produzidos, a economia dos consumidores pode custar vidas em outros lugares."[8]

Os smartphones têm preços mais acessíveis devido aos baixos salários na Ásia, e a poluição gerada por sua fabricação permanece lá e mata pessoas. De acordo com o Índice de Qualidade de Vida do Ar da Universidade de Chicago, que converte a concentração de poluição do ar em seu impacto na expectativa de vida, os indianos perdem 5,2 anos de vida por causa da poluição; a vida dos chineses sofre uma redução de 2,3 anos, em média.[9] A derradeira globalização acontece na atmosfera, que não conhece controle de passaporte ou restrições alfandegárias e não obedece a nenhuma autoridade internacional. As partículas se movem livremente através das fronteiras, assim como os gases de efeito estufa.

A globalização não é apenas a criação de hubs de alta tecnologia, mas também o fomento de hubs de exploração. Os hubs de alta tecnologia são conglomerados de tecnologia e inovação; os hubs de exploração são vínculos criados por normas locais negligentes, supervisão inadequada ou corrupta do governo e populações fragilizadas manipuladas por forças externas. As empresas europeias e norte-americanas que adquirem matérias-primas da África ou fabricam suas mercadorias na Ásia exploram não apenas a discrepância nos custos de mão de obra e produção, que é natural no capitalismo, mas também a disparidade de normas entre as economias desenvolvidas e as não ocidentais em desenvolvimento.

Hubs desse tipo podem ser baseados em mão de obra barata, controle monopolista de um mercado consumidor local, acesso a matérias-primas, baixos preços de energia ou todas as alternativas. Os trabalhadores desses hubs enfrentam severas condições laborais, carecem de representação efetiva dos sindicatos ou das organizações de trabalhadores, estão expostos às consequências da poluição e são privados de direitos políticos. São exatamente essas características que tornam esses hubs atraentes para investidores estrangeiros e locais. Estados fracos ou pobres, necessitados de moeda estrangeira e emprego, são pegos em uma armadilha. Se suas instituições se fortalecerem ou se seus governos responderem à pressão popular, melhorando as condições de trabalho e aplicando normas e regulamentações trabalhistas, as fábricas podem abandoná-los, deixando para trás um rastro de desemprego, ruína econômica e danos ambientais. Além disso, as fábricas que exportam seus produtos para o Norte global geralmente oferecem aos trabalhadores locais melhores condições do que as outras. Com o surgimento de hubs de exploração, seus beneficiários — municípios locais que arrecadam os impostos e empresas que obtêm lucro — têm interesse em sua preservação. Hubs desse tipo, portanto, contam com um poderoso lobby local.

Alguns analistas, principalmente o falecido Immanuel Wallerstein, classificaram a dinâmica dessas relações de acordo com uma divisão entre centro e periferia, ou entre áreas rurais e metropolitanas.[10] Mas essa perspectiva pode não ser sensível o suficiente à diferença essencial entre a atual exploração e a de outras épocas. Os hubs de exploração contemporânea são flexíveis e fluidos, assim como o movimento de capital, produção e mão de obra. Por exemplo, ao transferir a produção de eletricidade e outras indústrias que geram emissões tóxicas para províncias politicamente fracas e pobres, o governo chinês as utiliza como hubs de exploração. De fato, o que a China faz em suas províncias longínquas é o que o mundo industrializado está fazendo com a China e com o Sul global como um todo.

Esse fenômeno está se expandindo. Nos últimos anos, a China se juntou às economias ocidentais na realocação de muitas de suas instalações emissoras de dióxido de carbono em outros países do Sul da Ásia, como Bangladesh e Vietnã.[11] Hoje, a capital com a poluição do ar mais severa da Ásia é Nova Delhi. Esses hubs são o agente Smith do mundo globalizado. E, assim como o personagem dos filmes *Matrix*, eles se replicam.

Quando as fábricas emitem chumbo que chega às plantações e à criação de animais, envenenando as pessoas que os consomem, ou lançam no ar a fuligem que causa asma e enfisema em crianças, elas impõem custos à sociedade e ao meio ambiente. Plantações e animais contaminados podem precisar ser descartados. A água poluída precisa ser tratada. O mercado global não leva em conta esses custos nos preços anunciados na Amazon. Os custos com saúde, meio ambiente e qualidade de vida são o que os economistas chamam de "externalidades", e o mercado os ignora solenemente. O planeta e os mortos pagam o preço de varejo.

■

A CHINA É UM LUGAR EXCELENTE PARA EXAMINAR O LADO SOMBRIO da globalização, pois ela já tcm uma longa história nele. A globalização contemporânea não pode ser entendida sem tomarmos como referência as Guerras do Ópio do século XIX.

Os historiadores econômicos defendem que, durante a maior parte dos últimos dois milênios, o subcontinente indiano e a China, juntos, produziram quase 60% do produto interno bruto do mundo.[12] Os europeus passaram a valorizar o poder econômico da China depois que Marco Polo os convenceu, por volta do ano 1300, de algo que as nações do Oriente já sabiam há séculos sobre o Reino do Meio. Em períodos posteriores, intelectuais e artistas às vezes o idealizavam, retratando-o como um exemplo a ser seguido pelo Ocidente. Em 1699, o filósofo alemão Gottfried Leibniz escreveu que a China era a nação com a ética e o sistema jurídico mais avançados, mesmo sendo considerada atrasada na matemática e nos recursos militares. Este último, disse ele, "não por ignorância, mas por vontade própria. Pois eles desprezam tudo o que cria ou nutre a crueldade nos homens".[13]

No entanto, as relações do Ocidente com a China eram, de modo geral, comerciais. A seda chinesa era muito procurada no Ocidente desde a época romana, a ponto de, no ano 14 E.C., o Senado romano proibir homens de usá-la, alegando que não era adequada para o sexo masculino. Do ponto de vista prático, os governantes romanos estavam preocupados com as enormes somas de dinheiro e ouro enviadas ao Oriente para pagar pela nova moda.

À medida que o transporte marítimo melhorava, os grandes impérios mercantis tentavam comprar elevadas quantidades de praticamente tudo o que era chinês — seda, porcelana, algumas especiarias e, é claro, a sensação do século XVII em diante, o chá. Navios carregados de mercadorias partiam de portos chineses para entregá-las aos entusiasmados compradores ocidentais. Mas os comerciantes envolvidos nas transações tinham um problema de deficit, muito semelhante aos deficits comerciais de hoje. Não havia mercadorias ocidentais que os chineses quisessem comprar, e eles tampouco tinham interesse em relações comerciais igualitárias, como declarou o imperador Qianlong ao rei George III da Inglaterra em 1793. "Nosso Império Celestial possui tudo em farta abundância e não carece de produto algum dentro de suas próprias fronteiras", escreveu ele. "Portanto, não havia necessidade de importar a manufatura de bárbaros estrangeiros em troca de nossos produtos."[14]

O imperador chinês explicou ao rei britânico, como se este fosse dotado de parca compreensão, que era um ato de benevolência chinesa sequer permitir que comerciantes britânicos comprassem seus produtos superiores. Ele se dispunha a tal compaixão porque, em suas palavras: "Não esqueço a solidão longínqua de sua ilha, isolada do mundo, interposta pela vastidão do mar."

Os comerciantes britânicos procuravam desesperadamente uma mercadoria que pudessem vender para a China e que fosse capaz de estancar o fluxo de lingotes de prata aos cofres do Império Celestial. Como não havia mercadoria lícita que os chineses desejassem comprar, os comerciantes recorreram a uma ilícita — o ópio. Os imperadores chineses proibiram o cultivo de papoulas e o comércio ou uso de ópio, mas a proibição serviu apenas para aumentar a demanda. A Companhia das Índias Orientais, uma das primeiras empresas multinacionais criadas, consolidava seu controle de grandes áreas da Índia e do Extremo Oriente. Usando navios fretados pela Coroa e empregando mercenários, estabeleceu o monopólio do ópio em Bengala. A partir de lá, a droga era exportada, ou contrabandeada, para a China por subcontratadas. O dinheiro obtido com a venda de ópio para a China era usado para comprar seda, porcelana e folhas de chá para clientes na Grã-Bretanha. O deficit comercial foi eliminado.

Assim, nas primeiras décadas do século XIX, para apoiar toda a empreitada, a Companhia das Índias Orientais tornou--se a maior produtora, comerciante, financiadora e fornecedora de poder militar do mundo. O ópio foi crucial para a economia

do Império Britânico e foi provavelmente a mercadoria indiana mais comercializada de seu tempo.[15]

Com o vício se tornando desenfreado entre as populações
urbanas e dizimando grandes áreas das cidades chinesas, as
autoridades da China tentaram combater o comércio de ópio.
Destruíram enormes quantidades da droga e de cachimbos
de ópio, mas não conseguiram reprimir a demanda — exatamente como os EUA hoje fracassam em sua batalha contra a
epidemia de opioides.

O Primeiro Czar Antidrogas

Hoje, ao andar pelas ruas da Cidade Proibida, é possível, em
meio aos turistas e aos flashes das câmeras, perceber a sensação de insignificância e inferioridade que ela foi designada
para incutir nas pessoas comuns. Aos cortesãos que frequen-
tavam essas instalações só restava tremer ao atravessar,
seguindo os passos do imperador, o Portão do Poder Divino,
a caminho do Salão da Harmonia Suprema, com medo de
cruzar um limiar que lhes era proibido. Ali, no início do século XIX, pisaram os desesperados conselheiros do imperador
Daoguang, um monarca bem-intencionado que era sensível à
angústia de seu país. A partir desse distrito ancestral, ele fez
o possível para defender a soberania de seu país. O imperador
escolheu Lin Zexu, um de seus funcionários mais assíduos,
leais e escrupulosos, para liderar a empreitada orgulhosa,
mas desastrosa, da China para acabar com o comércio de ópio.

Em pinturas antigas, Lin é retratado elegantemente vestido, com olhos perspicazes, barba longa, estreita e branca
— o arquétipo do sábio chinês. Ele convenceu o imperador a
rejeitar uma proposta de legalização da droga. Sua bem-sucedida campanha para purgar as províncias sob seu governo

do ópio fez dele uma estrela em ascensão na corte. O imperador o nomeou o primeiro czar antidrogas do mundo. Lin rapidamente provou ser digno da confiança do imperador. Ele destruiu enormes quantidades de ópio e era incorruptível. A certa altura, compôs uma elegia ao deus do mar para se desculpar por poluir seu domínio com uma substância tão suja.[16] Sua agora famosa carta à rainha Vitória protestava contra a injustiça que a Grã-Bretanha cometia com a China. "Seus navios estrangeiros vêm para cá lutando entre si por nosso comércio e pelo simples fato de que desejam colher o lucro", acusou. "Por qual princípio da razão, então, esses estrangeiros deveriam nos enviar em troca uma droga venenosa, capaz de destruir os nativos da China?... E, assim sendo, gostaríamos de perguntar: o que aconteceu com essa consciência que os céus implantaram no peito de todos os homens?"[17]

A rainha Vitória provavelmente nunca leu a carta. O Império Britânico se mobilizou para defender seu direito de negociar as drogas. A Primeira Guerra do Ópio, a primeira guerra da globalização moderna, começou em 1839. A China saiu derrotada, bem como da Segunda Guerra do Ópio. Vencida e subjugada, foi forçada a fazer concessões comerciais e territoriais. Esse foi apenas o começo da catástrofe chinesa. A participação da China no PIB mundial caiu pela metade.[18] Hoje, em Beijing, o período subsequente é chamado de Século da Humilhação.

A globalização, e o progresso tecnológico que a fomentou, derrotou a China. Havia demanda, oferta e uma empresa de comércio internacional apoiada pelo poder imperial.[19] Os britânicos, obviamente, sabiam que vender ópio era errado. William Jardine, um dos maiores contrabandistas de ópio na China, escreveu uma carta a um passageiro programado para embarcar em um de seus navios. Ele queria explicar do que se tratava a carga. "Não hesitamos em afirmar abertamente que nossa principal dependência é do ópio", admitiu. "Muitos o consideram um tráfico imoral, mas ele é absolutamente necessário para dar a qualquer embarcação uma chance razoável de custear suas despesas."[20] William Gladstone, que mais tarde se tornaria primeiro-ministro, se opôs ao comércio de ópio, alertando o Parlamento: "Não conheço, nem li sobre, guerra de causa mais injusta, guerra mais calculada em seu progresso para cobrir este país com permanente desgraça."[21]

A denúncia de Gladstone não fez grande diferença. O capitalismo — e a fragilidade militar da China — transformou o país, sob suas objeções ferozes, em um hub de exploração, na forma de um mercado local sob o poder de um gigantesco monopólio das drogas.

Em 1920, um garoto chinês baixo e franzino embarcou em um veleiro com destino à França como membro de uma delegação de intercâmbio estudantil. Ele tinha 16 anos e 4 dias de idade, o caçula do grupo. Seu pai, emocionado, perguntou-lhe por que ele estava fazendo a viagem. "Para obter o conhecimento e a verdade do Ocidente, a fim de salvar a China", respondeu, citando seus professores.[22] O sentimento de desonra abateu tão fortemente os corações chineses que, durante décadas após a derrota do país nas Guerras do Ópio, jovens chineses cresceram com a sensação de que seu país dividido e economicamente atrasado precisava de redenção, e que essa redenção exigia modernização. Até hoje, o Partido Comunista Chinês considera a resposta altiva do imperador Qianlong aos britânicos e o seu desprezo por suas mercadorias como uma oportunidade perdida que deixou a China de fora do primeiro estágio da globalização econômica.[23]

O nome do garoto era Deng Xiaoping. Sua resposta ao pai é a versão oficial chinesa da história. Os estudos de Deng em

Paris o levaram ao marxismo e à revolução. Cinquenta anos depois, ele se tornaria o líder da China e iniciaria reformas que a integrariam na economia mundial.[24] Sua participação no PIB mundial subiu de menos de 2% em 1979 para 19% em 2019. E, em 2018, pesquisadores da Universidade Chinesa de Hong Kong estimaram que, em 2010, mais de 1,1 milhão de pessoas morreram prematuramente na China como resultado da poluição do ar.[25]

A Rebelião dos Escravizados Haitianos

Por causa das distâncias entre produtos e mercados, e entre trabalhadores e consumidores, a oferta e a demanda corrompem as normas e a ética da sociedade. Os hubs de exploração podem, assim, escalonar rapidamente para a violência. Isso aconteceu com os britânicos na China, bem como no terrível regime que o rei Leopoldo II da Bélgica impôs ao Congo. Milhões de congoleses foram assassinados no reinado de terror criado por seus agentes no chamado Estado Livre do Congo, que não era livre, tampouco Estado. Não era uma colônia do governo belga, mas, sim, um domínio particular de Leopoldo, administrado para seu lucro pessoal, um campo de trabalhos forçados que abrangia uma enorme extensão da África Central habitada por povos de muitas culturas e línguas. O mundo queria borracha, então a população era obrigada a coletar a cobiçada seiva das seringueiras. Os trabalhadores que não atingiam suas cotas eram cruelmente punidos; às vezes seus filhos eram tomados como reféns. Os soldados recrutados dentre a população local, que aplicavam o regime de escravidão, só recebiam salário e munição quando entregavam as mãos decepadas de trabalhadores que não eram suficientemente produtivos — a prova de que usaram suas balas para o objetivo pretendido. As mãos decepadas chegaram a servir como uma espécie de moeda no território.

AS GUERRAS DA GLOBALIZAÇÃO   71

Foi um exemplo extremo da desumanização imposta por estrangeiros aos hubs de exploração. Se a potência estrangeira tem poder militar e econômico, ela usa sua supremacia para explorar as discrepâncias no custo da mão de obra e maximizar os lucros com pouquíssimo, se é que há, escrúpulo moral. Tal como os cibernéticos Borg destruidores de civilizações da série *Star Trek* dizem: "Nós somos os Borg... Adicionaremos sua distinção biológica e tecnológica à nossa. Sua cultura se adaptará para servir ao uso. Resistir é inútil."

Porém, as pessoas resistem. E nem sempre é inútil. A rebelião e a revolução de escravizados no Haiti no século XVIII foram um evento desse tipo, mas, ao contrário da revolta de Spartacus em Roma, o levante na ilha de Hispaniola, no mar do Caribe, surgiu em resposta às estruturas de poder que integram a globalização até hoje. Demonstra um modelo recorrente de exploração e confronto em um mundo globalizado.

O Haiti, então chamado Saint-Domingue, era uma das colônias mais rentáveis do mundo e certamente a mais rentável do reino francês. Fornecia 40% do açúcar consumido pela Grã-Bretanha e pela França, uma mercadoria muito cara na época. Saint-Domingue também produzia 60% do café do mundo. No início do século XVIII, suas exportações se equiparavam a todas as treze colônias britânicas na América do Norte juntas.[26] Era um paraíso de lucro para os proprietários das plantações e os investidores que os apoiavam, mas um verdadeiro inferno para os que produziam a riqueza — os escravizados.

Entre 1697 e 1804, cerca de 800 mil escravizados foram levados da África para Saint-Domingue. A importação de pessoas escravizadas era intensa devido à alta taxa de mortalidade daqueles que eram transportados e forçados a trabalhar em condições inóspitas. A brutalidade dos proprietários de plantações haitianos era lendária. Os escravizados que ousavam resistir eram torturados de várias maneiras: amarrados dentro de sacas e imersos na água; crucificados no meio de pântanos; lançados vivos nos tanques em que o xarope de cana era fervido; pendurados de cabeça para baixo até morrerem — e esses são apenas alguns dos testemunhos. Com o tempo, alguns dos escravizados foram libertados e as outras pessoas livres eram as nascidas de relacionamentos entre brancos e escravizados africanos.[27]

As *gens de couleur libres*, como eram chamadas pelos brancos franceses, adquiriram terra, poder e influência e se tornaram um componente importante da colônia. O mais importante, elas passaram a conhecer seus direitos e seu papel na economia da ilha. O Haiti desenvolveu um sistema de castas — negros e mulatos livres, brancos ricos, brancos pobres (chamados *petits blancs*, "brancos pequenos", em francês) e, abaixo deles, a maioria absoluta de centenas de milhares de escravizados e comunidades de escravizados em fuga que viviam nas montanhas, chamados de *marrons*.

O crescente poder das pessoas não brancas deixou os proprietários de escravizados cada vez mais ansiosos. Na década de 1750, os administradores franceses da colônia escreveram ao ministério naval francês: "Esses homens estão começando a encher a colônia e é uma grande desmoralização vê-los, cada vez em maior número entre os brancos, com fortunas geralmente maiores do que as dos brancos... Sua estrita frugalidade os leva a depositar seus lucros no banco todos os anos, e eles acumulam enormes somas de capital e se tornam arrogantes porque são ricos, e sua arrogância aumenta proporcionalmente à riqueza. Dessa maneira, em muitos distritos, a melhor terra é de propriedade de mestiços... Essas pessoas de cor... imitam o estilo dos brancos e tentam apagar qualquer vestígio de sua condição original."[28]

AS GUERRAS DA GLOBALIZAÇÃO 73

Os brancos estavam compreensivelmente frustrados. Aqueles a quem chamavam de *affranchis*, derivação da palavra francesa para emancipação que englobava os negros libertos e os seus descendentes, bem como os mulatos, destruíram a conceituação dos brancos em relação a escravizados e africanos — por exemplo, a ideia de que a escravização dos negros era justificada por causa de sua origem e suas mentes inferiores. Algo semelhante aconteceu em todo o Caribe, levando o rei francês a estabelecer que não brancos jamais conseguiriam remover sua marca de Caim. Em suas palavras: "Eles retêm para sempre a mácula da escravidão."[29]

A ameaça que os negros livres apresentavam às estruturas de poder da colônia de plantação levou os ricos comerciantes brancos e proprietários de escravizados a legislar e aplicar o que hoje chamaríamos de legislação do apartheid, talvez a primeira. Essas restrições se intensificaram no final do século XVIII. Os *affranchis* eram proibidos, entre outras coisas, de se vestir como os brancos, comer com os brancos, reunir-se depois das 21h, jogar, viajar, exercer profissões jurídicas ou médicas e ocupar cargos públicos.[30] As punições para os infratores variavam de multas a amputações.

Depois vieram as notícias da Revolução Francesa. Rumores de que a nobreza havia sido desapossada e a monarquia, destronada, começaram a chegar à colônia, trazidos e disseminados pelos *affranchis*. As notícias geraram esperanças de uma nova ordem. Alguns negros e mulatos livres acreditavam que os princípios liberais dos revolucionários se aplicariam a eles também. Um deles era Vincent Ogé, um mulato que retornou da Paris revolucionária com um firme propósito de acabar com a supremacia branca em Saint-Domingue. Ele liderou uma revolta, foi capturado, torturado na roda, teve as pernas e os braços decepados e, depois, foi decapitado.[31] Mais tarde, os revolucionários em Paris concederam alguns direitos civis aos mulatos e negros livres, mas não aos escravizados. Em agosto de 1791, em uma cerimônia secreta de vodu em Bois Caïman (Floresta dos Crocodilos), uma revolução foi declarada. Não se tratava de um levante, mas de um plano cuidadoso elaborado por uma civilização pequena e bem estabelecida que havia conseguido crescer debaixo dos narizes dos colonialistas franceses.

Em 1938, C. L. R. James publicou um relato dessa revolução, que até então havia caído no esquecimento histórico. *Os Jacobinos Negros* apresenta uma visão crítica sobre o contexto de classe do levante de escravizados. James descreve como a luta entre os proprietários das plantações e seus escravizados destruiu o Haiti. O foco é o líder mais importante da revolução, Toussaint L'Ouverture, um escravizado liberto que quase sempre é retratado vestindo o uniforme de um general francês. James atribui seu sucesso como líder revolucionário ao seu realismo sobre os europeus e o sistema econômico que criaram. Sua resistência não se originou apenas da tradição e da educação do liberalismo (como os pais fundadores norte-americanos), mas, sim, da experiência de derrubada radical da opressão.

James escreveu: "O mérito supremo de Toussaint é que, embora visse a civilização europeia como algo valioso e necessário e se esforçasse para fincar seus alicerces entre seu povo, ele nunca teve a ilusão de que isso conferia qualquer superioridade moral."[32] L'Ouverture jogou as grandes potências da região umas contra as outras, mudando alianças frequentemente entre a França, a Espanha e a Grã-Bretanha.

Foi uma revolução brutal envolvendo ataques, batalhas campais, execuções em massa e torturas cometidas por ambos os lados. Não foi uma história simples de escravizados e mulatos contra europeus brancos; a princípio, alguns mulatos se aliaram aos brancos contra os escravizados rebeldes, e os brancos estavam divididos.

Pela estimativa mais conservadora, mais de 200 mil pessoas morreram. Todo acordo foi violado, todo cessar-fogo, quebrado. Em determinado momento, L'Ouverture foi traído e capturado. "Os ricos só são derrotados quando correm por suas vidas", escreveu James.[33]

E foi isso que acabaram fazendo. Em 1801, alguns anos após o estabelecimento da República Francesa, os ex-escravizados no Haiti instituíram a política mais radical já tentada até aquele momento: igualdade real. Eles promulgaram uma constituição baseada em princípios muito parecidos com os da Constituição dos Estados Unidos. Ao contrário desse documento, no entanto, a constituição haitiana rejeitou distinções raciais hostis: "Todos os homens, independentemente da cor da pele, são aptos a todos os empregos... Não haverá outra distinção além daquela baseada na virtude e no talento e outra superioridade conferida por lei no exercício de uma função pública."[34]

A Revolução Haitiana terminou em 1804 com um horrendo massacre dos colonos franceses brancos. Os vitoriosos estabeleceram o primeiro Estado moderno no Caribe e a primeira república negra do mundo. A escravidão foi banida, um avanço que os Estados Unidos só concretizariam meio século depois. A promessa da democracia enfraqueceu nos anos seguintes à liberação haitiana, assim como nas primeiras décadas da Revolução Francesa. Os generais haitianos instituíram um sistema de servidão; a chibata foi banida, mas grande parte do legado colonialista remanesceu.

O território foi devastado; o problema mais premente do jovem país era a sobrevivência. Era uma sociedade independente composta de escravizados negros rebeldes — muitos incapazes de trabalhar após a guerra — no meio de um mundo governado por impérios brancos e comerciantes de escravizados. O Haiti foi marginalizado por outros países e atacado repetidamente. Os pais fundadores norte-americanos, liderados por Thomas Jefferson, ele próprio um senhor de escravizados, instituíram uma política de exclusão do Haiti e proibiram o comércio com o Estado pária.[35] Nenhum outro país reconheceu o Haiti, e o lugar que havia sido uma das economias mais prósperas do hemisfério ocidental acabou isolado. Os cubanos proprietários de escravizados rapidamente se aproveitaram da ruína haitiana, e o hub de exploração foi realocado. Cuba se tornou o maior produtor de açúcar do Caribe; sua importação de escravizados quadruplicou entre 1791 e 1821.

Em 1825, os franceses enviaram uma frota para se vingar. A resistência foi inútil; os líderes do Haiti não tiveram escolha senão assinar uma capitulação humilhante para a França em troca do reconhecimento do Estado haitiano. O tratado forçou o país a indenizar a França e os ex-proprietários de escravizados, com juros compostos; na era moderna, a dívida nacional é um substituto para o chicote. Os pagamentos iniciais foram feitos com um empréstimo, a uma taxa de juros opressiva, de um banco da França que havia recebido o monopólio do governo francês para cobrar a dívida. O Haiti continuou a pagar a indenização, imposta por força militar, até 1947.

Em 2003, o governo haitiano estimou que, ao longo de mais de um século, o país havia perdido pelo menos US$21 bilhões em recursos que poderiam ter sido usados para sua reconstrução. Até hoje a França se recusa a discutir a indenização. E por que deveria? Os britânicos compensaram a China pelos danos causados pelas Guerras do Ópio? E os belgas, indenizaram o Congo pelos horrores infligidos?

O Haiti nunca se recuperou. Lutou por sua liberdade, mas as correntes da servidão foram substituídas por amarras financeiras.[36] A Revolução Haitiana não foi apenas uma revolta que garantiu a liberdade dos escravizados; foi o protótipo para a devastação dos hubs de exploração depois que eles deixaram de atender à oferta e à demanda.

Rebeldes de Bougainville

Bougainville, a maior das Ilhas Salomão, fica no extremo noroeste do arquipélago. Cultural e etnicamente, seus habitantes são partes das ilhas. Um acordo entre potências coloniais realizado em 1920 levou à sua anexação à Papua Nova Guiné; por isso, Bougainville não pertence ao país hoje chamado de Ilhas Salomão, embora esteja mil quilômetros mais próximo.

No final da década de 1960, enormes depósitos de cobre e ouro foram descobertos na ilha, avaliados em dezenas de bilhões de dólares. A empresa Bougainville Coper Limited (BCL), de propriedade de uma grande corporação anglo-australiana chamada Rio Tinto, comprou os direitos de mineração. Durante a década de 1970, criou a Panguna, uma das maiores minas de lavras em tiras do mundo. A mineração envolveu a retirada do topo de uma enorme montanha, mudando completamente a paisagem local. Os habitantes da ilha afirmam que os resíduos da mina foram despejados no Rio Jabá e em seus córregos.[37]

Tratava-se de um projeto econômico estratégico para a pobre Papua, ao ponto de, em determinado estágio, os recursos gerados pelo empreendimento constituírem quase 45% da receita total das exportações do país. Também contribuiu, é claro, para o desenvolvimento econômico de Bougainville, que trouxe trabalhadores de Papua e uma grande mudança no tecido social da ilha. Tudo isso criou tensão entre a população local e a metrópole. Os proprietários originais da terra

78 REVOLTA

em que a mina foi construída receberam uma indenização insignificante. Os habitantes locais também se ressentiram dos trabalhadores que migraram para atuar nas minas e da poluição da área circundante como subproduto da extração de cobre. Até hoje, as comunidades agrícolas afirmam que seus rios estão contaminados e que seus filhos estão sendo envenenados pelos rejeitos que as minas deixaram para trás.

A ilha e os seus habitantes não receberam qualquer participação significativa dos metais preciosos removidos de suas terras. A questão é ainda mais explosiva porque, desde o início, os habitantes da ilha não tinham grande afinidade com o governo na distante Papua Nova Guiné.

Em 1988, os ilhéus estavam fartos. Muitos dos ex-proprietários de terra invadiram a mina, pegaram os explosivos usados para extrair minério e os utilizaram para explodir a rede elétrica até Panguna. A liderança local, leal ao governo em Port Moresby, capital do país, convocou o exército. Bougainville logo se viu no meio do conflito mais violento no Pacífico desde a Segunda Guerra Mundial. O governo de Papua, auxiliado pela Austrália, impôs um bloqueio econômico sobre a pequena ilha que durou anos. Embarcações marítimas cercaram a costa de Bougainville, impedindo a entrada de alimentos, medicamentos e mercadorias. Ao mesmo tempo, facções da ilha começaram a lutar entre si, ceifando muitas vidas. Estima-se que cerca de 15 mil habitantes de Bougainville — entre 6% e 10% da população — perderam a vida, entre eles centenas de crianças que sucumbiram a uma epidemia de malária. Um quinto dos habitantes da ilha foi deslocado.

Os rebeldes expulsaram o exército papuásio. Exibindo considerável engenhosidade, destilaram óleo de coco para usar como combustível para barcos, automóveis e caminhões. O governo rebelde construiu represas nos rios da ilha para alimentar usinas hidrelétricas, e os habitantes recorreram a antigos canais de irrigação e outros métodos tradicionais de agricultura que foram esquecidos antes do início da rebelião.

Após anos de luta, os ilhéus conseguiram uma vitória modesta que terminou a guerra. Obtiveram um tratado de paz e o reconhecimento de seu direito à autodeterminação e aos recursos naturais da ilha. Em 2014, o primeiro-ministro da Papua Nova Guiné pediu desculpas oficialmente aos ilhéus de Bougainville pela guerra.[38]

Assim como a do Haiti, a Revolução de Bougainville, também conhecida como Revolução dos Cocos, é uma história de resistência e liberdade. Porém, também resultou no fechamento da mina, devastando a economia local e marcando uma comunidade frágil e dividida. Os ilhéus continuam em disputa com o governo de Papua, e entre eles, pelos direitos da mina. Grandes caminhões enferrujam na ferida aberta da paisagem, em meio a poças de lama e água contaminada. Em 2019, o governo autônomo de Bougainville anunciou que a mina permaneceria inoperante até nova ordem, devido à preocupação de que sua reabertura pudesse reacender o conflito.

A Rio Tinto, a gigante mineradora, abdicou de sua participação em Panguna. O jornal *Sidney Morning Herald* publicou a resposta da multinacional à reivindicação de Bougainville de uma indenização pelos danos ambientais causados. "Acreditamos que [a empresa] estava em total conformidade com todos os requisitos regulamentares e padrões aplicáveis na época", escreveu a administração da Rio Tinto em uma carta a John Momis, presidente do governo de Bougainville.[39]

O adversário da globalização é o indivíduo enraizado em sua comunidade local. Ele está feliz em colher os benefícios que a globalização acarreta — alfabetização, empregos, smartphones —, mas preserva firmemente sua individualidade, seus direitos e sua identidade. Como comprovado por Bougainville, nenhuma ilha pode esperar ser ignorada ou permanecer imune às forças da globalização. Tal como Césares contemporâneos, essas forças vieram, exploraram e foram embora.

Hoje, porém, o povo de Bougainville detém mais direitos sobre seus recursos naturais do que jamais teve e desfruta de mais poder sobre a própria vida. Em 2019, a ilha realizou um referendo e decidiu por sua independência de Papua Nova Guiné.

Os exemplos da China, do Haiti e de Bougainville demonstram um padrão no comércio e na globalização. Esta requer a extração de matérias-primas no mundo todo, a difusão do trabalho e o livre fluxo de capital. Também precisa de mercados mundiais abertos para que os recursos e os bens produzidos a partir deles possam ser vendidos para o maior número possível de pessoas. A oferta e a demanda são a força motriz de todas essas histórias.

Nos três casos, a oportunidade de extrair, cultivar ou vender um produto para o qual havia demanda criou condições nas quais foi lucrativo, por um tempo, aniquilar os direitos individuais, as comunidades locais ou a soberania nacional. As empresas usaram a violência e a opressão do Estado para atingir esses objetivos, recrutando políticos para proteger seus lucros. Os estrangeiros pouco se importaram com as necessidades dos habitantes do país, da colônia ou da ilha, causando danos duradouros ao ecossistema local. Do ponto de vista das empresas e, geralmente, dos governos nacionais, tudo e todos que estão fora de suas metrópoles são descartáveis, e até a própria metrópole pode se tornar um hub de exploração, pois a manufatura e o capital mantêm sua busca por eficiência.

Mas também há mudanças. No Haiti, séculos se passaram até que a rebelião de escravizados estourasse. A opressão da China como consequência das Guerras do Ópio durou um século. A crueldade do rei Leopoldo e de seus emissários no Congo causou protestos internacionais, liderados por algumas das figuras políticas e literárias mais proeminentes do século XX, provocando um fim repentino ao seu monstruoso projeto. A resistência de Bougainville começou somente após algumas décadas.

A globalização contemporânea, com seus valores liberais, capacita o indivíduo local, enquanto, ao mesmo tempo, o explora. É esse empoderamento que, no final, torna os hubs de exploração insustentáveis. Em um mundo de conectividade sem precedentes e consciência global em expansão, nenhuma potência ou empresa pode agir com a mesma impunidade da Grã-Bretanha e da Companhia das Índias Orientais nas Guerras do Ópio.

Por exemplo, até recentemente, a China era a maior recicladora de resíduos do mundo, aceitando carregamentos de enormes quantidades de plástico, papel e metais de todo o mundo industrializado. Esse material causou grandes problemas ambientais, levando o governo chinês, em 2018, a impor uma moratória aos resíduos plásticos importados. As empresas que coletam o lixo tentaram descartar o que a China não aceitava nos países do Sudeste Asiático. Porém, naquele mesmo ano, a Malásia, o Vietnã e a Tailândia aprovaram legislações proibindo o uso de seus países como depósitos de resíduos do Norte global. O ministro do Meio Ambiente da Malásia declarou que seu país não serviria como lata de lixo do mundo. O presidente das Filipinas foi mais direto, ameaçando lançar nas águas territoriais do Canadá 1.500 toneladas de lixo que o país enviara ao seu.

A vida útil dos hubs de exploração está diminuindo. A conscientização global e o empoderamento local fazem com que não tenham uma longa duração. O resultado é que esses hubs precisam ser rapidamente realocados, infinitas vezes. Empresas e instituições governamentais, os iniciadores dos hubs de exploração, estão sempre em uma busca frenética por refúgios com habitantes que desconhecem a devastação provocada ou que são fracos demais para resistir — do Ocidente para Beijing, de Beijing para as cidades vizinhas e de lá para o interior da China ou para outro país. São ciclos intensos de expansão e retração, tentativas apressadas de obter o maior lucro possível antes que a inevitabilidade do empoderamento liberal destrua mais um hub de exploração.

Em longo prazo, é um fenômeno positivo, atestando a constante melhoria da condição humana, em termos de renda, expectativa de vida e saúde. Mas, em curto prazo, significa que os hubs de exploração são como os furacões da era do aquecimento global — mais intensos e violentos. Seu efeito mais grave e de longo alcance é no meio ambiente.

CAPÍTULO 4

A Terra dos Últimos Elefantes

Sampath Ekanayaka se preparava para pular o canal lamacento, e eu pularia atrás dele. O sol estava prestes a se pôr e as sombras do arbusto se alongavam sob seus raios. Sem ele não poderíamos continuar nossa busca. Enxames de mosquitos pareciam brotar das enormes rachaduras no solo lodoso, em busca de um pedaço de pele sem repelente. "Dá para ouvi-los", disse Ekanayaka, de pé em cima de um pequeno monte, olhando para o emaranhado de uma pequena porção de floresta. Seu rastreador corria na frente, carregando orgulhosamente uma pequena câmera de vídeo. Eu via que os dois avançavam e recuavam, corriam e paravam. Estavam inquietos. "Agora estamos na terra dos elefantes", afirmou Ekanayaka de repente. O sorriso que estampara no rosto durante toda a nossa jornada sumira. Antes, ele nos dera um aviso, que também era um pedido: não continuar caminhando na direção dos delicados sons de galhos se quebrando.

Estávamos em Galgamuwa, província no Noroeste do Sri Lanka. Não na úmida capital do país, Colombo, que pulsa com rápido desenvolvimento, nem nas praias cheias de turistas queimados de sol. As pessoas em Galgamuwa vivem do que plantam. Nas áreas próximas aos rios, arrozais se estendem até o horizonte, com suas folhas estreitas balançando com a brisa. Mas onde estávamos os campos são de outro tipo — lotes irregulares de tamanho modesto, seus limites determinados pelo desmatamento das florestas na zona seca que ocupa a maior parte do Norte e do Leste do país. Para essas famílias, o cultivo desses campos é a diferença entre algum nível de conforto e o rápido declínio para uma pobreza temerária. Nessa estação, ou talvez durante o ano todo, seus inimigos são os elefantes.

É uma guerra. Todos os anos, dezenas de pessoas são mortas por elefantes no Sri Lanka, e cerca de duzentos elefantes também padecem nessas batalhas. Nas extremidades dos campos de cultivo em que estávamos, há um fosso profundo para impedir que os elefantes avancem sobre seus atraentes vegetais. Nos arredores, os agricultores ergueram uma cerca eletrificada móvel. Esses dispositivos são muito requisitados agora em Galgamuwa. Existem três ou quatro torres de guarda improvisadas que se parecem muito com as casas na árvore que meus amigos e eu costumávamos construir quando éramos crianças. Mas não são lugares para brincar. São montadas no alto, geralmente em árvores solitárias. Elas têm telhados baixos e sua abertura maior é voltada para o lado mais perigoso, a pequena e ameaçadora floresta. As pessoas que circulam pelos campos apressadas possuem uma variedade de instrumentos para afugentar os elefantes, de grandes lanternas a potes de metal. Automóveis pequenos sacolejam pelas estradas de terra irregulares, conduzidos por jovens animados, em busca de elefantes cruzando os campos.

Rumores se espalham como rastilho de pólvora. O rastreador ouviu que um elefante foi visto do outro lado do campo. Todos correram para lá, animados e apreensivos. Assim que chegamos até a caminhonete de Sampath, para nos deslocarmos para outra localidade, o rastreador correu para nos dizer que os elefantes estavam em outro lugar, desencadeando mais uma perseguição frenética. Ali havia grandes excrementos e trilhas; em outro local, dava para ouvi-los; em outra região, um elefante apareceu na noite anterior.

Pensei em todos os rapazes que circulam em seus carros e mantêm guarda nas torres, seu entusiasmo nervoso, e isso me trouxe à memória outra coisa, ao mesmo tempo familiar e estranha. Tochas ou lanternas. Caçada e perseguição. Medo e violência. A defesa comum contra um inimigo ameaçador, o Outro. Então, de repente, me recordei. É como um filme norte-americano que narra os acontecimentos que acarretaram um linchamento em uma cidade do Sul dos Estados Unidos na década de 1950. Exceto que, ali, o alvo são os elefantes.

Senti-me imediatamente envergonhado por fazer a associação. Aquelas pessoas miseráveis que estavam ao meu redor fazem o máximo que podem para afastar os elefantes, não matá-los. O trecho de floresta é pequeno e frágil. Seria muito fácil para esses agricultores invadi-lo com alguns tratores e um rifle ou dois e pôr um fim aos seus inimigos de uma vez por todas. Mas eles não fazem isso. Não agem como nossos ancestrais no Hemisfério Norte, no Ocidente ou no Oriente Médio teriam agido. O princípio hindu e budista da *ahimsa*, de não violência contra todos os seres vivos, ainda vigora ali.

Os elefantes do Sri Lanka são a maior espécie asiática, *Elephas maximus maximus*. Na cernelha, podem atingir uma altura de 3,5 metros e pesar até seis toneladas. Menos de 10% dos machos têm presas, o que provavelmente não é mero acaso ou produto da evolução normal. A hipótese científica é que a seleção natural contra machos com presas ocorreu devido à caça generalizada, por marfim e troféus, à diminuição do habitat e à exportação de presas para outros países durante o período colonial britânico, quando a ilha se chamava Ceilão.[1]

A sede por sangue dos caçadores britânicos era lendária, sendo Samuel Baker o mais famoso caçador de elefantes da era vitoriana na ilha. Amigo dos também exploradores Henry Morton Stanley e Charles Gordon ("Gordon of Khartoum"), Baker escreveu *The Rifle and the Hound in Ceilon* [sem publicação no Brasil], um livro tedioso sobre sua paixão e orgulho por matar — muito distante das profundas observações de George Orwell no ensaio "Shooting an Elephant". Baker só demonstra desprezo pelas pessoas que têm pena dos elefantes. "Pobres seres, de fato!", escreve. "Gostaria de ver essa mesma pessoa que expressa sua pena correndo o máximo que pode, com um elefante selvagem em seu rastro." Ele traz relatos repetidos de um assunto que parece ter sido sua obsessão — matar mães elefantas e seus filhotes: "Na noite seguinte, observamos novamente o açude e, mais uma vez, uma mãe e seu filhote vieram beber. W. e B. abateram o jovem enquanto eu matei a mãe." Na mais revoltante dessas passagens, Baker relata matar uma elefanta cujo úbere estava cheio de leite, que ele bebeu direto de suas tetas, "sob o evidente olhar de repulsa dos nativos".[2]

Baker foi apenas um exemplo. A lenda imperial conta com orgulho a história de um oficial britânico que matou mil elefantes. Quando o Sri Lanka se libertou do domínio colonial, a grande orgia de caça esportiva chegou ao fim, mas o rápido desenvolvimento econômico destruiu enormes partes do habitat natural dos elefantes. A horrenda guerra civil entre a minoria tâmil e o governo também foi extremamente dispendiosa, em termos de vidas tanto de seres humanos quanto de animais. De acordo com o World Wildlife Fund, a população de elefantes no Sri Lanka diminuiu quase 65% desde o início do século XX.

Hoje, os sri-lankeses estão preocupados com o desaparecimento gradual de seus elefantes. Ainda há animais mantidos, em condições abomináveis, em muitos templos budistas, onde servem como talismãs e atrações locais. Fator unificador da complexa identidade nacional da ilha, os elefantes são uma fonte de orgulho para os sri-lankeses. São tema comum de conversas. Manchetes estampam a primeira página dos jornais exigindo uma resposta do governo à situação dos dois últimos elefantes sobreviventes em uma reserva natural remota. A punição oficial pela caça de um elefante é a morte (embora o país não realize execuções em casos criminais desde a década de 1970). Uma das maiores atrações turísticas da ilha é um "orfanato" de elefantes em Pinnawala.

Ekanayaka é um trabalhador de campo de um programa para solução de conflitos entre o povo do Sri Lanka e seus elefantes, patrocinado pelo Centro de Conservação e Pesquisa em Galgamuwa. Em termos práticos, serve como um local onde agricultores e aldeões podem apresentar queixas contra os elefantes para uma terceira parte paciente que tentará resolver o problema.

Nessas regiões, as pessoas ainda tomam banho e lavam suas roupas no rio, mantêm-se alertas a qualquer sinal de febre, pois pode ser um presságio de um surto de dengue, e caminham toda semana até um santuário para levar uma oferenda. Elas consideram Ekanayaka um representante do Estado, a encarnação do desenvolvimento, e uma conversa com ele já é suficiente para aliviar ansiedades, que são muitas.

A essência do problema é simples. As áreas de circulação dos elefantes foram destruídas para dar lugar a cultivos e casas; os animais, em busca de alimento, retornam a antigos habitats. Eles passam até dezesseis horas por dia comendo, e um elefante do Sri Lanka consome entre 140 e 180 quilos de vegetação diariamente. O aumento natural da população humana, aliado aos programas do governo que concedem terras a famílias relativamente pobres, tornou o conflito entre animais e homens inevitável. Vídeos documentando esses confrontos, sem muita nitidez e gravados com celulares, estão disponíveis no YouTube. Eles mostram um homem tentando afugentar um elefante que atravessa seu campo; a reação do animal é pisotear e matar o fazendeiro. Tratores usam suas pás contra elefantes que tentam atacá-los; elefantes bloqueiam estradas, forçando os carros a sair. Enquanto pessoas são mortas todos os anos por elefantes no Sri Lanka, em longo prazo, os conflitos por habitat sempre terminam da mesma maneira — com o tempo, os humanos triunfam.

A cerca eletrificada é o meio mais popular de coibir os elefantes famintos. Elas estão por toda parte. As plantações são circundadas por fios de metal que disparam um choque poderoso ao toque, mas não suficiente para matar. Algumas aldeias são inteiramente cercadas por esses dispositivos; em outras, apenas algumas casas. Escolas e edifícios públicos têm cercas próprias. Elas são onipresentes; aldeias e famílias vivem inteiramente dentro de cercas. A única vez em que vi o sempre gentil Ekanayaka ficar com raiva foi quando ele se referiu à terra que o governo concedeu a novas famílias, sem conexão à rede elétrica exigida por essas cercas. Essas famílias pobres ergueram cercas falsas esperando enganar os elefantes, mas sem sucesso. Na verdade, esses animais são tão inteligentes que começaram a se adaptar às cercas reais. Ekanayaka parou o carro em uma casa grande. Em um inglês hesitante, ele me disse para tomar nota. Havia muita comida no jardim, incluindo árvores com bananas e cocos. Por isso, a casa era circundada por uma cerca eletrificada. "Elefantes agora estão aprendendo", disse ele. "Se colocarmos cerca, mesmo que não haja nada lá dentro, eles tentam quebrar a cerca porque acham que há comida lá. Estão se adaptando." Os elefantes não só entendem que as cercas significam comida como também desenvolveram táticas para lidar com elas. Os machos jovens costumavam derrubar uma árvore próxima para que caísse na cerca, permitindo que passassem sobre ela. Em resposta, disse Ekanayaka, os agricultores arrancaram todas as árvores próximas. Agora os elefantes trazem uma árvore de outro lugar e a jogam na cerca. "Existem três a cinco caras que aprenderam", explicou ele. "Você os chama de caras?", perguntei. Ele riu.

Na casa bem cuidada, cercada por um grande quintal, sentei-me com Ekanayaka e Somanwathi, uma mulher cujo marido foi morto por um elefante oito anos antes. Ela nos serviu cubos de arroz e lentilhas assadas no forno a carvão, juntamente com um chutney picante, e mostrou uma fotografia em preto e branco de seu falecido marido. O atual marido de Somanwathi reclamou, por meio de meu intérprete, que "ficou muito pior". Não se trata mais apenas de comida; os machos jovens podem atacar pessoas e carros que consideram uma ameaça. Se alguém ficar doente e precisar ser levado ao médico, não é possível transportá-lo de carro pequeno ou carroça, disse. Apenas um caminhão grande é capaz de deter os elefantes. Se não houver um, "toda a vila" precisa ser chamada para acompanhar o doente durante a jornada.

"Você está brava?", perguntei à viúva. "Não há sentido em ficar brava com um animal", respondeu, com uma risada vibrante. Ela contou que às vezes fica do lado seguro da cerca e os observa por prazer. Pensei em quantas pessoas no Ocidente estariam dispostas a viver atrás de uma cerca eletrificada para se protegerem de um animal que pesa milhares de quilos. Não demoraria muito para exigirem que as autoridades transferissem os elefantes, ou pior.

Os elefantes não emergiram da floresta naquela noite, embora seus barridos reverberassem em meio à escuridão. Ouvimos os chamados abafados, e os resmungos de filhotes famintos, mas principalmente o constante som de elefantes arrancando galhos de árvores e devorando-os. De qualquer forma, eu era a única pessoa que queria que eles aparecessem.

Por fim, eles sofreram o mesmo destino de muitos de seus irmãos. Sua população diminuiu, pela fome ou morte em conflitos com seres humanos. Alguns caíram em fossos ou acabaram sozinhos, isolados de seu rebanho. Se tiveram sorte, foram levados para Pinnawala. Hotéis, restaurantes e lojas de souvenirs surgiram em torno desse chamado orfanato de elefantes. Um dos shows mais populares para turistas é quando os elefantes são levados para tomar banho, duas vezes por dia. Eles caminham em direção ao rio, acompanhados por guardas com lanças. As pernas dos machos são acorrentadas, para impedir que debandem. A procissão parece um desfile de prisioneiros capturados de uma tribo derrotada pelos romanos, suas correntes tilintando contra a passarela. É como um canto fúnebre: "Antes estávamos livres e agora não estamos; antes estávamos em nossa própria terra e agora somos um espetáculo para as massas."

Depois do anoitecer, caminhamos ao lado de um milharal. Uma mulher idosa estava na torre de guarda. O facho de sua lanterna revelou os cabelos brancos que emolduravam seu rosto, fazendo-a parecer um personagem de uma antiga lenda budista. Conversamos trocando gritos, eu embaixo, ao lado da cerca elétrica, e ela em cima, na torre. Por meio de meu intérprete, ela me contou sobre sua família pobre e os longos meses que passam na torre afugentando os elefantes à noite. Ela me disse que reveza entre cuidar de seus netos e vigiar o milharal; naquela noite ela estava ali, fitando a pequena floresta escura à frente, armada com tachos e panelas, pronta para espantar os elefantes.

"Quando seu filho crescer, ele será capaz de ver elefantes livres como você vê hoje?", perguntei a Ekanayaka. Ele traçou um quadrado na palma da mão. "Apenas em fotos", respondeu. "Se formos por esse caminho, apenas em fotos. Talvez no zoológico", confessou com um sorriso constrangido.

A MAIOR AMEAÇA CRIADA PELA GLOBALIZAÇÃO É O IMPACTO DESTRUtivo do consumismo e da produção industrial no ecossistema terrestre. O argumento mais poderoso contra a atual ordem mundial é que ela simplesmente não é sustentável. Se continuar assim, animais e humanos não serão capazes de sobreviver. Seres humanos e comunidades locais podem ser explorados e destruídos — civilizações têm feito isso ao longo da história. Mas os golpes fatais infligidos pela humanidade em nosso planeta são algo novo e podem ser irreversíveis.

A dizimação do elefante do Sri Lanka está acontecendo, de uma maneira ou de outra, com animais em todos os lugares, o tempo todo. A destruição de habitats é a principal razão para os níveis sem precedentes de extinção de espécies que vemos hoje. Mais de 60% de todos os vertebrados desapareceram de seus habitats naturais desde 1970.[3] O número de espécies de mamíferos despencou à medida que seus habitats foram eliminados. Alguns cientistas chamam esse processo de "aniquilação biológica"; estamos testemunhando o evento de extinção mais acentuado que a Terra já viu em 10 milhões de anos.[4]

Obviamente, a perda de espécies foi acelerada por causa das ações humanas. Noventa por cento dos guepardos do mundo desapareceram no século passado, um número um pouco pior do que o dos elefantes africanos: em 1930, eram 10 milhões e, hoje, são apenas 415 mil. Somente em Moçambique, 7 mil elefantes foram mortos por caçadores de marfim entre 2009 e 2011.[5] A América do Norte abriga 3 bilhões de aves a menos do que em 1970, um declínio populacional de 30%.[6] Um estudo pioneiro e minucioso publicado na Alemanha em

2017 constatou que a população de insetos na natureza ainda preservada do país diminuiu em 75% nas últimas décadas. O estudo foi realizado em reservas naturais, que deveriam ser relativamente imunes a danos ambientais.[7] Não sabemos que tipo de ecologia pode ser mantida na Terra sem uma população florescente de insetos. Eles constituem um elo crucial na cadeia alimentar, polinizando as plantas das quais todos dependemos. Mais de 75% da produção agrícola mundial depende da polinização realizada por animais. Entre 2014 e 2018, os apicultores dos Estados Unidos perderam quatro em cada dez colmeias devido ao Distúrbio do Colapso das Colônias (CCD, na sigla em inglês), que está devastando os insetos mais vitais para a polinização das flores.

Extinções não se limitam à terra firme. A acidez dos oceanos aumentou 30% nos últimos dois séculos, e populações de peixes estão entrando em colapso. Enormes navios de pesca e traineiras extraem peixes de uma área oceânica pelo menos do tamanho da América do Sul. Um dos resultados da pesca industrial é a destruição indiscriminada de espécies que não têm valor comercial, um processo conhecido como "captura acessória". As redes de arrasto destroem os locais de reprodução, causando o colapso de populações de muitas espécies de peixes. Entre 60% e 90% dos grandes carnívoros aquáticos desapareceram desde 1950.[8] Um estudo descobriu que a pesca mata 11 mil tubarões por hora, cerca de 260 mil por dia.[9]

Em Gansbaai, no Cabo Ocidental da África do Sul, mergulhei em uma gaiola, esperando encontrar um tubarão branco. Até pouco tempo atrás, esse era o melhor lugar do mundo para avistá-los. Eles desapareceram do mar próximo a essa pequena cidade, mas ninguém sabe por que ou para onde foram. Mais tarde, vi trabalhadores dedicados alimentando à força pinguins africanos em uma instalação criada para cuidar dos animais enfraquecidos que apareciam na praia. Xolani Lawo, responsável pelo projeto de alimentação, me disse que não há outra maneira de alimentá-los em cativeiro. Seus instintos são de apenas comer um peixe que capturam enquanto está em movimento. "Por vontade própria, eles nem tocam em um peixe inerte. Alguns odeiam ser alimentados, detestam ser colocados nesta mesa." Um a um, Xolani os segura pelo pescoço e abre à força seus bicos afiados, empurrando o peixe garganta abaixo.

O principal problema que os membros dessas espécies ameaçadas de extinção enfrentam, além da perda de seu habitat natural e áreas de nidificação no litoral, é que eles não conseguem mais encontrar sustento em águas que antes fervilhavam de vida, mas que agora sofrem com a pesca predatória.[*]

Acariciei um dos jovens pinguins que Xolani segurava, passando os dedos sobre a pele emaciada. Estava faminto. "Perdemos noventa por semana", disse Xolani, em relação à situação de toda a espécie. A rotina de alimentação nas instalações é tão comum que é fácil esquecer o quanto a situação é insana — a única maneira de preservar uma espécie de exímios nadadores e caçadores é alimentá-los à força. A enfermeira veterinária da instituição, Theanette Staal, me contou, com lágrimas nos olhos, sobre a luta desesperada para salvar o pinguim africano da extinção. "Estes pinguins não são nossos nem da África do Sul", disse. "São pinguins de todo mundo." Na atual taxa de declínio, a espécie desaparecerá até 2026.

---

[*] Os pinguins africanos também nunca se recuperaram da extração de guano para uso como fertilizantes. As operações de extração destroem suas áreas de nidificação, que são um refúgio contra os predadores e as intempéries. Além disso, seus ovos se tornaram iguarias. A lanchonete do parlamento da África do Sul costumava servi-los uma vez por semana.

Um relatório de 2019 da Plataforma Intergovernamental de Ciência e Política sobre Biodiversidade constatou que 1 milhão de espécies de animais e plantas estão à beira da extinção, muitas delas em apenas algumas décadas. A frase "mudança transformativa" é repetida várias vezes. Sem essa mudança, afirmam os cientistas que escreveram o relatório, a situação só vai piorar. A epidemia de extinção pode transformar a ecologia do mundo inteiro de tal forma que a humanidade enfrentará um perigo sem precedentes. Uma das pessoas por trás do relatório, Josef Settele, ecologista alemão, escreve que "ecossistemas, espécies, populações selvagens, variedades locais e espécies de plantas e animais domesticados estão diminuindo, se deteriorando ou desaparecendo. A rede essencial e interconectada da vida na Terra está ficando menor e cada vez mais exaurida. Essa perda é resultado direto da atividade humana e constitui uma ameaça direta ao bem-estar humano em todas as regiões do mundo".[10]

A tensão fundamental nesse e em textos semelhantes é clara. Para "vender" a gravidade da situação ao público, os cientistas precisam alertar que a própria humanidade está em perigo. Não são apenas os sapos, as abelhas, os guepardos e os elefantes que serão extintos — o *Homo sapiens* também estará vulnerável. O ciclone de destruição e morte que a humanidade alimentou também nos destruirá.

A fim de obter apoio, a mídia e as ONGs internacionais enfatizam o perigo para a humanidade. Mas essas estratégias de marketing são baseadas no mesmo pressuposto tácito de Samuel Baker, o colonialista assassino de animais — de que a natureza, incluindo as tetas da elefanta que ele abateu, existe para servir à humanidade. As civilizações humanas sempre viram o mundo como um estoque inesgotável de recursos que podem usar para atender às suas necessidades.

É fácil imaginar como seria a verdadeira mudança transformativa. Ela acontecerá se os eleitores concordarem que a extinção em massa de espécies animais como resultado dos excessos da civilização humana é errada e inaceitável, mesmo que os humanos possam sobreviver. Acontecerá se nós nos convencermos de que a diversidade biológica é um valor social supremo que precisa ser cuidadosamente protegido. Acontecerá se nós aceitarmos que animais não humanos têm direitos, direitos reais.

Afinal, o sistema corporativo não nos fornece as necessidades mais básicas da vida. Não cria, nem purifica, nem mantém a qualidade da água, tampouco possibilita o cultivo de alimentos. São coisas que acontecem por causa de um sistema ecológico ativo e diverso, que compreende um número indeterminado de seres vivos, e por causa da abundância insondável desse sistema.

Em termos históricos, não é uma posição radical a ser tomada. A espécie humana viveu de acordo com esses princípios nos tempos primitivos — mas eles acabaram esquecidos. Maimônides, o filósofo mais importante do judaísmo, aborda essa questão de forma sucinta. "O Universo não existe para servir ao homem", escreveu em seu *Guia dos Perplexos*. Na verdade, "cada ser existe para servir a si mesmo, e não por outra causa".[11]

Hoedspruit, África do Sul

As cercas eletrificadas do Sri Lanka destinam-se a manter os elefantes afastados. Na África do Sul, elas fazem o oposto — impedem que os animais saiam e os seres humanos entrem. O Parque Nacional Kruger, com quase 20 mil quilômetros quadrados, é circundado por uma cerca eletrificada. Em

Hoedspruit, não muito longe do parque, vários agricultores estabeleceram grandes reservas privadas de safári, aumentando o número de animais que já viviam em suas terras com outros que compraram em outras partes do país, e abriram hotéis luxuosos, do tipo que você é recebido com uma toalha fresca e aromatizada de baunilha.

Negócios, é claro. Você pode ir à África do Sul para ver animais ou para atirar neles. Dado que os animais são propriedade privada do dono das terras, ambas as experiências são igualmente lícitas. A maioria das fazendas ao redor de Hoedspruit não se destina à caça. Suas áreas de safári são atravessadas por centenas de estradas de terra, cobrindo todos os pontos possíveis e mal permitindo que o ecossistema local funcione adequadamente; as estradas existem para possibilitar que os turistas obtenham o melhor ângulo para as fotografias de um leopardo, elefante ou rinoceronte. O ideal é uma selfie, é claro.

Os rinocerontes são o foco principal, ou, mais precisamente, o preço do seu chifre no mercado clandestino, sobretudo na Ásia. Valores variam muito entre US$50 mil e US$100 mil por quilograma em lugares como o Vietnã e a China, onde acredita-se que o chifre desses enormes perissodátilos tenha propriedades medicinais extraordinárias. (Não há embasamento científico para isso; os chifres são quase que totalmente compostos de queratina, o mesmo tipo de proteína que compõe os cabelos e as unhas.) O alto preço significa que caçadores furtivos têm um incentivo significativo para invadir os safáris. Na melhor das hipóteses, eles serram os chifres de forma brutal depois de sedar parcialmente os animais. Em muitos casos, simplesmente os matam.

Os safáris usam cercas eletrônicas sensíveis ao toque, helicópteros, unidades paramilitares, redes de câmeras e sensores, planadores, equipes de inteligência e reconhecimento, rastreadores que vivem no mato e muitos outros meios de inibição. Não funciona, pois a demanda continua aumentando e, logo além das cercas, existem favelas onde as pessoas vivem em pobreza opressiva. O salário médio mensal na África do Sul é de US$1.400 (no quarto trimestre de 2018), mas o problema real é o desemprego — um em cada quatro membros da força de trabalho potencial não consegue encontrar emprego.

Nakonsiti e Preis são dois guardas florestais que trabalham para o Protrack, um serviço de segurança privado que defende os animais de safári da caça predatória. Uma noite, fiquei com eles em um bloqueio improvisado na entrada das reservas, não muito longe do pequeno aeroporto de Hoedspruit. "Não conseguimos impedir essa caça ilegal", disse Nakonsiti, "porque não há empregos por aqui". Ele falou longamente sobre a situação social, sobre o sentimento de que os moradores das favelas não participam da orgia de sucesso dos safáris. "Só conseguimos diminuir a caça ilegal, nada mais", afirmou. Ambos relataram que não falam sobre o trabalho quando voltam para suas comunidades. Se as pessoas souberem que trabalham nas reservas, um parente próximo pode ser sequestrado. Para obter sua libertação, eles seriam obrigados a fornecer informações e permitir a entrada de caçadores furtivos nos safáris. E esse é apenas um cenário. "Quando vou para casa, não uso uniforme", explicou Preis. "Apenas minhas roupas normais. Quando me perguntam em que trabalho, digo que faço manutenção em algum lugar. Não digo que trabalho em uma reserva de animais selvagens." Sua triste necessidade de dissimular mostra quem está vencendo essa guerra, e não são os protetores dos animais. A demanda sempre vence.

Fui visitar Karen Trendler, uma das mais importantes conservacionistas e ativistas pelos animais da África do Sul e membro graduado no Conselho Nacional de Sociedades para a Prevenção da Crueldade contra Animais. Nós nos sentamos em seu grande quintal. Ela atua há muitos anos em uma equipe de resposta rápida que resgata animais, especialmente animais selvagens, de abuso. "A economia da Ásia está se expandindo rapidamente", disse. "Temos um enorme crescimento populacional e econômico, então a renda disponível também está aumentando. Agora eles (as classes alta e média em alguns países asiáticos) têm dinheiro para comprar artigos de luxo, como chifres de rinoceronte e vinho de osso de tigre." Este último é uma bebida feita a partir dos ossos fermentados de tigres, muito procurada em todo o Extremo Oriente, onde acredita-se que cura dores e fraqueza; acredita--se também que aumenta a inteligência e as proezas sexuais masculinas. Como não é tão fácil obter ossos de tigre, os ossos de leão também se tornaram uma mercadoria primordial no continente. No caso de leões e outros felinos, é um círculo comercial perfeito e totalmente eficiente.

Os turistas vão para a África do Sul e pagam um bom dinheiro para se voluntariar nos chamados santuários de filhotes de leão "abandonados por suas mães" ou cujos pais foram "baleados por caçadores". Eles contam uma história semelhante à do filme *Bambi*, da Disney, que serve como um eficiente chamativo sentimental para turistas. Na verdade, disse Trendler, "os filhotes não são abandonados pela mãe. Eles são intencionalmente retirados dela aos poucos dias de idade, porque há um valor comercial em atrair voluntários pagantes e turistas que desejam acariciar, brincar e tirar selfies com os filhotes. Em determinado momento, eles não podem mais ser manuseados pelos turistas. Ficam grandes demais. E perigosos. Não são mais tão atraentes quanto os filhotes fofinhos". Portanto, a melhor maneira de lucrar com eles é movê-los do santuário para o safári, onde podem ser caçados por turistas mais interessados em atirar do que acariciar.

Os tigres não são nativos da África, mas foram importados e agora são criados e vendidos lá para a caça. Após crescer nesses aparentes santuários, os grandes felinos perdem o medo dos seres humanos, portanto, matá-los não é um grande desafio. Depois que o animal é morto, o caçador leva a cabeça para exibir como troféu e impressionar os convidados em sua casa. O administrador do safári recolhe os ossos, que são enviados para o Extremo Oriente a fim de serem transforma-dos em joias, amuletos, vinho ou no chamado "bolo de tigre", também usado na medicina tradicional asiática. Além disso, as fêmeas procriam repetidas vezes, geralmente com machos que são seus parentes próximos. Um ex-voluntário me contou cenas lamentáveis envolvendo filhotes com anomalias decor-rentes dessa endogamia. Desnecessário dizer que os animais enredados nesse sistema nunca poderão ser libertados — eles são incapazes, temperamental e geneticamente, de se defen-der na natureza.

Essas histórias demonstram o impacto implacável do mer-cado internacional, bem como a interação da globalização com a ecologia local. É um sistema de exploração quase inteira-mente alimentado por estrangeiros. Sem suspeitar, turistas sustentam esses "orfanatos" e, sem saber, voluntários auxi-liam na criação de animais com o único objetivo de extração de órgãos. A grande maioria dos caçadores é de outras partes do mundo — dos Estados Unidos, da Europa e da Ásia. Os ossos retornam à Ásia, de um jeito ou de outro.

O leão africano vive na natureza apenas nesse continente, mas como produto industrial vive em todos os lugares. Cada estágio de sua vida é explorado em um ciclo industrial até sua morte, e a maioria dos lucros vai para pessoas de fora da comunidade que compartilha de seu habitat.

Porém, os grandes felinos estão em uma situação boa quando comparados aos rinocerontes. O mundo do comércio não tem muito interesse nesses grandiosos animais — não há oportunidades para explorar o convívio com os filhotes, a caça ou a utilização de seus ossos. Ele os quer expostos em safáris. E quer seus chifres. Como me foi dito por John Hume, um fazendeiro rude que os cria exatamente para esses propósitos, "de modo simples, um rinoceronte morto vale mais do que um vivo". No mercado global, os rinocerontes têm valor principalmente em um lugar, a Ásia, e com um único fim — como fonte de chifre em pó.

O último rinoceronte-branco do norte morreu em 2018. No mesmo ano, na África do Sul, precisamente 769 rinocerontes de todas as variedades foram caçados por seus chifres e, em 2017, mais de mil. Esses números nos fazem questionar se, na África, algum tipo de rinoceronte será capaz de sobreviver na natureza. Organizações criminosas, algumas delas asiáticas, estão por trás da operação de caça furtiva. Elas enviam seus próprios caçadores ilegais até as reservas, equipados com smartphones, para que possam documentar a origem dos chifres para potenciais compradores na Ásia.[12]

É a demanda que impulsiona o fenômeno, a pura demanda, alheia ao ambiente local e ao ecossistema, e alheia a normas políticas, necessidades da comunidade e tradição. O mundo da revolta contra a globalização é aquele em que o habitante local é constantemente atacado e desafiado por forças estrangeiras que criam um senso de arbitrariedade. Às vezes, o habitante local é um rinoceronte.

CAPÍTULO 5

"Nós Nos Recusamos a Morrer"

Os 5 milhões de habitantes de Colombo, capital do Sri Lanka, agora vivenciam eventos climáticos extremos com frequência crescente e intensidade inigualável. Lá, os padrões climáticos mudaram significativamente desde os anos 1950. As monções são agora mais curtas, porém mais intensas, o que leva a inundações repentinas e alagamentos em bairros pobres. Em 2016, o Sri Lanka passou pela pior seca em quarenta anos. No ano seguinte, houve um recorde de precipitação — entre 300 e 500 milímetros de chuva em apenas 24 horas —, causando inundações generalizadas que destruíram grande parte da colheita de arroz. Os arrozais produziram quase 40% menos do que no ano anterior, deixando centenas de milhares de pessoas em situação de insegurança alimentar.[1]

Hoje em dia, isso acontece o tempo todo em países pobres. Na primavera de 2019, dois ciclones atingiram a costa leste da África, um após o outro, causando grandes danos em Moçambique. O ciclone Idai provocou extensos danos às fazendas do país, destruindo a maior parte da colheita de milho na planície costeira. Foi uma crise humanitária que levou o país a pedir ajuda às agências das Nações Unidas.

Nos capítulos anteriores, discutimos os hubs de exploração criados pela globalização, mas eles não envolvem apenas a exploração de mão de obra ou a extração de minerais locais de uma maneira que prejudica as pessoas e a comunidade ao seu redor. A derradeira exploração é ambiental.

A poluição, o consumismo desenfreado e as gigantescas emissões de carbono geradas pela Revolução Industrial afetam mais os fracos do que os fortes, e isso não é apenas uma figura de linguagem. Estudos analisaram a evidente desigualdade da crise climática e chegaram a conclusões semelhantes. A conta não está sendo paga pelas nações ricas. Em um estudo recente, Marshall Burke e Noah Diffenbaugh, da Universidade Stanford, demonstraram que os países pobres pagam o preço do aquecimento global há décadas.[2] Usando um modelo que comparou o desempenho dos países em anos mais quentes e mais frios, eles descobriram que, entre 1961 e 2010, o aquecimento global reduziu a renda per capita nos mais pobres em até 40%. Além disso, o PIB per capita das nações que emitiram mais gases de efeito estufa aumentou 13%.

Esses números são surpreendentes. Eles mostram que o Sul global, que começara a diminuir sua desigualdade em relação ao mundo industrializado, poderia ter feito um progresso incrivelmente rápido, não fosse a crise climática. Como mostram Burke e Diffenbaugh, os países de clima frio estão ficando mais quentes e se beneficiando economicamente do efeito estufa. Mas os países que já eram quentes e vêm aquecendo ainda mais sofreram um forte golpe. O PIB per capita em países como Índia, Nigéria, Sudão, Indonésia e Brasil caiu dezenas de pontos percentuais por causa das mudanças climáticas. Em contrapartida, o PIB per capita da Noruega e do Canadá se beneficiou substancialmente em razão do aquecimento.

Os pesquisadores explicaram que a produtividade atinge o pico na temperatura média anual de 13°C, mas diminui fortemente em temperaturas mais altas. "As colheitas são mais produtivas, as pessoas são mais saudáveis e somos mais profícuos no trabalho quando as temperaturas não são nem muito altas nem muito baixas", declarou Marshal Burke, "Isso significa que, em países frios, um pouco de aquecimento pode ajudar".[3] Com o aquecimento global, a Grã-Bretanha, que estava na vanguarda da Revolução Industrial, viu um aumento adicional de 9,5% no PIB per capita. Outro estudo estima que, até o final do século XXI, a renda média de bilhões de pessoas será 75% menor do que teria sido sem as mudanças climáticas.[4]

Isso é desigualdade elevada ao quadrado. Os países que menos contribuíram para a crise climática já pagaram e continuarão a pagar um alto preço com perdas econômicas. Eles são mais vulneráveis a eventos climáticos extremos em razão de sua fragilidade e pobreza, enquanto, de acordo com os modelos climáticos, experimentam os efeitos mais fortes de eventos extremos de baixas e altas temperaturas.[5]

Como o desenvolvimento econômico em um mundo globalizado não é mais um jogo de soma zero, indivíduos e comunidades conseguem sair da extrema pobreza por meio da industrialização, do comércio e dos mercados livres. Mas um elemento novo e sombrio chegou à equação, paradoxalmente nascido desses sistemas — a mudança climática. As organizações ambientais estimam que, nas próximas décadas, o número de pessoas que sofrem pela fome aumentará de 10% a 20% como resultado das mudanças climáticas.[6] Um estudo prevê que, em 2050, mais 1,7 bilhão de pessoas, aproximadamente 20% da população mundial, poderão não ter segurança alimentar devido às mudanças climáticas. A Revolução Industrial e a globalização, os mesmos processos que resgataram as pessoas da fome, podem levar seus netos de volta à pobreza.

Imagine que um político perverso, digamos, do Canadá sugira a propagação de um veneno químico que prejudica apenas pessoas pobres e não brancas que vivem em outros países. O veneno as tornaria mais pobres ou as mataria, mas também impulsionaria a economia canadense e proporcionaria um clima mais quente e ensolarado, melhorando a qualidade de vida no país. Não seria desprezível? Porém, é isso que os ricos países industrializados do Norte global estão fazendo, conscientemente.

Os números mostram como a crise climática está ameaçando reverter a redução da pobreza extrema — um dos produtos salutares da globalização — e devolver o mundo à sua antiga condição de divisão, ou uma mais dividida do que nunca. Enquanto o Sul global não tem escapatória, os escandinavos aproveitam o clima mais ameno para plantar vinhedos; a Groenlândia, sob controle dinamarquês, está ansiosa por um acesso mais fácil aos seus depósitos minerais; e a Grã-Bretanha economiza muito dinheiro porque seus habitantes não precisam gastar tanto em aquecimento e em viagens para climas mais quentes.

Bangladesh é um exemplo. Com uma população de 168 milhões, o país fez um progresso considerável desde o tempo em que oito em cada dez de seus cidadãos viviam abaixo da linha da pobreza. A expectativa de vida aumentou e agora é de cerca de 70 anos; 44% da sua população já viveu em extrema pobreza e hoje esse número é de apenas 13%. A fome em massa é praticamente coisa do passado, e a alfabetização aumentou de forma significativa.[7] Muito disso se deve à tecnologia, à indústria e a exportações e comércio internacional.

Todavia, Bangladesh é um país localizado na Baía de Bengala, onde o Ganges encontra o mar. É o maior delta do mundo. Dois terços do seu território não estão a mais de 4,5 metros acima do nível do mar, e sua população se concentra nas terras agrícolas férteis ao longo de seus rios. As águas rasas da Baía de Bengala aqueceram significativamente. Como o volume da água aumenta quando ela aquece, o nível do mar se eleva, submergindo as áreas do país mais próximas ao nível do mar. Ao longo das últimas décadas, Bangladesh está enfrentando tempestades tropicais mais severas, que levam enormes quantidades de água salgada para o interior, arruinando as terras agrícolas. As geleiras do Himalaia estão derretendo, engolindo os rios que fluem das montanhas através do delta até a baía. Em média, 25% da área terrestre do país é inundada em algum momento, e a cada poucos anos esse número sobe para 60%.[8] Assim, a terra tornou-se mais escassa e cara para sua densa população; simplesmente não há terra suficiente para se viver.

A população rural está migrando das aldeias do Sul e do Leste para a capital do país, Dhaka — a cada ano, meio milhão migra para a cidade, estabelecendo-se em bairros pobres onde já vivem 7 milhões de pessoas.[9] O Banco Mundial indica que, em 2050, até 13,3 milhões de bangladeses podem perder suas casas em decorrência das mudanças climáticas, e até o final do século uma área que abriga um terço da população de Bangladesh pode ficar permanentemente submersa abaixo da linha da maré alta.[10] A globalização salvou meio bilhão de pessoas da fome e da miséria, mas o Banco Mundial calcula que a mudança climática enviará 122 milhões de pessoas de volta a essa condição até 2030.[11] Algumas décadas atrás, a prosperidade global começou a surtir efeitos em Bangladesh, mas, antes que pudessem desfrutá-la, seus habitantes foram atingidos por tempestades monstruosas, pelo aumento do nível do mar e pela destruição de terras agrícolas.

Ilhas Maldivas, 2018

As Maldivas estão à beira de pagar o preço máximo da mudança climática — a elevação do nível do mar é uma ameaça inevitável à existência das ilhas. Os turistas que viajam para essa nação insular no Oceano Índico geralmente não se preocupam em visitar sua abarrotada capital, Malé. Os aviões pousam lá, mas os visitantes seguem direto para os barcos que os transportam até as exclusivas *villas* aquáticas nas praias paradisíacas. As ilhas, suas praias e seus recifes de coral são um dos destinos turísticos mais populares e mais caros do mundo.

Em uma missão jornalística, eu e meu cinegrafista pousamos no movimentado aeroporto e pegamos um barco que nos levaria pela ilha. Quando você entra na água, experimenta um momento de desorientação, uma espécie de ilusão de ótica. Malé está em uma altitude tão baixa que parece que seus edifícios, que são pequenos, se erguem diretamente em meio às ondas. O barco parece navegar em um nível mais alto que a terra. Então, você percebe o quanto o arquipélago é vulnerável. As ilhas estão a uma média de apenas 1,2 metro acima do nível do mar; o ponto mais alto do país está a apenas o dobro disso.

A lancha seguiu seu caminho zunindo, borrifando água em nossos rostos enquanto passávamos de ilha em ilha. As Maldivas são uma série de atóis; estávamos a caminho de Thulusdhoo, no extremo norte do atol de Malé. A incrível beleza do lugar é evidente para todos os cinco sentidos. A praia é dourada, os coqueiros tremulam ao sabor da brisa fresca e salgada. A água é cristalina, as ruas são de areia branca e as crianças correm por pequenos cais ou brincam em balanços improvisados nas árvores altas da praia. Mas é um paraíso perdido. A fábrica de Coca-Cola do país está localizada em Thulusdhoo, o único lugar no mundo em que a bebida é feita a partir de água dessalinizada. É um símbolo de orgulho local. Placas da Coca-Cola estão por toda parte. A globalização é um império sem limites.

A atividade principal de Thulusdhoo não é o turismo. Possui uma população permanente de mais de 1.500 habitantes, muitos deles pescadores que saem todos os dias para lançar suas redes no mar. Perto do porto, há uma série ordenada de treliças altas de madeira, para secar peixes. Era noite e várias mulheres limpavam a área, arrancando ervas daninhas que brotaram embaixo das treliças e varrendo o chão com pequenas vassouras. Tudo estaria limpo e pronto quando seus maridos retornassem em seus barcos e, se trouxessem mais peixes do que conseguem vender, o restante poderia ser preservado em sal.

No início da manhã, saímos para um mergulho para ver os corais. O sol nasceu sobre a praia tranquila; havia uma brisa fresca. O proprietário da pequena loja de mergulho, Aze Ismaiel, nos levou a um pequeno barco. As ondas estavam altas. Estávamos a caminho de um recife a uma distância razoável da ilha, o qual os turistas não costumam frequentar. Os recifes são uma parte fundamental da cultura e economia das Maldivas. São a base das indústrias de pesca e turismo e protegem as ilhas da maré alta das tempestades.

Quando chegamos ao recife, Aze jogou uma âncora, vestiu uma máscara de mergulho sem snorkel e entrou na água. "Tem um pouco de corrente", nos disse. "Eu subo no barco, vocês pulam, eu tento observar vocês." Só percebi que era um aviso quando meu corpo entrou em contato com a água. Era como se minhas nadadeiras não funcionassem, não importava quanta força minhas pernas faziam. Levou menos de vinte segundos para que a corrente começasse a nos carregar rapidamente sobre o recife; Aze continuou reposicionando o barco à nossa volta.

Na verdade, não havia muito o que ver. De vez em quando avistávamos um peixe lindo, mas os corais são esqueletos do que eram. Os corais branquearam há muito tempo; o recife está morrendo e parece mais um deserto submarino. Somente em suas extremidades, onde a plataforma rochosa mergulha no oceano, conseguimos ver um pouco da vida variada e abundante que floresceu nos melhores dias do recife. Quando voltamos à costa após o mergulho, Aze nos contou que cerca de 80% dos corais ao redor da ilha já morreram. Como resultado do aquecimento global, a temperatura do mar se elevou. A água também se tornou mais ácida pela absorção do aumento do dióxido de carbono atmosférico. Essas são as duas principais causas de branqueamento e morte de corais. Essas colônias de organismos são especialmente sensíveis a tais alterações e se deterioram e morrem rapidamente. Os recifes recobrem 0,1% do fundo do oceano, mas sustentam cerca de 25% das criaturas marinhas do mundo.[12] Metade da Grande Barreira de Corais da Austrália, a maior do mundo, já está morta; cerca de metade dos recifes do mundo inteiro foi destruída desde os anos 1980.

Eu disse a Aze que a estimativa é que o aquecimento global mate todos os corais formadores de recifes ao longo dos próximos vinte anos. Quando perguntei o que isso significava para o seu país, ele respondeu: "Em primeiro lugar, se não houver recifes de coral, não haverá Maldivas. Nossas vidas dependem dos recifes. Todo mundo vem para cá para ver o mundo subaquático, que é incrível. A segunda indústria mais importante é a pesca. Se não houver recifes de coral, nosso turismo acaba, nossa pesca acaba, e isso é praticamente o nosso fim."

Enquanto Aze e eu conversávamos na praia deslumbrante, podíamos ver grandes obras em andamento na ilha próxima. Máquinas enormes escavavam o fundo do mar para criar uma área para construir mais um hotel de luxo. Nossa conversa e o projeto de construção parecem existir em mundos paralelos, mas, na verdade, os dois universos estão intimamente ligados. O turismo prospera nas Maldivas, ao mesmo tempo em que o turismo global é responsável por cerca de 8% dos gases de efeito estufa responsáveis pelo aquecimento que está matando os recifes de coral que atraem os turistas.[13] O governo das Maldivas iniciou um projeto para construir ilhas artificiais e reforçar as existentes, o que inclui a construção de muros de três metros de altura para bloquear o mar. O próximo estágio será a evacuação organizada de comunidades ameaçadas e seu reassentamento nas ilhas mais altas.

Fomos para as Maldivas, meu cinegrafista e eu, com o objetivo de filmar um pequeno documentário sobre a elevação do mar. Descobrimos que, além da sensação de emergência nacional, insegurança e medo de deslocamento, havia também outra coisa. Ironicamente, os maldivianos agora se sentem mais conectados ao mundo, menos esquecidos, parte de um drama maior. Eles discorrem longamente sobre as emissões, a acidez e a economia global. Enquanto me mostrava a ilha e recomendava lugares ideais para belas cenas, meu agente local pegou pedaços de plástico na praia e me disse que eles matam tartarugas marinhas; ele fez questão de verificar se usávamos canudos biodegradáveis. Nunca encontrei uma população tão preocupada com o meio ambiente, o que não é surpreendente, visto que é uma questão de vida ou morte para eles. Os cidadãos das nações insulares, apoiados por legiões do rico mundo industrializado, estão na vanguarda da batalha para salvar o planeta.

110 REVOLTA

A crise climática impele os habitantes do Norte global a defender a causa de lugares como as Maldivas. No fundo, nós (pois eu e muitos leitores deste livro vivemos nos confortáveis países do Hemisfério Norte) sabemos que a batalha logo nos envolverá, e com força total. Aqueles que carecem de empatia veem as pessoas do Sul global como os canários na mina de carvão. Quanto ao resto, existe um sentimento de destino comum, de irmandade de armas na campanha para salvar o planeta. É um sentimento muito forte em lugares que lutam diretamente contra as crises ecológicas pelas quais estamos passando.

A crise não começou ontem. Em Malé, não muito longe da mesquita principal, encontrei Mohamad Saud. Nos anos 1990, ele e sua família deixaram sua ilha, Haa Dhaal Maavaidhoo, porque a vida lá se tornou insustentável. Saud é um dos primeiros refugiados climáticos do mundo. Milhões de outros se juntarão a ele à medida que a crise climática se agravar. Ele me contou sobre as terríveis marés de tempestade que assolaram toda a ilha e a constante erosão de suas praias. "Elas invadiam a ilha", lembrou. "A ilha inteira inundava. As ondas... continuavam investindo contra as áreas alagadas no interior, devastando plantações e destruindo barcos. Todos os alimentos estragavam."

Saud contou que eles só podiam fazer passeios de barco no período entre as tempestades e que as inundações pioravam cada vez mais. Depois que ele partiu, muitos dos outros habitantes da ilha também abandonaram suas casas. No final, a comunidade restante se reuniu e decidiu aceitar uma proposta de evacuação do governo. Se a história fosse transformada em filme, o roteiro sem dúvida chegaria ao clímax com um confronto entre aqueles que estavam determinados a ficar, independentemente do que acontecesse, e os ilhéus sensatos que perceberam que não havia esperança. Mas Saud disse que não houve grandes dramas. Todos concordaram que a ilha se tornara inabitável. Quando você e seus filhos estão se afogando lentamente, o sentimentalismo não é uma opção. "Eu cresci lá, é claro que sinto falta da ilha", admitiu Saud. "Mas não tínhamos escolha."

Enquanto ele falava, lembrei-me de uma lenda das Maldivas que li certa vez. Ela diz que há paredes imensas de cobre nos confins do oceano, represando enormes quantidades de água. Toda noite, os demônios lambem as paredes com suas línguas, ásperas como lixas. Pela manhã, as paredes estão tão finas que ficam prestes a ruir. A água retida fica a segundos de ser liberada para inundar as ilhas e afogar todos os seus habitantes. Mas a catástrofe é evitada pelas orações matinais dos muçulmanos das ilhas. No momento em que os crentes se levantam e levam as mãos ao rosto — o *qunut*, o gesto muçulmano de súplica —, as paredes de cobre recuperam sua força e permanecem fortes até o anoitecer, quando os demônios novamente as lamberão. As ilhas estão sempre à beira da destruição e da total submersão, alerta a antiga lenda. Porém, apenas um instante antes do mar reivindicá-las, a *shahada*, a declaração de fé muçulmana, evita o apocalipse.[14] À luz da minha conversa com Saud, a lenda parece uma profecia.

EM UMA VIAGEM A UMA ILHA NÃO MUITO LONGE DE MALÉ, CONHECI Mohamed Nasheed, ex-presidente das Maldivas. Nasheed, a figura internacional mais conhecida a emergir do arquipélago, estava rodeado por uma grande comitiva. Ele caminhava tão rápido que eu literalmente precisei correr para acompanhá-lo.

Primeiro líder democraticamente eleito do país, ele é um mago das relações públicas, um mestre da opinião pública internacional. É dele grande parte do crédito pela atenção dedicada à situação cada vez pior das nações insulares desde 2000. Nasheed realizou uma reunião de gabinete debaixo d'água, deu entrevistas a jornalistas como Christiane Amanpour e assinou leis sentado em uma mesa semissubmersa no mar. Uma de suas propostas era que seu país recebesse um território totalmente novo, a ser pago pelas nações industrializadas. Frequentou fóruns internacionais, organizou visitas de especialistas, produziu planos de contingência e fez discursos carregados de emoção.

Mas o mar continuou a subir.

Nasheed perdeu o cargo em decorrência da política das Maldivas, sem qualquer relação com o aumento do nível do mar, e foi para o exílio. Ele voltou para casa em 2018 e ainda exerce imensa influência.

Gulhi, a ilha onde nos encontramos, tem uma praia ampla e maravilhosa; há um grande balanço no meio da água. Parece um set de um comercial de férias de luxo. Mas, a apenas duzentos metros de onde estávamos, podíamos ver os sinais da guerra desesperada contra o mar crescente. Como estratos descobertos em uma escavação arqueológica, conseguíamos ver as "camadas" da luta dos habitantes para impedir as ondas. Artefatos produzidos por todos os métodos que foram tentados e falharam. Há sacos de concreto petrificado em cima de pedras. Ao lado deles, montes de resíduos de construção que deveriam evitar a erosão e bloquear as ondas. Barreiras de concreto e ferro em ruínas parecem bocas abertas exibindo dentes quebrados. É uma visão reveladora: de um lado da ilha, os turistas com dinheiro suficiente para viajar às Maldivas se divertem; de outro, a população luta contra o aquecimento global que os turistas ajudam a provocar.

Nasheed afirmou que agora se opõe à evacuação das ilhas. Ele se concentra em "novas tecnologias" e métodos "inovadores" para construir barreiras marítimas, como recifes artificiais projetados para mitigar a severidade das marés de tempestade.

"Temos uma grande quantidade de erosão [de nossas praias]", disse Nasheed. "O produto da pesca é cada vez menor porque não há mais peixes como antes, então temos um problema de segurança alimentar. Se a temperatura da água continuar subindo... deixaremos de existir. Os recifes de coral morrerão e nossas ilhas entrarão em colapso, nossos meios de subsistência se extinguirão. Nossa cultura e nosso povo ficarão desamparados. Só Deus sabe o que faremos." Quando lhe perguntei sobre pessoas que negam as mudanças climáticas, sua resposta foi severa. "Você não pode barganhar com a ciência", afirmou. "Você não pode fazer um acordo com os fatos." A figura de Donald Trump pairou sobre nossa conversa. "Temos uma história escrita de 2 mil anos", observou Nasheed. "É difícil para nós sermos extintos assim. Não pretendo morrer em decorrência da mudança climática. Nós nos recusamos a morrer. Queremos viver."

Peregrinação a Fukushima

A conversa com Nasheed me fez lembrar dos dois agricultores idosos que conheci perto de Namie, na zona de exclusão da província de Fukushima, no Japão. Em 2014, eu e minha equipe de filmagem entramos nessa zona quarentenada pelo governo japonês depois que uma usina nuclear foi atingida por um forte tsunami e sofreu um grave acidente com vazamento de radiação.

Andei pelas ruas vazias de Namie, onde roupas abandonadas ainda pendiam dos varais, mesmo que reduzidas a trapos pelo vento. Nas cozinhas das casas, as xícaras de chá permaneceram nas mesas e as ervas daninhas tomaram conta dos vãos das portas. Ao pôr do sol, vi uma pequena família de porcos selvagens no centro da cidade. Eles andavam à vontade, alheios às partículas invisíveis liberadas no ar quando as barras de combustível nuclear da usina foram expostas e o núcleo entrou em fusão.

Em uma fazenda próxima, encontrei Chizuko e Yukio Yamamoto, com suas botas de cano alto. Eles tinham permissão para passar as horas do dia em suas terras ancestrais, a fim de cuidar do rebanho de vacas — cujo leite e carne não podiam ser consumidos, é claro. "A maioria do gado nesta área morreu de fome", disseram. "Mas, para nós, as vacas fazem parte da família. Não podemos comer, beber saquê, aproveitar a vida e simplesmente nos esquecer delas. Queremos que elas tenham uma boa vida até o fim." Eles me receberam na casa em que viviam até o desastre e me mostraram relíquias da era samurai. Yukio afirmou que não abandonará sua propriedade. Talvez seus netos tenham permissão para voltar e, então, saberão que o que receberam foi graças aos esforços do avô. Sua fazenda verdejante era tão bonita quanto as praias das Maldivas. Quase esqueci que estávamos em uma zona radioativa e que não era ideal inalar a poeira levantada pelo trator.

Coloquei um contador Geiger em uma pedra coberta de musgo sob uma ameixeira em flor. A leitura foi de vinte microsieverts por hora, cerca de oitenta vezes maior que a radiação natural. Viver permanentemente em Namie aumentaria as chances de uma pessoa ter câncer e seria perigoso para as crianças.

Na barreira por onde saímos da zona proibida, fomos direcionados a galpões especiais para checagem de radiação por agentes do governo vestidos com roupas e máscaras de proteção. "Vocês não podem sair antes de fazer isso", nosso guia local nos informou.

MONUMENTOS SÃO DEDICADOS AO PASSADO, MAS FUKUSHIMA E O local do desastre nuclear de Chernobyl são monumentos a um futuro possível. A questão não é energia nuclear — esses acidentes podem acontecer, mas os reatores nucleares são, na realidade, mais seguros do que as usinas elétricas movidas a carvão, que mataram milhões de pessoas pela poluição do ar. Esses dois locais simbolizam a capacidade da tecnologia de destruir comunidades, contaminar o ambiente natural e expulsar os seres humanos por gerações ou para sempre. Mesmo em lugares que não são zonas de guerra, os seres humanos conseguem exterminar a si mesmos e seus habitats. Visitar Fukushima é uma experiência poderosa; é um exemplo de como podemos ser arrastados para a escuridão e nos destruir.

Na Era da Responsabilidade, os líderes políticos das superpotências e a comunidade internacional internalizaram a memória da loucura das duas guerras mundiais do século XX. Reconheceram a necessidade de um pensamento fundamentalmente racional, de aceitar evidências científicas e de um compromisso internacional com a estabilidade. Isso inclui a perspectiva de uma catástrofe ambiental. Em 1974, os cientistas perceberam que os clorofluorcarbonetos (CFCs) liberados na atmosfera estavam corroendo a camada de ozônio, que protege a vida contra a radiação solar ultravioleta nociva. Em 1985, pesquisadores britânicos descobriram um enorme buraco na camada de ozônio sobre a Antártica, uma área da estratosfera onde há uma redução sazonal considerável na concentração de ozônio.[15] Apenas dois anos depois, apesar das objeções da indústria, foi assinado o Protocolo de Montreal, um tratado internacional que exigia a eliminação gradual da produção de substâncias nocivas à camada de ozônio. Ele foi ratificado por 197 países. Em 2018, a NASA anunciou que, pela primeira vez, seus cientistas haviam constatado um declínio nos níveis de CFC na estratosfera e um encolhimento do buraco na camada de ozônio. Em outubro de 2019, o buraco estava em seu menor tamanho desde que foi descoberto.

O tratado internacional para proibir os CFCs em 1987 foi uma história simples e necessária da lógica, da ciência e da Era da Responsabilidade. Décadas mais tarde, em 2016, o então candidato Donald Trump faria a seguinte declaração aos mineiros de carvão na Virgínia Ocidental:

> Meu cabelo está bom?... Me dê um pouco de spray. Vocês sabem que não se pode mais usar spray de cabelo porque afeta o ozônio, vocês sabem disso, certo?... Quanta bobagem, é por isso que o spray de cabelo não é como costumava ser... Me dê um espelho. Antigamente a gente usava o spray e o cabelo ficava bom. Hoje dura doze minutos e já era. Eles dizem que não podemos usar — eu disse espere um minuto, então se eu aplicar spray de cabelo dentro do meu apartamento todo fechado, você quer me convencer de que afeta a camada de ozônio? Eu digo não tem como, pessoal. De jeito nenhum.[16]

Existe um interesse corporativo em rejeitar as evidências científicas sobre o impacto dos CFCs na camada de ozônio e sobre o papel humano no aquecimento global. Os interesses corporativos criam incentivos para lançar dúvidas sobre a ciência, conforme documentado detalhadamente no livro de Naomi Oreskes e Erik M. Conway sobre os lobbies industriais e de petróleo, *The Merchants of Doubt* ["Os Mercadores da Dúvida", em tradução livre]. Tendo aprendido as lições do tratado de Montreal, os lobbies fazem de tudo para combater acordos semelhantes sobre combustíveis fósseis. Quem paga o preço são as pessoas que vivem em lugares como Newtok, no Alasca, onde os habitantes em breve precisarão se mudar, pois o permafrost que sustenta o vilarejo está derretendo. O preço também está sendo pago no Egito, onde a população aumenta em 1 milhão a cada oito meses. O delta do Nilo, a terra mais fértil do país que alimenta sua população há milhares de anos, corre o risco de ser contaminado pela água salgada trazida pela elevação do Mediterrâneo. Tangier Island, na Baía de Chesapeake, estado da Virgínia, está desaparecendo lentamente à medida que o nível do oceano se eleva. As pessoas que moram nesses lugares são meras representantes de um panorama muito maior, um mundo que está implodindo.

Para muitos, o mundo se tornou um lugar imprevisível e perigoso. As emissões de gases de efeito estufa, a demanda por carne vermelha e a especulação em commodities afetam a vida dos indivíduos de forma direta e prejudicial, mas as instituições do Estado moderno e os líderes eleitos se mostraram incapazes de controlá-las. O resultado é uma sensação de impotência e desconfiança do governo, não só na periferia, mas também nas metrópoles, de Beijing a Nova York. Forças e processos que afetam profundamente a vida das pessoas são globais e inter-relacionados, e podem parecer completamente arbitrários. É esse sentimento — não ter controle sobre grande parte de sua vida enquanto constantemente lhe dizem que tem — que destrói a ilusão de estabilidade das autoridades locais e nacionais. A mudança climática piorou tudo. Pessoas que já morreram construíram indústrias que lançaram substâncias que contribuirão para a morte de estrangeiros ainda não nascidos. Diante de tamanha complexidade, as disputas, os acordos e os compromissos da política cotidiana parecem irrelevantes e triviais, incapazes de enfrentar os desafios contemporâneos. Em *O Guia do Mochileiro das Galáxias*, Douglas Adams descreve o momento em que a Terra é destruída:

"Povo da Terra, atenção por favor", diz uma voz... "Aqui fala Prostetnic Vogon Jeltz, do Conselho de Planejamento do Hiperespaço Galáctico" – prosseguiu a voz. "Como todos vocês certamente já sabem, os planos para o desenvolvimento das regiões periféricas da Galáxia exigem a construção de uma via expressa hiperespacial que passa pelo seu sistema estelar e infelizmente o seu planeta é um dos que terão de ser demolidos. O processo levará pouco menos de dois minutos terrestres. Obrigado."[17]

Se as instituições nacionais, como governos e parlamentos, não conseguem lidar com as graves queixas porque as comunidades que representam estão sujeitas a forças globais fora de seu controle — sejam financeiras, sejam culturais, sejam efeitos da mudança climática —, elas são vistas como irrelevantes ou como colaboradoras dessas forças. Um primeiro-ministro tem pouca influência no aumento dos preços dos alimentos, nas tendências monetárias internacionais, nas perturbações geradas pelo clima ou na disseminação de informações falsas. Ainda assim, ele geralmente continua a desempenhar o papel de líder onipotente. Porém, a realidade da liderança de hoje não é potência, mas paralisia; não é controle, mas derrota pela globalização. É em meio a esse fracasso que nasce a revolta.

Sensibilidade Moral

Em 2017, a Sky Television transmitiu uma investigação das minas na República Democrática do Congo que produzem o cobalto usado nos smartphones. Alex Crawford, corresponden-

"NÓS NOS RECUSAMOS A MORRER" 119

te da Sky, revelou que as crianças são empregadas — praticamente escravizadas, na verdade — nas minas a partir dos quatro anos de idade. Elas recebem o equivalente a US$0,15 por dia. As imagens transmitidas na rede britânica incluem a história de um garoto de oito anos — identificado apenas por seu primeiro nome, Dorsen — trabalhando na chuva em uma vala cheia de lodo. Em pé sobre ele está um homem barbudo que ergue sua mão para bater no garoto. Dorsen disse a Crawford que, nos dois dias anteriores, não tinha dinheiro suficiente para comprar comida, mesmo trabalhando doze horas diárias.[18]

O cobalto que ele extraiu será transportado por meio de uma complexa cadeia de suprimentos até os fabricantes, que o transformarão em baterias eficientes para smartphones. O cobalto é apenas um exemplo; também há o coltan (columbita-tantalita), um minério metálico também usado em smartphones e extraído no Congo. Os telefones fabricados com esses materiais são vendidos em todo o mundo.

A globalização expandiu a distância geográfica, econômica e moral entre as pessoas que compram produtos e as responsáveis por sua criação. A fabricação e o marketing tornaram-se tão descentralizados e multifacetados que criaram uma névoa confortável que nos impede de ver as pessoas que trabalharam para produzir essas mercadorias. Histórias como a de Dorsen nos lembram de que todo o nosso espaço físico está contaminado pela exploração e pelos danos ao ecossistema. O acesso sem precedentes à informação significa que desconhecer esses males é uma escolha moral, não apenas uma ignorância inocente.

Certa vez, o Papa Francisco descreveu a atitude do mundo quanto à guerra civil na Síria como a "globalização da indiferença". A apatia em relação ao outro, a tendência a fechar os olhos às injustiças infligidas a pessoas diferentes ou estrangeiras, não é novidade na experiência humana. Mas, no passado, as pessoas poderiam alegar ignorância. Hoje, isso não é mais possível. No mundo contemporâneo, *a informação disponível sobre as injustiças pelas quais as pessoas são responsáveis está crescendo enquanto seu senso de que podem fazer algo a respeito está diminuindo.* A condição humana atingiu tal ponto que constantemente escutamos o coro de uma tragédia grega que repete "exploração, poluição, vergonha, vergonha, vergonha".

É uma maneira exaustiva de viver, que gera uma sobrecarga moral. Alguns encontram conforto ao se desassociarem da sociedade. Outros se valem de cinismo e negação, como Trump em seu discurso antirregulamentação diante dos mineradores de carvão ("você quer me convencer de que afeta a camada de ozônio? Eu digo não tem como, pessoal"). A ignorância deliberada é a bandeira deles.

Naomi Klein sustenta que as elites corporativas estão disseminando sistematicamente a mentira de que, em sua forma atual, o mundo globalizado é sustentável e inofensivo.[19] Porém, algo mais profundo mudou e está relacionado à própria sensibilidade moral. Quando a verdade é brutal, as pessoas a rejeitam, de forma sincera, exatamente por esse motivo. Então, podem recorrer a imperativos ilusórios de controle, de identidade e de um passado mítico glorioso. Pode ser apenas um demagogo sendo nostálgico em relação a um spray de cabelo melhor, ou pode ser o rival mais antigo do modernismo, o fundamentalismo radical.

CAPÍTULO 6

Os Arautos da Rebelião

"Há incêndios em todos os lugares. Pessoas estão morrendo por toda parte. Com a bênção de Deus, vocês fizeram um trabalho magnífico."[1]

— O COORDENADOR DOS TERRORISTAS EM MUMBAI,
POR TELEFONE, ENQUANTO O ATAQUE ESTAVA EM ANDAMENTO
26 DE NOVEMBRO DE 2008

À medida que a onda de globalização se intensificava, durante a Era da Responsabilidade e após a queda do comunismo, e as inter-relações entre lugares distantes se tornavam mais fortes e causavam maior impacto nas vidas das pessoas, a oposição aumentava. Ela tinha muitas formas — havia anarquistas, ambientalistas radicais, marxistas e populistas, para citar apenas alguns. Entre a resistência, o grupo mais antigo e mais brutal é o dos fundamentalistas. Desde o Iluminismo, eles enfrentaram a tempestade da mudança como se estivessem à beira de um precipício, segurando-se para não cair no abismo da modernidade. Ao contrário do que alega o senso comum, o fundamentalismo não é um subproduto natural da ignorância e da pobreza, mas um argumento radical para lidar com a perda de significado e senso de alienação provocada pela integração global.

Mumbai, 2008

A economia mundial entrou em colapso no outono de 2008. Ela implodiu ruidosa, lenta e assustadoramente, como uma magnífica construção antiga passando por uma demolição cuidadosamente orquestrada. Minha esposa e eu assistimos de camarote ao show mais apavorante da cidade, encenado no centro financeiro de Londres, geralmente uma área cheia de sofisticação e soberba, mas que, de repente, parecia abatida e quase histérica.

No meio dessa crise, cerca de dois meses depois que o Lehman Brothers declarou falência, eu ainda estava em Londres quando recebi uma ligação urgente da redação do jornal israelense *Ma'ariv*, meu empregador. Na cobertura jornalística do colapso econômico em andamento, mal tinha tempo de respirar, mas a ligação não teve nada a ver com a economia internacional. "Com que rapidez você pode chegar à Índia, em Mumbai?", me perguntou o editor. "Algo horrível está acontecendo lá."

Em meados de novembro, a *Kuber*, uma surrada traineira de pesca, partiu do porto de Porbandar, na costa oeste da Índia. Seu capitão e os quatro pescadores indianos a bordo estavam a caminho de um destino rotineiro — Sir Creek, uma fronteira controversa entre a Índia e o Paquistão. Enguias e outros peixes são abundantes na entrada da baía, no Mar da Arábia, de modo que suas águas são exploradas intensamente por pescadores de ambos os países, sem mencionar os contrabandistas. O capitão Solanki Amar Singh passou a maior parte de sua vida na *Kuber*. Seu empregador, proprietário do barco, pagava a ele cerca de US$200 por mês. "Ele era um otimista e trabalhou arduamente para educar os filhos", mais tarde disse seu cunhado ao *Wall Street Journal*.[2]

A jornada transcorreu sem contratempos. Singh fazia questão de se comunicar diariamente com o proprietário, que queria garantir que sua traineira estava em boas condições. Então, na terceira semana de novembro, Singh desapareceu. No dia seguinte, vários pescadores relataram ter visto três cadáveres boiando em águas rasas, perto da fronteira com o Paquistão. Na noite de 26 de novembro, a *Kuber* foi abandonada não muito longe do porto de Mumbai. O corpo de Singh estava no convés, com a garganta cortada. Mais tarde, uma investigação descobriria que a traineira havia sido interceptada por um barco maior vindo de Karachi.[3] A maioria dos tripulantes foi assassinada imediatamente.

Naquela mesma noite, um pequeno bote inflável partiu em direção à praia de Mumbai. Transportava dez homens; seis desembarcaram em um local chamado Budhawar Park, enquanto quatro seguiram para Cuffe Parada, um elegante distrito comercial vizinho ao Comando Naval da Marinha Indiana. Eles estavam armados até os dentes, e vestiam camisas coloridas e calças cargo. Os jovens chamaram a atenção imediatamente, e vários pescadores curiosos tentaram interpelar os recém-chegados. Mas eles ignoraram os espectadores e caminharam a passos largos em direção ao centro da cidade, carregando grandes bolsas pretas. A luz opaca do pôr do sol indiano começou a enevoar suas silhuetas. Assim começou o ataque terrorista de 2008 em Mumbai.

O primeiro alvo dos terroristas foi o luxuoso Taj Mahal Palace Hotel. Eles invadiram o saguão e dispararam contra turistas que tomavam chá na piscina, na área externa. Outros destacamentos atacaram outro hotel, um cinema, o Leopold Café e a estação ferroviária central da cidade. Eles ordenaram que os táxis os levassem de um alvo para outro, às vezes assassinando os motoristas quando chegavam ao destino pretendido. Dois agressores invadiram a Nariman House, que servia como casa Chabad judaica da cidade — uma sinagoga e um centro de atividades dirigido pelo movimento hassídico, onde viajantes judeus, especialmente jovens mochileiros, podem observar o Shabat e fazer uma refeição kosher.

Foi uma das operações paramilitares mais sofisticadas na sangrenta história do subcontinente indiano. Os terroristas mataram 166 pessoas e feriram centenas mais; o incidente ficou conhecido como "11 de Setembro da Índia". Mas esse não foi o ataque mais letal que a Índia, ou mesmo Mumbai, já enfrentou. Apenas dois anos antes, mais de duzentas pessoas foram mortas em um ataque à companhia ferroviária inter-municipal. Porém, o de 2008 era inédito no sentido de que, diferentemente da maioria dos eventos violentos na Índia, seus alvos principais não foram os pobres, e ele não ocorreu perto da fronteira. Dessa vez, os terroristas alvejaram símbolos de poder, turismo e finanças no que, a princípio, parecia ser exclusivamente uma operação de tomada de reféns. Quando a polícia estabeleceu contato com os homens armados, alguns dos agressores disseram que queriam negociar. Mas era um ardil. Seu verdadeiro objetivo era assassinato em massa; sua missão não incluía voltar vivo para casa. Outro aspecto inédito foi o ataque ser dirigido tanto aos estrangeiros quanto aos indianos. Centenas de cidadãos de outros países foram alvo dos ataques. A mídia internacional cobriu os eventos com uma intensidade quase inédita para atos de terrorismo na Ásia.

Israelenses na Nariman House foram feitos reféns. Meu editor me pediu para chegar o mais perto possível de onde eles estavam sendo mantidos.

É uma sensação estranha tentar se orientar em uma cidade grande que, de repente, mergulhou em silêncio. Uma viagem de táxi relativamente curta do aeroporto me levou a uma cidade sem o característico trânsito caótico. Mumbai, conhecida pelo incessante zumbido de sua habitual agitação, parecia quase paralisada. Dava para notar a ausência das pessoas, que desapareceram das ruas. O cheiro de congestionamento ainda pairava no ar, mas desprovido das pessoas que o emitiram.

O ataque ainda estava em andamento e todo mundo com quem falei me tratou com desconfiança. O recepcionista do hotel que me entregou a chave de meu quarto me aconselhou a prestar muita atenção à localização das saídas de emergência, "caso precise delas". Foi apenas um gesto simbólico e sem sentido com o propósito de atenuar o sentimento de total insegurança que havia dominado Mumbai, onde havia rumores de que mais terroristas perambulavam pela cidade, em busca de novos alvos.

Eu já havia coberto ataques terroristas, operações militares e uma guerra; já vira cadáveres, prisioneiros e assassinos detidos. Mas em Mumbai a situação era diferente e, até certo ponto, mais assustadora. Havia a sensação de uma batalha duradoura — o ataque perdurou por dias a fio. Em vez de atacarem e logo em seguida serem mortos ou se suicidarem, os assassinos seguiram lutando e matando — destruindo qualquer aspecto de normalidade. Quando cheguei ao Taj Hotel, percebi uma decoração inusitada, escadas improvisadas, feitas com lençóis, que alguns dos hóspedes usaram para escapar. Os lençóis tremulavam silenciosamente com a brisa, como bandeiras fúnebres.

Depois houve o incidente na Nariman House. Os terroristas a invadiram 36 horas antes da minha chegada, por volta das 21h45. Segundo alguns relatos, mataram imediatamente o rabino Gavriel Holtzberg e sua esposa, Rivka. Ela estava grávida de seis meses. Antes de morrer, Rivka pediu ajuda a Sandra Samuel, a babá indiana do casal, que estava escondida em um dos quartos. Segundo a imprensa local, quando Sandra chegou aos aposentos, encontrou os corpos do casal. Ao lado deles estava Moshe, seu filho de dois anos, são e salvo. Ela pegou a criança nos braços e correu em direção à saída sem olhar para trás, escapando ilesa. Além dos Holtzberg, os agressores mataram outras quatro pessoas na casa.

Ao contrário de quase todos os outros grandes ataques terroristas da história, a percepção desse incidente foi moldada não apenas pelo testemunho dos sobreviventes e pela investigação conduzida pela polícia indiana. Durante o ataque, os terroristas conversaram com seus coordenadores no Paquistão por telefone via satélite, e Fareed Zakaria conseguiu se apossar das gravações e exibiu algumas delas em seu programa da CNN.[4] As conversas dos terroristas com seus colegas e subordinados evidenciam o violento e resoluto pensamento fundamentalista em ação e em tempo real. Um dos operadores paquistaneses, chamado de "Irmão Wasi" nos telefonemas, fornece aos terroristas orientação religiosa e tática durante os ataques. Suas instruções são brutais, impacientes e manipuladoras.

Os terroristas, jovens que cresceram na zona rural do Paquistão, ficam deslumbrados com o esplendor da capital financeira da Índia. "Existem computadores aqui com telas de trinta polegadas!", exclama um dos terroristas no Taj. "Computadores. Vocês não atearam fogo neles?", Wasi o repreende. "Vamos fazer isso agora. Você verá o fogo a qualquer momento", promete o jovem militante, ainda estupefato pela opulência da boa vida que fora enviado para destruir. "É incrível", ele se maravilha. "As janelas são enormes. Tem duas cozinhas, uma banheira e uma pequena loja." Wasi parece irritado. "Toque fogo, meu irmão. Começar um belo incêndio, isso é o mais importante." Ele explica aos terroristas que a mensagem é a imagem, a visão do famoso Taj Mahal Palace em chamas. "Meu irmão", ele implora ao terrorista, "o seu é o alvo mais importante. Toda a mídia está cobrindo seu alvo, o Taj Hotel, mais do que qualquer outro".

As gravações mostram que, algumas horas após o início do ataque, os terroristas começam a perder o entusiasmo. A adrenalina do ataque inicial claramente dá lugar ao medo. Seus reféns começam a parecer humanos demais. A certa altura, Wasi telefona para um dos homens na Nariman House e diz para ele matar todos os reféns. "Atire neles agora. Livre-se deles. Você pode ser atacado a qualquer momento e corre o risco de deixá-los vivos." O terrorista lhe responde que está tudo muito quieto. Wasi não quer nem saber. "Não espere mais. Você nunca sabe quando poderá ser atacado. Apenas certifique-se de não ser atingido por um ricochete quando fizer isso." O terrorista responde *Inshallah*", que significa "se Deus quiser". Wasi insiste em aguardar na linha. "Vá em frente. Estou ouvindo. Faça já!", ordena. O terrorista enrola para ganhar tempo: "O quê? Matá-los?" Wasi emite uma ordem: "Sim, faça. Faça-os ajoelhar e atire na nuca."

"O problema é que", diz o relutante assassino ao seu superior, "Umer está dormindo agora. Ele não está se sentindo muito bem". Wasi não para e continua ligando repetidamente. Finalmente, ouve-se tiros.

Durante o atentado, os operadores no Paquistão estão focados na aparência do ataque, e incitam os homens em campo a pensarem nas imagens que serão divulgadas pela mídia internacional. A questão não é apenas tática, mas também de gerenciamento de imagens. Wasi diz a um dos terroristas: "Quando virem as chamas, as pessoas começarão a ter medo. E jogue algumas granadas, meu irmão. Não há mal em jogar algumas granadas."

Wasi tenta fazer uso dos reféns judeus em Nariman House. Chega a falar diretamente com um deles, uma mulher, afirmando que, se suas exigências forem atendidas, ela poderá "celebrar" o Shabat com sua família. Ao mesmo tempo, diz aos seus subordinados que matar judeus daria a eles o mais elevado respeito. "Como lhes falei", exorta, "aí onde vocês estão cada um vale cinquenta mortos em outros lugares". Conhecemos apenas a voz de Wasi por meio das gravações. Ele nunca foi identificado.

Amarrado e Assassinado

Como repórter de um jornal de língua hebraica de Tel Aviv, minha história central foi o destino dos reféns israelenses na Nariman House. Na manhã de sexta-feira, um dia e meio após o início do ataque, unidades de assalto indianas cercaram o prédio. A operação durou muitas horas. Às 19h57, começou a batalha final com o último dos terroristas. A essa hora, na noite do Shabat, eu estava andando por uma rua movimentada de Mumbai com Anshel Pfeffer, um correspondente do *Ha'aretz's*, tentando chegar o mais perto possível da casa. Não era a aglomeração frenética habitual dos indianos, mas um tipo estranho de vigília por pessoas que sabiam que o horrível desfecho da saga estava próximo. A multidão parecia uma onda dirigindo-se lentamente para a praia, irrompendo em aplausos calorosos ou slogans como "Viva a Mãe Índia!" sempre que via soldados se aproximando ou saindo do prédio.

Queríamos chegar lá rapidamente; naquele momento, não sabíamos que todos os reféns já estavam mortos. Mas a rua estava totalmente bloqueada pela multidão; o ar pesado com toda aquela raiva firmemente contida. Não conseguimos avançar. Finalmente, em desespero, pegamos nossos crachás de imprensa e começamos a agitá-los gritando "Israel, Israel!". Os habitantes do Sul de Mumbai nos encararam quase em silêncio; de vez em quando, um deles se juntava a nós e gritava "Israel!". Um corredor se abriu e um grupo crescente de autoproclamados batedores se formou diante de nós, abrindo caminho e permitindo-nos alcançar a sombria delegação de Israel que aguardava do lado de fora da casa Chabad. Dentre eles, havia o oficial de segurança da embaixada israelense, o adido militar de Israel na Índia e um representante do gabinete do primeiro-ministro de Israel.

Foi uma noite sinistra. Ficamos ali sem palavras, esperando para entrar na casa em ruínas. O local exalava fumaça e um cheiro de pólvora. Pelos rostos ao nosso redor, dava para saber que todo mundo lá dentro estava morto.

Um pouco depois das 20h30, vimos algum movimento. Tendo verificado que todos os terroristas haviam sido mortos, as unidades de assalto liberaram o prédio para a polícia. "Venha, venha", disse um oficial indiano ao adido militar de Israel. A delegação israelense caminhou entre longas fileiras de soldados indianos vestindo coletes pretos de combate, que, após concluírem a operação, estavam jantando. Uma panela grande de *dal* e arroz foi colocada em frente ao prédio. Alguns policiais levaram os israelenses a uma ambulância para lhes mostrar um dos corpos retirados. Em seguida, nos dirigimos para o interior da casa. Este foi meu relato na época sobre o que vimos:

> Todas as janelas quebraram como resultado das tremendas explosões ouvidas quando as unidades de assalto indianas invadiram a casa. Vários soldados indianos caminhavam à nossa frente, um deles com uma lanterna. O chão estava coberto com estilhaços das vidraças. O piso inferior estava destruído. As tropas explodiram as paredes e o concreto estava exposto. A fiação elétrica estava pendurada por todos os cantos. Granadas eram visíveis no meio do caos; sapadores viriam no dia seguinte para detoná-las. Era melhor andar com cuidado.

130 REVOLTA

O galho principal de um tipo de planta tropical, em uma floreira solitária, permaneceu verde, mas todas as suas folhas foram arrancadas pelos tiros.

A casa estava quase totalmente escura. A delegação subiu uma escada instável em silêncio. "Onde estão os indianos?", gritou um dos israelenses. "Eles desapareceram, precisamos de mais lanternas!" A delegação examinou diligentemente as salas, mas, mesmo no escuro, dava para ver que os rostos de todos estavam pálidos. Era um momento para o qual não havia palavras, apenas o arrastar dos pés em meio à poeira que recobria o que antes eram cômodos. Para todo lugar que se olhava havia sinais de luta. Havia um aroma forte e ácido no ar. As paredes estavam repletas de tiros de metralhadoras e o esqueleto do edifício estava exposto, havia barras de ferro retorcidas. Todos os pequenos vestígios da vida na casa estavam jogados no chão em violenta desordem. Malas. Lençóis. Rolos da Torá manchados de sangue. Uma placa de prata gravada com uma bênção judaica para um lar. Andar após andar, os israelenses encontraram corpos. No penúltimo andar, vimos dois terroristas esparramados, seus corpos mutilados em batalha. Um deles foi atingido por um míssil. Os soldados penduraram uma bandeira vermelha na janela, aparentemente algum tipo de sinal. Dois andares abaixo, identificamos os corpos de outras três vítimas. Vimos que alguns dos mortos estavam amarrados.[5]

Quando a noite de sábado se aproximava, caminhei até o apartamento para o qual os pais de Rivka Holtzberg — avós de Moshe, a criança salva por sua babá indiana — foram levados depois de voar de Israel. O menino de dois anos perambulou entre as pessoas, tímido e quieto. Seu avô o pegou no colo, os cachos dourados do garoto acariciando seu rosto. É uma tradição judaica ortodoxa não dar más notícias no sábado. A tradição foi respeitada e não fizeram qualquer notificação formal da morte de sua filha e seu genro aos pais de Rivka. Quando o Shabat terminou na noite de sábado, eles foram notificados oficialmente. Depois, todos no apartamento participaram das orações noturnas. Eu inclusive.

O Nascimento da Jihad Individual

O terror não requer explicações. Mas, para entender a natureza do fundamentalismo violento e suas causas elementares, é necessário examinar os pequenos detalhes da agitação e o que a motivou. Os terroristas de Mumbai foram enviados pelo Lashkar-e-Taiba, o Exército dos Justos, que é o braço militar de um movimento político paquistanês, o Jamaat-ud-Dawah (JuD), a Organização para o Chamado ao Islã.* Essa organização islâmica financia hospitais, serviços de ambulância, escolas e escolas religiosas (*madrassas*) em todo o Paquistão. Opera com um modelo originado pela Irmandade Muçulmana que também foi adotado, por exemplo, pelo Hamas nos territórios palestinos e pelo Hezbollah no Líbano. Em 2015, a Agence France-Press (AFP) informou que as clínicas médicas da organização oferecem atendimento odontológico pelo preço subsidiado de US$0,50. Uma figura sênior do JuD afirmou que as "operações a laser para corrigir a miopia são gratuitas".[6] O movimento também administra uma organização voluntária popular que presta assistência às vítimas de desastres naturais. Seus membros costumam ser os primeiros a chegar a

---

* As crenças do Jamat-ud-Dawah derivam do Ahl-I-Hadith, um tipo de fundamentalismo islâmico sunita que surgiu na Índia no século XIX. Ele rejeita todas as interpretações posteriores do Islã em favor do que chama de "fonte verdadeira" da fé.

132 REVOLTA

lugares remotos no Paquistão onde houve um deslizamento de terra ou terremoto.

Um dos fundadores do Jamaat-ud-Dawah é Abdullah Yusuf Azzam, também conhecido como o pai da jihad global. Azzam também foi um dos fundadores da Al-Qaeda e o homem responsável pelo recrutamento de Osama Bin Laden. É surpreendente o fato de que fala-se muito pouco sobre Azzam no Ocidente, já que provavelmente não há outro fundamentalista radical que tenha tido um impacto maior na comunidade internacional.

Azzam era um clérigo palestino que deixou seu vilarejo, Silat al-Harithiyah, perto de Jenin, no norte da Cisjordânia, depois que Israel ocupou a área na guerra de 1967. Ele se alistou em organizações palestinas militantes, mas logo percebeu que, como homem religioso, não se encaixava no nacionalismo socialista que caracterizava o discurso pan-árabe da década de 1960. Concluiu seu doutorado na Universidade al-Azhar, no Egito, onde adotou ideias da Irmandade Muçulmana e, em particular, de escritos extremistas que interpretavam o preceito islâmico da jihad — a guerra santa — como uma luta violenta contra tiranos e suas instituições, mesmo que fossem muçulmanos.[7] Para um homem como Azzam, esses governantes e instituições levaram à "desgraça" dos muçulmanos e à sua "subjugação pelos escravos". "A história se repetirá conosco enquanto engolirmos a degradação, cairmos no esquecimento como aqueles antes de nós e perdermos exatamente como eles perderam?"[8]

Observe o desprezo pelo passado recente, pela tradição, pela geração mais velha, talvez incluindo até seus próprios pais no vilarejo em que ele nasceu e que agora está ocupado pelos israelenses. Os alicerces conservadores da sociedade devem ser destruídos para que o fundamentalista possa se apresentar como o único guardião da tradição. O tradicionalismo moderado refuta o tema central do fundamentalismo — a afirmação de que só ele, ninguém mais, representa o passado verdadeiro, como realmente era.

Azzam foi a primeira autoridade islâmica a estabelecer explicitamente que a obrigação de se envolver na jihad para libertar todo o reino islâmico (da Indonésia à Espanha, na sua visão) é inteiramente individual. Talvez nenhum texto tenha tido mais impacto na segurança pessoal global no século XXI do que essa passagem de seu livro *Join the Caravan* [sem publicação no Brasil]:

> Há um consenso... de que, quando o inimigo entra em uma terra islâmica ou em uma terra que já fez parte das terras islâmicas, é obrigatório para os habitantes daquele local lutar para enfrentar o inimigo. Mas, se eles se acomodarem ou forem incapazes, preguiçosos ou insuficientes em número, a obrigação individual (*fard ayn*) é transferida para aqueles ao seu redor. Então, se eles também fracassarem ou se acomodarem, será direcionada àqueles ao redor deles; e assim por diante, até que a natureza obrigatória da jihad abranja todo o mundo... na medida em que o filho pode lutar sem a permissão de seu pai; o devedor, sem a permissão de seu credor; a mulher, sem a permissão de seu marido; e o escravo, sem a permissão de seu mestre. A natureza individualmente obrigatória da jihad permanece em vigor até que as terras sejam purificadas da poluição dos descrentes.[9]

Esse texto é uma pedra angular para grupos como o EIIS. Notadamente, o fundamentalismo radical busca a desestabilização e a destruição das instituições sociais mais básicas.

134 REVOLTA

Ele afasta as esposas dos votos matrimoniais; os filhos são libertados do dever de obediência aos pais. Os conservadores colocam a família em primeiro lugar, mas os fundamentalistas são revolucionários, não tradicionalistas. Alegam estar salvando suas sociedades de influências estrangeiras, quando na verdade são eles que as transformam.

O objetivo de Azzam é ainda mais ambicioso. Ele pega o dever da jihad contra os infiéis invasores e o transforma de uma história local em uma global, um dever que se expande como ondulações em um lago. Essa é uma reforma prática: o dever de lutar contra os infiéis não é mais regional e não reconhece fronteiras estaduais ou sociais. Com essa invenção da tradição, Azzam propõe uma adaptação a um mundo em que as fronteiras e os Estados-nação se tornaram menos relevantes. Ele adota uma abordagem fundamentalista global para um mundo global.

Na década de 1980, a principal atividade de Azzam foi como membro da Unidade Islâmica do Mujahidin do Afeganistão, que lutou contra a invasão soviética. Eles foram apoiados pelos Estados Unidos como parte de sua Guerra Fria com a URSS. Uma reportagem de televisão de 1979 mostra o conselheiro de segurança nacional Zbigniew Brzezinski, de óculos escuros e auxiliado por um tradutor, conversando com um grupo de treinamento composto de guerreiros fiéis no Paquistão. Ele os exorta à batalha contra os hereges soviéticos: "Vocês terão suas casas e suas mesquitas de volta. Porque sua causa é justa e Deus está do seu lado!"[10] Esses campos de extremismo, fertilizados pelos norte-americanos, produziram uma colheita que incluiu um dos aliados de Azzam, Osama Bin Laden.

Alianças táticas entre liberalismo e fundamentalismo estão condenadas. O objetivo dos fundamentalistas não é um retorno às suas casas, não é comunitário ou conservador.

Azzam busca não apenas a libertação da terra, mas uma guerra total contra os valores do Iluminismo. "Apenas a jihad e a arma", declara, "sem negociações, sem conferências e sem diálogos".[11] Obviamente, a grande maioria dos líderes religiosos muçulmanos e das comunidades muçulmanas rejeita e condena essas ideias extremas, que são vistas como deturpações dos ensinamentos do Profeta. Fundamentalistas violentos são pequenas coortes que não conquistaram influência efetiva com a maior parte dos muçulmanos ou os países com maioria muçulmana.

Na era pré-internet, os discursos do Sheik Azzam eram distribuídos em fitas cassetes reproduzidas incansavelmente para jihadistas de todo o mundo.[12] Foi um presságio de como o fundamentalismo radical passou a ser pregado na mídia.

JAMAAT-UD-DAWAH É O GRUPO DA VERTENTE POLÍTICA DO LASHKAR-e-Taiba. O objetivo original da organização era unir a Caxemira, uma região de maioria muçulmana no norte da Índia, ao Paquistão. O Paquistão considera a libertação da Caxemira um objetivo nacional supremo. Portanto, a visão do governo em relação ao Lashkar-e-Taiba é, na melhor das hipóteses, ambígua, mas geralmente positiva. Ele é visto como um braço da milícia popular do país que busca promover a ideia de que a Caxemira deve ficar sob a soberania do Paquistão, custe o que custar. Para esse fim, o emprego de violência não estatal (e às vezes estatal) é considerado legítimo.

Para os islâmicos, a libertação da Caxemira é um limitado objetivo tático para a grande missão de estabelecer um Estado muçulmano unificado, no qual a Sharia seja a constituição e toda a influência estrangeira seja expurgada da vida da comunidade muçulmana, a *umma*. As forças de segurança paquistanesas, por sua vez, veem esses fanáticos religiosos como parte de seu arsenal para alcançar os objetivos de seu país na Caxemira.

O próprio Estado paquistanês enfrenta o desafio imposto pelo fundamentalismo. O exemplo mais famoso disso talvez tenha sido a tentativa de assassinato de Malala Yousafzai, a adolescente que mais tarde receberia o Prêmio Nobel da Paz por sua campanha contra a proibição do Talibã paquistanês de meninas frequentarem a escola.

A luta jihadista em andamento é frequentemente vista como ideológica, mas o terrorismo é um modo de vida, uma carreira, um negócio. Após uma vitória — a expulsão dos soviéticos do Afeganistão, por exemplo —, os terroristas não descansam à sombra da figueira. Pelo contrário, o sucesso aguça o apetite. O Estado paquistanês é disfuncional no campo socioeconômico, deixando uma lacuna para "organizações de caridade", como a JuD, ocuparem. As atividades assistenciais e militares da organização são financiadas por patrocinadores ricos do mundo muçulmano, em muitos casos da Arábia Saudita.[13]

Outra parte do mosaico é a captação de recursos por meio de atividade criminosa. Uma pessoa citada como apoiadora financeira do Lashkar-e-Taiba é Dawood Ibrahim, um cidadão indiano nascido em Mumbai. Ele lidera uma das mais poderosas organizações criminosas da Ásia, conhecida como D Company. Ibrahim é um mafioso e sua reputação cruel o precede em todo o subcontinente. Ele fugiu para o Paquistão quando era suspeito de estar envolvido em uma série de atentados a bomba em Mumbai em 1993, que mataram mais de 250 pessoas. A D Company é "um exemplo do modelo de 'fusão' de criminoso-terrorista", de acordo com um relatório especial do Serviço de Pesquisa do Congresso dos EUA, e é uma das maiores operações desse tipo no mundo, com mais de

5 mil membros.[14] Entre outras coisas, Ibrahim compartilha suas rotas de contrabando, presumivelmente em troca de um pagamento generoso, com grupos terroristas regionais e internacionais. E, já há muitos anos, os EUA alegam que ele ajudou a financiar o Lashkar-e-Taiba. Suas razões são comerciais e ideológicas, mas sua ideologia não é nada ascética e religiosa.[15] Ele é o homem mais procurado da Índia. Em 2015, uma estação de televisão indiana obteve um número de telefone considerado o de sua casa no Paquistão. A mulher que atendeu o telefone confirmou que era a esposa de Ibrahim e disse que ele estava tirando uma soneca.[16]

A interface entre terrorismo e crime não é incidental, mas um padrão recorrente. Outro exemplo é a Al-Murabitoun na Argélia, uma organização jihadista que se fundiu com a Al-Qaeda no Magreb Islâmico (AQIM) em 2015, criando um dos grupos terroristas mais temidos da África.[17] O líder do Al-Murabitoun é Mokhtar Belmokhtar, conhecido como o "Caolho" após perder o olho esquerdo em um acidente com explosivos. Ele também é chamado de Sr. Marlboro, porque administrava a maior quadrilha de contrabando de cigarros da região.[18] Tal como o Hezbollah no Líbano, que se envolve com o tráfico de drogas em larga escala, as fronteiras não são nítidas, mas os contornos são claros. O fundamentalista não tem escrúpulos em usar o crime ou destruir famílias, pois é inimigo do conservadorismo social, não seu aliado.

Videogames e Terrorismo

Salah Abdeslam é o único terrorista preso após os ataques ao Bataclan em Paris, que mataram cerca de 130 pessoas em 2015. Cidadão francês, ele é filho de imigrantes marroquinos que moravam em Bruxelas antes de se mudar para a França. Até os ataques, ele tinha um registro policial que incluía roubo, furto e porte de maconha. Após sua prisão pelos ataques ao Bataclan, a mídia francesa informou que ele nunca havia lido o Alcorão. Quando seu advogado lhe perguntou, Abdeslam disse que "lera sua interpretação na internet", mas não o livro em si. Seu advogado o chamou de "Um pequeno idiota... um exemplo perfeito da geração GTA", referindo-se ao jogo Grand Theft Auto, "que pensa que vive em um videogame".[19]

Um ano antes, o EIIS havia divulgado um clipe no estilo do GTA, no qual soldados norte-americanos eram abatidos ou bombas eram detonadas sob caminhões carregando soldados, em sofisticadas sequências de ação. O objetivo era "elevar o moral dos mujahidin e treinar crianças e jovens para combater o Ocidente e aterrorizar os corações daqueles que se opõem ao Estado Islâmico", declararam seus criadores. O clipe exibia a legenda "Na realidade do campo de batalha, fazemos o que você faz nos jogos".[20] No final de 2015, o EIIS divulgou um clipe horrível que mostra seis crianças, armadas com pistolas, entrando em uma ruína que parece um castelo. Elas são filmadas de vários ângulos, ao estilo do reality show *Big Brother*. Cada uma encontra seu prisioneiro, levanta-o e, depois de uma breve pausa teatral, o mata. Os ângulos da câmera, a ação rápida e os efeitos indicam que os criadores estão imersos na cultura de jogos. De fato, procurar um prisioneiro em um castelo é um tema de um conhecido videogame do início dos anos 2000.

A partir disso, algumas pessoas deduzirão que existe uma relação causal — que a brutalidade, os jogos e a cultura pop de Hollywood produzem violência. Mas isso é simplista demais — os estudos não conseguiram provar a existência de uma relação causal entre assistir a filmes violentos ou jogar videogames violentos e se envolver em atos de violência.[21] Seria melhor focar a distância moral que essas mídias criam. Os videogames não provocam a violência, mas alguns refletem como o Outro está se transformando em apenas um alvo, um ponto na mira do rifle. Nesses jogos, o mundo é uma realidade imaginada e fabricada, repleta de imagens infernais. O jogo contém manipuladores e manipulados, vítimas e jogadores imunes. O jogador está imerso na experiência de um massacre estético, mas permanece alheio às imagens do mal que causa. Certa vez, Stendhal escreveu: "Mau gosto leva ao crime."

Essa é uma inspiração muito distante dos versículos do Alcorão. Pense nos jovens terroristas em Mumbai e em seu comandante, Wasi. Ele ordenou que atirassem na nuca das pessoas e exigiu ver as chamas consumindo o hotel. Não parece um grande videogame em que um ávido Wasi manipula seus jogadores com um joystick? E o comportamento do terrorista islâmico europeu é realmente o produto de um pensamento profundo sobre um califado sunita? Ou é moldado por uma fantasia de vídeo, em algum lugar à margem da sociedade?

Embora essa fantasia seja ilegítima, ao mesmo tempo, um joystick semelhante, nas mãos de um soldado de um exército ocidental, é usado para controlar um drone que mata suspeitos de terrorismo no Paquistão ou no Afeganistão, muitas vezes incorrendo no que é eufemisticamente referido como "dano colateral". Nos dois casos, do operador terrorista e do operador do drone, a dissociação é necessária para a conclusão da missão.

De fato, os videogames incorporam a globalização. Eles são desenvolvidos e distribuídos globalmente e podem ser reproduzidos em qualquer lugar do mundo, online, com qualquer pessoa. No entanto, eles são apenas parte da história. Enquanto os jogos fazem com que as imagens de rituais de assassinato sejam emocionantes, a mídia internacional serve como uma caixa de ressonância em que os atos de violência real reverberam sem parar.

O filósofo pós-modernista Jean Baudrillard previu a maneira pela qual os ataques terroristas se transformariam em performances, incitadas principalmente pela mídia, que os ecoa, e pela resposta do Estado a eles. "Os meios de comunicação se transformam no veículo da condenação moral do terrorismo e da exploração do medo para fins políticos", escreveu, "mas simultaneamente, na mais completa ambiguidade, propagam o charme brutal do ato terrorista, são eles próprios terroristas, na medida em que marcham ao som da sedução".[22] O projeto fundamentalista não pode se tornar global se a mídia não divulgar as imagens do terrorismo.

O lado sombrio da globalização se desenrolou diante de nós. Primeiro, uma luta entre impérios que usaram fundamentalistas como representantes; segundo, um Estado fraco que fornece o substrato no qual o radicalismo e o crime florescem; terceiro, o fluxo livre, através das fronteiras, de ideias e capitais que apoiam o extremismo local. O fundamentalista faz amplo uso da tecnologia. Explora o potencial viral de ideias e imagens e entende que a mídia cria realidade — lembre-se da queixa de Wasi de que ainda não conseguia ver o Taj Hotel queimando. Tudo isso faz parte da globalização, não da nostalgia pelo tempo do Profeta, há mais de um milênio.

O fundamentalismo de hoje é essencialmente moderno. O paradoxo é óbvio — os islâmicos radicais usam o conceito religioso de *umma* para criar um universo muçulmano, uma aldeia global de religiosidade estrita, unida por interconexões visíveis e invisíveis. Seu chamado para eliminar as fronteiras entre as nações e estabelecer uma comunidade única baseada na religião se encaixa muito bem com o discurso universal. Eles não se abstêm de usar o que encontram no reino da globalização, incluindo Hollywood. O embaçamento das fronteiras entre Estados e povos, a ideia de que existe uma única solução apropriada para toda a humanidade, a sua ideologia supranacional — todas essas são características da ordem mundial atual e do Islã radical. Tomer Persico, um estudioso da religião contemporânea, escreve que a diferença insondável entre as duas visões está na rejeição fundamentalista do elemento mais básico do universalismo liberal — o individualismo. O mundo liberal universalista dignifica os indivíduos como autônomos, livres e iguais. É um mundo em que o Outro é aceito. A globalização fundamentalista tem uma hierarquia patriarcal confortável. É eficiente para quem emprega violência. Tudo é gerenciado, simplesmente, por "um homem armado / me dizendo que preciso tomar cuidado", para citar Buffalo Springfield.[23] Ironicamente, não é que os fundamentalistas rejeitem o universalismo. Em vez disso, eles veem as ideias universais liberais como concorrentes de sua própria agenda universal. Fundamentalismo e globalização não são matéria e antimatéria. São as duas faces de uma mesma moeda.

Fundamentalismo: O Primeiro Inimigo da Globalização

Os fundamentalistas carregam a bandeira mais sangrenta da guerra contra a globalização. A grande vantagem do fundamentalismo é sua determinação em criar um mundo que esteja de acordo com sua mentalidade apocalíptica. Abdullah Yusuf Azzam declarou: "Se a preparação (*idad*)* é considerada terrorismo, somos terroristas. Se defender nossa dignidade é considerado extremo, somos extremistas. E, se lutar na guerra santa contra nossos inimigos é fundamentalismo, somos fun-

---

* Sob a doutrina islâmica de Azzam, os ataques terroristas são vistos como parte do dever muçulmano de se preparar para a batalha final em que o Islã triunfará.

damentalistas."[24] Décadas depois que essas palavras foram escritas, elas foram usadas em um vídeo que um homem-bomba gravou antes de se detonar perto de uma boate de Tel Aviv em 2001; 21 pessoas foram assassinadas.[25]

Azzam e seus seguidores se baseiam em uma profecia autorrealizável — a Al-Qaeda comete ataques terroristas, que acarretam a hostilidade ocidental ao Islã, e então a organização acusa o Ocidente de odiar os muçulmanos. Tudo isso visa unir a *umma* contra seus opressores. É uma estratégia maliciosa e uma grande distorção dos princípios fundamentais do islamismo. Bernard Lewis argumentou que a atitude do mundo muçulmano em relação ao Ocidente se baseia em um sentimento de humilhação. O Islã foi deixado de fora da Revolução Industrial e da modernização que transformou o Ocidente. Segundo Lewis, o homem-bomba islâmico é um fenômeno do século XX. "Ele não tem antecedentes na história islâmica", afirma, "e nenhuma justificativa em termos de teologia, lei ou tradição islâmica. É uma pena que aqueles que praticam essa forma de terrorismo não estejam mais familiarizados com sua própria religião e com a cultura que cresceu sob os auspícios dessa religião".[26]

O termo "fundamentalismo" foi cunhado no início do século XX pelos presbiterianos norte-americanos para se referir à sua posição orgulhosa contra o darwinismo, o estudo crítico do texto da Bíblia e outras ideias modernas.[27] Eles publicaram uma lista de "fundamentos" aos quais os "verdadeiros" cristãos deveriam aderir e começaram a se denominar "fundamentalistas". Desde então, o conceito foi ampliado e, agora, serve como um rótulo geral para aqueles que aderem estritamente aos princípios religiosos ou políticos baseados em uma leitura mais ou menos literal de textos sagrados ou em ideias dogmáticas. Eles afirmam estar retornando a uma fé pura primordial ou ao estado da humanidade do qual os indivíduos — outros adeptos de sua fé ou ideologia e, de fato, todo o cosmos — se desviaram. Os fundamentalistas privilegiam o texto de origem às interpretações e se recusam a alinhá-lo ao modernismo por meio de atualizações ou concessões de qualquer tipo. Seus valores são inevitavelmente binários — há coisas que são permitidas e outras que são proibidas. Dúvidas e hesitações são eclipsadas pela fé fervorosa em uma solução unitária apropriada para todos em qualquer lugar.[28]

Claro, isso é em parte uma ilusão. Os fundamentalistas precisam enfrentar desafios e dilemas reais no mundo contemporâneo. Em 1988, o líder supremo da República Islâmica do Irã cancelou a jihad contra o Iraque. O aiatolá Khomeini havia prometido travar uma guerra santa com o Iraque até a "vitória total". No entanto, após oito anos de guerra, ele não teve escolha a não ser parar, apesar da ausência do tal triunfo. Ele estava morrendo de câncer, e era mais importante salvar seu projeto revolucionário maior, a própria República Islâmica, que sofreu enormes perdas econômicas e humanas. "Tomar essa decisão foi mais mortal do que ingerir veneno", declarou. "Eu me submeti à vontade de Deus e bebi esta bebida para sua satisfação." Entretanto, o Irã nunca abandonou sua ambição de obter hegemonia no território do vizinho ocidental. De fato, nos últimos anos, isso foi alcançado em grande parte. Para permanecer no controle de suas comunidades, os fundamentalistas agem de forma pragmática, sem nunca abandonar o objetivo final.

Em meados do século XIX, muitos cristãos norte-americanos procuraram reconciliar as Escrituras com a ciência e explicar os eventos sobrenaturais relatados na Bíblia de maneira racional. O fundamentalismo foi uma reação contra isso. Se a Bíblia descreveu um milagre, foi um milagre, exatamente como narrado. *A Origem das Espécies*, de Charles Darwin, desafiou os pontos de vista dos fundamentalistas, mas também os estimulou. Eles organizaram uma batalha ideológica e política contra o ensino da evolução nas escolas e contra as partes progressistas do establishment político. Falharam miseravelmente. Mesmo ao conquistarem uma vitória técnica, como no famoso julgamento de Scopes de 1925, quando William Jennings Bryan convenceu um júri do Tennessee a condenar um professor por violar uma lei estadual que proibia o ensino da evolução, eles perderam no tribunal da opinião pública. Na década de 1930, os fundamentalistas norte-americanos perceberam que não podiam esperar derrotar a crescente influência dos cientistas. Assim, eles se separaram, estabelecendo suas próprias escolas, igrejas, universidades, projetos de caridade, jornais, estações de rádio e operações missionárias. Simultaneamente, a Irmandade Muçulmana estava fazendo a mesma coisa no Egito.

O fundamentalismo surgiu durante o século XIX em muitos lugares, em diferentes culturas e religiões.[29] Por exemplo, no início do século, o rabino Moshe Sofer (mais conhecido por "Hatam Sofer", nome de uma de suas obras) fez uma famosa declaração: "O novo é proibido pela Torá." Ele quis dizer que a observância e a lei judaicas nunca deveriam permitir nenhuma mudança ou revisão à luz de novas circunstâncias, por qualquer motivo. Ao fazer isso, ele lançou as bases para o judaísmo Haredi de hoje (ultraortodoxo). Paralelamente, a mesma ideia básica estava sendo pregada pelo movimento wahhabista do Islã.

Paradoxalmente, para um movimento que afirma representar a verdade imaculada, o fundamentalismo tem uma mentira em seu cerne. Não é distinto e contrário ao modernismo, como se anuncia. O fundamentalismo apresenta interpretações, histórias e tradições como princípios religiosos primitivos aos quais o crente deve aderir ou pelos quais deve morrer. Mas esses princípios podem muito bem ter sido formulados pelos próprios fundamentalistas com o único propósito de servir ao seu princípio mais básico — resistência.

O FUNDAMENTALISMO SURGE EM MUITAS NUANCES. NO ORIENTE Médio e no Leste da Ásia, costuma ser uma resposta ao autoritarismo estatal, um santuário para aqueles que protestam contra as injustiças dos regimes ditatoriais. A devoção religiosa pode oferecer uma certa proteção aos crentes devido à importância que as sociedades tradicionais atribuem à religião. No mundo cristão, existem formas de fundamentalismo que sustentam que os Estados Unidos, como nação cristã, têm uma missão divina e eterna para promover a redenção final. A maioria desses fundamentalistas pertence ao movimento evangelista.

Em Israel, há fundamentalistas judeus que pregam por uma teocracia monárquica no modelo descrito na Bíblia Hebraica, com um templo em Jerusalém. Alguns deles formaram um grupo terrorista nos anos 1980, assassinando três estudantes palestinos da faculdade islâmica de Hebron em 1983 e ferindo dezenas em outros ataques. Eles foram presos quando planejavam explodir a Cúpula da Rocha, situada no que os judeus chamam de Monte do Templo e os muçulmanos, de Haram al-Sharif. Desde o início do século, há um aumento da violência budista na Ásia, especialmente na Tailândia e em Mianmar. Este último país se envolve em limpeza étnica e assassinato da minoria rohingya, que é muçulmana, desde 2016. O budismo é a religião menos associada historicamente à violência. Ele enfatiza a compaixão e proíbe fazer o mal. É de se pensar que seria imune ao fanatismo assassino. Não é bem assim, ao que parece.

A maioria dos fundamentalistas não se envolve em violência política, é claro — considere os Amish nos Estados Unidos, por exemplo. Esse tipo de crença, praticado também pelas comunidades Haredi no mundo judaico, pode ser considerado o "verdadeiro" fundamentalismo. Eles podem ter pena do resto do mundo, mas, seguindo o que acreditam ser o único caminho verdadeiro, não têm interesse em subjugar os outros.

Nenhum rebelde vive a revolta mais do que os fundamentalistas. Jean Baudrillard, citado anteriormente, afirmou que os ataques terroristas de 11 de Setembro visavam abalar os alicerces da globalização. Nesse atentado, fundamentalistas agiram como representantes da rebelião radical internacional contra a globalização capitalista, usando as ferramentas da globalização. "A expansão ilimitada da globalização cria as condições para sua própria destruição", declarou Baudrillard. Ele via a globalização em sua totalidade como antidemocrática e repressiva, uma afirmação difícil de sustentar, uma vez que ela libertou centenas de milhões de pessoas da pobreza e fortaleceu a agenda liberal em todo o mundo. No entanto, o esboço básico de seu argumento resistiu ao teste do tempo. Os islâmicos radicais consideram o capitalismo uma ameaça e a globalização sua inimiga. Assim como os seus extremos opostos — os nacionalistas étnicos e racistas.

CAPÍTULO 7

Conversando com Nacionalistas

Globalização é quando os imigrantes entram e os empregos saem.

— ANTIGO SLOGAN DA FRENTE NACIONAL,
PARTIDO ULTRANACIONALISTA DA FRANÇA

A o descrever os negócios na bolsa de valores do Centro Financeiro de Londres no século XVIII, Voltaire previu a globalização de hoje e a diversidade que é parte inextricável dela.

Veja o Royal Exchange em Londres, um lugar mais venerável do que muitos tribunais de justiça, onde os representantes de todas as nações se reúnem para o benefício da humanidade. Lá, o judeu, o maometano e o cristão negociam juntos, como se todos professassem a mesma religião, e só dão o nome de infiel aos falidos. Lá, o presbiteriano confia no anabatista, e o clérigo depende da palavra do quacre. Ao término desta pacífica e livre assembleia, alguns se retiram para a sinagoga e outros para um bar. Um homem é batizado em uma grande tina, em nome do Pai, do Filho e do Espírito Santo; outro tem o prepúcio do filho cortado, enquanto um conjunto de palavras hebraicas (completamente ininteligíveis para ele) são murmuradas sobre seu filho. Outros se retiram para suas igrejas e ali esperam a inspiração do céu com seus chapéus, e todos ficam satisfeitos. Se apenas uma religião fosse permitida na Inglaterra, o governo muito possivelmente se tornaria arbitrário; se houvesse apenas duas, as pessoas cortariam as gargantas umas das outras; mas, como existe tamanha variedade, todos vivem felizes e em paz.[1]

Essa passagem declara que as pessoas não são mais definidas de acordo com alguma identidade primordial, postura teológica ou diretiva de certa entidade política. Todos podem se unir em torno dos aspectos práticos e materialistas da vida, exceto os falidos, é claro. Voltaire esclarece a ameaça da globalização à identidade e àqueles que não se beneficiam de sua generosidade. Quem está ameaçado no universo de Voltaire? Aqueles que não sentem que as distinções religiosas ou nacionais entre eles são evitadas pelo comércio e que têm mantido um profundo ressentimento pelo Outro. Os pobres não têm um lugar no conselho de administração dos capitalistas da bolsa de valores e, portanto, pode-se esperar que rejeitem a ordem universal criada pelo comércio internacional.

Voltaire concluiu que a multiplicação de seitas religiosas na Grã-Bretanha do século XVIII facilitou a coexistência e a prosperidade. Foi uma afirmação provocativa, típica do Iluminismo, na medida em que desafiou todos os tipos de isolacionismo, seja religioso, seja étnico, seja nacional. Se estivesse vivo hoje, Voltaire sem dúvida se oporia ao Brexit. Ele argumentaria que a diversidade e a cooperação econômica entre muitos tipos diferentes de pessoas levam à prosperidade e, portanto, à maior felicidade. Desde a Segunda Guerra Mundial, essa tem sido a posição assumida pelos tomadores de decisão na Grã-Bretanha e no restante da Europa, tanto os da direita quanto os da esquerda.

Porém, isso começou a mudar de maneira fundamental logo após o advento do novo milênio. As pessoas que Voltaire ignorou — aquelas para as quais a identidade é crucial e aquelas não alcançadas pelas ondas da prosperidade — começaram a reagir. Os agentes fiéis do nacionalismo voltaram ao centro do palco, décadas depois de serem empurrados para os bastidores.

Se o ressurgimento do nacionalismo britânico for considerado um fenômeno marginal, o Brexit permanece um enigma. Os heróis dessa sombria ressurreição foram os líderes da extrema direita. O projeto deles foi surpreendentemente bem-sucedido, visto que foram marginalizados pelos políticos tradicionais por décadas. Nos anos que se seguiram ao referendo do Brexit, a extrema direita voltou à obscuridade, mas suas ideias continuam vivas. Os partidos históricos de centro-direita se apropriaram das ideias radicais de direita.

Welshpool é uma pequena cidade no País de Gales, a apenas alguns quilômetros da fronteira com a Inglaterra. É cercada por colinas verdes e tem o orgulho de abrigar um dos maiores mercados de ovelhas da Europa. É também a comunidade de Nick Griffin, um ex-líder do Partido Nacional Britânico (BNP, na sigla em inglês). Antes de sua expulsão do partido, Griffin fez tudo o que pôde para plantar as sementes da xenofobia. Ele falhou como líder do BNP e seu sucesso político pessoal ruiu, mas outros políticos gozaram dos frutos de sua intolerância.

Quando o sistema financeiro mundial entrou em crise em 2007 e 2008, Griffin imediatamente recorreu ao seu potencial para a extrema direita. Aproveitando o momento, ele promoveu agressivamente uma agenda anti-imigração, apontando suas flechas, em especial, para a União Europeia, que é odiada no Reino Unido não apenas por extremistas, mas também por muitos da esquerda e da direita dominante.

Nós nos encontramos em 2008 em um pub pequeno e pitoresco. Ele é um homem rechonchudo de altura média e meia-idade. Achei difícil não pensar em seu corte de cabelo como hitleriano. Um de seus olhos é de vidro, supostamente a consequência de um cartucho de espingarda que explodiu em uma fogueira. Sua voz é áspera e admonitória, mas, fora isso, seu comportamento é manso. Ele não irradia exatamente carisma.

Griffin pertencia à nova geração da extrema direita. Ele se formou em Cambridge, um homem de família com uma grande cabeleira que o diferencia do visual skinhead dos anos 1970 e 1980. Uma centelha de malícia cintilava ocasionalmente durante nossa conversa — por exemplo, quando ele riu em resposta à minha pergunta sobre o revisionismo do Holocausto, dizendo que "não é bem versado na terminologia judaica". Em 1998, foi condenado por incitar o ódio racial em um jornal de extrema direita editado por ele. Em seu julgamento, declarou: "Estou bem ciente de que a opinião ortodoxa é que 6 milhões de judeus foram gaseados, cremados e transformados em abajures. A opinião ortodoxa também já sustentou que o mundo é plano."[2] Ele também escreveu um manifesto antissemita sobre a influência judaica, principalmente na mídia, intitulado "Who Are the Mind Benders?" [Quem São os Influenciadores de Mentes?, em tradução livre].

Griffin me disse que estava encantado com a crise financeira. "Cada mudança política na história europeia, cada mudança significativa, veio do nada, quase do nada. Por exemplo, as revoluções comunistas e fascistas do século passado. Aconteceu muito rapidamente, e acho que agora você pode ver no Ocidente que todo o consenso liberal — que não era baseado na correção das ideias liberais e certamente não no apoio público a essas ideias — não tem respaldo." Ele ficou animado. "O consenso se embasava nos bens que o sistema liberal proporcionava: comida na geladeira, férias no exterior.

Não há nada de errado com tudo isso, desde que continue." Ele tomou um longo gole de sua cerveja. "Mas agora acabou. Tudo o que a elite liberal tentou fazer, que visava mudar nossa sociedade na Grã-Bretanha, na Europa e também nos Estados Unidos, foi baseado no cidadão comum dizendo a si mesmo: 'Eu não aceito as ideias, os valores liberais, mas estou bem, tenho o que comer.' Em outras palavras: materialismo."

Enquanto falava, Griffin parecia confiante de que uma revolução racial estava chegando. "As rodas do sistema capitalista caíram", proclamou. "Está acabado! E é uma crise que vai durar gerações. O que resta do sistema é o caos destrutivo." Ele olhou para os clientes do pub. "Portanto, tudo está prestes a mudar. Quando você diz que não conseguiremos conquistar poder, essa pode ter sido uma avaliação correta quando estávamos vivendo em tempos econômicos estáveis. Mas, hoje, tudo é possível."

Escutei seu monólogo enquanto ainda estava sob o feitiço da eleição de Barack Obama, menos de um mês antes. Assisti ao discurso da vitória de Obama no Grant Park, em Chicago, onde consegui passar pelo perímetro de segurança e me juntar à pequena multidão que cercava o palco. Obama fez sua entrada e ficou diretamente acima de mim. Olhei em volta e vi pessoas às lágrimas, tremendo de emoção e vibrando de empolgação. O fato de esse homem ser presidente dos Estados Unidos era uma prova convincente, acredito, da espantosa flexibilidade do país e da abertura que há muito tem sido sua força vital.

À luz da eleição de Obama, Griffin parecia delirante. Aos olhos de muitas pessoas, os Estados Unidos haviam ascendido a um novo patamar para abraçar a diversidade e rejeitar a intolerância. Agora, o homem com olho de vidro e voz rouca queria comemorar o retorno do nacionalismo racial.

152 REVOLTA

O fundamentalismo de Griffin clama por um retorno à sonhada Grã-Bretanha primitiva e pura. Sua profecia apocalíptica é de uma guerra civil que só pode ser evitada pelo restabelecimento de um mundo no qual a comunidade religiosa ou étnica é o valor supremo. É nesse sentido que Griffin defende a separação de alunos nas escolas. As crianças judias britânicas não deveriam, argumenta, estudar lado a lado com crianças cristãs britânicas ou com crianças de ascendência indiana. "As crianças sofrem com isso mais do que qualquer outra pessoa", afirmou. "Nós nos opomos ao multiculturalismo e à integração multicultural em princípio. Acreditamos que a diversidade humana é uma coisa boa. Sua identidade não é criada porque você é um cidadão do mundo, mas porque você vem de um determinado lugar, de uma determinada cultura, de seu povo." Observe o uso superficial da palavra "diversidade" para justificar a separação ou a segregação.

Para pessoas como Griffin, metáforas biológicas e ameaças de "extinção" são o ingrediente secreto de todas as conversas. "Há um apagamento contínuo da diversidade humana, e se isso estivesse acontecendo com outra espécie, formigas por exemplo, este país moveria rodovias para salvar uma formiga rara. Toda a inclinação do sistema capitalista global é apagar a diversidade, e é mais eficaz do que qualquer ação de um ditador no passado — Stalin, por exemplo, que deportou todos os tártaros. O capitalismo faz isso melhor. O capitalismo é uma campanha de aniquilação."

Griffin afirma que uma escola compartilhada por crianças de diferentes religiões ou comunidades é "multiculturalismo". Não é verdade. É simplesmente a implementação do princípio da igualdade dentro de uma estrutura nacional. O conceito de cidadania requer igualdade entre pessoas de religiões diferentes e várias minorias étnicas que vivem no mesmo Estado-nação. Griffin não reconhece a cidadania moderna, pois ela significa a aceitação, a adoção e a internalização de valores liberais e nacionais, em vez de uma identidade religiosa, étnica ou racial primordial. Ele também afirma que colocar crianças de diferentes origens no mesmo ambiente educacional "apaga a diversidade humana", porque, para ele, a diversidade é uma questão de cores primárias, categorias tiradas de um passado glorioso imaginado.

Uma das vantagens de que desfrutam os radicais (de qualquer tipo, não necessariamente fundamentalistas) é a capacidade de arrancar a máscara da hipocrisia liberal. Essa hipocrisia comprova a desonestidade do discurso dominante. E essa falta de honestidade é extremamente fortalecedora para os argumentos dos radicais. A hipocrisia é um pecado primordial se a autenticidade é a derradeira virtude.

Griffin acusa a elite britânica de decidir transformar o país em um Estado de migração sem um mandato do povo para fazê-lo. De certa forma é verdade... Por muitos anos, o governo britânico se absteve de fornecer dados detalhados sobre migração ao público, e os políticos quase nunca discutiam a política abertamente. Griffin também está correto ao observar que algumas das melhores escolas da Grã-Bretanha têm uma afiliação religiosa, são privadas em vez de administradas pelo Estado e atendem aos ricos. "O que temos aqui, na verdade, é a segregação que a elite e seus filhos gozam, mas isso não existe nas escolas para pessoas comuns", insistiu. "Então, ou a integração deve ser aplicada a todos, inclusive aos ricos, ou, se a segregação é boa para os ricos, é boa para todos! Não entendo por que a integração é imposta aos pobres neste país, enquanto os ricos estão isentos dela."

Griffin estava à margem da corrente de pensamento dominante quando nos conhecemos; mais tarde, seu movimento ruiu e ele foi expulso. Porém, grande parte da pauta apregoada por ele há mais de dez anos foi adotada pela direita britânica e europeia. Quando pediu que o Reino Unido abandonasse a União Europeia, foi chamado de delirante, mas foi exatamente isso que o povo britânico decidiu fazer. A política econômica protecionista, que visa proteger a produção local, voltou à moda. A conversa sobre o envio de muçulmanos "de volta ao lugar de onde vieram" está aumentando. E aqueles que defendem isso, como Griffin antes deles, não se importam se os muçulmanos em questão nasceram e são cidadãos britânicos. Quando perguntei a ele como imaginava expulsar milhões de pessoas, Griffin deu uma resposta simples: "Nós as pagaremos." É isso, disse ele, ou guerra civil.

Eu penso em nossa conversa de vez em quando. Em retrospecto, esse ultranacionalista aparentemente tinha uma melhor leitura do futuro do que o jornalista que acabara de testemunhar a eleição de Obama e acreditara em sua crescente retórica sobre os "anjos bons" dos Estados Unidos durante sua campanha.[3] O presidente Obama será sempre lembrado como uma inspiração para a liderança progressista, mas ele falhou em remodelar o espírito de nossa era. Griffin foi mais astuto em compreender as consequências da crise financeira. Obama realmente acreditou em sua visão otimista? Ou pensou que, se contasse uma história crível e persuasiva o suficiente, ela se tornaria realidade? Em sua campanha de reeleição, em 2012, ele disse que seu maior erro durante seus primeiros anos como presidente foi se concentrar exclusivamente em "acertar a política", esquecendo-se de "contar aos norte-americanos uma história que lhes dê uma sensação de unidade, propósito e otimismo, especialmente durante tempos difíceis".[4] Griffin, ao contrário do presidente Obama, entendeu que o liberalismo é mais vulnerável do que parecia. Talvez o fracasso não seja a maneira como a história é contada, mas a própria história.

MAIS DE UMA DÉCADA ATRÁS, COMECEI A ENTREVISTAR NEONAZIS, negadores do Holocausto, membros de milícias antigovernamentais nos EUA e líderes da extrema direita da Europa, de Marine Le Pen ao líder espiritual da extrema direita na Grécia. Nick Griffin era apenas um deles. Foi uma década de ascensão para eles, mais do que em qualquer outra época desde a Segunda Guerra Mundial.

A extrema direita abrange um espectro que vai de políticas institucionais a gangues violentas. Havia a impressão de que a extrema direita racista faz pouco mais do que lançar slogans, em contraste com os fundamentalistas islâmicos que praticam atos de terrorismo. A última década provou que isso não é verdade. De acordo com um estudo do governo dos Estados Unidos apresentado ao Congresso em 2017, um total de 85 ataques terroristas fatais foram realizados no país após os de 11 de setembro de 2001.[5] Indivíduos e grupos extremistas de direita foram responsáveis por 73% desses incidentes, enquanto os fundamentalistas islâmicos conduziram 27%. Os dois grupos foram quase igualmente mortais. Extremistas de direita assassinaram 106 pessoas, enquanto os extremistas muçulmanos assassinaram 119. Notavelmente, 41% das vítimas do Islã radical foram assassinadas em um único incidente, o tiroteio em uma boate em Orlando, Flórida.

Claro, o ataque terrorista mais mortal da história dos Estados Unidos foi o 11 de Setembro. No entanto, antes do assassinato em massa engendrado pela Al-Qaeda, o ataque mais mortal fora o bombardeio do prédio federal em Oklahoma City em 1995, realizado por Timothy McVeigh, que matou 168 pessoas. As filiações políticas de McVeigh são motivo de debate acalorado. Ele definitivamente via o governo federal como uma ameaça iminente,[6] apegando-se a uma espécie de forma desviante de libertarismo. Participou de várias reuniões de uma milícia de Michigan, ainda ativa. Em 2016, juntei-me a alguns de seus membros em uma patrulha armada; eles preferem não comentar a respeito de McVeigh, mas, ainda assim, gostam de falar obsessivamente sobre a tirania do governo federal. Ao contrário do Islã radical, a política de extrema direita costuma se desvincular do terrorismo na mente do público enquanto constrói um ecossistema abrangente que apoia a violência.

Grande parte da ideologia de extrema direita no Ocidente é um tipo de fundamentalismo contemporâneo, exibindo alguns de seus traços clássicos: o anseio por um ideal unificador, constante e imutável; a invenção de um passado magnífico e imaginário; a aversão à impureza e a tentativa de criar um mundo puro; a visão binária e rígida do mundo; a distinção excepcionalista entre crentes e descrentes; e a oposição ao modernismo e aos valores a ele associados.

Paris, 2010

A primeira vez que vi Marine Le Pen pessoalmente foi em 2010, na entrada de um estúdio de TV, onde ela estava prestes a participar de um prestigioso programa de entrevistas ao vivo. Usando um vestido sobretudo, ela chegou apressada, acompanhada de uma pequena comitiva. Seu pai, Jean-Marie Le Pen, nunca sonhou que poderia se tornar um convidado regular em um programa de TV. Ele foi e continua sendo um pária político, condenado por menosprezar o Holocausto. Sua personalidade desagradável é lendária.[7] Para a esquerda francesa, ele era um aspirante a Hitler.

Quando a filha entrou na arena pública, houve apelos públicos para condená-la ao ostracismo também. Mas Marine Le Pen é mais sofisticada e menos direta em sua retórica. Ela nunca foi flagrada fazendo uma declaração antissemita ou violando leis que proíbem o discurso de ódio. No início, as relações políticas entre pai e filha eram como as do fundador de um movimento e seu herdeiro político; mas, então, elas azedaram.

Quando a vi, Le Pen já era uma figura importante na Frente Nacional, o partido fundado por seu pai. Ela estava concorrendo para sucedê-lo como líder do partido e contava com seu apoio. O velho Jean-Marie ainda não sabia que ela planejava reconstruir a imagem do partido — reformular a ideologia nacionalista e, por fim, lhe mostrar a porta de saída. Marine Le Pen não era apenas uma ideóloga, ela realmente queria ser eleita. Faltavam dois anos para a eleição presidencial da França, mas ela já estava preparando as bases para sua campanha. Estava ansiosa para ser vista como parte do mainstream, se desvencilhar do legado de seu controverso pai e conquistar legitimidade. Como jornalista israelense judeu, eu era uma ferramenta útil para ela. Nossa entrevista foi agendada, adiada e remarcada. Começou de maneira agradável e terminou abruptamente, sem ao menos um *au revoir*.

No início, conversamos na sala de maquiagem, na presença de um maquiador. O presidente Nicolas Sarkozy adotara parte da retórica de "lei e ordem" e "integração na França" de Le Pen, e ela estava preocupada. Tinha receio de que a direita dominante estivesse se tornando mais populista e roubando sua plataforma. Do lado de fora do estúdio, ela e o entrevistador ensaiaram sua entrada. Eles fizeram piada sobre os eleitores franceses que passaram a rejeitar Sarkozy. "É uma trilogia", disse ela. "O eleitor francês bajula, abandona e, no final, lincha", reproduzindo, em francês, a conquista da Gália por Júlio César: *"Lèche, lâche, lynche."* "Agora, com Sarkozy, estamos na fase de linchamento!" O entrevistador deu uma risadinha e agradeceu à convidada por ter lhe ensinado algo novo. Le Pen ficou contente.

Uma década depois, ela tinha bons motivos para estar contente, mas também frustrada. Em 2017, obteve um dos maiores sucessos da extrema direita europeia desde a Segunda Guerra Mundial. Teve 34% dos votos no segundo turno das eleições presidenciais, vencida por Emmanuel Macron. Foi um resultado respeitável, mas não muito mais do que isso. Ela se deparou com a mesma barreira invisível que outros nacionalistas europeus encontraram — memórias de uma descendência das forças políticas fascistas que devastaram a Europa em meados do século XX. No caso dela, o nome de sua família, que abriu seu caminho para a política, agora é um obstáculo. Para os eleitores, ainda é um lembrete das origens do partido, de seu líder e do apoio que ele recebeu dos cantos mais vilipendiados da sociedade francesa, incluindo os partidários do regime de Vichy e os intransigentes que afirmam que o governo francês traiu o exército e a nação francesa quando decidiu sair da Argélia.

Por outro lado, Macron, o oponente liberal de Le Pen, encontrou sérias dificuldades assim que se tornou presidente, e suas tentativas de formulação de políticas racionais exacerbaram esses problemas. Por meio de um planejamento sofisticado, ele os piorou ainda mais. Os protestos dos Coletes Amarelos de 2018-2019, desencadeados por iniciativas de reformas tributárias e outras medidas propostas por Macron, parecem demonstrar que uma grande parte do público pode muito bem simpatizar com a retórica de Le Pen em relação às ameaças da globalização. Até agora, ela conseguiu se equilibrar na linha tênue entre o ódio brutal espalhado pelo pai, as mensagens positivas sobre a importância da cultura e da civilização francesas e os elogios à "nossa bela França". No entanto, Le Pen não é um Donald Trump francês. Ela é muito mais sofisticada, refinada e disciplinada ideologicamente. Minha conversa com ela em 2010 pressagiou o futuro, em particular a revolta nacionalista contra a globalização.

Em menos de cinco minutos de conversa, ela já estava citando Vladimir Putin, o padrinho de fato do nacionalismo branco europeu. "Veja bem", afirmou, como se o presidente russo fosse uma fonte confiável de análise sociológica, "Putin disse que em mais vinte anos a França será uma colônia de suas ex-colônias, e há outros líderes estatais que acreditam que a Europa se tornará muçulmana".

Le Pen é uma figura importante. Anos antes de Steve Bannon, conselheiro do Breitbart News e de Trump, começar a formular sua doutrina do nacionalismo econômico, ela compreendeu seus dois pilares: antiglobalização e ódio aos muçulmanos. "Existem novos totalitarismos no século XXI", explicou. "O primeiro é a islamização, que diz que tudo é religioso. O segundo é a globalização, para a qual o comércio é tudo. E, se não fizermos nada, se não insistirmos nos valores e nas leis da República Francesa, nossa civilização enfrentará grave perigo."

Le Pen diz que é uma escolha entre sobrevivência e extinção. É claro que a Frente Nacional protegerá os judeus enquanto esse drama existencial se desenrola! "Os judeus franceses não precisam considerar a Frente Nacional como inimiga... Eles não encontrarão melhor protetor do que ela... Vamos defender os franceses contra a extinção." Os judeus franceses encaram sua promessa com ceticismo, para dizer o mínimo. Por um breve momento em nossa conversa, ela deixou transparecer uma ameaça. "Acho que eles assumirão responsabilidades no futuro", advertiu, falando sobre a principal organização judaica da França, o CRIF. Ela acusa a organização de sabotar o

160 REVOLTA

esforço para impedir a "islamização", apoiando a imigração. "Por causa de suas posições, eles fizeram parte da criação do perigo que nossa civilização enfrenta."

Isso deixa em aberto a questão de o que a França, sob o comando de Le Pen, pode fazer contra aqueles que representarem uma ameaça à civilização francesa. Anteriormente, quando anunciou que pretendia visitar Israel, mais um passo em sua campanha para conquistar legitimidade, foi informada de que era *persona non grata* e teria sua entrada negada. Quando perguntei sobre esse episódio, ela me lançou um olhar penetrante. "Cheguei à conclusão de que Israel aparentemente não tem inimigos suficientes", respondeu.

Eu lhe perguntei se ela entendia por que os judeus têm medo de nacionalistas. "Me desculpe, mas não em Israel", declarou. "Os israelenses são patriotas, eles defendem sua nação. Querem ser soberanos em seu território para garantir a segurança de seu povo. Não estamos pedindo nada menos." Observei que eu estava falando sobre judeus e que ela havia falado sobre israelenses. Sugeri que, como os judeus são minoria em quase toda parte, eles se sentem incomodados com o nacionalismo. "Me perdoe", disse ela, rindo sarcasticamente. "Também nos tornaremos uma minoria!" Minhas perguntas começaram a irritá-la. A entrevista foi interrompida.

No final do mesmo dia, ouvi seu discurso em uma reunião da Frente Nacional no porão de um bairro do subúrbio de Paris. As pessoas fizeram fila do lado de fora, esperando para entrar. Há demanda para o que Le Pen representa. Ativistas do partido distribuíram vinho tinto barato em copos de papel para a multidão. (A França deve ser o único lugar do mundo onde vinho é servido em comícios políticos.) Ela lembrou a multidão de um famoso pôster da Frente Nacional com o slogan "Globalização é quando os imigrantes entram e os empregos saem". Ela testou os apoiadores. "No fundo, vocês sabem disso. Não somos um partido político, mas, sim, um movimento de resistência... Devemos agir pelo bem de nossos filhos. Um futuro possivelmente preocupante de violência horrível os aguarda. Pelo bem do nosso amado país, que está caminhando para o declínio e o esgotamento, pelo bem da nossa civilização vacilante, não há alternativa a não ser a vitória!" Le Pen me disse mais de uma vez que não é antissemita, mas muitos dos presentes com quem conversei depois se referiram ao "poder judaico" e disseram algo sobre os sionistas terem muita influência.

Não é por acaso que a extremista nacionalista mais popular da Europa desde Adolf Hitler escolhe a globalização como alvo. Le Pen reconhece o que os primeiros ultranacionalistas, como o pai, não conseguiram entender. A globalização econômica representa uma ameaça significativa à identidade. Ela inevitavelmente injeta valores universais no discurso local devido à sua necessidade de relações supranacionais. A prosperidade não pode ser alcançada sozinha, e a necessidade de a economia interagir em termos globais não coexiste facilmente com estruturas de poder nacionais exclusivas e valores comunitários. Marine Le Pen foi a primeira política ultranacionalista no século XXI a criar uma narrativa coerente para nossa era: nossa boa e justa nação etnorreligiosa é ameaçada por estrangeiros e imigrantes, entre outros. Nossas elites corruptas (ela diz que os burocratas da UE "governam" a França e os descreve como "idiotas, incompetentes... imbecis") estão vinculadas a um sistema global econômico e político abrangente que não foi autorizado por nós; seu discurso sobre normas e moralidade é hipocrisia velada, e a mídia mentirosa os favorece. O principal problema não é o governo e seus poderes. Em vez disso, a questão central é: a nação será capaz de resistir e repelir uma invasão de ideias estrangeiras, interesses e mercadorias estrangeiras e pessoas estrangeiras?

Se pararmos para pensar, é exatamente o que Donald Trump sempre defendeu.

Como sempre acontece com o nacionalismo, o foco é externo; a política não é voltada para uma investigação aprofundada sobre o uso correto do governo e seus poderes. Ela é direcionada para um inimigo à espreita no escuro. O que Le Pen não diz, mas pode ser inferido, é que, para a nação perdurar, a ordem mundial deve ser subvertida. Achar que eles estão focados em seus Estados-nação é um equívoco muito comum ao lidar com nacionalistas. Mas, na verdade, eles precisam reformar ou destruir as normas internacionais fundamentais, desde os tratados que exigem que os países deem asilo aos refugiados até os acordos que regem as instituições financeiras internacionais e o livre comércio. Le Pen chama essas normas de "ditadura silenciosa do globalismo". Os objetivos dos nacionalistas são locais, mas seu projeto é global.

Se os liberais desejam se opor ao projeto nacionalista, precisam prestar atenção ao que os populistas nacionalistas estão dizendo e fazendo. Enquanto os nacionalistas procuram destruir a globalização em sua forma atual, os liberais a tratam como uma enteada indesejada da Revolução Industrial, uma pilha de roupa suja ou um palavrão que se refere apenas à exploração material. Extremistas nacionalistas atacam a globalização porque veem o surgimento da identidade universal e percebem que, se quiserem sobreviver, devem destruir a base material sobre a qual essa identidade se sustenta — a globalização em si. Eles não sentem que o centro do espectro político está determinado a lutar pela globalização. Em vez disso, recebem uma desculpa após a outra, promessas vagas e hesitação. A razão pela qual Marine Le Pen, Griffin e outros enfatizam constantemente a dicotomia entre o global e o local é que eles estimam que, quando as coisas se complicarem, as pessoas naturalmente escolherão a identidade, a família e a comunidade. Como na frase atribuída a Albert Camus: "Entre a justiça e minha mãe, eu escolho minha mãe." Donald Trump, que se autodenomina nacionalista, tem sua própria definição do que é um globalista: "Uma pessoa que deseja que o mundo vá bem... e não se preocupa tanto com o nosso país."[8]

Essa falsa dicotomia, que implica que as pessoas não podem ser ao mesmo tempo cidadãs do mundo e patriotas, é a pedra angular da extremada retórica nacionalista contemporânea.

Os liberais não estão se esforçando para entender as táticas extremistas para acabar com a globalização, mas, em todo caso, eles não a defenderão com fervor. Na visão da esquerda progressista, a globalização oprimiu os trabalhadores e catalisou indústrias ambientalmente perigosas que estão contribuindo para a extinção em massa. Para a corrente dominante de direita, a ordem global atual pode ser uma ameaça à soberania nacional e às estruturas da comunidade. Essas abordagens criaram uma lacuna que os extremistas ficam muito felizes em preencher a fim de alcançar seu objetivo primordial — destruir, não reparar, a globalização de nossa era e, assim, abrir seu caminho para o poder.

A esquerda também negligenciou suas ideias centrais sobre a importância do bem-estar material. Uma suposição crucial da ordem pós-Segunda Guerra Mundial é, em termos simples, que as pessoas precisam ter uma vida boa para *ser* boas. No entanto, desde a queda do comunismo soviético, os liberais se convenceram de que os valores de uma sociedade aberta se tornaram a estrutura incontestável dos países industrializados. Embora tenham relevância intrínseca, os valores não são incontestáveis e não podem sobreviver obrigatoriamente a uma era de dificuldades econômicas. Os grandes arquitetos da ordem do pós-guerra — entre eles Roosevelt, Churchill, de Gaulle e Adenauer — estavam bem cientes dessa verdade simples. "Nem é preciso dizer", escreveu Sigmund Freud na década de 1920, "que uma civilização que deixa tantos integrantes insatisfeitos e os leva à revolta não tem nem merece a perspectiva de uma existência duradoura".[9] A política dominante deve sempre presumir que, quando sua condição materialista se deteriorar, as pessoas se transformarão em suas piores versões. Se as democracias não oferecem instituições justas, educação e redes de segurança social, elas não conseguem resistir a graves crises militares ou econômicas. No entanto, mesmo as redes de segurança só podem ganhar tempo, e os nacionalistas ou outros autoritários prevalecerão se a crise persistir e se aprofundar.

Os ultranacionalistas com quem conversei tinham pouco interesse em economia ou, especificamente, em políticas comerciais. Para eles, era apenas uma farsa. Enquanto exploram avidamente as queixas econômicas, os nacionalistas apenas demonstram apego pela santificação nostálgica da comunidade nacional e pela rejeição daqueles que não fazem parte da comunidade pura e original imaginada por eles.

O mainstream liberal acordou tarde. Ele continua a se engajar em um discurso que há muito perdeu relevância — ele tenta entender o nacionalismo exclusivamente através de um prisma econômico, pressionando a redistribuição de renda. Entretanto, um crescente corpo de pesquisas mostra que a ligação entre a crise econômica e o emergente populismo nacionalista não tem fundamento. Por exemplo, um fascinante estudo de longo prazo da vida política na Holanda, conduzido por Noam Gidron e Jonathan Mijs, mostrou que as pessoas cuja situação econômica pessoal piorou durante a última crise econômica não se voltaram para a extrema direita. Na verdade, houve um ligeiro movimento em direção à esquerda radical. Elas também não apresentaram um aumento significativo nas atitudes nativistas.[10] Embora haja uma correlação entre as condições econômicas adversas e o apoio aos partidos radicais, aqueles que os apoiam não são os membros da sociedade *afetados diretamente* pelas dificuldades materiais reais. A crise abre a porta para a desestabilização, para a revolta em si. Aqueles que são atraídos pela extrema direita não são necessariamente os mais afetados economicamente pela crise.

O que está acontecendo então?

Tal como uma doença autoimune, o nacionalismo irrompe em uma democracia quando o corpo político é enfraquecido por males socioeconômicos. Porém, quando o corpo se recupera, a doença não é necessariamente eliminada. Na última década, funcionou assim: primeiro, a retórica nacionalista entra no discurso político em um momento de grave crise econômica ou de segurança. No segundo estágio, a doença ultranacionalista continua progredindo, não precisando mais da crise subjacente para tal. Na Hungria, por exemplo, o fluxo de imigrantes e refugiados diminuiu consideravelmente desde 2016, mas Viktor Orbán, primeiro-ministro nacionalista do país, continuou a protestar contra eles. Essa ameaça estrangeira ainda impulsiona eleitoralmente Viktor Orbán e seu partido.

Outro estudo demonstra que havia de fato uma correlação entre a piora das economias e o surgimento de partidos nacionalistas extremistas na Europa, mas apenas até 2013. Embora a economia tenha começado a melhorar, o apoio aos partidos nacionalistas continuou a se fortalecer.[11] Obviamente, a melhora da economia dos EUA entre 2016 e a eclosão da pandemia de coronavírus em 2020 não enfraqueceram significativamente o presidente Trump ou a agenda que ele promovia, em particular suas medidas contra os imigrantes.

Steve Bannon costumava falar sobre o que chamou de nacionalismo econômico. Mas, desde então, ele mudou de tom e, em 2019, anunciou a criação de uma "academia" que, em suas palavras, será uma "escola de gladiadores para guerreiros culturais". Não soa como uma pessoa cuja principal preocupação são as barreiras comerciais ou o declínio da classe média; trata-se de uma ameaça imaginada representada pelos Outros.

A atratividade do nacionalismo populista não é sua agenda econômica, mas, sim, sua mensagem sobre identidade, contra a imigração e em prol de uma abordagem chauvinista que pretende restaurar a segurança pessoal.[12] Romain Gary, romancista francês do século XX (e herói de guerra), resumiu essa questão de forma simples: "Patriotismo é o amor por seu próprio povo; nacionalismo é o ódio pelos outros." Glorificar a comunidade nacional e enfatizar a identidade podem continuar pertencendo ao reino da política dominante, porém, cada vez mais, essas ideias fortalecem sentimentos de nativismo, xenofobia e racismo em todos os lugares.

CAPÍTULO 8

Um Renascimento Nazista

Dizem que os judeus não podem conversar conosco, que eles só saem daqui como um monte de cinzas. Mas, veja, você está aqui na minha frente, e está tudo normal.

— CONVERSA COM UM NEONAZISTA ALEMÃO, 2014[1]

K onstantinos Plevris é um dos polemistas racistas mais prolíficos da Europa. Eu o entrevistei em 2014, quando as ruas de Atenas estavam tomadas por manifestantes furiosos, como costumava acontecer durante a grande depressão da Grécia. Eu estava trabalhando em um documentário sobre o aumento do ódio racial na Europa. Ao chegar para minha entrevista, fui recebido na entrada do prédio onde Plevris trabalha por um guarda desconfiado que verificou meu passaporte e me acompanhou no elevador lotado até o escritório do ideólogo da extrema direita grega. Plevris, um negador obstinado do Holocausto, foi generoso com seu tempo e cortês ao responder a minhas perguntas. No início, foi difícil para ele acreditar que estava realmente falando com um israelense. "Nunca visitei Israel", afirmou. "Não imaginaria que tivesse visitado", respondi com cautela.

Plevris me mostrou com orgulho seu volumoso livro *A Verdade sobre os Judeus* [em tradução livre]. A fotografia da capa é de um religioso judeu vestido de preto, com olhos brilhantes e ameaçadores. Ele então começou a me mostrar fotos que, de sua perspectiva, provam que Israel é um país brutal. Eu lhe perguntei por que estava mostrando essas fotos para mim. "Porque os judeus fingem que são inocentes", respondeu. "Eles dizem: 'Nós nunca matamos ninguém.' Até o seu Deus enviou um anjo para matar os filhos dos egípcios. Os judeus são as primeiras pessoas no Universo que dizem que Deus os ordena a matar outras pessoas."

Plevris claramente não tem problema algum com as pessoas o rotularem de antissemita. Quando mencionei que Jesus era judeu, retrucou: "Ele era galileu, não judeu." Fiz outra tentativa: "Você escreve sobre o controle judaico dos bancos."

"É verdade. Ninguém pode negar."

"Eu nego."

"Então, cite um banco que não seja controlado por um judeu. Apenas um!"

"Certo. O Barclays Bank."

"O quê?"

"O Barclays."

"Escute", disse ele abruptamente.

"Citibank, JPMorgan, Alpha Bank. E posso continuar."

Plevris ficou surpreso quando mencionei o Alpha, um banco grego. Ele estava nitidamente apavorado pela possibilidade de eu citá-lo dizendo que essa instituição financeira local é de propriedade de judeus. "Não, não, claro que o Alpha não", declarou. "Sobre os outros eu não sei, mas esse não!"

A conversa pairou no abismo entre o grotesco e o divertido. Para minha tristeza, Plevris de repente disse que admira Israel e acrescentou: "Acredito que eles são uma raça inferior." Tentando acompanhar o fluxo de consciência de seu ódio, perguntei: "Quem são 'eles'?"

Plevris ficou atônito com a minha pergunta. "Os árabes, é claro." Então foi a vez dele de me questionar. "Você acredita que somos todos iguais?"

"Eu realmente acredito que somos todos iguais", respondi.

"Então você acredita que a mente é a mesma?"

"Sim."

"Veja bem, na natureza, é como cães e cavalos. Há cães para pastorear. Cães de caça, de luxo. Na natureza não existem dois seres iguais. Não existem." Ele também odeia homossexuais.

Quando mostro um vídeo do meu encontro com Plevris na Europa, na América do Norte e em Israel, o público geralmente cai na gargalhada. O extremista grego, cuja carreira política há muito definhou, parece ridículo. Contando mentiras ultrajantes e em proporções absurdas demais para serem levadas a sério, ele parece um palhaço. Mesmo assim é autor de dezenas de livros que apresentam uma filosofia ultranacionalista abrangente. Suas generalizações insípidas e simplificações exageradas são muito bem aproveitadas por seus discípulos. Mentiras descaradas, afirmadas com ousadia, são especialmente poderosas em um mundo moldado pelas mídias sociais. E a arrogância liberal, que prefere não se ocupar dessas mentiras para não lhes dar crédito, serve bem aos apoiadores de Plevris. Na extrema direita da Grécia, todos são seus discípulos. O mais importante desses seguidores é Nikolaos Michaloliakos — o fundador do partido neonazista grego Aurora Dourada —, que iniciou sua carreira política no Partido 4 de Agosto de Plevris durante os anos 1970. De todos os movimentos neonazistas da Europa, o Aurora Dourada foi, até 2019, o mais popular em seu país de origem.

O fundamentalismo racista e o ultranacionalismo são os ingredientes do ressurgimento da supremacia branca e nazista. Hoje, sua contribuição para a violência em massa é a maior desde o final da Segunda Guerra Mundial. O assassinato em massa cometido por Anders Behring Breivik na Noruega em 2011 — que vitimou 77 pessoas — se tornou um protótipo que foi imitado por outros terroristas de extrema direita. Eles acumulam armas, coletam informações, treinam e depois fotografam ou transmitem o ataque ao vivo pela internet. Deixam testamentos eletrônicos com o objetivo de mobilizar mais agressores, assim como fazem os terroristas islâmicos. Por exemplo, o modelo foi seguido por Brenton Tarrant em seu ataque a mesquitas na Nova Zelândia em março de 2019, no qual matou 51 pessoas, e por John T. Earnest, que tentou um tiroteio em massa em uma sinagoga de San Diego em abril do mesmo ano, matando uma pessoa. Em 2018, Robert Bowers também seguiu parcialmente esse modelo ao cometer o crime de ódio contra os judeus mais mortal da história norte-americana, massacrando adoradores na sinagoga Tree of Life em Pittsburgh.

Esses fundamentalistas racistas são mais perigosos do que qualquer outro tipo. Por serem oriundos da maioria cristã branca, eles, naturalmente, têm um maior número de adeptos para recrutar e câmaras de ressonância para justificar e ampliar sua mensagem. O racismo institucional dentro das agências de segurança pública significa que, se eles se envolverem em atividades ilegais, é menos provável que sejam suspeitos, em comparação com militantes não brancos. As manifestações públicas desses grupos tornaram-se mais explícitas do que nas décadas de 1980 e 1990; eles não fazem mais esforço algum para esconder sua pauta. Eles também se tornaram violentos, como no notório comício Unite the Right do verão de 2017 em Charlottesville, Virgínia, em que os supremacistas brancos caminharam com tochas e gritaram: "Os judeus não vão nos substituir!" Um dos neonazistas atropelou e matou Heather Heyer, uma contramanifestante de 32 anos.

A ideologia que une esses grupos e suas plataformas online, com sua mistura tóxica de teorias da conspiração e ultranacionalismo racista, é supranacional. Em todos os países, esses movimentos refletem a ansiedade de que os brancos possam perder sua posição como maioria porque as minorias estão "assumindo o controle" e "subvertendo a ordem natural". A afirmação foi feita por uma série de assassinos. Dylann Roof matou oito fiéis em uma igreja em Charleston, Carolina do Sul, em 2015, pois, segundo ele, os negros estão tomando conta dos Estados Unidos. Patrick Crusius, que assassinou 22 pessoas em um Walmart em El Paso, Texas, citou uma "invasão hispânica". Esses medos estão profundamente arraigados à maneira como o mundo se tornou mais integrado desde o início do século XX e às crescentes conexões entre comunidades e indivíduos de diferentes afiliações raciais, étnicas e religiosas — em outras palavras, à globalização.

Esses temores nasceram junto com a modernidade e a utopia multinacional imaginada por pessoas como Voltaire em seu hino à bolsa de valores de Londres. Eles foram retratados nas telas de cinema em filmes como *O Nascimento de uma Nação*, que contribuiu para o renascimento da Ku Klux Klan moderna, e apresentados como ideologias coerentes. Um excelente exemplo é Lothrop Stoddard, um infame supremacista branco autor do livro *The Rising Tide of Color: The threat against white world-supremacy* ["A Crescente Onda de Cores contra a Supremacia do Mundo Branco", em tradução livre], publicado em 1920. O atual discurso extremista sobre a "grande substituição" e um "genocídio branco", duas das teorias de conspiração mais populares do mundo online de hoje, são simplesmente versões atuais de ficções muito mais antigas que afirmam poder comprovar uma ameaça à "raça branca". Os judeus ocupam um lugar especial em todas elas. Os extremistas se inspiram no antissemitismo clássico e acusam a cabala judaica de usar seu poder financeiro e intelectual para aniquilar os cristãos brancos e substituí-los por estrangeiros e pagãos.

No final de 2016, ainda nos Estados Unidos, tentei entrevistar um líder da Ku Klux Klan. Não fiquei muito surpreso com a resposta que recebi de um homem que se identificou como um mago imperial: "Ter você em um comício da Klan seria tentador. Para pregá-lo na cruz como seu povo fez [com] Cristo. Em seguida, atear fogo em sua bunda e observar a luz de Cristo brilhar em nossos rostos." Decidi recusar.

Antiga Alemanha Oriental, 2014

Estava chovendo muito quando cheguei, na companhia de minha produtora, Antonia Yamin, em Schleusingen, uma pequena cidade no que antes era a Alemanha Oriental. Nós dirigimos para o endereço informado, mas não havia ninguém. Nossa agência de notícias estava tensa com esse encontro com neonazistas. Dissemos ao nosso editor que, se não telefonássemos na hora da reunião para dizer que estava tudo bem, ele deveria alertar a polícia alemã.

Ansiosos, esperamos por alguns minutos até que surgiu um carro preto, do qual desceu Patrick Schroeder, um homem alto e louro, de queixo quadrado e olhos estreitos. Seu companheiro era Tommy Frenck, um neonazista que concorreu a uma cadeira no governo local. Frenck já foi condenado por envolvimento em crime de incitação.

Os dois jovens pareciam inquietos. Segundo me relataram, a polícia não permitiu que fizessem a reunião na cidade. "Sigam-nos", disseram.

Nós dirigimos atrás do carro deles por uma estrada não pavimentada. Ficamos imaginando se estávamos sendo conduzidos a uma emboscada nazista. Mas então, para nosso alívio, fomos parados por um carro da polícia alemã. Nunca ficamos tão felizes ao ver um alemão de uniforme. As autoridades claramente sabiam sobre a reunião.

O policial pediu uma identificação. "Esta é a casa de Tommy Frenck", informou-nos em um inglês razoável. "Vocês sabem o que eles fazem lá? Führer? Nazistas? Nós, na Alemanha, temos um problema com a extrema direita." Ele explicou que seríamos obrigados a testemunhar em juízo se houvesse manifestações de apoio ao nazismo na reunião. Ao lado do policial, Schroeder acusou, visivelmente satisfeito com a atenção: "Foi o serviço secreto da Alemanha que disse a eles que estamos aqui."

Supostamente, Schroeder pertence a uma nova geração de neonazistas. A mídia alemã até cunhou uma palavra para pessoas como ele — "nipster", um hipster nazista. A *Rolling Stone* publicou um artigo sobre o programa e a campanha online de Schroeder para convencer grupos nazistas de que a cena hipernacionalista também deve acomodar os jovens que preferem um estilo de vida hip-hop ou hipster.[2] Schroeder busca expandir o círculo de nazistas na Alemanha e conquistar legitimidade. É por isso que os neonazistas de Schleusingen concordaram em se encontrar comigo, um judeu.

A lei alemã proíbe todas as expressões de apoio ao racismo e ao nazismo, incluindo a exibição de tatuagem com temática nazista. Schroeder sabe disso muito bem. Assim como outros nacionalistas radicais alemães, ele usa linguagem codificada para contornar a lei. Certa vez, um ex-nazista me explicou como é feito: "Por exemplo, posso estampar camisetas com a palavra 'antissionista' em uma fonte gótica nazista, e não há problema, pois expressa ostensivamente a oposição ao sionismo, que é um movimento político. Mas meu público conhece a lei. Eles entendem que na verdade significa 'contra os judeus'."

Entramos em um pequeno pátio onde os neonazistas se encontram. Uma churrasqueira estava esquentando e havia um grande balde de porco marinado, esperando para ser grelhado. Jovens extremistas locais circulavam, a maioria vestida de preto. Eles nos olharam com curiosidade e cochicharam entre si. Nadei com tubarões uma vez, protegido dentro de uma gaiola de metal. Estar cercado por neonazistas é como estar rodeado por tubarões, exceto que não há gaiola. Nós nos misturamos com cautela, ficando próximos um do outro. Aparentemente, era uma reunião de preparação para as eleições locais, mas a data, 8 de maio, é significativa e possivelmente revela o verdadeiro motivo do churrasco. Na verdade, é o Dia da V-E (Vitória na Europa), aniversário da rendição da Alemanha nazista aos Aliados em 1945. Para os nazistas, é um dia de luto.

De pé em uma postura austera, com as mãos entrelaçadas nas costas, Schroeder disparou os tópicos principais de seu credo em um inglês fluente. Primeiro: "Os muçulmanos, para dizer de modo simples, estão tomando posse deste país." Segundo: "Em Berlim, há escolas onde é difícil encontrar uma única criança alemã." Terceiro: "Em algumas décadas, isso acontecerá em todos os lugares deste país." Perguntei como essa "tomada de posse" estava sendo feita. Ele deu um exemplo: "Eles proíbem as crianças alemãs de comer carne de porco na escola. Você não faz esse tipo de coisa se pretende fazer parte da Alemanha. Se alguém quiser uma Alemanha deste tipo daqui a cinquenta anos, como o bairro de Neukölln, em Berlim, tudo bem. Mas eu sou um dos que afirmam que não vamos deixar isso acontecer."

Neukölln tem uma grande população muçulmana. A chamada ameaça muçulmana é um tema recorrente em conversas com extremistas de direita na Europa e na América do Norte. Os muçulmanos perpetraram a maioria dos ataques terroristas mortais na Europa nos últimos anos, e a extrema direita explorou isso de modo eficiente para angariar votos. Os muçulmanos representam apenas 5% a 6% da população da Europa. Na França, o país europeu com a maior comunidade muçulmana, a porcentagem é de 7,5% a 10%.[3] Mesmo se todos esses muçulmanos quisessem mudar as características da Europa — uma alegação discutível, na melhor das hipóteses —, dificilmente teriam poder político para tanto. Nenhum partido muçulmano está representado em qualquer um dos parlamentos dos grandes países europeus. Há pouca tolerância para o fanatismo religioso na França secular, e certamente não há na Alemanha, que há muito rejeita o multiculturalismo. A minoria muçulmana na Europa cresceu; as projeções estimam uma população de cerca de 10% em 2050. Se o continente permitisse uma imigração intensa (o que não permite atualmente), os muçulmanos atingiriam 14%.[4]

Em suma, nas próximas décadas, os fundamentalistas islâmicos não têm chances de conquistar poder político substancial na Europa. Porém, as perspectivas da extrema direita europeia são outra história. Ela não apenas está confiante em seu futuro, mas também sabe que *já esteve* no poder antes. Está em uma posição muito melhor para ser eleita ao poder do que os muçulmanos.

Nas pequenas cidades do Leste da Alemanha, o neonazismo é mais um meio social, um estilo de vida, do que uma ideologia. Os jovens ao nosso redor comiam a carne de porco grelhada, vestiam camisetas promovendo bandas de rock pesado da extrema direita e ostentavam pingentes de prata no formato de estrelas de cinco pontas. O neonazismo é uma forma de pertencimento. Schroeder e Tommy Frenck são os ideólogos do grupo.

"A era alemã terminou em 8 de maio, no dia da rendição da Alemanha em 1945", disse Schroeder. Tommy Frenck, seu camarada de armas, acrescentou: "Dois mil anos de história alemã chegaram ao fim naquele dia." Schroeder esclareceu: "Nunca fomos tão escravizados como hoje. Tão imobilizados. Tudo começou com a derrota dos nazistas e continua até hoje. A soberania morreu naquele dia. O *volksgemeinschaft** estava no auge e, desde então, só piorou... meus avós me contaram que era absolutamente perfeito, se desconsiderarmos o tratamento dado aos judeus... A sociedade do Terceiro Reich era ótima... para o cara normal, que morava naquele Estado."

"Desde que não fosse dissidente, homossexual, judeu, cigano", comentei.

"Sim", ele confirmou.

A nostalgia do Reich de Mil Anos de Schroeder é uma espécie de fundamentalismo. É verdade que o termo "fundamentalismo" geralmente se refere a uma religião, e o nazismo não é uma religião no sentido convencional. James D. Hunter, sociólogo da religião, explica que "todas as seitas fundamentalistas compartilham a sensação profunda e inquietante de que a história deu errado. O que 'deu errado' com a história é a modernidade em seus vários disfarces. O clamor do fundamentalista, portanto, é corrigir a história".[5] Alon Confino, um historiador da Europa moderna, escreve sobre a maneira como os nazistas imaginaram um mundo sem judeus e como

---

* *Volksgemeinschaft* foi o termo que Hitler usou em seus discursos para se referir ao espírito do povo como uma comunidade racial, organizada hierarquicamente sob o comando do Führer.

essa ideia de pureza racial os levou a criar uma "nova gênese", uma tradição completamente renovada das origens de uma nova ordem mundial. Em outras palavras, eles buscaram não apenas conquistar territórios, mas também dominar a memória e a história eliminando os judeus. Nada poderia ser mais fundamentalista do que essa ilusão de pureza primordial. A ilusão ordena que o mundo moderno impuro seja purgado pela destruição, pelo assassinato e pelo genocídio.[6]

Perguntei a Schroeder se ele aceita o fato histórico do Holocausto. "Na Alemanha, você pode tratar da questão de quantas bruxas foram queimadas na fogueira, mas não pode discutir outros assuntos", respondeu de modo evasivo.

Assim como muitos fundamentalistas, Schroeder é incapaz — ou se recusa — de rebater argumentos que distinguem identidade e opinião política; as pessoas são apenas peões de seus ancestrais e sempre desempenham o papel que foi escrito para elas por sua raça ou religião. Nazistas estão tendo seu direito democrático à liberdade de expressão negado, ele afirmou: "Não acho que haja uma diferença entre nós enquanto grupos, quando eles dizem que todos os neonazistas são extremistas e que deveriam estar na prisão e quando nós dizemos que, na nossa opinião, os judeus têm muito poder no setor bancário." Respondi que os nazistas são pessoas que decidiram apoiar uma ideia política. Os judeus nascem como judeus; não é uma identidade que escolhem para si próprios. "Sim", disse ele, desconfortável. Mas isso não o impediu de prosseguir. "Se Hitler tivesse vencido a guerra", proclamou, "teria se tornado um grande herói do mundo. Quem perde é sempre acusado e vira bandido. Qual seria o fato histórico se Hitler tivesse vencido a guerra? Você não leria sobre 6 milhões de judeus ou algo assim. Você leria nos livros de história que Hitler foi notável, o maior herói alemão de todos os tempos".

"Mas 6 milhões de judeus ainda estariam mortos", respondi.

"Mas você não ouviria nada a respeito disso", retrucou, triunfante. "Não importa o que realmente aconteceu."

Lembrei-me do infame discurso de Posen, realizado por Heinrich Himmler. Segundo ele, suas tropas da SS mantiveram a decência enquanto executavam a secreta Solução Final. "A maioria de *vocês* sabe o que é ver cem, quinhentos ou mil cadáveres alinhados lado a lado. Ter resistido e, ao mesmo tempo — exceto pelas exceções causadas pela fraqueza humana —, ter permanecido sujeitos decentes foi o que nos tornou fortes. Esta é uma página de glória em nossa história que nunca foi e nunca será escrita."[7] No mundo de Himmler, e no mundo do hipster neonazista, a verdade não tem significado inerente e os fatos têm uma morte agonizante. A verdade é apenas uma declaração que está de acordo com a ideologia nazista. O que importa é como a história é escrita, não o que realmente aconteceu. Somente o poder lhe confere significado.

"Há muitos estigmas sobre nós", reclamou Tommy Frenck. "Dizem que os judeus não podem conversar conosco, que eles só saem daqui como um monte de cinzas. Mas, veja, você está aqui na minha frente, e está tudo normal."

Eu não me sentia em uma situação normal. Disse a Schroeder e a seus amigos que os israelenses estão migrando para morar em Berlim. "Se eles começarem a dominar Berlim", afirmou o neonazista com uma expressão impassível, "será um problema. Não é o que eu quero". Nesse ponto, decidimos que era hora de partir.

O Fundamentalista como Sísifo

Os fundamentalistas que aparecem neste e nos capítulos anteriores são profetas da revolta contra a globalização. O conceito é muito mais amplo do que seu uso convencional e não se aplica apenas a extremistas religiosos. Os nazistas, tanto a versão antiga quanto a nova, se beneficiam de um dos grandes pontos fortes do fundamentalismo — constância. Em um mundo de mudanças rápidas, onde a globalização ameaça empregos e valores tradicionais, o fundamentalista encontra significado por meio da identidade. O Islã é a solução, prega a Irmandade Muçulmana. Felicidade é pureza racial, dizem os nazistas. Inglaterra para os ingleses, França para os franceses, Estados Unidos para os norte-americanos, gritam os ultranacionalistas. O fundamentalismo se orgulha de sua dissonância com o mundo ao seu redor. Insiste em voltar a um estado original, seja real ou imaginário. Isso requer uma fonte de verdade e existência originais — sangue puro, uma alma sublime, a palavra de Deus, sempre interpretada literalmente. Ele busca uma revolta contra o multiculturalismo, contra a heterogeneidade, uma restauração do patriarcado e a reafirmação do que alega serem valores tradicionais.[8]

As elites relutam em reconhecer que a religião dá sentido à vida das pessoas, mesmo em um mundo globalizado — e isso serve à causa fundamentalista. "Os eruditos têm suas superstições, sendo proeminente entre eles a crença de que a superstição está se evaporando", observa Garry Wills, escritor norte-americano sobre religião. "Já que a ciência explicou o mundo em termos seculares, não há mais necessidade de religião, que irá definhar... Cada vez que a religiosidade chama a atenção dos intelectuais, é como se uma estrela cadente surgisse no céu. A partir disso, é difícil imaginar que, ao longo da história, nada tem sido mais estável, nada tem sido menos mutável, do que a crença e a prática religiosas."[9]

O fundamentalista se beneficia dessa superstição, pois ela lhe permite se posicionar como o guardião final da religião ou da comunidade em geral, não apenas de suas interpretações extremistas. Diante do que eles chamam de "coerção secular" e "opressão liberal", o poder dos fundamentalistas cresce em comunidades que já se sentem ameaçadas pela globalização e pelos valores liberais. Tentar usar a ciência para menosprezar a fé e a tradição é uma arma nas mãos das forças que os liberais mais temem.

Enquadrar o fundamentalismo como um produto da angústia é outro erro típico. O ideólogo fundamentalista muitas vezes não é um produto da ignorância; em vez disso, suas ideias são uma resposta deliberada, até mesmo ponderada, ao modernismo. É sua familiaridade com o mundo global que o faz querer se afastar dele, retificá-lo ou destruí-lo completamente.

A globalização é uma realidade contra a qual todos os atores da arena política moderna lutam. Os conservadores tradicionais defendem fervorosamente o comércio livre e o fluxo de capital, mas condenam a ameaça da globalização à identidade local. A esquerda dominante denuncia a erosão dos direitos dos trabalhadores pela economia global, enquanto elogia o universalismo mundial único e os valores progressistas que o acompanham. Os ambientalistas lamentam as emissões de carbono e a destruição do habitat — subprodutos da produção, do consumo e do comércio internacional —, ao mesmo tempo que apregoam a cooperação internacional como a única forma de evitar uma catástrofe ambiental. Os marxistas acreditam que as corporações globais de hoje são o epítome do capitalismo irrestrito, mas sua utopia é baseada na união dos trabalhadores do mundo. "Esta é a luta final / Vamos nos juntar e amanhã / A Internacional / será toda a raça humana", promete "A Internacional".[*]

---

[*]   *L'Internationale,* canção francesa de 1871 cuja versão russa, *Internatsionale,* foi hino da União Soviética entre 1922 e 1944. (N. da T.)

UM RENASCIMENTO NAZISTA 181

O fundamentalista — seja o islâmico radical, seja seu nêmesis, o supremacista branco — é uma exceção. Em sua visão de mundo, a globalização carrega a ameaça inerente da marginalização. Ele tem razão. Desde a década de 1990, o número de norte-americanos que se declaram "sem religião" mais do que dobrou. Hoje está um pouco acima de 23% — superior a qualquer outra crença.[10] É uma mudança épica. Diante desse desgaste, alguns tradicionalistas recorrem ao extremismo. A globalização sinaliza ao fundamentalista que seu destino será como o dos poucos, e cada vez mais raros, povos amazônicos que atiram flechas nos helicópteros que registram, de cima, sua extinção. Todos os projetos de Le Pen e Griffin querem inverter isso. Eles procuram mudar o mundo para que a tribo indefesa seja a dos liberais, relegados a enclaves de democracia cada vez mais reduzidos; e a última década mostrou que eles não estão delirando. A suposição liberal de que o ultranacionalismo não tem futuro surge de nossa poderosa lembrança dos anos 1940 e do triunfo do bem sobre o mal — uma narrativa central da era pós-Segunda Guerra Mundial. Mas essa vitória oferece pouca orientação de como vencer as batalhas de hoje.

Na linguagem da tecnologia, o fundamentalismo é um sistema operacional fechado em um mundo aberto cheio de software, arquivos e portas. Um sistema fechado, como os usuários do iPhone sabem, tem vantagens: é simples, previsível e internamente estável. O fundamentalista busca pureza em um mundo diverso e verdade exclusiva em uma realidade cheia de verdades.

Em *O Mito de Sísifo*, Albert Camus sugere que imaginemos um Sísifo feliz. Os deuses o condenaram a empurrar, por toda a eternidade, uma grande pedra colina acima no submundo, apenas para vê-la rolar ladeira abaixo novamente cada vez que ele quase alcança o topo. Mas Camus argumenta que é a luta, não a conquista de um objetivo, que pode dar sentido à vida. Ao aceitar o total absurdo e a futilidade da condição humana no mundo moderno, Sísifo alcança a felicidade, porque a própria luta o satisfaz, mesmo sabendo que a pedra rolará inexoravelmente colina abaixo. Esse é o paradoxo do fundamentalista. Ele é tanto parte quanto reação à própria globalização que procura eliminar. Assim como Sísifo, o fundamentalista empurra sua pedra ensanguentada para o topo da colina, mas ela não fica lá. Seu mundo imaginado — glorioso do ponto de vista religioso ou racial — nunca existirá. Ele sempre será poluído pelas impurezas de uma realidade global complexa e entrará em colapso. Mas é a própria jornada que muda o mundo, mesmo que ela fracasse. O fundamentalista não fica feliz por vencer a futilidade do mundo moderno, mas porque está determinado a destruí-lo. O fundamentalismo violento ameaça a demanda mais básica dos cidadãos para com os seus governos — segurança pessoal. Em um mundo global, a pedra do fundamentalismo sempre rolará novamente, matando pessoas ao longo do caminho. Na parte inferior, Sísifo recomeçará, determinado a empurrar a pedra colina acima em seu submundo.

CAPÍTULO 9

As Rebeliões da Classe Média

P: Este é um documento interno do Goldman... "Cara, aquele Timberwolf foi um negócio de merda." Quanto desse negócio de merda você vendeu para seus clientes depois de 22 de junho de 2007?

R: Senhor presidente, não sei a resposta para isso, mas o preço teria refletido os níveis que eles desejavam investir naquele momento.

P: Ah, mas eles não sabiam — você não disse a eles que achava que era um negócio de merda!

R: Bem, eu não disse isso.

— DO TESTEMUNHO DO CHEFE DO DEPARTAMENTO DE HIPOTECA
DO GOLDMAN SACHS PERANTE UM SUBCOMITÊ DO SENADO, 2010[1]

Lembro-me de ter ouvido, aos três anos, o som das botas militares de meu pai descendo a escada em espiral de nossa casa, batendo na madeira gasta dos degraus. Ele nos deu um beijo de despedida e minha mãe, meu irmão e eu ficamos em casa com a dolorosa certeza de que ele tinha ido para a guerra. Era 1982 e o governo de Menachem Begin decidira invadir o Líbano. O objetivo era derrotar os militantes palestinos que estavam usando o país como base para lançar foguetes contra as comunidades do Norte de Israel. Meu pai passou longos meses nessa guerra, que foi a mais controversa da história de Israel. Enquanto ele lutava nos arredores de Beirute, seus amigos protestavam contra a incursão na praça central de Tel Aviv. Meu pai concordava com eles.

Eu tinha onze anos quando ouvi pela primeira vez o som crescente da sirene de ataque aéreo. Meus pais levaram a mim e a meu irmão para o abrigo antiaéreo no porão de nossa casa. A Guerra do Golfo de 1991 estava em andamento e o ditador do Iraque, Saddam Hussein, disparava mísseis balísticos contra Israel. Durante os primeiros dias da guerra, havia o medo de que ele atacasse Israel com ogivas químicas e biológicas. Cada adulto e criança israelense receberam um kit de defesa civil e foi instruído a carregá-lo consigo o tempo todo. Continha uma máscara de gás e uma injeção de atropina para ser usada em caso de ataque de gás nervoso. Quando soou a primeira sirene de ataque aéreo, alguns civis israelenses entraram em pânico e administraram a injeção de atropina de imediato.

Minha filha tinha dois anos quando, durante um ataque de mísseis na Faixa de Gaza, a carreguei pela primeira vez para o quarto de pânico do nosso apartamento (as normas de construção israelenses agora exigem que toda casa tenha um, com paredes reforçadas com aço). Dois anos depois, fiz a mesma coisa, mas com dois filhos. Então, novamente com três.

Essa sensação de insegurança é apenas o meu lado da história. O outro lado sofreu de forma ainda mais profunda. Em 1982, milhares de civis libaneses se viram na linha de frente. Uma milícia cristã libanesa aliada a Israel perpetrou um terrível massacre em Sabra e Shatila, dois campos de refugiados palestinos em Beirute. Saddam Hussein matou poucos israelenses com seus mísseis, mas seu regime opressor aniquilou dezenas de milhares de iraquianos. E a ocupação norte-americana do Iraque deflagrou uma cadeia de violência e miséria que continuou por décadas e que ainda não chegou ao fim. Cerca de 2 milhões de palestinos vivem em condições desumanas em Gaza, a maioria deles praticamente como reféns das organizações islâmicas fundamentalistas que governam a região. Eles não têm quartos à prova de bombas para se proteger com seus filhos quando o exército israelense ataca as áreas onde os combatentes do Hamas se escondem.

O Oriente Médio é uma das regiões mais instáveis do mundo, repleta de conflitos e tensões. Na verdade, a vida de muitas pessoas ao redor do mundo é afetada por conflitos violentos. Entre elas estão os sírios, os israelenses, os palestinos, os iraquianos, os mexicanos, os colombianos, os indianos, os paquistaneses, os cingaleses e a população de mais da metade dos países da África e de todos os países que fizeram parte da Iugoslávia, bem como muitas das nações que costumavam integrar a União Soviética. Guerras sem linhas de frente definidas e sem retaguarda real ditaram a vida de muitos habitantes desses países nas últimas décadas.

A Europa Ocidental, em contraste, goza de relativa tranquilidade. Mas é uma tranquilidade pós-traumática. Embora a Europa Ocidental não tenha vivenciado um conflito destrutivo e violento desde 1945, as cicatrizes permanecem, e as marcas concretas da destrutividade da guerra ainda podem ser vistas de Londres a Berlim, passando por Auschwitz.

Os Estados Unidos são um caso à parte. É difícil não invejar a sensação de segurança que seus cidadãos exalam. O país é uma anomalia da história, protegido das tempestades da era atual por dois oceanos. Guerras? Claro que os norte-americanos as enfrentaram. Crises econômicas? Sim, e também há criminalidade. Mas eles não foram vítimas da ruptura moderna das linhas entre o civil e o militar, e entre a retaguarda e a linha de frente, que tem caracterizado o mundo desde a Revolução Francesa.

As mães norte-americanas podiam mandar seus filhos para a escola sem medo no meio de uma guerra — até mesmo uma guerra mundial. Os maridos, pais de seus filhos, podiam até enfrentar o perigo no campo de batalha, mas o front doméstico permanecia seguro. As crianças norte-americanas não viram colegas mortos por uma bomba alemã, japonesa ou soviética.[*] Os norte-americanos praticavam treinamentos para o caso de ataque nuclear, mas nunca tiveram, de fato, que correr para seus abrigos antiaéreos. A população civil nos Estados Unidos, ao contrário de seus soldados, nunca aprendeu a reconhecer o zunido de um míssil caindo ou o ruído surdo de uma bala inimiga. Nenhum bairro da Filadélfia, de São Francisco ou de Nova York precisou ser reconstruído depois de ser arrasado por um bombardeio, como foi o caso de cidades europeias, asiáticas e africanas.

Seria fácil argumentar que os norte-americanos sofrem de uma forma diferente de insegurança, causada pela violência que há anos se agita sob a superfície da vida cotidiana. As pessoas podem se perguntar: mas existe diferença entre uma criança morta por uma bala perdida disparada por um criminoso ou por um policial nas ruas de Chicago e uma criança somali morta em um ataque por uma milícia local em Mogadíscio?

Existe. A motivação para a carnificina é importante. A sensação de que você e sua família estão sendo ameaçados

---

[*] A única vez em que civis foram mortos em um ataque inimigo ao território continental dos Estados Unidos durante a Segunda Guerra Mundial foi quando um balão incendiário japonês atingiu o Oregon em 1945.

por um inimigo externo faz toda a diferença. E as pessoas em outros países também sofreram com a criminalidade, além de todos os perigos dos quais os norte-americanos estavam isentos. A *Pax Americana* não foi sentida no Vietnã, no Oriente Médio ou na América Central, mas prevaleceu na América do Norte. Até então.

Em 11 de setembro de 2001, os norte-americanos testemunharam o assassinato de 2.977 pessoas no maior ataque terrorista da história. Foi um momento de tremendo sucesso para o fundamentalismo violento, que busca incessantemente minar a segurança da vida contemporânea. De repente, os Estados Unidos foram arrancados do universo alternativo que ocupavam na era moderna. As ferramentas da globalização — aviões, imigração, tecnologia, mídia — foram subitamente desviadas pelos agressores contra a segurança pessoal dos norte-americanos. O ataque marcou o início de uma nova era — o dia em que as sementes da revolta foram plantadas.

A vida humana em uma nação industrializada dura cerca de oitenta anos, mas as profundas mudanças sociais perduram muito mais. Talvez porque o mundo agora opere em um ritmo mais acelerado, temos problemas para ver a paisagem mais ampla de nossas vidas. É como se estivéssemos abrindo caminho por um milharal alto sem conseguir ver o desenho que um trator já fez ali, visível apenas de cima. É assim que a paisagem se parece: o 11 de Setembro não acabou. Ainda estamos vivendo o momento que teve início quando o primeiro avião atingiu a torre norte naquela manhã tenebrosa. As reverberações ainda são palpáveis — uma crise nos mercados; duas guerras; a ascensão do fundamentalismo; cortes nas taxas de juros e o consumo crescente; uma bolha imobiliária e sua consequência, a Grande Recessão.

ANOS SE PASSARAM, CRIANÇAS NASCERAM E CRESCERAM, MAS AQUELE momento terrível ainda não acabou. Os ataques do 11 de Setembro romperam a garantia fundamental de segurança pessoal que os norte-americanos sempre tiveram como certa. Eles aconteceram logo após a desaceleração econômica provocada pelo colapso da bolha das pontocom no final da década de 1990. Enormes fraudes contábeis vieram à tona. A Enron, uma gigantesca empresa norte-americana de energia, faliu, assim como duas outras empresas de proporções míticas, a WorldCom e a Tyco. O golpe desferido nos Estados Unidos por Bin Laden exacerbou a crise econômica. No segundo semestre de 2001, 2,5 milhões de norte-americanos perderam seus empregos. Os mercados despencaram, e por um longo período. Na verdade, o mercado de ações norte-americano se recuperou de forma mais rápida do assassinato do presidente Kennedy, e até mesmo de Pearl Harbor e da entrada dos Estados Unidos na Segunda Guerra Mundial, do que dos ataques de 11 de Setembro. Nesse ínterim, o governo George W. Bush declarou guerra ao terror, iniciou uma guerra no Afeganistão e depois no Iraque, e começou a gastar trilhões de dólares (embora se recusasse a aumentar os impostos para pagar por isso) em uma tentativa desesperada de restaurar a sensação de segurança perdida dos cidadãos.

Alan Greenspan, presidente do Federal Reserve, que na época era visto pelos mercados como um gênio, prescreveu um potente antibiótico contra a praga da desconfiança — aconselhou o Federal Reserve a cortar drasticamente as taxas de juros, e assim foi feito. Em 2000, a taxa de juros do Fed era quase sempre superior a 6%; no início de 2002, havia despencado para menos de 2%. Não era só respiração artificial, era uma reanimação com desfibrilador. A mensagem enviada pela elite política e econômica ao público não poderia ter sido mais clara: assuma riscos. Pule do penhasco, você tem um paraquedas, tudo ficará bem. Somando-se aos massivos cortes de impostos do presidente George W. Bush a partir de 2001, o resultado foi uma economia à base de esteroides.

Em outras palavras, esqueça as imagens dos aviões que explodiram em Manhattan e comece a pensar em comprar uma nova TV parcelada no seu cartão de crédito, ou refinanciar sua hipoteca e comprar uma casa maior. Gaste, gaste, gaste — nós lhe daremos todo o crédito de que você precisa. Foi a missão nacional nos Estados Unidos e deu o tom para o resto do mundo. Em outubro de 2001, menos de um mês após Manhattan ser coberta por uma nuvem de poeira de concreto e restos humanos pulverizados das torres, o *EUA Today* noticiou que broches estavam sendo distribuídos na cidade de Nova York com o slogan "Contra-ataque, NY! Vá às compras!"[2] Esse não é só um fato curioso. Ele revela a essência do ocorrido. O ataque terrorista tentou abalar o estilo de vida americano. Como o estilo de vida americano passou a se concentrar no consumo, os Estados Unidos tinham uma profunda necessidade de resguardar e proteger essa parte proeminente de sua identidade nacional.

Os norte-americanos voltaram aos shoppings, apesar do alto desemprego, que persistiu até 2003. Mas o maior esbanjador de todos foi o aparato de segurança norte-americano. O orçamento do Pentágono dobrou entre 2001 e 2008. Durante a década que se seguiu aos ataques da Al-Qaeda, o percentual do PIB destinado a gastos militares e de defesa dos Estados Unidos cresceu cerca de 50%.[3] Ao mesmo tempo, a liderança econômica do país reduziu a regulamentação e a supervisão das empresas de Wall Street. As principais lições aprendidas com a eclosão da Grande Depressão em 1929 foram esquecidas. Quase todos os mercados entraram em alta velocidade. As restrições impostas pela Glass-Steagall Act de 1932 — que exigia uma separação entre bancos e instituições financeiras que emitem, subscrevem e negociam títulos — foram revogadas em grande parte no final do governo Clinton. A desregulamentação continuou sob o comando do presidente George W. Bush, que demitiu o presidente da Comissão de Valores Mobiliários e acabou substituindo-o por um homem que concordou em revogar outras regras que haviam sido criadas para manter a estabilidade do sistema financeiro.

A partir desse ponto, o roteiro praticamente se escreveu sozinho: expansão irrestrita do crédito, explosão de alavancagem no mercado imobiliário residencial e invenção de instrumentos financeiros complexos com o objetivo de aumentar os lucros e, ao mesmo tempo, proteger e distribuir o risco ao longo da cadeia de mercados financeiros. Em 2018, foi realizado um estudo sobre a posição da classe média norte-americana durante as quatro décadas anteriores à crise econômica. Ele demonstra que o aumento do patrimônio líquido que a classe média experimentou nesse período foi quase inteiramente produto da valorização dos imóveis de sua propriedade. Não houve aumento significativo nos salários. O capital da classe média é mantido principalmente na forma de imóveis, enquanto o capital do 1% mais rico consiste predominantemente em ações e outros investimentos de capital.[4]

Após a ofensiva de terror da Al-Qaeda contra os EUA, demorou menos de sete anos para a próxima grande crise econômica explodir, em 2008. No mínimo, os ataques de 11 de Setembro desencadearam uma reação em cadeia que exacerbou as graves queixas da classe média. Quando a crise irrompeu, a ilusão de riqueza dos proprietários de imóveis foi destruída e eles se viram diante de uma verdade há muito suprimida: o capitalismo não funcionou bem para eles. Foi um momento humilhante para a classe média. A magnitude da insegurança física e econômica gerada pelos ataques os transformou na operação terrorista de maior sucesso da história.

Londres, Outono de 2008

Os programas de mestrado em Londres, nos quais minha esposa e eu nos matriculamos em 2007, foram uma aventura cara para nós e teriam sido inacessíveis se não tivéssemos recebido bolsas de estudo. Primeiro nos instalamos em moradias estudantis e economizamos cada libra que podíamos. Londres era elegante e abastada, mas não muito benevolente conosco. Em uma de nossas primeiras noites na cidade, fomos convidados para jantar na casa de amigos que moravam lá havia vários anos. Eles encontraram trabalho no florescente setor financeiro. Quando entramos em sua bela cobertura em Marylebone após a experiência de morar em um apartamento minúsculo com um tapete esfarrapado, nos sentimos como Julia Roberts descobrindo o banho de espuma em *Uma Linda Mulher*. Todos os outros convidados trabalhavam em bancos, fundos de investimento ou empresas de alta tecnologia que também começaram a surgir na cidade. Todos eram mais velhos do que nós e muito mais elegantes. Sentei-me à mesa com uma jovem funcionária de um banco de investimentos — parecia ter trinta e poucos anos — que acabara de receber sua cidadania britânica após vários anos de trabalho em Londres. Naquela época era fácil ser naturalizado. Ela reclamou de suas horas intermináveis e da pressão de trabalhar em uma empresa financeira tão competitiva. Foi a primeira vez na minha vida que ouvi uma jovem falar seriamente sobre sua aposentadoria iminente, no sentido do fim de sua vida laboral. A princípio achei que não a tinha ouvido bem, ou que ela estava falando apenas em deixar sua profissão, não de fato se aposentar e viver com recursos próprios. Quando entendi o que ela queria dizer, fiquei tão surpreso que não sabia como continuar a conversa. Eu sabia, no entanto, que os bônus concedidos no setor eram lendários. "Bom", comentei. "Trabalhe mais alguns anos e você poderá comprar uma casa em Londres." Ela ergueu as sobrancelhas. "Já tenho uma casa. Duas, na verdade." Todos ficaram em silêncio. Dava para ouvir o som do Chardonnay sendo servido nas taças de vinho ao meu redor.

Ficamos encantados por Londres, mas também percebemos toda sua prepotência. Aqueles que ganham pouco são os primeiros a sentir a arrogância da bolha. Nos restaurantes do centro, éramos esquadrinhados pelos olhares críticos das recepcionistas, tamborilando nervosamente os saltos altos no chão. Não sei se é mesmo verdade que elas têm a capacidade de determinar o valor líquido de um cliente com uma rápida olhada em seus sapatos, mas certamente parecia que sim. Em geral, éramos acomodados em uma mesa nos fundos, perto da parede e do banheiro. Uma rede imobiliária líder na cidade tentou alugar apartamentos para vários de nossos amigos sem permitir que conhecessem o imóvel por dentro. Os afáveis corretores se desculpavam e explicavam que havia pessoas dispostas a fechar um contrato de aluguel por telefone, sem visitar o imóvel. Embora tenhamos insistido em conhecer nosso apartamento primeiro, nos esquecemos de verificar os banheiros e só descobrimos depois de nos mudar que um dos vasos não funcionava. Reclamamos com o corretor, mas ele deixou claro que, se não quiséssemos o imóvel, outra pessoa ficaria mais do que feliz em aproveitar a oportunidade. Use um balde ou conserte você mesmo, sugeriu.

NASCI EM LONDRES, FILHO DE PAIS ISRAELENSES, APÓS O INVERNO do descontentamento, em 1979, nome dado aos meses de greves e turbulências econômicas durante os quais o governo trabalhista britânico entrou em confronto com os sindicatos. Esse era o Reino Unido antes das grandes privatizações lideradas por Margaret Thatcher. A Londres dos meus pais era modesta, às vezes quase disfuncional, coberta pela neblina, com aquecimento insuficiente e enormes pilhas de lixo não coletado deixadas por lixeiros em greve contra o governo James Callaghan. Minha mãe e meu pai, que viviam em um kibutzim, foram do Oriente Médio a Londres para um período de estudos e uma experiência de vida no exterior. Eles acabaram morando lá por vários anos porque se juntaram a um grupo espiritual, uma ocorrência comum na década de 1970.

Quase trinta anos depois, a cidade pobre, cheia de cicatrizes e talvez até idealizada da experiência de meus pais foi substituída por algo totalmente diferente. Apesar de todas as falhas, o Reino Unido já fabricou automóveis, máquinas de lavar louça, batedeiras — e extraiu carvão para fornecer energia às suas indústrias. Depois dos anos sob o comando de Thatcher e do Novo Trabalhismo, tornou-se um playground para os banqueiros de investimento. Até a década de 1970, o balanço patrimonial dos bancos britânicos apresentava valor equivalente a cerca de metade do PIB da nação. Na década de 2000, o setor financeiro cresceu até que o balanço patrimonial dos bancos aumentou em cinco vezes o PIB de toda a economia britânica, uma cifra na casa dos trilhões de libras.[5] Na década de 1970, o percentil superior da população britânica representava 5% da renda nacional; às vésperas da crise econômica, esse percentual era de 15%.

O Centro Financeiro de Londres passou a ser definido pela ganância. Os ventos da crise já sopravam em 2007, mas naquele ano a Ferrari informou que tinha uma lista de espera de três anos para o fornecimento de seus carros no Reino Unido. Um porta-voz da Aston Martin declarou ao *Guardian* que sua lista de espera era de sete meses. Porém, os financistas tinham dificuldade em esperar. "Os operadores do centro financeiro, que recebem bônus, geralmente procuram gratificação instantânea", disse ele. Havia também luxos mais modestos, como uma edição de colecionador de um livro sobre Nova York, pesando quinze quilos, com encadernação de seda costurada à mão. O editor disse que, apesar da crise crescente, ele não tinha dúvidas de que as pessoas pagariam os US$7.500 pelo livro, considerando que "os caras que lidam com private equity ou derivativos de ações do Morgan Stanley ou do Goldman Sachs não foram realmente afetados".[6]

O fato é que, apesar da má fama conquistada pela extravagância norte-americana, o crédito ao consumidor no Reino Unido era, antes da crise, em média, maior do que nos Estados Unidos. Os britânicos eram mais viciados na orgia de consumo financiado por dívidas do que qualquer outra nação desenvolvida.

Então os céus da prosperidade obscureceram. Como estudantes e depois jornalistas, tivemos o privilégio de estar um pouco distanciados da catástrofe e observá-la se desenrolar lentamente. O Northern Rock, um banco britânico, foi o primeiro a chegar às manchetes, em setembro de 2007. Uma severa crise de liquidez o impeliu a buscar ajuda do governo, desencadeando uma corrida de três dias ao banco enquanto os poupadores em pânico sacavam £2 bilhões.[7] O governo foi forçado a nacionalizar o banco para salvar os depósitos da população. Foi o início de um ano turbulento que culminou na falência do Lehman Brothers. O Centro Financeiro de Londres — mergulhado em uma farra tão insana quanto a de Wall Street — foi infectado pelo vírus do subprime. O principal sintoma foi a falta de confiança mútua entre as instituições bancárias, o que levou a uma crise de crédito.

O governo britânico teve de disponibilizar £200 bilhões em empréstimos do Bank of England, o banco central britânico, e outros £50 bilhões em empréstimos do governo, sendo metade deste valor em troca de ações preferenciais. Foi uma nacionalização parcial que criou um precedente para o setor financeiro britânico. A crise atingiu a economia real — restaurantes, salões de beleza, lojas de vinhos e tabacarias. O efeito foi profundo e palpável. Em três anos, o número de desempregados aumentou 50%. Restaurantes elegantes exibiam cartazes em suas vitrines oferecendo "Almoço da Crise de Crédito". Um jornal local de Birmingham informou que seis homens desempregados, alguns com barrigas proeminentes, estavam ensaiando um show de striptease, uma versão ao vivo do filme *Ou Tudo ou Nada*.[8] Foi uma história divertida, uma anedota que dissipou um pouco o clima sombrio que obscurecia as páginas da imprensa da época. A mídia noticiou, por exemplo, o suicídio de um bilionário alemão cujo capital foi obliterado pelo crash da bolsa. Em seu auge, Adolf Merckle tinha um patrimônio de US$12 bilhões, mas sua empresa de investimentos faliu. Ele se jogou debaixo de um trem em janeiro de 2009.[9]

A globalização transformou a crise norte-americana em internacional. Em cada local, revelou diferentes iniquidades. Na Espanha e na Irlanda, os mercados imobiliários estavam em uma posição extremamente perigosa; a França tinha um mercado de trabalho rígido; na Itália e em Portugal, o problema era a dívida nacional; as economias do Leste Asiático tornaram-se totalmente dependentes das exportações. Os cidadãos das nações industrializadas foram confrontados com o mesmo fato — as instituições financeiras comerciais evitavam a responsabilidade pública porque, se fossem à falência, arrastariam consigo toda a economia. Elas eram, como dizia o mantra, grandes demais para quebrar. Salvar essas instituições não foi uma demonstração de capitalismo selvagem, mas uma traição aos seus celebrados princípios — uma nacionalização dos fracassos pessoais dos banqueiros que continuaram a gastar somas astronômicas nos bares mais elegantes do Soho.[10]

Uma tempestade perfeita se seguiu — uma crise na economia real, aumento do desemprego e, como resultado de ambos, crises da dívida pública. Foi uma globalização de entrelaçamento, nascida nos Estados Unidos.

Na época, os norte-americanos em geral não entendiam, e é provável que ainda não entendam, quão profundamente a crise afetou a maneira como o mundo enxerga seu país. Para os norte-americanos, a crise do subprime era, em última análise, um problema local enraizado em seu próprio sistema financeiro. Para o mundo, era um problema norte-americano transfundido na corrente sanguínea internacional por uma ordem global "fabricada nos Estados Unidos". Sendo assim, os estrangeiros sentiram com muito mais força do que os norte-americanos que suas comunidades estavam sob o domínio de forças externas arbitrárias que brincavam com suas vidas.

Os norte-americanos explicaram para si mesmos, em seus próprios termos, como acabaram em crise. Foi fácil. Afinal, eles eram os responsáveis. O resto do mundo se viu enredado em uma história contada por estrangeiros. Os europeus e os asiáticos, é claro, culparam os Estados Unidos, mas isso foi mais profundo do que meros jogos de recriminação e acusação. Assim que as economias se uniram e se tornaram interdependentes, os tomadores de decisão não podiam mais blindar seus países contra a crise. As tentativas de fazê-lo foram lamentáveis, mesmo quando o setor bancário local agiu com cauteloso conservadorismo e não investiu em títulos nocivos. Se os governos soberanos tivessem decidido aumentar drasticamente seus gastos públicos com o objetivo de manter a demanda e a atividade econômica em seus países, eles teriam sido punidos imediatamente pelos mercados. Os bancos centrais de outros países tinham liberdade monetária muito limitada, porque a economia internacional era totalmente dependente do dólar. O Fed apresentou uma política monetária para os Estados Unidos, mas para os bancos centrais de todo o mundo essa política era, em termos práticos, um ato arbitrário.

Em um momento de verdade, tudo acabou por se mostrar um show de marionetes. Instituições legítimas e representantes eleitos provaram ter pouco controle sobre o destino de suas comunidades. O público afetado sentiu que o discurso político em seus próprios países era uma mera fachada. A seu ver, na melhor das hipóteses, o poder real residia em Washington ou, pior, nas mãos de plutocratas; na pior das hipóteses, em um mercado que estava sob a influência de forças arbitrárias sobre as quais ninguém tinha qualquer controle. Em 2009, na mídia internacional, começaram a aparecer notícias sobre caixas eletrônicos em que era possível retirar lingotes de ouro em vez de dinheiro,[11] uma indicação clara de quão preocupada estava a classe média, da China aos Estados Unidos.

A crise financeira foi excessivamente nociva por causa de seu grau de difusão. A remoção de barreiras ampliou as inter-relações. Em um momento de crise global, essas conexões podem se tornar uma camisa de força. Na verdade, a globalização criou uma situação em que os Estados Unidos perderam o controle do mercado de dólares. A década de 1950 assistiu ao início de um mercado de euro-dólar, no qual bancos estrangeiros, em especial os europeus, passaram a oferecer empréstimos e instrumentos financeiros em moeda norte-americana. Esse mercado cresceu rapidamente, a tal ponto que, quando a crise se instalou, os europeus que investiam em dólar começaram a fugir em pânico. O Federal Reserve teve que fornecer garantias no valor de pelo menos US$1 trilhão em outros países e para bancos estrangeiros. Em outras palavras, como os próprios Estados Unidos estavam à beira de um colapso financeiro, eles tiveram que intervir para salvar os mercados estrangeiros também.[*]

Esteroides Europeus

De forma trágica e reveladora, a economia norte-americana não era a única a consumir esteroides. Do outro lado do Atlântico, outra crise entrava em ebulição, e era semelhante em muitos aspectos. Cerca de três meses após os ataques do 11 de Setembro, em um dos projetos mais ambiciosos da história moderna, doze Estados-membros da União Europeia adotaram uma moeda única, o euro. Em janeiro de 2002, as cédulas e moedas de euro entraram em circulação. A moeda havia sido lançada no papel em 1999, mas servia apenas como unidade de contabilidade até que a mudança ocorresse.

Algo estranho aconteceu durante esse período de transição — países como Grécia, Itália, Espanha, Irlanda e Portugal de repente se beneficiaram da aura de economias fortes e ricas, como se fossem iguais à Alemanha, à Holanda e à França. Essa aura facilitou o acesso ao dinheiro para os países mais pobres da UE. A rentabilidade dos títulos dos países da zona do euro se alinhou quase totalmente. Era como se um gerente de banco estivesse disposto a dar um empréstimo a uma

---

[*] Desde a crise de 2008, o crédito total em dólares fora dos EUA quase dobrou, atingindo cerca de US$13 trilhões em janeiro de 2019.

AS REBELIÕES DA CLASSE MÉDIA 199

família em dificuldades financeiras com as mesmas taxas de juros baixas oferecidas à família vizinha, mas rica, que tinha ativos sólidos e um excelente histórico de quitação de seus empréstimos, simplesmente porque as duas eram vizinhas. Por qualquer padrão econômico razoável, isso não deveria ter sido permitido, mas o projeto europeu procurou adequar as convenções da economia à sua fantasia política.

Em abril de 1977, Donald MacDougall, então principal conselheiro econômico do chanceler do Tesouro, apresentou um relatório argumentando que uma união econômica exigiria a consolidação da política orçamentária. Em sua opinião, uma única moeda não sobreviveria a menos que houvesse transferências maciças de capital do norte europeu para o sul mais pobre.[12] Para esse fim, algum tipo de governo europeu precisaria ser estabelecido, supervisionando despesas de aproximadamente 7,5% a 10% do PIB da Europa. Esse era um nível mais modesto do que o prevalecente nos sistemas federais ou confederados em todo o mundo. MacDougall não estava sozinho. No início da década de 1990, Helmut Kohl, chanceler da Alemanha, afirmou que uma união monetária seria impossível sem uma união política. Em 1997, Milton Friedman, a voz principal da escola monetarista de economistas norte-americanos, escreveu no *Times* de Londres: "A Europa exemplifica uma situação desfavorável a uma moeda comum. É composta de nações distintas, que falam línguas diferentes, com costumes diferentes e cidadãos que sentem muito mais lealdade e apego ao seu próprio país do que a um mercado comum ou à ideia de Europa."[13]

Essa abordagem cautelosa foi rejeitada pelos burocratas da Comissão Europeia, que consideraram que a disciplina fiscal seria suficiente. Eles escolheram a opção mais perigosa, pois sabiam muito bem que os contribuintes europeus jamais lhes concederiam autoridade para fazer despesas no mesmo nível que uma verdadeira entidade política federal. Na véspera do lançamento do euro, o governo grego precisava pagar taxas de juros 50% mais altas do que as da Alemanha para tomar dinheiro emprestado no mercado de títulos — em outras palavras, o mercado considerava os gregos mais arriscados. Dois anos depois, os títulos gregos estavam sendo negociados com a mesma rentabilidade que os alemães. Lembre-se de que, quando o Federal Reserve baixou as taxas de juros, estimulou seus cidadãos a tomar empréstimos baratos. A convergência das taxas de juros europeias a uma taxa baixa injetou dinheiro em países como Espanha, Irlanda, Portugal e Grécia — até que eles ruíram sob o peso de seus empréstimos quando a crise irrompeu. Os governos pediram dinheiro emprestado para financiar programas de seguridade social, estradas e burocracias inflacionadas. E, claro, o dinheiro barato chegou aos mercados privados e aos consumidores. Assim como no caso do mercado hipotecário norte-americano, todos pensavam que a música nunca pararia de tocar.

Globalização do Biscoito da Sorte

Os norte-americanos talvez tivessem as desculpas perfeitas para sua economia acelerada — um ataque terrorista em massa, duas guerras e uma duplicação dos gastos com defesa. Os líderes europeus estavam determinados e iludidos quando construíram um futuro político e econômico compartilhado. Em ambos os casos, os líderes tentaram tratar os problemas econômicos e sociais fundamentais com um elixir da globalização. Os líderes da UE acreditavam que as disparidades entre o Sul e o Norte da Europa poderiam ser apagadas por uma moeda comum. Era uma espécie de fingir até conseguir. "Conseguir" significava criar uma forte autoridade europeia supranacional que também deixasse os Estados-membros com uma autonomia considerável.

O resultado foi uma união monetária sem responsabilidade fiscal conjunta, uma solidariedade europeia que ao mesmo tempo reforçava a identidade nacional. Se soa como um paradoxo, parece um paradoxo e age como tal, então tudo indica que é a União Europeia. A Europa queria estar unida, por isso escondeu a cabeça na areia na esperança de que os riscos que corria diminuíssem e desaparecessem.

Do outro lado do Atlântico, os líderes norte-americanos estavam convencidos de que os problemas fundamentais da economia dos Estados Unidos após o 11 de Setembro poderiam ser amenizados injetando dinheiro barato diretamente em um sistema financeiro desregulamentado e focando a confiança do consumidor. O grande otimismo que se seguiu à queda do Muro de Berlim e a sensação de que a história havia chegado ao fim, como declarou Francis Fukuyama, ajudaram a impulsionar a euforia. Slogans políticos tornaram-se política.

Se os EUA tivessem uma classe média forte e próspera antes dos ataques da Al-Qaeda, isso poderia ter funcionado. Mas muitos de seus operários já estavam sofrendo com o trauma provocado pelo livre comércio, a queda nas taxas de juros desde os anos 1980, o crescente domínio dos setores financeiros, a estagnação dos salários e a fragmentação do próprio sonho americano. Uma vez que a suposta invulnerabilidade do fronte doméstico foi esmagada quando o World Trade Center desmoronou, a hemorragia não poderia ser estancada com curativos econômicos. Não era mais uma questão de "É a economia, estúpido", como declarava a campanha de Bill Clinton rumo à Casa Branca. Em vez de abordar as profundas inseguranças da classe média norte-americana, os tomadores de decisão do país a seduziram com empréstimos.

Era uma espécie de globalização do biscoito da sorte, oferecendo promessas vazias envoltas em uma massa doce. O estilo cauteloso e comedido da Era da Responsabilidade foi substituído por ousados saltos de fé e excesso de confiança nas políticas baseadas no pensamento positivo. A classe média europeia foi atraída por uma união política que, como professado, teria apenas benefícios. A classe média norte-americana recebeu a promessa de prosperidade, baixas taxas de juros, baixos impostos e um império em expansão. Em ambos os casos, as comunidades foram levadas a assumir riscos cada vez maiores enquanto saboreavam um biscoito da sorte. Mas descobriu-se que o biscoito estava envenenado e a boa sorte profetizada não passava de ilusão; era natural que as classes médias reconsiderassem sua adesão de longa data à política dominante.

Determinados a retomar o controle, muitos buscaram novas respostas. Foi uma espiral de reação em cadeia, uma manobra, direcionada ao radicalismo, que se deparou com o contrarradicalismo. Bastava uma faísca para desencadear a revolta contra a atual ordem globalizada. Nenhum lugar exemplifica isso melhor do que a sofrida Grécia.

CAPÍTULO 10

Anarquistas com Ferraris

Nada espero. Nada temo. Sou livre.

— EPITÁFIO DE NIKOS KAZANTZAKIS

ATENAS, MARÇO DE 2009

Quatro meses após a greve dos fundamentalistas na Índia, parti para Atenas com o objetivo de cobrir o colapso da economia grega, resultado inevitável da crise econômica global. De repente, a revolta estava entrando em ebulição em todos os lugares, de uma só vez.

HÁ UMA CASA DILAPIDADA BEM NO CENTRO DA CIDADE, NÃO MUITO longe do Museu Nacional de Arqueologia, que guarda os tesouros da antiguidade grega. O tempo estava ameno e a primavera estava no ar. As paredes da casa, cujos dias de glória ficaram no passado, foram despojadas de tudo de valor. A porta de madeira, pesada e quebrada, costuma ser acorrentada pelo lado de dentro. Três vigias vestindo jeans e camisetas se esparramavam nos degraus. Se você bater com força, a porta se entreabre e os ocupantes espiam pela fresta para perguntar quem é você. "Recebemos o e-mail", disseram. "Entre." Por dentro, a casa cheirava a cerveja, cigarro e algo que só mais tarde ficaria claro. "Meu nome é Yiannis", informou um de nossos anfitriões, um jovem gentil vestindo uma jaqueta preta. "Bem-vindo à comuna."

O Ocidente nasceu na Grécia. Isso não é apenas uma afirmação histórica, mas um fato geopolítico. A Grécia Antiga foi a fonte da cultura ocidental. A nascente de um enorme rio de ideias: Platão e Aristóteles, cujas escolas de pensamento opostas, junto com as tradições judaico-cristãs, formariam o mosaico da civilização ocidental. A Grécia moderna é a fronteira oriental da União Europeia.

Em 1974, a junta militar que governava a Grécia desde 1967 entrou em colapso. Konstantinos Karamanlis, o novo primeiro-ministro, promoveu com entusiasmo a integração grega na Europa. Ele contou com orgulho a seus colegas líderes europeus: "Europa é uma palavra grega." Os fundadores da Comunidade Europeia, a precursora da UE, sentiram um senso de responsabilidade histórica e de reconciliação. O então presidente da França, Valéry Giscard d'Estaing, explicou em termos simples: "Era impossível excluir a Grécia, a mãe de todas as democracias, da Europa."[1] Além de sua importância simbólica, essa não era uma justificativa real para o acolhimento da Grécia na UE. Afinal, a Grécia era um país relativamente pobre que estava muito atrasado em relação aos outros membros em termos de industrialização. O pretexto histórico ocultava considerações geoestratégicas comentadas de maneira menos explícita — por exemplo, a importância de criar um modelo de relativa estabilidade econômica no sul da Europa com o objetivo de bloquear a potencial influência comunista. No início, parecia que a adesão da Grécia à comunidade era um grande sucesso. Portugal a seguiu, criando um senso de equilíbrio entre o sul e o norte da Europa.

Rapidamente tudo se transformou em uma miragem. Décadas depois, em uma entrevista, Giscard d'Estaing e seu homólogo alemão na época, o ex-chanceler Helmut Schmidt, disseram à revista *Der Spiegel* que tinha sido um erro. "A Grécia é basicamente um país oriental", afirmou Giscard d'Estaing, usando o termo "oriental" de forma pejorativa. "Helmut, lembro que você expressou ceticismo antes de a Grécia ser aceita na Comunidade Europeia em 1981. Você foi mais sábio do que eu."[2] Essa linguagem arrogante, dizem os gregos, sempre foi o problema da UE em relação à Grécia.

Na época de minha visita, Atenas enfrentava uma profunda crise econômica; os manifestantes jogavam coquetéis Molotov na polícia e juravam destruir o "sistema opressor". Dentro da casa abandonada havia cabos elétricos, engradados de cerveja vazios, sacos de lixo e caixas de comida. Subimos uma escada para o imenso e impressionante vão central do edifício. Duas jovens estudantes estavam sentadas em um sofá surrado, elaborando um manifesto. O anterior estava disponível na internet. "Pedimos mais uma vez esta casa abandonada", escreveram, "para transformá-la em uma zona social livre na qual, por meio da auto-organização e da organização coletiva, todos participaremos da trama para *destruir este mundo* [grifo no original]... A revolta iminente está em toda parte!".

As duas revolucionárias não pareciam muito subversivas. Elas estavam tomando um café frapê, uma forma grega de café gelado instantâneo muito forte. É comum bebê-lo *glyko me gala*, adoçado e com leite. Yiannis me disse: "Recebemos seu e-mail e sabemos que você é jornalista, mas não tivemos oportunidade de discutir o assunto. Você está convidado para um café." Ele esclareceu: "Não falamos com a grande mídia. Apenas a dissidente. Você trabalha para um canal dissidente?" Respondi com cautela: "Não exatamente." Yiannis acrescentou: "Precisamos discutir isso em uma reunião geral dos camaradas."

Um garoto rechonchudo com dreads estava sentado em um banco não muito longe de mim, sorrindo. "*Shalom*", disse ele em hebraico. "Sou Dimitris." Descobri que ele tinha amigos anarquistas israelenses que lhe ensinaram um pouco de hebraico. "Ouça, estamos todos muito ocupados", explicou. "As meninas estão elaborando uma resolução. Tenho que estar em um lugar daqui a dez minutos. Volte depois." Enquanto conversávamos, notei que Dimitris fazia algo com várias garrafas que estavam no banco ao lado dele, mas meu cérebro não processou totalmente. Ele as encheu até a metade com um fluido amarelado e, em seguida, inseriu chumaços de pano ou papel. Havia um cheiro estranho no ar. Então percebi que ele estava preparando coquetéis Molotov.

Nas semanas seguintes à minha visita, a mídia grega relatou uma série de atos incendiários cometidos por anarquistas. Um dos incêndios foi em uma loja no subúrbio da capital grega que vendia equipamentos para iates de luxo. Um site anarquista emitiu uma declaração assumindo a responsabilidade pelo ato:

> Muitos sentem prazer em ostentar sua riqueza, desperdiçando suas vidas em uma corrida por mais riqueza, a única maneira de preencher o vazio interno. Bens caros e luxuosos só existem para ser objeto de adoração por quem pode tê-los — e povoar os sonhos daqueles que não podem comprá-los. Isso é construir a base de uma sociedade vazia, uma sociedade de ilusões e ostentação. É por isso que atacamos a loja de iates em Argyroupoli, e estamos determinados a deixar para trás, a cada ação, apenas cinzas e destroços para abalar os nervos de todos os submissos defensores da riqueza.[3]

Talvez essa declaração provoque risos. O extremismo forçado e retórico da política dissidente, com seu fervor intolerante e desenfreado, pode beirar o ridículo. Mas os radicais desempenham um papel fundamental nas sociedades que denunciam. Eles estabelecem os limites do discurso público, tanto para a direita quanto para a esquerda. Nos últimos anos, os radicais saíram do cenário periférico para o mainstream, seja por terem sido eleitos para cargos de poder, seja porque suas ideias foram adotadas por partidos políticos centrais e transformadas em política. As mensagens de Trump e dos apoiadores do Brexit são excelentes exemplos. É compreensível: o centro político não conseguiu evitar a grande recessão e o mar de inseguranças decorrente, de modo que a crise provocou o renascimento do extremismo.

Os anarquistas na casa grega arruinada pertencem ao antigo núcleo de oposição à globalização e, em especial, ao capitalismo imbuído no sistema global criado pelos Estados Unidos. Eles não mudaram. São filhos da classe média que, diante das ameaças à segurança, à identidade e ao emprego, começaram um relacionamento apaixonado com o radicalismo. Isso aconteceu em vários países, assumindo características locais ao se juntar com as velhas crenças e as novas fissuras na sociedade. Na Grécia, um dos países mais frágeis da UE, as rachaduras eram amplas e profundas.

A Fantasia Grega

A Grécia é parte da minha experiência desde a infância. Minha família tinha um pequeno negócio e meu pai morou no país por muitos anos. Nós costumávamos viajar para lá nas férias de verão, mas também experimentamos os invernos tempestuosos locais. Caminhamos ao longo das praias desertas do Peloponeso, dirigimos pelas estradas sombreadas da península de Pelion, passeamos pelas cidades antigas do verdejante Norte, de Janina às praias — onde é possível ver a ilha de Corfu —, mas também visitamos cidades universitárias, como Larissa. Passei minhas férias de verão com adolescentes gregos e cipriotas, aprontando travessuras que nenhum de nós jamais esquecerá. Certa vez, uma algazarra

208 REVOLTA

gerada por um jogo de verdade ou desafio me fez ser persegui-
do por um grego só de cuecas, sacudindo um chinelo que caiu
do meu pé enquanto eu fugia. Ele não me alcançou e eu nunca
recuperei meu chinelo.

Quando fiquei mais velho e não perturbava mais o sono dos
gregos de bem, aprendi com eles a arte de relaxar em cafés
ou *ouzeri* e jogar conversa saboreando um *meze*. *O Colosso
de Maroussi*, obra de Henry Miller em homenagem à Grécia,
pode ser considerado um ótimo exemplo da arrogância orien-
talista, mas também retrata uma verdade:

> Todo mundo se move na direção errada, tudo é
> confuso, caótico, desordenado. Mas ninguém nunca se
> perde ou se machuca, nada é roubado, nenhum soco é
> trocado. É uma espécie de agitação criada pelo fato de
> que, para um grego, todo acontecimento, por mais ba-
> nal, é sempre único. Ele está sempre fazendo a mesma
> coisa pela primeira vez: é curioso, avidamente curioso e
> experimental.[4]

Para muitos, a descrição de Miller permanece certeira.
Eles sentem isso nas férias de agosto nas ilhas do mar Egeu,
onde a vida não tem pressa. O sentimento é que, apesar do
ávido patriotismo dos gregos, o próprio Estado é tênue e for-
tuito e, assim, permite que as antigas liberdades das pessoas
sobrevivam imperturbadas.

Quando fui a Atenas para cobrir os protestos provocados
pela crise econômica, acabei cercado, dentro de um minúsculo
carro alugado, pela multidão que protestava no centro da cidade. Granadas de gás lacrimogêneo estrondeavam ao meu redor.
Eu precisava transmitir uma reportagem para o noticiário do
canal de televisão para o qual trabalhava, mas não conseguia
encontrar uma vaga para estacionar em lugar algum. Meu

prazo estava aflitivamente próximo do fim. Assim, acabei tomando uma decisão terrível — contornei a Syntagma, a praça central da cidade, e estacionei meu carro (sem o adesivo da imprensa) bem em frente ao prédio do Parlamento. Voltei uma hora depois e o carro ainda estava lá. Não havia sido rebocado, não havia multa de estacionamento no para-brisa e nenhum policial irado aguardava para me prender. Essa Grécia, desorganizada, mas segura e tranquila, começou a desaparecer na última década. Sua deterioração foi resultado direto da discordância com a globalização e com seu principal representante no país — a União Europeia.

De 1980 até o início da crise econômica, a Grécia recebeu cerca de €200 bilhões (US$212 bilhões) da UE em ajuda e subsídios.[5] Placas azuis anunciando projetos financiados pela UE podiam ser vistas em toda a Grécia, em especial perto das principais vias de transporte. Os gregos afirmam há anos que a maior parte do dinheiro, como verbas para obras de infraestrutura, foi parar nos bolsos das empresas europeias que disputaram a licitação e sugaram toda a quantia enviada pela UE. Nesse sentido, o financiamento foi na verdade uma expansão tributária europeia e os países ricos do norte se beneficiaram muito com isso. De todo modo, a economia local cresceu, mas a substituição do modesto dracma induziu um frenesi de consumo financiado principalmente pelo crédito.

Qualquer pessoa que conhecesse Atenas podia ver isso. O preço de uma xícara de café saltou de algumas centenas de dracmas (cerca de US$1,70) para um valor várias vezes superior. A adesão à UE deu à Grécia uma aura radical de desenvolvimento, mas a economia grega permaneceu sobrecarregada com graves problemas estruturais. Por exemplo, seu mercado de trabalho se tornou engessado, garantindo férias de um mês aos trabalhadores, além de um e às vezes dois salários extras por ano; era muito difícil para as empresas demitir funcionários. Em alguns casos, mulheres com filhos tinham direito à aposentadoria aos cinquenta anos.[6] O setor público estava inflado e a arrecadação de impostos era baixa.[7] Em 2010, o *New York Times* noticiou que em toda a Grécia, um país com uma população de cerca de 11 milhões, apenas alguns milhares de cidadãos declararam uma renda de mais de US$132 mil por ano. O número real era de pelo menos centenas de milhares. Apenas 324 proprietários de casas na Grande Atenas declararam ter uma piscina, mas as fotos aéreas encomendadas pelas autoridades fiscais gregas após a crise mostraram que o número real era 16.974, mais de cinquenta vezes maior.[8]

A UE estabeleceu como regra básica que seus países-membros não poderiam incorrer em deficits superiores a 3% de seu PIB. O objetivo era garantir a estabilidade, mas não havia fiscalização. Foi o epítome da globalização do biscoito da sorte — a UE criou uma união monetária que incluía regras sobre deficits, mas não havia um monitoramento eficaz desses deficits. O governo grego usou a contabilidade criativa para apresentar uma imagem falsa às instituições europeias. Com base nessa imagem, os gregos conseguiram pedir mais dinheiro emprestado nos mercados de títulos. Grandes bancos de investimento ajudaram vendendo a países como a Grécia "produtos financeiros sofisticados" que serviram principalmente para esconder enormes deficits e adiar o pagamento da dívida. É claro que os bancos obtiveram enormes lucros com esses "produtos", deixando os gregos com a dívida.[9]

Quando a grande crise de 2008 explodiu, o esquema Ponzi entrou em colapso. Descobriu-se que o deficit da Grécia era de quase 15% de seu PIB. O governo grego não podia mais levantar dinheiro nos mercados para financiar sua dívida e pagar seus custos crescentes; o Estado estava falido. As empresas do setor privado logo se viram na mesma situação. Um remédio clássico teria sido a Grécia desvalorizar sua moeda e apertar o cinto orçamentário. A desvalorização diminui os salários reais sem baixar os salários nominais, reduz os custos de produção e incentiva as exportações. Foi o que a Islândia, que não integra a zona do euro, fez em 2008 e novamente em 2011, o que contribuiu para sua rápida recuperação econômica. Mas a Grécia estava presa ao euro e, portanto, despojada da ferramenta econômica de que precisava para reagir à crise.

Os credores do país — o Fundo Monetário Internacional (FMI), o Banco Central Europeu (BCE) e a Comissão Europeia, coletivamente conhecidos como *troika* — exigiram que o governo grego impusesse severas medidas de austeridade. A UE transferiu para a Grécia enormes somas como parte de um programa de resgate. Mas a maior parte do dinheiro foi destinada a quitar as dívidas do país e seus respectivos juros, em vez de ser investida na economia devastada. O regime de austeridade instituído para lidar com a crise foi cruel. Incluiu cortes profundos nas pensões, nos pagamentos da previdência social, na educação e no sistema de saúde, destruindo a sociedade grega. Sob as restrições do programa, o governo fixou um imposto de austeridade que deveria ser pago junto com as contas de luz. Para evitar o pagamento, milhares de residências se desconectaram da rede elétrica. Muitas pessoas simplesmente abandonaram suas casas. Durante anos, os cidadãos tinham um limite diário para a quantidade de dinheiro que podiam sacar em caixas eletrônicos e de suas contas bancárias. Em 2017, meio milhão de casas gregas, a maioria delas em Atenas, estavam vazias.[10] No final de 2018, 39% dos jovens da Grécia estavam desempregados,[11] e quase 17% da população vivia em estado de privação severa.[12]

A UE não fez favor algum à Grécia com seu programa de resgate. Segundo uma estimativa, o custo de um calote grego para os contribuintes franceses e alemães teria sido de €60 bilhões, e os líderes da UE estavam determinados a salvar os próprios pescoços. Se a Grécia tivesse entrado em falência, teria aberto uma caixa de Pandora, revelando segredos sujos, licitações fraudulentas e parcerias secretas.

Mandando a Europa Se Ferrar

Estranhamente, naquela manhã, o clima na casa dos invasores revolucionários em Atenas era de esperança. Para os jovens anarquistas com quem conversei enquanto fabricavam coquetéis Molotov, a crise econômica era apenas uma desculpa para concluir a revolução democrática iniciada por seus pais quando assumiram a Politécnica de Atenas como parte do levante contra a junta militar em 1974. Segundo eles, todo o sistema global era uma doença. O fracasso da Grécia era a prova de sua natureza repressiva. O sistema político existente, com seus partidos estabelecidos, integrava o regime que enganou o público grego e o mundo, tirando sua parte dos negócios generosos antes de lançar o país à beira do desastre. A análise dos fatos foi bastante precisa; a solução que propunham não era menos extrema — revolução solidária e desconstrução de todo o sistema político. Algumas facções recorreram à violência.

Outras casas em Atenas sediaram reuniões do Aurora Dourada, cujo logotipo lembra uma suástica. O partido defendia a superioridade grega e cometia atos cruéis de violência, principalmente contra os migrantes. Para a extrema direita, a crise do país provou que sua dependência externa era a fonte de todos os males. As soluções oferecidas pelos nazistas eram obsoletas e moralmente deficientes, mas sua hora havia chegado — de novo. Nas eleições de 1996, o partido recebeu apenas 0,10% dos votos. Em 2015, tornou-se o terceiro maior da Grécia, conquistando 7% e centenas de milhares de votos. Nas eleições para o Parlamento Europeu em 2014, o Aurora Dourada recebeu o apoio de quase 10% da população grega.

Durante uma manifestação em frente ao prédio do Parlamento, um idoso grego me disse, sem tirar o cigarro da boca, que votou neles para que pudessem ir a Bruxelas e "mandar a Europa se ferrar". O partido desmoronou em 2019, como resultado de uma relativa melhora na situação econômica, de uma investigação policial contra ele e do fato de algumas partes da direita dominante adotarem suas plataformas.

A era da revolta contra a globalização é de oscilações e distorções extremas em um sistema político instável.

Maria Axioglou é funcionária de um banco comercial. Quando a crise estourou, nós nos sentamos em um café da moda, um dos vários no centro de Glyfáda, elegante subúrbio de Atenas. O caminho até lá, a avenida Vouliagmenis, é repleto de montadoras — Porsche, Lexus, BMW, Mercedes, Alfa Romeo, para citar algumas. Glyfáda é verdejante, elegante e obcecada por nomes de marcas — sua rua principal costuma ser descrita como a milha da moda de Atenas. Não muito longe dos cafés fica uma grande marina onde iates brancos se alinham um após o outro. Axioglou, nascida no final dos anos 1970, é natural de Glyfáda — sua família foi uma das primeiras a se mudar para a cidade. Os pais abastados construíram um prédio, dando a ela e a cada um de seus irmãos um andar. Depois de uma década trabalhando no banco, ela ganha €1.300 brutos por mês (equivalente a US$1.800 em 2009). Ela tem um diploma universitário, é claro. Foram pessoas como Axioglou que tomaram as ruas em dezembro de 2008. Elas cunharam um nome para sua coorte — a geração de €700.[13]

"A geração de €700", explicou, "são pessoas que se formaram, mas não encontram trabalho em suas profissões. Elas não têm escolha a não ser trabalhar como, digamos, garçons. Se encontrarem trabalho na profissão que escolheram, não ganham mais do que €700. Veja, esse é um salário com o qual não é possível viver e certamente não é o suficiente para comprar um apartamento em Atenas. Em dezembro de 2008, houve tumultos e manifestações. Eu não fui, mas tinha amigos que participaram. As pessoas ocuparam as ruas com a sensação de que não tinham para onde ir. Elas sentem que tudo está emperrado, paralisado e que a crise econômica só está piorando as coisas. Nosso sentimento, de todos nós, é que teremos menos do que nossos pais".

Existe uma contradição palpável entre a riqueza e a tranquilidade irradiadas por Glyfáda e o que Axioglou disse. "A Grécia dos nossos pais era um lugar diferente. Queremos esbanjar. Consumir. Nos divertir. Por um lado, como a Grécia faz parte da União Europeia, temos mais oportunidades. Veja as vitrines deste bairro. Por outro lado, não temos dinheiro. Também sabemos que nunca teremos. Todos aqui dependem de seus cartões de crédito. Eu sei, eu os vejo no banco. As pessoas dirigem Porsches, mas não têm um centavo na conta bancária. Os jovens vivem de empréstimo em empréstimo. E o sistema político é corrupto, muito corrupto. Posso entender porque as pessoas saíram às ruas para protestar. Mas há uma diferença entre protestar contra o governo e o sistema e destruir tudo. Não espere uma revolução aqui. Somos muito fracos. Podemos até acreditar nela, mas não a colocaremos em prática."

Esse monólogo expressa o quão angustiada — mas também o quão convencional — é toda essa geração europeia, até mesmo global. Para citar Lena Dunham, pelo menos é a "voz de *uma* geração".[14]

Em todos os países, a crise global afrouxou as amarras e permitiu que sentimentos arduamente refreados se libertassem. A anarquia e a rejeição da hierarquia foram fundamentais para todas as lutas de libertação da Grécia — contra os turcos, os nazistas e a ditadura. "Os gregos", me disse Axioglou, "não gostam quando alguém os governa. Mas vão além, eles querem ser anarquistas com Ferraris". Entre minha conversa com ela no café em 2009 e 2018, quando os salários da Grécia despencaram 20% em termos reais, os gregos perderam muito mais do que suas Ferraris.

Um Vírus Financeiro em um Mundo Global

No início de 2015, o Syriza, partido de coligação da esquerda radical, venceu as eleições gregas. Os dois partidos que governaram a Grécia por gerações, o social-democrata PASOK e o conservador Nova Democracia, foram relegados aos confins da oposição. Mais tarde naquele ano, ocorreu um referendo no qual os gregos rejeitaram o programa de resgate da União Europeia e as medidas de extrema austeridade que exigia. O que eles descobriram nos anos entre o início da crise e 2015?

Acabaram percebendo que, para eles, a UE era uma farsa para beneficiar as elites já abastadas; um golpe combinado com um esquema Ponzi no qual Alemanha e França distribuíam dinheiro para seus minúsculos países súditos, certificando-se de que fluiria de volta para seus bolsos. Foi um gasto contabilizado como um gesto pan-europeu, mas na verdade foi simplesmente uma expansão orçamentária destinada a consolidar o domínio da Alemanha e da França. Um estudo de 2016 mostrou que apenas 5% do dinheiro dos programas de resgate chegaram de fato à Grécia. Todo o resto foi encaminhado para instituições financeiras, privadas e públicas.[15]

Algo incomum aconteceu no referendo. Eu estava em Atenas quando os gregos emitiram seu retumbante *ohi*, "não" em grego. Não foi a primeira vez que fizeram isso. Todos os anos, em 28 de outubro, a Grécia celebra o Dia do Ohi, o aniversário da rejeição do povo ao ultimato de Mussolini de que a Grécia permitisse que as tropas do Eixo entrassem no país em 1940.

216 REVOLTA

A Grécia resistiu bravamente à invasão subsequente e forças clandestinas continuaram a resistência após a ocupação do país pelo Eixo.

Foi uma coisa impressionante de se assistir. Para os gregos atingidos pela crise econômica, o referendo foi uma chance de se posicionar e declarar seu patriotismo. Não importava se seus *ohi* tinham um cunho radical, ultranacionalista ou comunista. O importante era que cuspiram na cara da Comissão Europeia, do FMI e do BCE.

Barracas de *souvlaki* se espalharam nos arredores da Praça Sintagma, e gregos de todas as faixas de renda, credos e convicções políticas beberam *ouzo* e *raki* e, juntos, entoaram slogans, alguns da escola bakuninista de anarquismo radical, da comunidade ortodoxa grega e do movimento nacionalista grego pelo qual Lord Byron era tão apaixonado. Os hotéis de luxo fecharam suas venezianas reforçadas e esperaram que a onda de celebração e raiva passasse. Mas, em vez de estilhaçar janelas, a Grécia estilhaçou a Europa unida e o manto de arrogância que a envolvia. Foi uma confusão, sim, mas uma confusão democrática. Os gregos disseram: "Vocês queriam a globalização, queriam a união monetária? E queriam mecanismos de defesa que mantivessem nossos problemas apartados dos seus? Não se pode ter tudo."

Então, menos de uma semana após esse levante contra a União Europeia, considerado pelos ativistas como uma versão da Primavera de Praga de 1968, a Grécia se rendeu sem impor condições. O governo grego ostensivamente radical aceitou um plano de austeridade europeu ainda mais draconiano do que aquele que os eleitores rejeitaram no referendo. Os gregos descobriram que, assim como no epitáfio escolhido pelo gigante da literatura grega moderna Nikos Kazantzakis, eles nada esperam. Mas, ao contrário dele, tudo temem. E não são livres.

Agora parece que tudo foi deixado no passado. Os investidores estão satisfeitos com a Grécia desde 2017 e o país até conseguiu tomar dinheiro emprestado com a venda de títulos. Os preços de seus ativos do setor privado têm atraído investidores, que veem uma oportunidade de ganhar dinheiro com a difícil situação do país. A Grécia cumpriu as rígidas condições do programa de resgate, evitando deficits. O desemprego diminuiu significativamente e a economia vinha crescendo de forma moderada até a crise do coronavírus em 2020. O governo arrecada impostos de forma eficaz, em parte devido aos métodos de monitoramento eletrônico exigidos por seus credores europeus. O conservador Nova Democracia venceu as eleições em 2019, voltando ao governo de onde foi expulso pelo movimento de protesto. O partido venceu graças ao ressurgimento do entusiasmo, também entre os jovens, por uma economia de mercado neoliberal.

Porém, a revolta ainda está em andamento, pois o terreno onde ela cresce ainda é fértil. Após todo o clamor da geração de €700, em 2012, o governo grego estabeleceu um salário mínimo especial para jovens de até 24 anos — €511 por mês.[16] Foi revogado apenas em 2019. E quanto ao salário dos pais? Diminuiu ou, na melhor das hipóteses, permaneceu estagnado. Centenas de milhares de gregos dependiam de cozinhas populares e bancos de alimentos. Em 2017, um banco de alimentos em Atenas tinha 26 mil cadastrados.[17]

A taxa de fecundidade caiu para 1,35 filho por mulher. A taxa de natalidade baixa e a taxa líquida de migração negativa estão causando um declínio na população.[18] Entre 2008 e 2016, quatro em cada cem gregos deixaram o país. A maioria dos que partiram eram jovens.[19] É fácil entender por quê. Um terço dos menores de idade vive na pobreza ou corre o risco de cair nela, e cerca de 40% dos jovens com idades entre 15 e 24 anos estavam desempregados em 2018.

Tradicionalmente, a Grécia tinha uma baixa taxa de suicídio, mas entre 2010 e 2015 os números aumentaram 40%; durante o mesmo período, o orçamento para os serviços de saúde mental do país caiu para metade do que era antes.[20] A certa altura, 12% da população declarou estar deprimida por mais de um mês.[21] Um relatório do Conselho da Europa explicou que muitos dos que relataram depressão tinham quarenta anos ou mais, sem histórico psiquiátrico. Eram "desempregados, empresários falidos ou pais que não tinham como sustentar ou alimentar seus filhos".[22]

A Grécia foi a linha de frente da crise, pois seus cidadãos experimentaram os efeitos econômicos mais terríveis de forma mais aguda do que qualquer outra população. Para os gregos, as forças econômicas globais que afetavam suas vidas eram arbitrárias e o povo era impotente diante delas. O país havia se tornado uma província que recebia ordens de Berlim, Paris e Bruxelas em tudo que tivesse a ver com seu bem-estar material. Os (antigos) partidos políticos dominantes sabem disso e, após a revolta fracassada do referendo de 2015, eles não fingem mais que podem se envolver em um debate econômico substancial de questões que estão além de seu controle. Tudo o que podem fazer é discutir problemas de identidade, cultura e ameaças externas percebidas, como se o uso do nome "Macedônia" por um pequeno país ao norte é ou não uma ameaça à soberania e ao orgulho nacional da Grécia. (A Grécia tem uma província com o mesmo nome.)

A direita tem uma vantagem clara sobre a esquerda — a identidade é algo arraigado em seus preceitos. Os mais radicais do espectro de direita atacam os imigrantes, ou a "invasão muçulmana", como a chamam, e alardeiam teorias da conspiração sobre judeus tomando o país. Em 2018, por exemplo, eles acusaram Nikos Kotzias, ministro das Relações Exteriores da Grécia, de ser um agente do investidor e filantropo judeu húngaro-americano George Soros. O Nova Democracia, partido conservador dominante, incorporou alguns elementos de extrema direita. Os herdeiros de Konstantinos Plevris, o racista grego citado anteriormente, são agora líderes respeitáveis do Nova Democracia. Adonis Georgiadis, o vice-líder do partido e um de seus ministros, já foi associado a comentários racistas e promoveu com entusiasmo um dos livros de Plevris: *A Verdade sobre os Judeus*. O filho de Plevris agora atua como parlamentar pelo partido Nova Democracia. Makis Voridis, outro adepto da extrema direita, que "coexistiu politicamente" com os negadores do Holocausto, como ele próprio admitiu, foi nomeado para o gabinete.[23]

A Grécia é apenas uma vitrine para o que está acontecendo ao redor. A direita dominante francesa adotou as posições de Le Pen sobre a imigração; os conservadores britânicos se renderam ao Brexit; e, nos Estados Unidos, o conservadorismo do Partido Republicano foi substituído pelo trumpismo.

O EXTREMISMO SEMPRE SE BENEFICIA DA EXPOSIÇÃO DA HIPOCRISIA. Isso aconteceu não apenas na Grécia, mas em todo o Ocidente. Havia, por exemplo, a hipocrisia dos banqueiros de Wall Street que vendiam investimentos aparentemente seguros e confiáveis que, na verdade, eram tudo menos isso, ao mesmo tempo que eles próprios investiam em instrumentos financeiros que dariam lucro caso seus clientes perdessem dinheiro.[24] Havia a hipocrisia dos líderes mundiais que apoiavam uma nova ordem na qual os dois lados estavam claramente definidos — as classes enfraquecidas, que incluíam a classe média, e os grandes vencedores. Estes últimos podem ser políticos, empreiteiros, gigantes da alta tecnologia ou financistas — qualquer um que se beneficiou da era da desigualdade excepcional. É claro que essa desigualdade não foi uma questão de sorte, mas o resultado de uma política tributária e de juros bem pensada. A partir da década de 1980, as taxas de juros foram repetidamente reduzidas em todo o mundo, incentivando o consumo e desencorajando a poupança. Alguns argumentam que as taxas de juros baixas refletiram a redução do risco e o aumento da confiança econômica. "A especiaria deve fluir!", alerta a criatura ao imperador no filme *Duna*.[25] No mundo real, em vez da especiaria, era dinheiro barato. O Ocidente era viciado, então a droga tinha que ser fornecida a qualquer preço. Para que isso acontecesse, as regras tiveram que mudar, em todos os lugares.

Isso não é sabedoria decorrente do fato consumado. Em 2004, Elizabeth Warren, uma brilhante professora de Harvard, disse à PBS que, desde 2000, houve um aumento de 55% no número de inadimplentes em dívidas de cartão de crédito. Também houve um aumento de 45% nas execuções de hipotecas, pois as pessoas não conseguiam manter os pagamentos. Ela alertou contra produtos financeiros "criativos" que estavam roubando o futuro da classe média. "Alan Greenspan, nosso líder econômico nacional", advertiu Warren, "repetiu pelos últimos quatro anos aos norte-americanos: 'Façam empréstimos usando sua casa como garantia. Se não conseguirem fechar o rombo no final do mês, basta fazer um empréstimo usando sua casa como garantia.' Mas ele nunca disse usar a casa como garantia. Ele usou termos sofisticados como 'aproveite o valor da sua casa', que soa como algo positivo... É um conselho financeiro realmente assustador para se oferecer às famílias norte-americanas. E o que mais me assusta é que milhões de famílias seguiram esse conselho."[26]

Elizabeth Warren abordou um dos problemas da tomada do controle financeiro na economia real. Em termos simples, grande parte do norte industrializado, sendo a Alemanha a principal exceção, deixou de ser um lugar onde se fabricavam itens como carros e aparelhos de televisão e passou a "fabricar" títulos, ações, derivativos e, claro, dívidas.

Em 1940, a receita do setor financeiro era igual a apenas 3% do PIB norte-americano; na década de 2000, esse número quase quadruplicou.[27] O nível era o mais alto desde pouco antes do crash do mercado de ações em 1929, que marcou o início da Grande Depressão. E isso não é tudo. Em meados dos anos 2000, 40% de todo o lucro do setor privado norte-americano vinha de bancos, firmas de investimento, fundos privados e outras partes do setor financeiro.[28] Ao mesmo tempo, entre 1999 e 2008, a dívida das famílias norte-americanas dobrou nominalmente, crescendo de 67% do PIB para quase 100%, em grande parte devido às hipotecas.[29] Como previu Elizabeth Warren, o fim foi desastroso. Mas há muitas bombas-relógio prontas para deflagrar a próxima crise — por exemplo, as dívidas de empréstimos estudantis.

No final de 2019, a dívida das famílias norte-americanas era de US$14,15 trilhões, uma média de cerca de US$110 mil por família, maior do que no início da Grande Recessão de 2007–2009.[30] Quando a dívida cresce, o mesmo acontece com os lucros do setor financeiro. Mas esses lucros nem sempre são uma boa notícia para o resto da economia. Martin Wolf, o notável colunista do *Financial Times*, escreveu: "A enorme expansão das finanças desde 1980 não trouxe ganhos econômicos proporcionais."[31]

Então o que ela trouxe? Uma política de redução das taxas de juros, dinheiro barato, expansão do setor financeiro, famílias entusiasmadas enredando-se em dívidas, bolhas de ativos e crescimento insustentável. O Dia do Juízo de 2008 lançou as bases para a revolta, e a retomada do crescimento após a crise não fortaleceu a classe média. Pelo contrário, a posição da classe média continuou a ruir. No início de 2010, a taxa de desemprego nos Estados Unidos despencou e, nove anos depois, atingiu o mínimo histórico. No entanto, ao mesmo tempo, quatro em cada dez norte-americanos eram incapazes de arcar com uma despesa urgente única de US$400 sem tomar um empréstimo ou vender algo.[32] Em outras palavras, grandes partes da sociedade norte-americana estão — de forma assustadora e até catastrófica — frágeis; durante uma época de prosperidade econômica, elas não conseguem recuperar a segurança financeira que perderam. Os mais ávidos apoiadores do populismo e da extrema esquerda ou direita não são os pobres que mais sofreram com a crise, e sim os membros da classe média que ainda não despencaram, mas observam temerosos à beira do precipício.

Nessas circunstâncias precárias, extremistas se reuniram e fixaram seus olhares em um novo mundo. Os Jeremias modernos podem enaltecer os próprios atos, transformar os principais partidos políticos em canteiros de populismo, organizar movimentos nazistas, encher garrafas com gasolina, prometer um estado de absoluta igualdade ou se envolver solenemente na dialética neomarxista revolucionária. Eles podem postar histórias falsas no Facebook e divulgar teorias da conspiração no Twitter, tudo com a certeza de que o extremismo foi bem recebido novamente no discurso público. Na maioria dos casos, essas pessoas não assumirão o poder. Mas intimidarão os que estão no comando e levarão os principais campos políticos ao extremo. Em tempos tão desafiadores, os elementos existenciais de identidade social e o senso de significado da sociedade são potencialmente explosivos. O mais importante deles é a família.

CAPÍTULO 11

O Desaparecimento das Crianças

Eu gostaria que houvesse 120 crianças na minha classe.

— KAGAMI REIKA, JAPONESA ALUNA DO PRIMEIRO ANO

A cerca de cem quilômetros de Tóquio, as montanhas cintilavam à luz do sol nascente. A rota íngreme segue ao longo de um grande rio que flui suavemente, a manhã estava fresca. As árvores exibiam suas primeiras flores. Hanami, o feriado da flor de cerejeira, estava se aproximando e, no pequeno santuário perto de Nanmoku, um exíguo grupo de aldeões orava e suplicava. Eram todos idosos. Faz sentido. De acordo com dados da prefeitura onde está localizada a aldeia, Nanmoku tem uma população de 1.666 habitantes.[1] Em 1997, há pouco mais de vinte anos, eram 4 mil pessoas. Isso representa um declínio de 58% e explica por que a aldeia carrega a duvidosa distinção de ser a mais velha do país mais antigo do mundo. A idade média de seus habitantes é setenta anos.[2] Nas poucas lojas da rua principal a clientela era escassa. Os habitantes pareciam ter simplesmente desaparecido. Muitos edifícios estavam desocupados, embora estivessem bem conservados. Esse é o Japão à medida que envelhece — ainda puro e honrado, como uma cerejeira.

A escola primária local é uma estrutura de tamanho impressionante, construída para centenas de alunos. Em 1959, Nanmoku tinha três escolas frequentadas por 1.600 crianças. Hoje existe apenas uma, com um corpo discente de 24 alunos.

Há uma grande disparidade entre as histórias que nossas mentes elaboram e os complexos contornos do mundo real. É tão simples permitir que imagens guardadas na memória ditem a história que contamos e deixar de lado algumas das evidências fornecidas por nossos sentidos. Fazer isso significa cair na armadilha de retratar a escola como sombria e deprimente, solitária e ávida pela presença de mais crianças. Embora as crianças em idade escolar sejam de fato poucas, a escola emana calor e humanidade. Como é costume em todo o Japão, é preciso tirar os sapatos na entrada e substitui-los por chinelos. Fotos e projetos nos quais professores e alunos trabalharam juntos estão afixados nas paredes. Por haver tão poucas crianças, as mais velhas brincam com as mais novas antes que o sinal de entrada toque; os professores também costumam se juntar a elas. As salas de aula são bem equipadas. As oficinas de artes e artesanatos dispõem de ferramentas de entalhe de última geração; há salas de informática e uma cozinha para aulas de culinária. No entanto, na maior parte do tempo, muitos desses espaços não estão em uso.

Na sala da primeira série, encontramos a classe inteira — duas meninas. Kagami Reika e Hisoki Miaka são o pequeno futuro de Nanmoku. Com os rostos redondos e sérios, elas estavam compenetradas em um livro de exercícios. Suas carteiras eram as únicas duas na sala; talvez as desocupadas tivessem sido retiradas para que elas não sentissem a ausência de outras crianças. A sala era grande, então havia muito espaço vazio. As paredes estavam decoradas com desenhos nos quais as duas meninas retratavam suas experiências no primeiro ano de escola. Kagami usava uma máscara descartável, cobrindo a boca e o nariz, muito comum na Ásia — e, agora, com o coronavírus, em todos os lugares. A garota estava um pouco resfriada.

Era uma situação estranha. Como perguntar a elas sobre a escola que quase não tem crianças? Como fazer isso sem que ficassem constrangidas?

"O que você mais gosta na escola?", arrisquei uma pergunta e esperei que nosso intérprete a traduzisse. O rosto de Kagami se iluminou imediatamente: "Eu gosto do almoço!" Hisoki me contou que gosta de plantar flores.

"E o que é bom e não tão bom em uma escola com poucas crianças?"

"Eu gostaria de estudar junto com o segundo ano", afirmou Kagami; sua professora perguntou por quê. "Porque é triste sermos apenas nós duas." A menina então disse que gostaria que houvesse mais 120 crianças em sua classe. Hisoki contestou, alegando que seria gente demais. "Então noventa", propôs Kagami. "Ainda é muito", respondeu Hisoki, séria, mas sua colega de classe continuou a barganhar. Ela queria a companhia de muitas crianças.

Mas não havia mais crianças. O primeiro ano ainda estava em melhor situação do que o terceiro, que não tinha alunos. A escola, assim como o resto das instituições públicas da aldeia, recebe subsídios especiais. Embora as crianças possam ser transportadas de ônibus para uma escola com mais alunos e mais movimento em outra cidade, os governos local e nacional querem manter a escola da aldeia aberta a todo custo.

Nanmoku enfrentou uma série de infortúnios típicos das áreas não urbanas do Japão. O golpe mais severo foi a perda dos meios de subsistência locais, dos quais o mais importante foi o cultivo de konjac, um tubérculo mais conhecido como língua-do-diabo. Os asiáticos usam todas as suas partes, das flores ao bulbo, com as quais fazem o macarrão gelatinoso e o *konnyaku,* famoso e adorado prato japonês. Dentre todas as ilhas japonesas, a área ao redor da vila é considerada um dos melhores lugares para cultivar essa planta, por isso sua produção era muito procurada e alcançava preços elevados. Mas 90% das terras do município de Nanmoku são montanhosas, então o cultivo é difícil. Com a industrialização da agricultura, enormes fazendas corporativas foram capazes de produzir mais konjac a preços mais baixos, prejudicando os agricultores da aldeia. Muitos jovens partiram para as grandes cidades. A crise foi exacerbada pela queda na taxa de natalidade, que teve seu efeito mais desastroso em áreas que já tinham uma população escassa.

No entanto, as crianças de Nanmoku recebem uma educação eficiente e bem financiada. Na manhã da minha visita, os alunos fizeram panquecas na aula de culinária. Não é apenas um aprendizado prático. Desde tenra idade, as crianças japonesas aprendem os princípios para equilibrar os ingredientes e as cores dos alimentos; elas preparam as refeições de acordo com essas tradições. Quando a aula terminou, os cozinheiros, todos os seis, por sugestão do professor, dispararam pelo corredor para oferecer suas panquecas ao diretor e ao assistente do diretor, que exclamaram "Oh!" e estalaram os lábios, como fazem os japoneses ao receber um presente. Eles e os professores irradiavam um carinho excepcional.

O diretor disse que ter apenas 24 alunos na escola tem suas vantagens, já que cada criança pode receber atenção personalizada. Ele me explicou que as crianças não poderiam ficar muito tempo no escritório dele. Tinham que voltar para limpar a sala de aula. Nas escolas públicas japonesas não há zeladores. Os alunos — todos, sem exceção — é que limpam a escola, incluindo os banheiros. Em uma extremidade de cada sala de aula há um estrado para secar os trapos úmidos que as crianças usam para limpar a escola durante o dia. Segundo o diretor, esse é o maior desafio de dirigir uma escola com um número tão pequeno de crianças. "Ter que limpar um prédio tão grande é um fardo pesado para tão poucos alunos. Mas os professores também participam", explicou. Ele saiu comigo até o corredor para me mostrar um pôster explicando os benefícios do método: a limpeza desenvolve a aptidão física dos alunos, faz com que se sintam responsáveis pela escola, permite que reflitam em silêncio e proporciona a satisfação de fazer bem um trabalho.

A distância, é fácil adotar um tom pessimista ao escrever sobre uma civilização, mas de perto conseguimos enxergar os frutos de suas realizações. No caso do Japão, é o sentido de parceria coletiva e responsabilidade imbuído nas crianças desde o nascimento. Os japoneses sistematicamente obtêm uma das maiores pontuações em exames internacionais usados para medir o desempenho educacional. A extrema contradição entre a qualidade da educação e o esvaziamento das escolas japonesas ilustra a encruzilhada única em que o Japão se encontra. O país que foi um milagre econômico após a Segunda Guerra Mundial está encolhendo. Só em 2019 o número de habitantes caiu cerca de 512 mil,[3] aproximadamente a população de Tucson, Arizona, nos EUA.

A Nação Virgem

A crise da taxa de natalidade é uma questão nacional de suma importância, então o governo japonês está lutando para manter Nanmoku viva. Isso significa suprir não apenas as necessidades de suas poucas crianças, mas também de seu crescente número de idosos. Após a escola, visitei a casa dos idosos da aldeia, não muito distante dali. Ao contrário da escola, a casa é lotada e muito animada. A maioria dos residentes parece ter cerca de noventa anos. Conversei com alguns deles, muitos dos quais ajudaram a reconstruir o Japão depois da guerra. Eles recebem cuidados de qualidade, mas frugais. O declínio acentuado nos nascimentos coincidiu com um aumento impressionante na longevidade. Como um amigo japonês brincou em tom mordaz: "Nosso problema não é apenas que as pessoas se esqueceram de ter filhos, mas também de morrer."

A diminuição do número de crianças significa que cada vez menos parques infantis públicos estão sendo construídos nas cidades, que envelhecem a cada dia. Muito mais prateleiras de drogarias são ocupadas por fraldas para adultos do que para bebês; desde 2011, a cada ano são vendidas mais fraldas geriátricas do que infantis no Japão. De acordo com dados do governo japonês, 18,5 milhões de cães e gatos são mantidos como animais de estimação em um país onde existem apenas 15,5 milhões de crianças. Isso fica evidente nas ruas japonesas, que estão repletas de carrinhos parecidos com os de bebês, mas que na verdade carregam cachorros pequenos. Os cães, e às vezes os gatos, são considerados não apenas integrantes da família, mas, em alguns casos, seus únicos descendentes. Alguns casais decidem ter um animal de estimação em vez de um filho. "O cachorro tem seu próprio quarto, com ar-condicionado especialmente adaptado para a temperatura corporal de pequenos mamíferos", me disse um colega japonês. "E é claro que deixamos a televisão ligada quando saímos."

Os fatos são extremos e surpreendentes. O Japão tem mais de 8 milhões de casas desocupadas e o número continua aumentando. Mais de 25% da população tem idade superior a 65 anos, o nível mais alto do mundo — nos Estados Unidos são 16%. Daqui a trinta anos, estima-se que quatro em cada dez cidadãos japoneses terão mais de 65 anos. A previsão é de que a população do Japão caia de 125 milhões, em 2019, para 88 milhões até 2065.[4] Se as tendências atuais se confirmarem, em menos de cem anos, o país terá apenas 50 milhões de habitantes.

O QUE ACONTECEU COM AS FAMÍLIAS E OS CASAIS NO JAPÃO É A BASE da crise. Especifico os casais porque uma parte importante do problema japonês é que as famílias monoparentais, lideradas por mulheres ou por homens, são raras no país. Em 2015, apenas cerca de 12% das crianças japonesas viviam em famílias monoparentais (na Grã-Bretanha são 25% e nos Estados Unidos, 27%).[5] Embora 85% das mães solo integrem a força de trabalho, mais da metade delas vive abaixo da linha da pobreza. Esse é o pior número entre todos os países da OCDE.[6] Apenas 2% das crianças japonesas nascem fora de um casamento; em contraste, na França, mais de metade nascem de pais não casados. No Japão, a taxa de divórcio deu um salto de dezenas de pontos percentuais desde os anos 1980, mas os modelos familiares alternativos são menos aceitos e auxiliados, apesar da aparente desintegração do modelo clássico. De acordo com o Instituto Nacional de Pesquisa Populacional e Previdenciária do país, em 2015, na faixa etária até cinquenta anos, 25% dos homens e uma a cada sete mulheres eram solteiros. Esses números não incluem divorciados e viúvos. Em comparação, em 1970, apenas 1,7% dos homens nunca tinham se casado aos cinquenta anos.[7]

O universo do romance no Japão, seja heterossexual, seja LGBT, está em grande perigo. "No Japão Assexuado, Quase Metade das Moças e Rapazes Solteiros São Virgens", anunciava uma manchete no *Japan Times* em 2016, com referência a um estudo feito por um instituto de pesquisa vinculado ao governo.[8] Entre os solteiros, 70% dos homens e 60% das mulheres entre as idades de 18 e 34 anos não tinham um relacionamento. Mais de 40% dos homens e mulheres solteiros nessa faixa etária nunca fizeram sexo.[9] Um estudo publicado em 2019 demonstrou que, desde 1992, aumentou a proporção de virgens entre homens e mulheres heterossexuais até os 39 anos. Por exemplo, pelas estimativas conservadoras do estudo, o número de mulheres entre 35 e 39 anos que nunca fizeram sexo dobrou entre 1992 e 2015.[10]

A mídia ocidental adora alardear "explicações" para o impressionante encolhimento do Japão — por exemplo, os jovens que se relacionam com personagens de quadrinhos ou com avatares online. No movimentado distrito de Akihabara, em Tóquio, conheci Sanpei Mihira, o nome escolhido por ele em homenagem a um famoso personagem de desenho animado japonês. Sentados em um pub com temática de anime, ele me apresentou a esposa — abriu um pequeno saco de papel e retirou uma boneca Tsukasa Hiiragi, personagem familiar desses quadrinhos japoneses. Sua personalidade é "distraída, positiva, doce e nunca fica zangada", segundo um site de quadrinhos. Esse jovem é talvez um exemplo extremo de um *otaku*, fã obsessivo, geralmente de animes e mangás.

Mihira me mostrou fotos deles juntos no que chamou de aniversário de casamento, do chocolate que comprou para ela nas férias e da viagem que fizeram à Disneylândia do Japão. Ele tinha plena consciência de que essa relação existia apenas em sua cabeça; quando mencionei isso, respondeu: "O mundo inteiro não existe apenas em nossas mentes?" Quando apontei o óbvio, que é fácil ter um relacionamento com um homem ou mulher que não responde, ele me contou sobre as conversas que tem com a esposa. Mihira me disse que, como um homem de quarenta anos, é maduro o suficiente para ter "uma parceira que existe apenas na minha cabeça". Foi uma resposta interessante, um diálogo com traços zen budistas. A mídia ocidental apresenta esses fenômenos como um show de curiosidade, uma sensação. Segundo essa narrativa, o Japão é uma sociedade tecnológica com uma cultura digital altamente desenvolvida, caracterizada pela alienação industrial.

E tendo, assim, perdido sua libido, a sociedade japonesa está morrendo, afirma a mídia ocidental.

Porém, o casal me pareceu bem ajustado ao seu tempo. O homem era racional, talvez até demais. Vivendo em uma época de vício em smartphones e redes sociais, em uma era de inteligência artificial de ponta, ele escolheu deliberadamente um romance imaginário. É uma extensão bastante natural de um mundo em que grandes partes da vida de uma pessoa são virtuais e desconectadas da realidade concreta. Um amigo israelense cujo casamento estava em crise, em parte por causa da pressão no trabalho, sugeriu que Mihira havia escolhido um relacionamento falso, mas que *parecia* real, em detrimento de um casamento real que *pareceria* falso.

Mesmo que seja verdade que a sociedade japonesa está lutando contra a dissociação e a alienação,[*, 11] tais diagnósticos antropológicos presunçosos tendem ao sensacionalismo vazio. Qualquer abordagem para o declínio da taxa de natalidade precisa levar em consideração que o fenômeno não se limita ao Japão, ele é mundial. Especificamente em relação ao Japão, aqui estão os fatores a serem levados em consideração para entender a crise: jornada de trabalho, creches, tratamento das mulheres no local de trabalho, diferenças salariais, rede de proteção social, estabilidade e segurança econômicas. O Japão não é apenas uma nação insular isolada. De muitas maneiras — na forma com que lida com a industrialização, a informatização, o entretenimento, o transporte —, o país é inovador e seus hábitos e soluções apontam para um futuro

---

* Um bom exemplo desse fenômeno é o *johatsu*, ou "pessoas evaporadas", que (muitas vezes de repente) mudam suas identidades e cortam todos os laços familiares e profissionais. Um livro de 2016 afirma que cerca de 100 mil pessoas desaparecem dessa forma a cada ano no Japão.

possível para o mundo inteiro. E isso não é menos verdadeiro no que diz respeito à sua taxa de natalidade.

O agravamento da crise demográfica está criando problemas políticos e orçamentários para a sociedade japonesa como um todo — que refletem em tudo, desde aposentadorias ao mercado imobiliário. Menos crianças nasceram no Japão em 2019 do que em qualquer ano desde 1899, quando o país começou a registrar o dado. Uma quebra do recorde estabelecido no ano anterior. No mesmo ano, a taxa de fecundidade total no Japão era de 1,36 nascimento por mulher. Nos países desenvolvidos, a fecundidade de nível de reposição — a taxa de fecundidade total na qual o nível da população é preservado (sem migração) — é de 2,1 nascimentos por mulher. A demografia da sociedade japonesa está se aproximando de um estado em que a força de trabalho será do mesmo tamanho que a parcela da população dependente dela — isto é, aposentados e crianças. A bomba-relógio demográfica já explodiu e os estilhaços estão voando por toda parte. O país tem passado por uma crise econômica severa desde a década de 1990, a qual, em um ciclo de feedback, reduziu ainda mais a taxa de natalidade, o que, por sua vez, deprime ainda mais a economia.

Nas sociedades industriais, as crises econômicas reduzem a taxa de natalidade. Nos Estados Unidos, a taxa de natalidade começou a declinar em 2008 e continuou a diminuir mesmo após a recessão. No caso do Japão, o trauma econômico, na forma de deflação e estagnação, começou mais cedo, na década de 1990. Os mercados de ações nos Estados Unidos e no resto do mundo se recuperaram totalmente dos crashes de 2000 e 2008 e alcançaram novos patamares, enquanto o índice Nikkei, do mercado de ações de Tóquio, atingiu, em 2019, apenas 60% de seu nível mais alto, registrado em 1980 (em termos nominais, em dólares de 2016). Entre 1980 e 1995,

O DESAPARECIMENTO DAS CRIANÇAS 233

o PIB per capita em relação ao poder de compra aumentou 60% em termos reais; entre 1995 e 2010, o aumento foi de apenas 10%. O resultado tem sido um fardo cada vez maior para as famílias japonesas.

Até a década de 1980, o pacto fundamental em que se baseava a sociedade japonesa previa que os trabalhadores dedicassem muitas horas a seus empregos corporativos. Em troca, eles tinham estabilidade no emprego, recebiam aumentos regulares e gozavam de boas condições de trabalho. Em outras palavras, um japonês que encontrasse um emprego após completar seus estudos poderia supor que permaneceria nele até a aposentadoria, após a qual receberia uma excelente pensão que supriria todas as suas necessidades. Qualquer coisa que desviasse desse caminho, como ser demitido, era excepcional. O corolário era que o mercado de trabalho era inflexível: os trabalhadores não trocavam de emprego para melhorar seus salários e os empregadores não podiam demitir trabalhadores ineficientes. Poucas pessoas trabalhavam em empregos temporários ou terceirizados, e o salário normal era suficiente para sustentar uma família. A participação das mulheres na força de trabalho era baixa; os homens deveriam ganhar o suficiente para não "obrigar" as esposas a trabalhar, nem mesmo em empregos de meio período.[12] De fato, após 1945, o Japão rejeitou a ideia de que as mulheres eram uma parte normal do mundo do trabalho, perpetuando atitudes patriarcais no mercado laboral moderno. A porcentagem de mulheres na força de trabalho diminuiu a partir da década de 1950.

Nas décadas de 1980 e 1990, quando a economia japonesa entrou em choque, essa tendência se reverteu. As mulheres começaram a entrar no mercado de trabalho, ao mesmo tempo que mantinham seus papéis tradicionais de ter e criar filhos, conforme a sociedade exigia. Em 2007, por exemplo, em um discurso perante uma convenção do partido no poder, Hakuo Yanagisawa, ministro da Saúde do Japão, lamentou o fato de que as mulheres não estavam tendo filhos o suficiente. "O número de mulheres com idade entre quinze e cinquenta anos é fixo", declarou. "Como o número de máquinas de dar à luz é estático, só nos resta pedir que façam o máximo por pessoa... embora possa não ser apropriado chamá-las de máquinas."[13] Yanagisawa estava apenas declarando a visão tradicional estabelecida em seu país — as mulheres deveriam ficar em casa e, se a taxa de natalidade fosse baixa, a culpa era delas.

A globalização, e especialmente o surgimento da manufatura e da tecnologia chinesas, forçou as empresas japonesas a se tornarem mais eficientes, e isso exigiu que revisassem o contrato social. Grandes empregadores pressionaram o governo para afrouxar as normas trabalhistas. O governo respondeu, permitindo mais flexibilidade para contratar e demitir trabalhadores e, sobretudo, para facilitar o uso de terceirizados e agências de trabalho. Isso criou uma nova classe dos chamados trabalhadores "não regulares", que gozam de poucas proteções, ainda que permaneçam no mesmo emprego por muitos anos.[14] Era uma forma de as empresas e corporações pagarem aos trabalhadores muito menos do que os "regulares" recebiam, mesmo que realizassem exatamente as mesmas tarefas. Um trabalhador não regular pode ter exatamente a mesma função que um colega regular, mas ganhar 60% menos.[15] Trabalhadores não regulares deixam de receber muitos benefícios sociais, como contribuições para educação continuada e fundos de pensão. Hoje, quatro em cada dez trabalhadores japoneses são não regulares, o dobro do nível de 25 anos atrás. O número de trabalhadores regulares diminuiu 43 milhões durante esse mesmo quarto de século, enquanto o número de trabalhadores não regulares cresceu 12 milhões.[16]

O DESAPARECIMENTO DAS CRIANÇAS 235

Além de condições de trabalho piores, os trabalhadores não regulares também têm vidas amorosas piores. O estudo sobre as tendências da inexperiência sexual de heterossexuais mostrou que, entre os homens de 25 a 39 anos, os de renda mais baixa tinham dez a vinte vezes mais probabilidade de serem virgens do que os de renda mais alta. Em comparação a homens com empregos regulares, aqueles com empregos de meio período ou temporários tinham quatro vezes mais probabilidade de serem virgens; os desempregados, oito vezes mais. Em outras palavras, de acordo com o estudo: "Dinheiro e status social são importantes para os homens."

Quando se pergunta a jovens japoneses por que não têm mais de um filho, ou por que decidem não ter nenhum, eles costumam dizer que têm empregos não regulares e, portanto, não confiam em sua capacidade de sustentar uma família. Os pais muitas vezes desencorajam os filhos com trabalhos não regulares de se casarem, partindo do pressuposto social de que criar uma família requer um emprego estável.

As mulheres não conseguem compensar a segurança no emprego perdida pelos homens, por causa de sua posição incerta em uma sociedade com discriminação arraigada. Cerca de 50% das mães não voltam ao mercado de trabalho após terem o primeiro filho.[17] Quando o fazem, não recebem um pagamento justo; a diferença entre elas e os homens que desempenham o mesmo trabalho é uma das maiores do mundo — o Japão é pior nesse quesito do que, por exemplo, o Azerbaijão.[18] As famílias as pressionam fortemente para que fiquem em casa. "Uma mulher japonesa não quer que outra mulher cuide de seus filhos — isso não é aceito", me disse uma israelense que viveu no Japão por muitos anos e trabalhou com cuidados infantis em uma creche privada. "Existem creches privadas e públicas. Mas a ideia de contratar uma babá é rara. Isso significa que, no minuto em que os filhos nascem, [ser mãe] é um trabalho de tempo integral."

Dezenas de milhares de crianças aguardam a abertura de uma vaga em uma creche pública; enquanto esperam, as mães têm opções de trabalho limitadas.[19] As mulheres que engravidam ou tiram licença-maternidade sofrem discriminação no trabalho, especialmente em um emprego não regular. No Japão, o assédio à maternidade é chamado de *matahara*. Pode incluir cortes de salários, rebaixamento e abuso verbal. Um estudo publicado em 2015 constatou que metade das mulheres em cargos não regulares relatou abusos no ambiente de trabalho após a licença maternidade ou após engravidar.[20] No passado, o seguro-saúde japonês não cobria partos, sob o argumento de que não era uma doença, mas uma escolha. Apenas o parto costumava custar às famílias milhares de dólares.

Depois do nascimento, muitos homens não se envolvem na criação dos filhos ou nas tarefas domésticas. Na Alemanha, nos Estados Unidos e na Suécia, os homens dedicam cerca de três horas por dia a essas tarefas, enquanto os japoneses contribuem com apenas uma hora e meia. Em média, os homens japoneses passam apenas uma hora por dia com os filhos.[21] Cerca de um terço dos homens norte-americanos casados voltam do trabalho para casa às 17h, um número maior do que em qualquer outro horário.[22] Mary Brinton, socióloga e especialista em Japão, relatou que, quando uma colega japonesa em Harvard se deparou com esses números sobre os homens norte-americanos, ela se recusou a acreditar. De acordo com Brinton: "Quando obteve esse resultado, ela pensou que havia cometido um erro na análise dos dados, afirmando 'não é possível que os homens norte-americanos casados vão para casa às 17h!'" O motivo é que mais japoneses saem do trabalho às 20h30 do que em qualquer outro horário, e para muitos o expediente vai até ainda mais tarde.[23] O habitual comprometimento total com o trabalho no Japão exige que os homens trabalhem sem parar; após o expediente, em vez de ir para casa, eles devem sair com seus colegas — por exemplo, para noites de karaokê, consideradas uma parte inseparável do trabalho. O vício — ou subjugação — no trabalho é uma epidemia nacional; na verdade, centenas de mortes por ano são atribuídas ao excesso de trabalho (*karoshi*). Um quinto dos japoneses trabalha cinquenta horas ou mais por semana.[24] Os trabalhadores muitas vezes não tiram os dias de férias remunerados a que têm direito, em decorrência de pressões implícitas ou explícitas de seus empregadores.[25]

A questão não é tanto por que a taxa de natalidade caiu, mas por que não atingiu um nível ainda mais baixo. Diante da situação, o governo japonês começou a instituir reformas. Em outubro de 2019, adotou uma nova política de educação gratuita para crianças de três a cinco anos e creche gratuita para famílias de baixa renda a partir dos dois anos (creches cobravam entre US$100 e US$800 por mês, dependendo se eram classificadas como privadas ou públicas). O Japão também reduziu os custos médicos para partos e está tentando aliviar a pressão no local de trabalho. Está até patrocinando "seminários para solteiros" e financiando festas para solteiros na esperança de aumentar o número de bebês.[26]

MUITAS PESSOAS NO JAPÃO DEFENDEM QUE, NAS CONDIÇÕES ATUAIS, as metas do governo para a taxa de natalidade revelam a mentalidade estreita do establishment patriarcal do país. Ueno Chizuko, uma socióloga que a imprensa local chama de "a feminista mais conhecida" do Japão, me ofereceu sua posição sobre o assunto logo no início de nossa reunião em seu escritório em Tóquio. "Não entendo qual é o problema e por que ele é importante para você", disse. Para ela, o simples fato de levantar a questão da "necessidade" de filhos é motivado por impulsos patriarcais. Certa vez, Chizuko publicou um artigo mostrando que a taxa de natalidade está despencando em todos os antigos Estados do Eixo — Alemanha, Itália e Japão. Nele, ela argumentou que se tratava de uma rebelião contra o masoquismo beligerante enraizado nessas sociedades.[27] Em suas palavras: "A primeira pergunta que você precisa fazer a si mesmo é para quem a taxa de natalidade é importante. Porque, no final das contas, ter filhos é uma decisão pessoal. A resposta é que isso só importa para o governo, os empregadores e outros elementos que desejam o crescimento econômico japonês. Eu pertenço ao grupo de pessoas que se perguntam o que há de errado com uma população em declínio."

"Mas não será possível sustentar a população mais velha e a estrutura social entrará em colapso", argumentei. "O tamanho da população muda", disse ela. "Mesmo que a população diminua, por que isso é importante? Na pior das hipóteses, outras pessoas virão. O tamanho da população pode crescer naturalmente, por nascimentos ou por imigração. A população do Japão diminuiu porque o governo japonês está se concentrando apenas em encorajar as mulheres a terem bebês." Chizuko estava se referindo à política de imigração do Japão, que tradicionalmente quase proíbe estrangeiros de se estabelecerem no país. O Japão poderia ter se beneficiado com milhões de imigrantes de toda a Ásia, mas insiste em manter uma identidade nacional e étnica rígida e se recusa a naturalizar estrangeiros.

Como isso está relacionado à taxa de natalidade? Os jovens imigrantes, mesmo que não tenham educação e não possuam habilidades avançadas, contribuem para as economias pa-

O DESAPARECIMENTO DAS CRIANÇAS 239

gando impostos, comprando bens e tendo mais filhos do que a população em geral. Porém, assim é o Japão, onde muitos ainda se referem aos negros com a expressão local pejorativa, *kurombo*, e onde o governo está disposto a permitir a entrada de trabalhadores estrangeiros para cuidar de idosos, mas não está disposto a admitir isso em público.

Mesmo sem a imigração, diz Chizuko, o interesse do governo conservador e machista é manter todas as estruturas de poder atuais à custa das mulheres. "A maioria das mulheres que trabalha ocupa cargos não regulares", acrescentou ela, "e no Japão o fator central para ter filhos é a segurança econômica. Por não serem regulares, a maioria delas não voltará a trabalhar após o parto. O que temos aqui é a invenção de um modelo moderno de unidade familiar em que o homem sustenta a família e a mulher é apenas uma dona de casa, mas na vida tradicional japonesa não era assim. Todos trabalhavam, esposas e mães também, e a taxa de natalidade era alta. Recomendo uma viagem ao Sul do Japão e você verá que na agricultura ainda é assim".

De acordo com Chizuko, no Japão de hoje, ao contrário dos países escandinavos, não há opção de educar as crianças em estruturas públicas que exonerem as mulheres de seus papéis em casa. De fato, os gastos do Japão com educação como porcentagem de seu PIB estão entre os mais baixos dos países da OCDE. Os políticos conservadores não querem aumentar os impostos para criar uma economia de bem-estar social plena. Por outro lado, eles abominam os imigrantes que poderiam mudar a característica do país. Portanto, não há serviços baratos oferecidos por babás estrangeiras ou imigrantes e, pela mesma razão, não há ajuda doméstica fornecida por trabalhadores estrangeiros, como em muitas partes dos Estados Unidos.

O que Chizuko descreve é uma armadilha do capitalismo conservador — as mulheres sofrem discriminação no mercado de trabalho, os homens têm que trabalhar em horários exorbitantes que os impedem de serem pais ativos e as mulheres não têm segurança no emprego. Não há vontade de permitir a imigração em massa, o que tornaria mais fácil criar os filhos e cuidar da casa. A maioria das mães solo vive na pobreza. Os impostos não podem ser aumentados para pagar por um Estado de bem-estar social que permitiria o sustento das famílias. As mulheres acabam reféns — espera-se que sejam mães sem apoio e que aceitem um papel em um mercado de trabalho no qual não são tratadas como iguais. Quantas mulheres lendo isso estão pensando consigo mesmas que essa situação não se limita à Terra do Sol Nascente? Muitas, aposto. O relato de Chizuko é apenas um estudo de caso da experiência de mulheres e famílias em sociedades capitalistas típicas. Em outras palavras, não é uma história sobre o Japão. É sobre todos nós.

CAPÍTULO 12

"A Humanidade É o *Titanic*"

... Uma época em que as vantagens de não ter filhos fazem a maioria das pessoas sentir que até mesmo um único filho é um fardo.

— PLÍNIO, O JOVEM, SÉCULO PRIMEIRO E.C.

A taxa de fecundidade mundial caiu pela metade desde 1950 e continua a diminuir.[1] Muitos dos países do mundo estão passando por uma "crise de bebês": não nascem crianças suficientes para manter os níveis atuais da população.[2] Restrições econômicas e mudanças no estilo de vida não são as únicas razões pelas quais menos crianças estão nascendo — existem também causas fisiológicas. Estima-se que o crescimento da população mundial cesse em 2100, pela primeira vez na história moderna. O número de pessoas na Europa, na Ásia e na América do Sul começará a diminuir de forma lenta e, então, mais acelerada antes do fim do século, enquanto a África continuará sendo o único continente com altas taxas de natalidade. Junto com o aumento da expectativa de vida, a consequência é que a idade média global chegará a 42 anos no final deste século. Em 1950, era de 24 anos.

O declínio da taxa de natalidade nem sempre é considerado no contexto da globalização e da economia de mercado. No entanto, ele tem implicações abrangentes. Está ocorrendo no contexto de uma ordem mundial fragmentada. A falta de reposição humana afetará a próxima geração muito mais do que a ascensão ao poder de forças radicais ou populistas.

Independentemente da política, essas tendências demográficas anunciam uma mudança na composição das sociedades que afetará todos os aspectos da vida. O declínio no número de pessoas em idade produtiva e de eleitores jovens terá um grande impacto na economia, na política e na cultura de nações industrializadas, que antes veneravam a criação dos filhos. Desde a Revolução Industrial, as sociedades e as economias de mercado são estruturadas com base na premissa de que as populações continuarão a aumentar e que isso está intimamente ligado ao crescimento econômico. Esquemas de pensões de aposentadoria, política tributária, mercados de trabalho e valores políticos essenciais baseiam-se em grande medida nessa projeção.

Se a queda abaixo do nível de reposição (2,1) continuar — e mais ainda se ela se agravar —, haverá a necessidade de uma grande recalibração das políticas e instituições econômicas. Será uma crise para a sociedade de consumo capitalista. Mas ignorar a gravidade do problema sob o argumento de que uma população em declínio será favorável para o meio ambiente, ou apenas reconsiderar a política econômica de modo a levar em conta a nova situação demográfica, é menosprezar grande parte de sua importância. Essas abordagens se apressam em lidar com as repercussões do problema, ignorando seu significado mais profundo. O que significa quando as sociedades começam a encolher? O que isso diz sobre as pessoas que vivem nelas, suas famílias, sobre felicidade e saúde? A crise de fecundidade indica o quão insustentável a ordem global atual se tornou; ela impacta não só a economia e a política, mas também a *capacidade* das pessoas de formar famílias.

O Shinjuku Park é um ótimo lugar para ver as flores de cerejeira em Tóquio. Quando as árvores florescem, as famílias japonesas se reúnem para a tradicional contemplação e para fotografar as estonteantes flores cor-de-rosa. A grama continuava amarelada após os dias ainda frios do início da primavera, mas o parque estava repleto de crianças. Eu estava acompanhado de Mei (nascida Kyotani) e Asi Rinestine, uma japonesa e um israelense, ambos com trinta e poucos anos, que se conheceram e se casaram no Japão e na época esperavam o primeiro filho. Nós estendemos uma manta no gramado e eles explicaram por que a perspectiva de ter um filho é tão estressante no Japão.

Asi tem uma empresa local e Mei trabalha para uma grande empresa. Além do trabalho de gestão, ela também é modelo dos anúncios de alguns dos produtos que a empresa fabrica. Tem um excelente emprego regular que oferece todos os benefícios e estabilidade. Asi estava animado e ansioso com a aproximação do nascimento e Mei irradiava autoconfiança.

Conversamos sobre o trabalho dela. "Antes de engravidar, eu trabalhava das 8h à meia-noite, mais ou menos", me contou. Ela pegava o último trem para casa. "Eu dormia de quatro a cinco horas", lembrou. Então se levantava às 6h e ia trabalhar. Asi disse que ela trabalhava entre setenta e cem horas por semana.

Fiquei perplexo.

"É uma coisa de samurai", afirmou Mei. "Bushido. Você não reclama disso." Bushido é o código de honra do guerreiro japonês e continua sendo a base do *éthos* de lealdade e sacrifício que também são esperados nos locais de trabalho.

Mei disse que, quando contou aos colegas que estava grávida, "a reação foi positiva, mas alguns acharam que eu abandonaria minha carreira. Porque, quando tem um bebê, você trabalha menos horas, então é claro que não poderei trabalhar essas setenta horas por semana, certo?". Há outros problemas. Mei explicou que "a mãe ideal no Japão é a dona de casa. Portanto, se você usar serviços como babás, as pessoas pensarão que é uma mãe preguiçosa. Elas querem que você seja perfeita, uma supermãe. Quer trabalhar? Então tem que fazer todas as tarefas domésticas e também o seu trabalho, além de cuidar das crianças".

Asi disse que, com essas demandas no trabalho, é difícil encontrar tempo para ficarem juntos ou para intimidade. "Nossos pais voltavam do trabalho às 17h ou 18h, assistiam um pouco à TV e, às 21h, o que fariam?" Ele e Mei riram. "Sexo e crianças eram partes importantes da vida. Para nós há sempre algo acontecendo, 24 horas por dia. Algo bom acontecendo. Assim como internet, telefones celulares, dispositivos móveis, estamos conectados 24 horas e moramos em uma cidade que não dorme. E você pode viver uma vida plena e divertida, sem filhos, sem sexo."

Aparentemente, muitas pessoas se sentem assim. Embora desde 1914 a população mundial tenha crescido cerca de 6 bilhões, essa tendência será interrompida no final do século atual.[3] Na Coreia do Sul, Polônia, Espanha, Romênia, Tchecoslováquia, Rússia, Itália, Alemanha e Grécia, por exemplo, as taxas de natalidade são semelhantes ou inferiores às do Japão. Em 2018, a taxa total de fecundidade nos Estados Unidos atingiu o mínimo histórico de 59 nascimentos a cada mil mulheres, uma queda de 15% desde 2007.[4] Não é um caso exclusivo de países desenvolvidos. No Irã, em 1985, a taxa de fecundidade era uma média de seis filhos por mulher. Hoje, é de 2,1. Em 1960, no mundo todo, cada mulher deu à luz, em média, cinco filhos. Hoje, o número é 2,45.[5] O único continente em que a taxa de natalidade permanece alta é a África.

A Europa já está passando por uma crise muito real. A taxa de natalidade da Espanha, ainda menor que a do Japão, combinada com a crise econômica e a emigração, fez com que a população do país diminuísse entre 2012 e 2018. A população

"A HUMANIDADE É O TITANIC" 245

de Portugal tem diminuído desde 2010 e prevê-se que seja 10% menor até 2050.[6] Simultaneamente, a urbanização está acelerando em todo o globo, de modo que as sociedades estão mudando de outras maneiras, ao mesmo tempo que geram menos filhos. Por exemplo, na região autônoma da Galícia, na Espanha, cerca de 1.800 aldeias estão abandonadas por causa da população cada vez menor e da migração para as grandes cidades. Na Espanha, como um todo, existem quase 3.500 dessas vilas e cidades.[7] Um fato impressionante é que, em 2017, os líderes da Itália, Alemanha, França e Grã-Bretanha não tinham filhos.

Segundo John Caldwell, um dos principais demógrafos do mundo, estamos testemunhando "a globalização do comportamento da fecundidade". O declínio da fecundidade iniciado no final da década de 1950 ocorreu em países onde viviam 80% da população mundial; "a gama de populações envolvidas no declínio era imprevisível e sem precedentes", escreveu Caldwell. Ele enfatizou um ponto — é a primeira vez na história que ocorre uma mudança na taxa de natalidade em escala global, e não regional. "Parece provável que essa quase simultaneidade tenha sido produto das mesmas forças em todos os lugares", afirmou.[8]

As forças envolvidas são a Revolução Industrial, a revolução da informação, a globalização, a ascensão dos valores liberais, o aumento dos níveis educacionais, a urbanização e a mudança da posição das mulheres.

O declínio das taxas de natalidade em todo o mundo não está meramente vinculado à globalização — ele é uma de suas manifestações mais importantes. Mais do que nunca, a decisão mais significativa que os humanos tomam em todos os lugares, de trazer crianças ao mundo, é afetada por fatores globais. Com as interconexões cada vez mais potentes, isso não deveria ser uma surpresa. É possível que a queda na taxa de natalidade seja apenas temporária e cesse quando nossa espécie retornar a números mais sustentáveis. Mas, mesmo que isso aconteça, a população será mais velha do que no passado recente e, na média, mais velha do que nunca.

Entre 2000 e 2016, a expectativa de vida aumentou em média 5,5 anos.[9] Sociólogos europeus falam de uma gerontocracia continental, governada por idosos. Em 2018, a idade média dos europeus já era de 42 anos. Em um relatório emitido em 2019, o Banco de Compensações Internacionais argumentou que "a cisão política do futuro será entre os idosos tentando proteger sua rede de seguridade social e a população em idade ativa tentando assegurar seus rendimentos líquidos reais".[10] Três fatores — declínio na fecundidade; aumento na longevidade e nas despesas com saúde; e declínio na participação da força de trabalho — ameaçam o sonho da aposentadoria, uma das promessas fundamentais da economia de mercado do pós-guerra. Os valores e as políticas da Era da Responsabilidade resultaram em grande parte do aumento repentino da taxa de natalidade no pós-guerra. O baby boom aumentou o número de trabalhadores, e os filhos dessa geração produziram e consumiram em níveis que acarretaram meio século de prosperidade. Os boomers que a geraram esperam viver em uma aposentadoria confortável, mas essa era acabou.

A revolta contra a globalização e seus valores é em parte um reflexo da tensão geracional. Os pais sentem que trabalharam a vida toda e conquistaram o direito à estabilidade política e econômica e, principalmente, às aposentadorias. Os jovens veem seus impostos sendo destinados a suprir as necessidades da geração mais velha e enfrentam a escassez de empregos, pois os idosos têm estabilidade e não têm pressa em se aposentar. Além disso, os empregos que encontram não oferecem a segurança de que seus pais desfrutavam. Em 2013, o ministro das Finanças do Japão, reagindo à longevidade dos idosos de seu país, disse que eles deveriam "se apressar e morrer".

Uma Sociedade de Mamíferos em Crise

A queda substancial na taxa de natalidade do mundo é um fenômeno trágico de nosso tempo.[11] Para muitos leitores, pode parecer uma boa notícia. Afinal, o mundo está superlotado e, mesmo que a fecundidade diminua, ele continuará a ser ocupado por cada vez mais seres humanos no curto prazo — de acordo com as tendências atuais, estima-se que a população aumente para 10 bilhões antes de se estabilizar. O aumento da população humana agrava mudanças climáticas catastróficas, a destruição de habitats naturais, o colapso da diversidade biológica e a poluição da atmosfera, hidrosfera e litosfera. Frear a multiplicação da espécie humana parece ser vital para o futuro do planeta.

Porém, uma população em declínio também é um desafio assustador para o *Homo sapiens*. Não temos um modelo comprovado de como manter uma sociedade moderna com um número decrescente de membros. A Alemanha, por exemplo, é considerada uma nação industrializada estável, mas sua taxa de natalidade é quase igual à do Japão. O Escritório Federal de Estatística da Alemanha projeta que, em 2030, a força de trabalho alemã diminuirá em 5 milhões e que, em 2060, será apenas 75% do que é agora.[12] Um estudo da fundação alemã Bertelsmann mostra que, para compensar o envelhecimento da população e a queda na taxa de natalidade, a Alemanha precisará receber meio milhão de imigrantes por ano.[13] Dada a atual agitação sobre os refugiados vindos do Oriente Médio, as chances de a Alemanha concordar com essa estratégia são nulas. Se a taxa de natalidade continuar a cair, em 2060 haverá apenas 1,8 trabalhador alemão para cada aposentado.

O governo precisará aumentar os impostos ou reduzir os benefícios sociais, o poder de compra diminuirá e empregos desaparecerão. A cultura de consumo capitalista não será sustentável e a economia — na Alemanha e em outros lugares — entrará em uma estagnação semelhante ou pior do que a da economia japonesa nos últimos vinte anos.

A perspectiva de declínio fomenta a extrema direita, que busca fervorosamente aterrorizar o público com profecias de catástrofes iminentes. Em 2017, o partido extremista alemão AfD espalhou cartazes retratando uma mulher branca grávida. A legenda era: "Novos alemães? Nós mesmos os faremos." Em 2018, Matteo Salvini, líder da Liga do Norte da Itália, de extrema direita, perguntou: "Somos um país em extinção? Infelizmente, sim."[14] Os partidos de centro nas democracias são tão cautelosos em tocar nas questões de reprodução que deixaram um vácuo para os nacionalistas, que têm muito a ganhar com a crise de fecundidade. À medida que enfrentam o declínio do número de nascimentos, os países ricos precisam de imigrantes para sustentar o crescimento; um número cada vez maior de imigrantes alimenta os medos e as ameaças percebidas pelos eleitores, levando-os a apoiar partidos nacionalistas e xenófobos.

CONSERVADORES, RELIGIOSOS E OUTROS TENDEM A VER A CRISE DE fecundidade como um presságio da ruína. De acordo com George Alter e Gregory Clark: "Novos produtos e novos estilos de vida nas crescentes sociedades metropolitanas criadas pela Revolução Industrial ampliaram as opções. As famílias ricas responderam consumindo mais desses novos produtos e serviços, em vez de gerar filhos."[15] Enquanto Clark e Alter apresentam isso como uma observação, para os conservadores é uma acusação.

Lord Jonathan Sacks, o ex-rabino-chefe da Grã-Bretanha e um importante líder religioso judeu na Europa, advertiu em 2016: "Os historiadores contemporâneos da Grécia e da Roma Antigas viram suas civilizações começarem seu declínio e sua ruína", disse para o *Telegraph*. "Tanto os gregos quanto os romanos atribuíam isso à queda nas taxas de natalidade, pois ninguém queria assumir a responsabilidade de criar filhos. Eles estavam muito focados em aproveitar o presente para fazer os sacrifícios necessários à construção do futuro."[16] Ele alertou: "A Europa morrerá por causa disso... Ela só conseguirá manter sua população com níveis de imigração sem precedentes."

Líderes defensores da tradição, do Império Romano até os líderes religiosos do século XXI, tendem a culpar o hedonismo pelo declínio das taxas de natalidade. Mas não há dados empíricos para apoiar essa afirmação. Pesquisas demonstram que as pessoas estão tendo menos filhos porque estão tomando decisões racionais sobre educação, empregos e planejamento familiar. Por exemplo, o aumento do nível de educação das mulheres está correlacionado com o fato de elas terem menos filhos. Um estudo que examinou as flutuações em setenta países ao longo de 130 anos, a partir de 1870, descobriu que a educação "tem sido o principal determinante socioeconômico da transição demográfica".[17] Quando as meninas começam a ter acesso à educação fundamental — ou seja, seis anos de escolaridade —, isso acarreta um declínio de 40% a 80% na taxa de natalidade. Um estudo conduzido na Nigéria constatou que cada ano adicional na educação de meninas leva a um declínio de, em média, 0,26 no número de filhos que elas terão.[18] As convenções sobre o tamanho da família mudam mais rapidamente se as mulheres aprendem a ler e escrever. Nos estados da Índia onde a taxa de analfabetismo está diminuindo, cada vez mais pessoas acreditam que uma família menor é mais feliz.[19] As mulheres se fortaleceram com o enfraquecimento das normas patriarcais repressivas, seguido pelo uso crescente de anticoncepcionais e pelo acesso legal e prático ao aborto.

O economista Gary Becker sugeriu que o desejo de ter um filho deve ser tratado como uma demanda por um bem, que acarreta um preço a ser pago.[20] Quando o valor econômico da educação aumenta, há um incentivo para investir em boa educação para menos crianças, em vez de investir uma pequena quantia na educação de muitas crianças. Quando uma sociedade muda da economia agrícola para a industrial, torna-se mais vantajoso investir em qualidade. À medida que as mulheres ingressam na força de trabalho, ter filhos acarreta um custo duplo — não apenas o custo de criá-los, mas também o da oportunidade, ou seja, o dinheiro que a mulher poderia ter ganhado durante o tempo que dedicava aos filhos.

Outro fator é a queda da mortalidade infantil. Alguns pesquisadores afirmam que existe uma conexão causal entre o declínio da mortalidade infantil e a decisão dos pais de ter menos filhos.[21] Em outras palavras, as pessoas têm muitos filhos porque acham que alguns deles morrerão. Quando se convencem de que o sistema de saúde e suas vidas são estáveis e seguros, a tendência é a redução na taxa de natalidade. Antes da idade moderna, mais de um terço das crianças morria antes dos cinco anos de idade, e as famílias, especialmente no mundo em desenvolvimento, procuravam se "assegurar" contra a perspectiva de ficar sem filhos, gerando mais, um fenômeno ao qual a pesquisa se refere como "acumulação de crianças". Os países pobres experimentam um salto temporário na taxa de natalidade quando a dieta e o saneamento melhoram, pois leva tempo para as pessoas perceberem que, como seus filhos estão sobrevivendo, elas não precisam ter tantos. Quando percebem isso, a taxa de natalidade do país diminui.

MULHERES EDUCADAS GANHAM MAIS, E SUAS FAMÍLIAS DESFRUTAM de um padrão de vida mais elevado. Anticoncepcionais estão disponíveis e cada vez mais mulheres podem tomar as próprias decisões em relação a seus corpos. A mortalidade infantil está diminuindo. Todas essas são explicações positivas para o porquê de a média atual por família ser de dois a três filhos em sociedades que antes era de cinco a seis. Mas o que acontece quando uma sociedade começa a encolher lentamente em decorrência de uma economia estagnada e encara a perspectiva de um futuro sombrio devido à diminuição de sua força de trabalho?

E, mesmo que a economia mantenha o crescimento e os bons padrões de vida, uma sociedade que está desaparecendo lentamente pode ser considerada saudável ou bem-sucedida?

Primeiro, uma distinção precisa ser feita entre um declínio na taxa de natalidade e um longo período em que a taxa de natalidade permanece abaixo da taxa de reposição. A diferença entre uma taxa de 1,7 filho e de 2,1 filhos por mulher é de grande importância para a sobrevivência de uma espécie.

O uso de termos zoológicos para explicar o fenômeno é deliberado. De acordo com as projeções de demógrafos e sociólogos, é quase certo que esse declínio acelerará. Parece razoável fazermos as mesmas perguntas sobre o crescimento humano que os biólogos populacionais fazem ao estudar uma sociedade de mamíferos que não se reproduz efetivamente na natureza ou em cativeiro. Por que uma população para de se reproduzir? É porque não consegue obter os recursos de que necessita? É devido a problemas fisiológicos causados por, digamos, poluição ou mudanças climáticas? É o resultado de excesso de estresse? A estrutura hierárquica dessa sociedade de mamíferos dificulta a reprodução? Existe algum fator externo que exerce pressão sobre essas estruturas sociais, causando declínio populacional?

O motivo mais evocado é que mais homens e mulheres estão adiando os filhos para os trinta ou quarenta anos, quando a concepção e a gravidez podem ser mais difíceis. Porém, os dados indicam que ambos os sexos também enfrentam problemas de fertilidade. Uma metanálise publicada em 2017, conduzida pela Universidade Hebraica de Jerusalém junto com o Mount Sinai Hospital em Nova York, descobriu que, entre os anos de 1973 e 2011, a contagem de espermatozoides dos homens nos países ocidentais diminuiu para cerca da metade. Com base em dados de 185 estudos revisados por pares, publicados ao longo de quatro décadas, também demonstrou que a degeneração do sêmen humano está se acelerando.[22] Não havia dados suficientes da África ou da Ásia, mas uma série de estudos publicados nos últimos anos indica que os números são semelhantes.[23] De acordo com o principal autor da metanálise, Dr. Hagai Levine, professor de epidemiologia da Universidade Hebraica, as descobertas são um "alerta urgente".[24]

O estudo não examinou as causas desse fenômeno, embora estudos anteriores tenham associado a contagem reduzida de espermatozoides à exposição a produtos químicos, pesticidas, tabagismo, estresse mental e obesidade. Existem muitas outras teorias também — talvez haja uma conexão com a presença de dispositivos eletrônicos ao redor dos homens, com o ligeiro aumento nas temperaturas globais provocado pelas mudanças climáticas ou até mesmo com alguma substância ainda não identificada no ambiente que tenha um impacto extremo na fertilidade. "Neste momento, a espécie humana é como o *Titanic* um momento antes — ou até depois — da colisão", disse Levine.[25] Ele acrescentou que a fertilidade humana é sensível e facilmente prejudicada, tanto em homens quanto em mulheres. Uma pequena anomalia, como o estresse, pode causar alterações no sistema endócrino, que, por sua vez, podem acarretar um desenvolvimento defeituoso que se expressa na vida adulta. Uma contagem reduzida de espermatozoides está mais relacionada ao tabagismo da mãe durante a gestação do que ao fato do próprio homem começar a fumar aos dezoito anos.

Levine sugeriu que as mudanças sociais também podem afetar o sistema endócrino humano, não apenas os poluentes, embora enfatize que isso é especulativo. "Como é válido em relação aos animais, talvez se aplique aos humanos também", afirmou. "Pode ser que o próprio fato de morar em uma cidade — com suas interações sociais típicas, onde vemos um número enorme de pessoas, mas nossas conexões com elas são diferentes das interações que caracterizam as tribos, as famílias extensas ou os pequenos grupos — nos afete em termos hormonais e, portanto, tenha um impacto em nossa contagem de esperma. Isso é outra coisa que precisamos investigar."

Ele disse que esses problemas se tornam alarmantes para a saúde pública somente depois que atingem um ponto crítico. Esse seria o caso se os pais conseguissem engravidar com dificuldade, mas seus filhos não engravidassem em hipótese alguma. Um estudo recente comparou a contagem de espermatozoides de jovens e de seus pais e descobriu que os pais, que estavam na casa dos cinquenta, tinham melhor qualidade de esperma. "Imagine que a altura ou o QI despencasse 50% em apenas algumas décadas", esclareceu Levine. "Temos um marcador biológico de sobrevivência que vem passando por uma mudança dramática semelhante." Estudos recentes têm demonstrado que a baixa qualidade do esperma é um marcador de aumento do risco de morbidade e mortalidade. De todo modo, Levine não tem dúvidas de que a mudança é duradoura. "Mesmo se revertermos o processo agora, não há garantia de que veremos bons resultados. O declínio pode continuar por muito tempo."

O Conto da Aia

Parece o início de uma temporada de *O Conto da Aia*, a série de televisão baseada no livro homônimo de Margaret Atwood. O romance é compreendido como uma alegoria do status da mulher na sociedade contemporânea, porém, à medida que a taxa de natalidade cai, essa narrativa não parece mais meramente alegórica. Meimanat Hosseini Chavoshi, um demógrafo iraniano-australiano, foi preso no Irã em 2018 por publicar um trabalho sobre o declínio acentuado do número de nascimentos no país. O líder espiritual do Irã, Ali Khamenei, está preocupado com o declínio da fertilidade. Assim, o governo não só prende os demógrafos (Chavoshi foi libertado em 2019) como também incentiva a poligamia, dificulta o divórcio, aumenta artificialmente o preço das pílulas anticoncepcionais e permite o casamento infantil. Nenhuma dessas medidas aumentou significativamente a taxa de natalidade na última década, mas elas condizem com a teocracia patriarcal iraniana e da República de Gilead, de Atwood. Na Hungria, o governo nacionalista de Viktor Orbán clamava por "bebês húngaros" e "valores cristãos" em uma tentativa de aumentar a taxa de natalidade (a taxa de fecundidade atual é de 1,5 filho por mulher) por meio de subsídios habitacionais e três anos de licença-maternidade.

As sociedades democráticas relutam em interferir ou tentar influenciar as escolhas reprodutivas dos indivíduos. Vincular essas escolhas aos interesses nacionais tem grandes repercussões morais e evoca espectros de regimes totalitários e autoritários. Na verdade, não ter filhos não é errado do ponto de vista ético, e o nível de reposição não pode se tornar uma exigência legal ou moral para casais em uma sociedade liberal. No entanto, a preocupação dos governos é tão grande que agora eles estão entrando no ramo casamenteiro. A taxa de natalidade na Coreia do Sul é a mais baixa de todos os

"A HUMANIDADE É O TITANIC" 255

países em desenvolvimento — menos de um nascimento por mulher (0,98)[26] — e, desde 2006, o governo investiu mais de US$130 bilhões em uma tentativa desesperada de aumentá--la.[27] Ele paga pelo parto e reembolsa as mulheres por alguns dos custos. As universidades do país oferecem cursos eletivos sobre sexo, amor e relacionamentos saudáveis que exigem que os alunos namorem colegas de classe. O Estado subsidia casamenteiros locais e atividades sociais e culturais que promovem encontros de solteiros, oferece bônus a casais com bebês e realiza campanha educacional para incentivar nascimentos.

Nenhuma dessas políticas foi especialmente eficaz. Quando questionados sobre por que não estão tendo filhos, ou mais filhos, os sul-coreanos costumam citar o ônus financeiro. Eis um exemplo: as famílias em Seul gastam 16% de sua renda com professores particulares para seus filhos em idade escolar. Jovens coreanos estão renunciando ao namoro, ao casamento e aos filhos. Eles se referem a si próprios como geração *sampo* ("renunciante").

Ao longo da história, governantes experimentaram políticas de taxa de natalidade, visando aumentar ou reduzir suas populações ou partes específicas delas. Políticas diferentes do assassinato em massa geralmente fracassaram. O Império Romano enfrentou taxas de natalidade decrescentes entre suas elites ao longo dos séculos, o que, segundo alguns relatos, foi um fator contribuinte para sua queda. Em 18 A.E.C., o imperador Augusto promulgou uma lei que criava incentivos para os cidadãos romanos que se casassem e tivessem filhos, e impunha sanções aos que não o fizessem. A lei, *lex Iulia de Maritandis Ordinibus*, procurou promover a pureza dos romanos proibindo os membros da nobreza de se casarem com prostitutas ou ex-escravizados. Foi um fracasso. "Não ter filhos permaneceu em voga", escreveu o historiador romano Tácito um século depois. Não se sabe por que a taxa de natalidade em terras romanas era tão baixa, visto que as pessoas que ali viviam gozavam de relativa segurança e estabilidade. Alguns historiadores da Roma Antiga alegam que o motivo foi o colapso da família como instituição e uma cultura decadente. Outros sugerem que o chumbo liberado pelos utensílios de cozinha envenenou os romanos e causou esterilidade. Alguns culpam até a prática aristocrática de tomar longos banhos em água muito quente, o que esses estudiosos alegam ser prejudicial à qualidade do sêmen produzido pelos homens.[28]

Exemplos não faltam. Quando o Japão estava sob regime militar ao longo da década de 1930 e durante a Segunda Guerra Mundial, o governo incentivou os cidadãos a terem filhos para fornecer soldados para o império. O esforço falhou. Depois da guerra, quando o Japão estava devastado e pobre e o governo não adotou políticas pró-natais, o país teve um enorme baby boom. Quando os nazistas chegaram ao poder na Alemanha, eles estavam preocupados com a baixa taxa de natalidade, mas, apesar de uma série de planos governamentais, alguns deles brutais, a taxa de natalidade em 1938 era baixa, quase igual à média mundial de hoje.[29] A consolidação do Estado-nação centralizado, aliada à tecnologia moderna, pode parecer uma oportunidade para moldar as decisões reprodutivas. A política do filho único da China parece ser um exemplo bem-sucedido dessa engenharia social. O governo chinês acreditava que a principal forma de colocar o país no caminho da industrialização rápida era reduzir sua enorme e pobre população. A política proibia os casais nas grandes cidades de ter mais de um filho; em outros lugares, que abarcavam cerca de metade de todos os habitantes do país, era permitido ter dois filhos. As punições por violar esse decreto foram severas, incluindo prisão, esterilização e abortos forçados. A história moderna não testemunhou outra tentativa tão cuidadosamente planejada e agressiva de moldar a demografia humana.

Era uma política draconiana, mas o partido alegou fortes motivos para isso. Oitenta por cento dos habitantes viviam em extrema pobreza. Era de conhecimento geral que a origem dos problemas do país era a pobreza, que, por sua vez, era causada pelo fato de recursos limitados estarem sendo distribuídos para uma população crescente. Durante as quatro décadas de vigência da política do filho único, a taxa de natalidade diminuiu drasticamente; ela foi revogada em 2016 porque a taxa de natalidade havia caído demais. Em 1970, a mulher chinesa tinha em média 5,7 filhos. Hoje, o número é de 1,6–1,7 e, em 2020, o país registrou o menor número de nascimentos desde 1961, embora a população tenha crescido cerca de 680 milhões desde aquele ano. A China agora sofre de um "buraco demográfico" devido ao declínio na taxa de natalidade, e as implicações para a força de trabalho e o crescimento econômico são assustadoras.

Na verdade, não está claro se o número de nascimentos foi reduzido por causa das políticas do governo e das sanções impostas. Uma comparação da sociedade chinesa com outras sociedades com taxas de natalidade análogas mostra que, durante o período, a tendência de queda foi semelhante. Enquanto a China usou meios agressivos para reduzir o número de nascimentos, Taiwan, onde o governo desejava que sua população crescesse, também experimentou um declínio acentuado. Outros modelos de taxa de fecundidade e de natalidade mostram que "em outros países sem uma política de filho único, a taxa de natalidade também diminuiu, e caiu abaixo do nível previsto para a China".[30] Se isso for de fato verdade, então o governo comunista chinês criou um sistema drástico e brutal, mas ineficaz, para supervisionar e limitar os nascimentos. O mesmo ocorreu — às vezes em grau ainda maior — em países cujos governos se abstiveram de intervir no que acontecia na intimidade de seus cidadãos.

Uma consequência não intencional e terrível da política comunista chinesa foi o estímulo ao ressurgimento do costume de assassinar meninas. Isso não acontecia apenas na China — o infanticídio feminino era uma prática familiar em todo o mundo antigo. "Ainda estou em Alexandria", escreveu um romano estacionado no Egito para sua esposa na capital imperial. "Imploro e suplico que cuide de nosso filho pequeno e, assim que receber meus proventos, eu os enviarei para você. Nesse ínterim, caso dê à luz (desejo boa sorte!), se for um menino, deixe-o viver; se for uma menina, a exponha."[31] Isso significava abandoná-la e deixá-la morrer.

A estimativa é que, durante a década de 1980, cerca de 200 mil meninas foram assassinadas na China a cada ano, e outras centenas de milhares foram abandonadas. À medida que as intervenções médicas se tornaram mais acessíveis, os pais passaram a evitar o nascimento de meninas, por exemplo, com exames de ultrassom para determinar o sexo do feto, recorrendo ao aborto caso fosse menina. Situação semelhante ocorre no subcontinente indiano. Na China, o resultado foi um grande desequilíbrio nas proporções entre os sexos. Entre os habitantes da República Popular da China com menos de 25 anos, há 115 homens para cada 100 mulheres; no país como um todo, há 34 milhões de homens a mais do que mulheres.[32] Isso pode ter um efeito desestabilizador em toda a Ásia. Sociedades com grande maioria masculina tendem a sofrer violentas crises internas que podem acarretar conflitos.[33]

Os líderes políticos em todo o mundo estão alarmados com a baixa taxa de natalidade, não apenas por causa da diminuição da população e do desastre fiscal que ela pode gerar. Além de possibilitarem que uma sociedade cresça e prospere, de modo mais significativo, as crianças são fundamentais para a experiência humana. O desaparecimento ou a diminuição da presença de crianças em uma sociedade é presságio de um futuro conturbado. A percepção de uma ameaça à instituição familiar pode gerar tensões políticas, levando à violência e ao fundamentalismo.

A Aldeia dos Bonecos, 2015

Nagoro é um vilarejo "no limite". Essa é uma expressão japonesa que significa "à beira da extinção". Para chegar lá, você precisa voar de Tóquio até Shikoku, a menor e menos populosa das quatro principais ilhas do Japão. Do aeroporto, dirigimos até as montanhas. É um percurso bonito, mas difícil. Flocos de neve esparsos derretiam no para-brisa, enquanto passávamos por vilas tradicionais e tranquilas. Quanto mais alto o carro subia, menos pessoas víamos.

Por fim, chegamos a uma pequena aldeia ao lado de um grande rio. Estava muito frio, mas o céu estava límpido. Nos últimos anos, Nagoro ganhou fama no Japão como a "Aldeia dos Bonecos", e a primeira vista das casas e dos campos mostra por quê. Os bonecos, que parecem espantalhos, estão por toda parte. Eles aguardam em grupos nos pontos de ônibus. Descansam sob as árvores. Empunham enxadas nos campos, vestindo chapéus para se proteger do sol. Há um boneco sentado em uma grande pedra na margem do rio, segurando uma vara e equipado com apetrechos de pesca. Os rostos são feitos à mão e eles usam roupas humanas. É algo impressionante, quase assustador.

Ayano Tsukimi, de 66 anos, é a criadora dos bonecos. Ela voltou para a aldeia de seus pais há muitos anos e observou o declínio. Os idosos estavam morrendo. A maioria das crianças havia partido. O último nascimento ocorreu em 2001. Tsukimi permanece lá com o pai; há outros vinte habitantes da aldeia.

O pai dela tem 86 anos e, durante nossa visita a Nagoro, ele cuidava de seu pequeno canteiro de batatas.

A mulher me contou que decidiu fazer os bonecos semelhantes a pessoas reais que partiram. Cerca de 350 estão espalhados pelo pequeno vale onde fica a aldeia. Muitos deles habitam a escola local. Atravessamos uma ponte sobre o rio para chegar ao prédio que é o centro da comunidade de qualquer aldeia japonesa. Hoje desprovido de seres humanos reais.

Tsukimi limpa assiduamente a escola e garante que tudo esteja em boas condições. Ela trouxe uma chave para destrancar a corrente da porta. A escola é de dimensões generosas, bem equipada, com um grande parque infantil que causaria inveja em qualquer escola. Bonecos de professores e alunos povoam as salas de aula. Funcionários fictícios se sentam na sala dos professores, saboreando um chá imaginário. Os balanços do parquinho estão desertos, e às vezes são embalados pela brisa suave. Tsukimi me disse que sente falta do som das crianças, mas que, de modo geral, não acha que sua instalação de bonecos nasceu da solidão. "Eu gosto" de fazê-los, afirmou.

Após visitar a escola, passeamos pela rua principal do vilarejo, paralela ao rio, para ver mais dos bonecos tão humanos que Tsukimi confeccionou com tanto cuidado. Ela não fala muito. Em nosso contato prévio, aconselhou-nos a levar comida, pois não há restaurantes ou postos de gasolina em um raio de vários quilômetros de carro. Quando percebeu que não levamos nada, ela nos convidou para a modesta casa que divide com o pai. É uma estrutura baixa, cheia de fotos. Também é quente, construída em torno de um fogão a carvão, feito de ferro fundido e com chaleiras de prata em cima. Refugiados do frio lá de fora, sentamo-nos no chão ao redor do fogão, e Tsukimi nos serviu comida local simples e saborosa — batatas cozidas acompanhadas de missô misturado com flores da montanha, *oniguiris* (bolinhos de arroz) polvilhados com um tempero amarelo e, claro, um *tamago* (omelete).

Algumas semanas depois de minha visita à despovoada aldeia japonesa, houve um desastre no Mar Mediterrâneo. Cerca de setecentas pessoas morreram afogadas em questão de dias, enquanto tentavam fazer a travessia de barco e balsa da Líbia para a Itália. A marinha italiana resgatou algumas, levando-as, exaustas e traumatizadas, a Lampedusa, uma minúscula ilha do Mediterrâneo central que faz parte da Itália.

Um elemento da crise global de refugiados é que a taxa de natalidade permanece alta na África, o que significa que o continente vem lutando contra um baby boom na última década. Para cada cem trabalhadores adultos na África, há 73 crianças com 15 anos ou menos que precisam de abrigo e alimentação.[34] Assim, muitos africanos são impelidos a rumar para o Ocidente, onde esperam encontrar uma vida melhor e ganhar uma renda decente. Não é apenas uma questão de melhorar o padrão de vida — é a melhor maneira de sobreviver. Em 2050, quatro em cada dez crianças com menos de cinco anos no mundo serão africanas. Elas viverão em locais com infraestrutura insuficiente e estradas deterioradas, em cidades retalhadas construídas pelos colonialistas.

Há uma incongruência cruel entre uma aldeia japonesa praticamente deserta, repleta de bonecos — com uma escola maravilhosa e bem equipada, mas vazia —, e os africanos que, em busca de um novo futuro, arriscam a vida em botes infláveis, movidos pelo desespero para encontrar um lugar seguro para viver. A globalização impulsiona e acelera tanto as pressões econômicas sentidas pelos japoneses e outras sociedades modernas, que contribuem para a crise da taxa de natalidade, quanto a elevação dos padrões de vida e a explosão populacional na África.

Em um mundo de globalização irrestrita, Nagoro não permaneceria vazia. É verdade que os imigrantes raramente se dirigem para as áreas rurais, preferindo, pelo menos no início, os centros das cidades. Mas, muitas vezes, sua chegada faz com que os habitantes estabelecidos se mudem para os subúrbios e áreas periféricas. Se os movimentos populacionais funcionassem com eficiência, dezenas de milhões de africanos se reinstalariam na Europa e pessoas de Bangladesh, China e Vietnã inundariam as ilhas japonesas. Se as sociedades não conseguem crescer por meio de famílias locais, ordena a globalização, o crescimento virá graças às famílias imigrantes.

Porém, os japoneses não querem viver em um Estado global, com um governo mundial lhes dizendo que a voz das crianças ecoará novamente em suas aldeias vazias, desde que essas crianças sejam negras ou chinesas. Por outro lado, eles querem que suas aposentadorias sustentem sua velhice prolongada — a mais longa do mundo — tendo apenas 1,36 filho por mulher.

Desde que visitei Nagoro em 2015, a Aldeia dos Bonecos se tornou um ponto turístico popular. Não é difícil entender o porquê — é um ótimo cenário para fotos de uma civilização em decadência. Naquela tarde, enquanto bebíamos um chá suave ao redor do fogão na pequena casa de Tsukimi, uma fina camada de neve caía sobre os bonecos em silêncio no campo.

Poucos meses depois, centenas de milhares de refugiados do Oriente Médio começaram a cruzar o Mediterrâneo, fugindo da guerra e das economias decadentes. Era o início da crise de refugiados da Europa.

CAPÍTULO 13

As Faces do Êxodo

Por que está aqui?
"Você sabe por quê."
Para onde quer ir?
"Para qualquer lugar."
— CONVERSA COM LILAN, REFUGIADA SÍRIA DE DEZESSETE ANOS

VERÃO DE 2015

Era fim de tarde. Eu estava parado nos trilhos da ferrovia na Hungria, na fronteira com a Sérvia. Centenas de refugiados caminhavam ao longo dos dormentes — mulheres com lenços na cabeça, vestidos pesados e escuros, bolsas nas mãos; rapazes vestindo camisetas, com os smartphones salientes no bolso de trás da calça jeans; meninas com os cabelos presos e brincos de argola, carregando mochilas como se estivessem prestes a fazer uma trilha no Himalaia; homens de meia-idade com óculos escuros, bigodes bem aparados e barrigas salientes; e crianças, inúmeras crianças. Algumas se agarravam às mãos de pais, irmãos ou irmãs. Os pais ou familiares carregavam as mais exaustas no colo ou nos ombros. Todos que ainda tinham forças para caminhar se arrastavam, com olhos vidrados e vazios. A maioria não estava faminta ou doente e poucos apresentavam sinais óbvios de ferimentos. Mas, quando questionados, muitos revelaram cicatrizes na barriga, nas costas ou nos pés, vestígios da entrada e da saída de bala; do estilhaço que dilacerou um dedo; da queimadura que deixou uma cicatriz que eles esperam que se apague, mas que provavelmente nunca desaparecerá.

Foi fácil identificar a procedência de cada um dos refugiados. Em sua maioria, os iraquianos parecem mais prósperos. Eles têm os celulares mais recentes e vestem roupas esportivas de marcas famosas. São os mais bem preparados e equipados dos migrantes, com todo o material de que precisam para a caminhada ao longo dos trilhos. Os afegãos eram os mais maltrapilhos e claramente os mais pobres. Mas a maioria dos refugiados eram sírios. Ao contrário de grande parte dos demais, eles pareciam ansiosos e alarmados.

Eram pessoas que deixaram suas casas em Bagdá, Raqqa, Aleppo ou Damasco algumas semanas antes. Na maioria dos casos, após cruzar o mar entre a Turquia e a Grécia, eles se dirigiram para o coração da Europa, de ônibus, trem ou carona. E, depois, foram impedidos de entrar nos trens. Pela primeira vez em sua jornada desde que cruzaram furtivamente a fronteira síria com a Turquia, eles precisavam continuar a pé. O calor era excruciante e a umidade sufocava. Artefatos da vida dessas pessoas estavam espalhados ao longo e ao lado dos trilhos: uma tradução para o inglês de um diploma da Universidade de Damasco, um pacote de fraldas, embalagens de doces, garrafas de água vazias e roupas de inverno supérfluas.

Apenas uma hora antes, os refugiados haviam cruzado a fronteira com a Hungria a pé. Depois de caminhar mais alguns quilômetros, foram presos pela polícia e colocados em um centro de detenção húngaro improvisado. Exaustos, eles se espalharam pela área verde dentro do campo. A polícia lhes deu garrafas de água, mas não havia sombra. Para os refugiados, a sombra é um bem precioso — quase tanto quanto água ou comida.

Havia uma cadeira de rodas em um alegre tom de vermelho largada ali perto. Quem a colocou ali, ao lado dos trilhos do trem? Como alguém poderia tê-la empurrado por todo o campo? E o que aconteceu ao sírio, afegão ou iraquiano a quem ela pertencia?

Os refugiados não fazem esse tipo de pergunta. Eles apenas sentam e esperam. Talvez fantasiem que um grande ônibus se materializará e os levará mais adiante — afinal, para aqueles refugidos ali, a Hungria era apenas uma estação intermediária em sua jornada para o norte, para a Alemanha ou a Suécia. Uma mulher e sua filha adolescente se aproximaram de mim. "Nós vamos morrer aqui", começou a garota em inglês, "estamos exaustas". A mãe acrescentou: "Queremos ir para a Alemanha." A filha explicou: "Merkel é uma boa mulher, ela ama o mundo inteiro."

As pessoas no gramado sabiam vagamente onde estavam. O importante era estarem em algum ponto ao longo de sua rota. Para elas, a Hungria era apenas mais um país nessa jornada. Mas a polícia húngara tinha ordens a cumprir: deveria deter todos os refugiados e, em seguida, levá-los para um campo de detenção, onde teriam as impressões digitais colhidas. O governo ultranacionalista da Hungria expediu uma resolução que proibia os refugiados de cruzar o país. Seus líderes esperavam marcar pontos políticos à custa desses estrangeiros.

Os refugiados temem a coleta de impressões digitais. Elas podem ser usadas para provar o óbvio — que eles não chegaram diretamente à Alemanha ou à Suécia, mas por meio de outro país europeu. Os migrantes acreditam que, amparados pela lei e por tratados internacionais, podem reivindicar o status de refugiados apenas quando estão chegando diretamente da Ásia — o que na maioria dos casos significa via Grécia. Qualquer país em que entrarem na sequência, como a Alemanha ou a Suécia, não tem obrigação de lhes conceder esse status. Embora isso seja tecnicamente verdade, na realidade a Alemanha e outros países, na época, estavam concedendo asilo a refugiados da Síria, mesmo quando sabiam que haviam entrado na Europa por meio de outro país.

Entretanto, os policiais húngaros desconheciam esses detalhes. Dois dos policiais mais jovens convidaram os refugiados para um jogo de futebol com uma bola de plástico improvisada, enrolada em fita adesiva branca. "Gostam de futebol?", perguntaram aos refugiados. Um dos meninos sírios estava vestindo uma camisa do Ronaldo. Os policiais começaram a demarcar um campo de jogo e a reunir as crianças para uma partida. Foi um gesto inocente; seria perfeito para um filme açucarado com uma cena piegas sobre como os esportes conseguem quebrar barreiras. Mas, no contexto da jornada empoeirada dos refugiados, o jogo tem um significado sinistro: vocês não vão a lugar algum tão cedo. Ficarão aqui por um bom tempo, então vamos jogar e agir como amigos.

Quase como um só, os refugiados se levantaram e começaram a caminhar novamente ao longo dos trilhos da ferrovia. "*Yalla ya shabab*", murmuravam uns para os outros. "Vamos, pessoal." Eles simplesmente ignoraram os jovens policiais húngaros no campo. Marcharam rapidamente, com urgência, temendo que os húngaros os detivessem.

Um pouco mais adiante, um pequeno grupo de refugiados parou e observou os policiais com aflição. Quando me aproximei, do nada, surgiu um cachorro ao meu lado. A maioria dos membros do grupo estava sentada em um monte de terra ao lado dos trilhos da ferrovia. Dois adolescentes, um menino e uma menina, se levantaram e me olharam em silêncio. Vestindo jeans e camisa listrada, a garota fazia desenhos na terra com os pés. Ela tinha uma tatuagem de clave de sol no pescoço e um piercing na sobrancelha esquerda. O jovem ao lado dela vestia uma jaqueta corta-vento da Nike. Perguntei o nome da garota. Ela me disse que se chamava Lilan, tinha dezessete anos e era de Aleppo. O garoto com a jaqueta da Nike permaneceu anônimo. Lilan me contou que era seu primo.

A conversa foi tão afiada quanto uma faca.

"Você pode me dizer de onde veio?"

"Da Síria. Passamos pela Turquia, Grécia, Macedônia, Sérvia e agora estamos aqui. A jornada é muito difícil." Ela deixou para trás o resto da família, incluindo seus irmãos, de dezesseis e vinte anos, em Aleppo.

"Por que está aqui?"

"Você sabe por quê." Lilan me deu um sorriso sarcástico. De alguma forma, a guerra transpareceu naquele sorriso.

"Para onde quer ir?"

"Para qualquer lugar."

Ela me perguntou o que os esperava agora que caminharam dezenas de quilômetros. Disse a ela que os húngaros logo tentariam detê-los. O jovem ao lado dela praguejou, se afastou e se sentou ao lado dos trilhos do trem. "Que Deus ajude o povo sírio", murmurou.

"O que você quer fazer na Europa?"

"Eu só quero estudar. E a vitória", respondeu ela.

"O que você quer dizer com vitória?"

"Síria, liberdade, vitória, estadia, comida, água, banho, tudo. É bem simples, mas não temos. Quero tudo isso. Tudo."

A conversa se encerrou sob o pesado fardo da esperança. A garota representa a síria liberal, com uma clave de sol tatuada na pele, perdida ao longo da fronteira entre a Sérvia e a Hungria.

"Você quer uma vida."

"Sim, uma vida absoluta."

Lilan e seu pequeno grupo retomaram sua jornada ao longo dos trilhos. Meu cinegrafista caminhou ao lado deles, filmando tudo. Perdemos contato um com o outro e não havia sinal de celular. Então, de repente, me vi impossibilitado de continuar a dirigir as gravações, e as pessoas à minha volta não eram mais material para uma reportagem de televisão. Pude simplesmente passar um tempo com elas.

Uma brecha se abriu na procissão de pessoas nos trilhos. As que já haviam atravessado continuaram caminhando; as que ainda não haviam chegado estavam muito distantes. Permaneci parado, procurando em vão pelo meu cinegrafista. Vi um menino, talvez de cinco anos, sentado nos trilhos. Suas roupas estavam limpas e bem cuidadas. Seu olhar estava fixo nas árvores ao nosso redor. Quem tem filhos conhece bem essa expressão. Significa cansaço absoluto. Por um momento, entrei em pânico; será que ele estava sozinho?

Em seguida, os pais apareceram. Ambos caminhavam cambaleantes, a cerca de oitocentos metros. O homem se aproximou, e, de perto, consegui ver que carregava uma criança em uma espécie de sling amarrado ao pescoço. *"Yalla ya ibni"*, disse ele ao menino exausto. "Vamos, filho." Quando o homem passou por mim, percebi por que insistiu para que o menino se levantasse e andasse sozinho. Havia um segundo bebê preso a um sling nas costas do pai.

O menino se recusou a se levantar e o homem parou ao seu lado, as forças exauridas. De repente, chegou um garoto mais velho, de cerca de dez anos. O pai, com um suspiro, tirou o bebê das costas e o colocou nos braços do irmão. Então, pegou o filho cansado no colo.

Meu pensamento imediato foi: onde está nosso carro? Talvez pudéssemos mudar nossa rota e levar a família para a estação ferroviária de Keleti, em Budapeste, destino de todos na caravana. Mas os refugiados continuaram a caminhar e logo se tornaram pequenos pontos pretos que se moviam ao longo dos trilhos da ferrovia, contrastando com o campo verdejante ao fundo. Fiquei sozinho, sentindo-me absolutamente impotente.

Novas Guerras

Já mencionei o desafio global imposto pela crise da taxa de natalidade. A solução pareceria óbvia — acolher e assimilar os cerca de 80 milhões de refugiados, pessoas deslocadas e que buscam asilo.[1] De acordo com a ONU, vivemos a pior crise de refugiados desde a Segunda Guerra Mundial.[2] Durante a Era da Responsabilidade, os líderes políticos e seus cidadãos eram prudentes se comparados aos de hoje. Nesse período de relativa estabilidade, havia muito menos pessoas deslocadas. Durante a década de 1990, com o colapso do bloco oriental e a eclosão da guerra nos Bálcãs, o número de refugiados começou a aumentar de modo significativo.

Em oito anos, o número de pessoas deslocadas dobrou — de 20 milhões para mais de 40 milhões — e, em 2019, havia atingido 79 milhões.[3] Desde então, outros milhões se juntaram a essa irmandade, em um ritmo surpreendente. Mais recentemente, muito desse aumento foi devido ao conflito na Síria. Cerca de 66% da população síria, mais de 10 milhões de pessoas, fugiram de suas casas desde o início da guerra civil em 2011. Algumas emigraram para além das fronteiras do Estado — 3,5 milhões vivem na Turquia, por exemplo —, mas outras se tornaram refugiadas em seu próprio país.[4] Mesmo assim, a guerra civil síria, com suas enormes repercussões políticas, é apenas parte da crise humanitária internacional.

A atual crise de refugiados se destaca porque não é consequência de um conflito global. Na década de 1940, dezenas de milhões de pessoas perderam suas casas e vagaram em busca de refúgios seguros. Mas elas haviam sido deslocadas por uma guerra mundial brutal. Apesar das crises econômicas dos anos 2000, o mundo provavelmente se tornou mais seguro e próspero nas últimas duas décadas. Na verdade, os dados demonstram que, no que tange aos conflitos, as pessoas estão muito mais seguras hoje do que antes.[5] Não vivemos outra guerra mundial ou uma grande depressão, e a Covid-19 até agora não provocou deslocamentos em massa. O número de guerras entre nações está em uma baixa histórica. Poucos países no mundo estão em guerra com outra nação. Esse fato é quase inédito na era moderna. Então, por que tantas pessoas acabaram deslocadas?

Notavelmente, menos de um terço dos deslocados são refugiados que deixaram seus países; em 2019, os refugiados totalizavam cerca de 26 milhões. Mais de 45 milhões são deslocados internos, ou seja, permanecem dentro das fronteiras de seu país, mas foram expulsos ou forçados a deixar suas casas por causa da guerra, da fome. Estão alojados em acampamentos gigantescos ou em bairros empobrecidos nas periferias das grandes cidades e não podem voltar para suas casas.[6]

O enorme aumento no número de deslocados internos é o resultado de violentos conflitos dentro do país e da perda de liberdade de movimento através das fronteiras. Este último é bastante óbvio: hoje, os Estados têm mais meios de impedir que as pessoas cruzem suas fronteiras do que nunca. Existem as chamadas cercas inteligentes equipadas com sensores de movimento, circuito fechado de vídeo, tecnologia de satélite, redes de telefonia móvel capazes de rastrear pessoas, passaportes biométricos e scanners de retina. Fugir do país como um requerente de asilo não registrado se tornou muito mais difícil.

AS FACES DO ÊXODO 271

Cada vez mais, não são as guerras entre nações que expulsam as pessoas de suas casas. Um número crescente delas parte porque as sociedades em que essas pessoas vivem estão entrando em colapso. "Novas guerras" é um termo cunhado pela professora Mary Kaldor para descrever a natureza dos conflitos no mundo após a queda do bloco soviético.[7] As forças em conflito incluem atores estatais e não estatais; crimes e violações dos direitos humanos são comuns; e o controle político é mais crucial do que a posse geográfica do território. No mundo pós-bipolarização, observa Kaldor, os conflitos são causados com menos frequência pela ideologia (comunismo versus capitalismo liberal, por exemplo) e mais pela identidade étnica ou religiosa.

Resumindo, hoje em dia, as guerras são menos motivadas pelo que você pensa — ou pelo que seu país exige de outro — do que por quem você é. As opiniões de uma pessoa podem ser mudadas por meio de persuasão ou coerção, mas as identidades religiosas e étnicas, obviamente, são menos fluidas. Um indivíduo nasce húngaro, romeno, curdo ou árabe, muçulmano ou cristão. Uma disputa baseada em identidade é muito difícil de resolver. Os exemplos que levaram Kaldor a escrever seu livro foram as guerras na ex-Iugoslávia, em que os adversários aspiravam ao estabelecimento de Estados homogêneos do ponto de vista étnico e religioso; alguns estavam dispostos a se envolver em genocídio ou limpeza étnica para atingir esse objetivo. O Estado que segue tal política não se preocupa com as opiniões políticas das pessoas que expulsa de seu território. Ele procura obliterar por completo a legitimidade e a identidade dos adversários. Sentado em um café em Dubrovnik, muitos anos após o fim da guerra sérvio-croata, conversei com um ex-oficial do exército da Croácia. "Essas pessoas não testemunharam o Renascimento ou o Humanismo", disse ele sobre os sérvios. "Sem história própria, recorreram à mitologia! Toda a sua história é um mito!"

As implosões contemporâneas das sociedades foram atribuídas a novas guerras, Estados falidos e conflitos híbridos. Qualquer que seja o termo usado, o contexto é sempre a globalização. Quando o petróleo bruto era vendido por US$100 o barril, a Venezuela podia se dar ao luxo de permitir o populismo e a corrupção de Hugo Chávez e seu governo. Quando os preços globais caíram em 2014, o Estado entrou em colapso, forçando mais de 3,5 milhões de venezuelanos a fugir da pobreza e buscar refúgio em outros países das Américas do Sul e Central.[8]

Fatores econômicos globais também aceleram a dança mortal de atores estatais e não estatais. Na aparência, a guerra às drogas mexicana é um conflito entre o Estado e os cartéis de drogas. Na realidade, é mais uma guerra entre os cartéis por dinheiro, poder e participação no mercado, enquanto o governo os reprime prendendo seus soldados rasos e confiscando os entorpecentes. A maioria das vítimas da guerra são soldados do cartel ou civis. O esforço do governo no México também é resultado da pressão política do vizinho ao norte, que busca conter a crise do vício, que já dura muito tempo e se agrava a cada dia. Os Estados Unidos também são a fonte dos armamentos usados tanto pelos traficantes de drogas quanto pelas forças armadas mexicanas.

Nesse conflito não há batalhas definidas nem vencedores ou perdedores claros e duradouros, pelo menos não até agora. O interesse econômico é o motivo predominante. Um estudo do Banco Mundial descobriu que, no México, há uma correlação entre a desigualdade de renda e o aumento nas taxas de homicídio durante a guerra às drogas.[9] O então presidente Felipe Calderón lançou a ofensiva contra as drogas em 2006. Desde então, pelo menos 120 mil pessoas foram mortas e dezenas de milhares desapareceram e foram consideradas mortas.[10] É um dos conflitos mais mortais do mundo e não tem quase nada a ver com nacionalismo, tribalismo ou religião. A força mais potente em um mundo de globalização é a oferta e a demanda. A guerra às drogas é um subproduto de uma tentativa desesperada de eliminar a oferta, enquanto a demanda só cresce.

A interconexão globalizada não apenas define as condições materiais dos conflitos e suas motivações como também pode transformar sua natureza. A guerra civil síria não irrompeu por causa da divisão no mundo muçulmano entre xiitas e sunitas, mas, sim, como um levante popular contra um regime opressor. À medida que o conflito escalonava, os atores estatais uniram forças com grupos não estatais e o transformaram em uma guerra por procuração que se moldava, até certo ponto, às divisões religiosas: as forças sunitas lutaram contra o regime de Assad, que tem sua base de poder na comunidade alauita e conta com o apoio do Irã, potência xiita na região. Dinheiro foi arrecadado e combatentes foram recrutados sob o pretexto da identidade religiosa e da convocação para uma jihad contra outros muçulmanos. À medida que o conflito sírio se tornou mais global, os valores pelos quais lutou se tornaram mais locais, históricos, sectários e tribais.

Como os conflitos contemporâneos incluem atores não estatais — organizações criminosas, instituições financeiras, lobistas corporativos, a mídia e, claro, instituições internacionais oficiais —, eles não se coadunam mais com o sistema estatal construído após a Segunda Guerra Mundial. A globalização criou um mundo no qual os conflitos não podem ser confinados dentro de fronteiras soberanas ou geográficas. Via de regra, não existem guerras "estéreis", isentas de envolvimento externo. A dinâmica da interconexão global transforma confrontos regionais em buracos negros, que sorvem vigorosamente mais elementos para dentro deles. O que começou como uma luta interna síria se transformou em um conflito regional e, em seguida, passou a envolver vários atores globais. O mundo em que os países poderiam ter conflitos internos, distintos e relativamente confinados morreu, se é que algum dia existiu. Na verdade, as tentativas de confinar os conflitos a arenas locais fracassaram. O governo Obama decidiu se manter afastado do pântano tóxico da guerra na Síria. E tinha muitos bons motivos para isso, já que via pouco valor econômico ou estratégico na Síria e acreditava que a capacidade dos Estados Unidos de promover a democracia liberal no país era muito limitada, dada a crescente natureza sectária do conflito. O governo Obama provavelmente estava correto ao pensar que o seu país teria pouco a ganhar com a intervenção. Em outros tempos, menos interconectados, a política poderia ter sido bem-sucedida. Na era atual, não se pode contornar os pântanos das conturbações regionais. Eles o fazem submergir na lama da vingança.

DE ONDE VÊM OS REFUGIADOS? O PRIMEIRO LUGAR DISPARADO É DA Síria, seguida da Venezuela, do Afeganistão, do nascente Sudão do Sul (que entrou em colapso em uma guerra tribal) e de Mianmar (que conduziu uma limpeza étnica contra sua minoria muçulmana).[11] Todos esses países, exceto a Venezuela — que está entrando em colapso como resultado de seu regime repressivo, sanções e economia decadente —, enfrentam guerras civis longas e brutais, e o número de deslocados internos é enorme. O colapso de comunidades e Estados é um fenômeno fundamental na vida internacional no século XXI.

A Carta da ONU garantiu a soberania dos Estados-membros da organização internacional. Na época, o que as nações mais temiam era a ocupação hostil e o imperialismo, buscando a todo custo preservar a autodeterminação nacional.

Hoje, seu principal desafio é perseverar como comunidades políticas coesas — isto é, existir.

Não há mecanismos internacionais eficazes para intervir em Estados em meio a intensos conflitos internos, nem há regras ou procedimentos para impedir a queda de países em colapso. Na verdade, o sistema internacional é construído exatamente sobre o paradigma oposto — os Estados são soberanos e, portanto, de modo geral, protegidos de interferências externas. Embora o Banco Mundial e o FMI possam ajudar os países em conflito econômico, eles não têm pretensões de fornecer uma ação abrangente para um Estado que esteja passando por uma crise multifacetada. A doutrina da intervenção humanitária não é geralmente aceita e, mesmo que fosse, é invocada apenas nos casos mais graves, como o genocídio — e, ainda assim, em raras ocasiões. Os países não devem se intrometer nos "assuntos internos" de outros países.

O fracasso dos Estados deflagra uma reação em cadeia social e política que desafia as tentativas de controlá-la. Quando a guerra civil na Síria estourou, milhões de pessoas foram expulsas ou fugiram de suas casas. Elas buscaram refúgio nas cidades costeiras ou na imensidão do deserto da Síria. Outras 3,5 milhões de pessoas seguiram para a Turquia. E 1,5 milhão chegou à próspera Europa, com sua população de cerca de 740 milhões. A era da prosperidade camuflou o enfraquecimento dos países. Estados fracos, principalmente no Sul global, fragmentam-se sob pressão interna e externa, às vezes forçando as pessoas a deixarem suas casas no processo. Esses deslocados procuram um refúgio em outro lugar no Estado em colapso, ou em países vizinhos, que muitas vezes também estão em apuros.

A reação em cadeia pode ser deflagrada de modo deliberado e artificial, e isso já aconteceu na Síria. Primeiro, o presidente

Bashar al-Assad ordenou que suas tropas recrutassem à força jovens sírios. Isso incluiu sequestros realizados por grupos especiais comandados pelo governo.[12] O regime, então, estendeu o prazo do serviço militar obrigatório, que praticamente passou a ser por tempo indeterminado. Muitos refugiados sírios citaram o recrutamento forçado como motivo para fugir do país. Outro decreto determinou que os convocados podiam adiar o serviço militar pagando uma multa de várias centenas de dólares. Os homens que pagavam essa taxa recebiam passaportes, documento difícil de se obter em uma ditadura como a Síria. Mas, em 2015, o regime, de repente, facilitou e agilizou o processo; passaportes foram emitidos até para sírios que haviam deixado o país ilegalmente. Até então, os refugiados do país costumavam fazer uma viagem longa e perigosa para a Líbia. De lá, tentavam cruzar o Mediterrâneo em botes infláveis ou barcos decrépitos, junto com migrantes africanos, até a Itália. A presença de milhões de sírios na Turquia encorajou os contrabandistas locais a melhorar e reduzir o preço de uma rota mais curta e mais segura — a travessia da costa turca para as ilhas gregas no Mar Egeu. O custo de chegar à Europa despencou. Para um sírio, chegar à Europa via Líbia custava cerca de US$6 mil, enquanto a travessia de 24 quilômetros entre o porto turco de Bodrum e a ilha de Kos, apenas US$3 mil.

A notícia de que as portas da Europa estavam abertas espalhou-se rapidamente por todo o Oriente Médio. Graças às mídias — sociais e outras —, informações vitais sobre como fazer a jornada para um novo futuro podem se espalhar até mesmo no meio da infernal guerra civil na Síria. Os jovens sírios enfrentaram uma escolha difícil — ficar no país e correr o risco de morte ou recrutamento forçado para o exército de um ditador cruel, ou pagar para adiar o serviço militar, obter um passaporte sírio e deixar o país em relativa segurança.

AS FACES DO ÊXODO 277

Muitos dos refugiados alegaram que a emigração em massa foi um caso de limpeza étnica, com o propósito de esvaziar a Síria de sua população sunita. O objetivo era uma mudança demográfica profunda em favor dos partidários de Assad. Em 2016, o general Philip Breedlove, comandante supremo aliado da OTAN na Europa e comandante do Comando Europeu dos EUA, prestou depoimento perante uma comissão parlamentar que não recebeu a atenção que merecia. Ele afirmou que o regime de Assad estava expulsando sua população não apenas como parte de seu esforço de guerra, mas também para provocar o caos político na Europa. "Juntos, a Rússia e o regime de Assad estão deliberadamente transformando a migração em arma", declarou, "em uma tentativa de oprimir as estruturas europeias e minar a determinação europeia".[13] Breedlove citou o bombardeio de civis sírios pelo regime, com o apoio de Moscou. Ele disse que o bombardeio teve "quase nenhuma utilidade militar. [É] projetado para colocar as pessoas na estrada e torná-las um problema alheio. Mande-as embora, torne-as um problema para a Europa, a fim de fazê-la ceder".

Demograficamente, os refugiados são insignificantes como proporção da população europeia, mas eles desencadearam uma enorme reação política. Um número crescente de eleitores e políticos nos países ocidentais considera a imigração uma ameaça iminente. É um argumento fácil de defender, já que as pessoas nos países industrializados foram encorajadas a acreditar que a migração pode ser controlada para sempre. Na verdade, as tentativas de limitar o deslocamento humano são experimentais, novas e provavelmente insustentáveis. Os sírios que conheci na fronteira com a Hungria enfrentaram a perspectiva de morte em seu país, a qual não podiam e não queriam aceitar. Sua jornada foi uma revolta contra a ordem mundial atual. Eles buscaram a "vitória", assim como Lilan, de dezessete anos, afirmou.

Os países menos desenvolvidos suportam a maior parte do impacto da crise dos refugiados. A Turquia acolheu mais que o dobro de refugiados do que toda a UE. Certo dia, enquanto minha equipe e eu continuávamos a documentar a chegada de botes carregados de refugiados a Kos, paramos para almoçar em um restaurante na praia, a oito quilômetros do ponto mais próximo da costa da Turquia. Na mesa ao lado estava uma turca de meia-idade usando uma bolsa de grife. Perguntamos a ela sobre o impacto da crise dos refugiados em seu lado. "Eu sou de Bodrum", disse. "Cerca de dois meses atrás, uma família síria inteira se mudou para o meu quintal e montou uma barraca."

"O que você fez?"

"Liguei para a polícia para me livrar deles", afirmou. Após ouvir os detalhes de sua reclamação, um policial respondeu: "Ah, eles são convidados pessoais de nosso estimado presidente, Recep Tayyip Erdoğan." A mulher desligou e voltou a discar, na esperança de falar com um policial mais disposto a levá-la a sério. Outro policial atendeu. Quando ela denunciou novamente os invasores em seu quintal, ele tinha uma resposta pronta. "Essas pessoas? Elas são convidadas do presidente Erdoğan. Ninguém lhe contou?"

Eu perguntei o que ela fez em seguida.

A turca deu de ombros: "Não fiz nada, entendi que é a política vigente."

CAPÍTULO 14

Um Experimento e Seus Custos

Todo ser humano tem o direito de deixar qualquer país, inclusive o próprio, e a este regressar.

— ARTIGO XIII(2) DA DECLARAÇÃO UNIVERSAL DE DIREITOS HUMANOS[1]

Meu avô, Joel Shastel, era um homem baixo e calado. No Shabat, ele vestia ternos pesados totalmente inadequados ao clima mediterrâneo, o que deixava eu e meu irmão perplexos ao vê-lo caminhando devagar na volta da sinagoga. Nunca tivemos uma conversa real com ele. Quando crescemos, percebemos que ele raramente tinha conversas reais com alguém. Às vezes, meu avô nos dava doces, mas na maior parte do tempo tínhamos medo de que gritasse para que parássemos de brincar, não corrêssemos pelos campos ao redor de nossa casa nem escalássemos as colinas de argila avermelhadas que salpicavam a área. Ele exigia que tivéssemos cuidado o tempo todo. Não devíamos cair, não devíamos ser indisciplinados, nada deveria acontecer conosco. O cuidado era primordial. Quando meu pai era adolescente, ele resolveu, em um ato de rebeldia, instalar uma prateleira na parede da casinha onde cresceu com seus dois irmãos. Que confusão meu avô causou por causa do furo na parede, dos problemas que isso envolvia, do perigo de instalar uma prateleira.

Ele viveu com medo e expurgou de sua mente a parte mais trágica da vida, deixando apenas três palavras enigmáticas, *"Ha-Nazim, yimakh shemo"*. "Os nazistas, que seus nomes sejam apagados." Invocar o esquecimento do nome de um inimigo é uma antiga maldição judaica, e para vovô Joel ela englobava tudo — sua amada esposa e filho, que foram assassinados pelos nazistas; o desaparecimento de outros familiares levados para os campos de extermínio; e a aniquilação da cultura e do ambiente em que ele cresceu. Era também sua maldição por ter que assistir a tudo isso de longe, sem poder para intervir. *"Ha-Nazim, yimakh shemo"*, murmurava e, então, ficava em silêncio, e a conversa terminava antes mesmo de começar.

Meu avô nasceu em 1905, em Bialystok, Polônia, em uma família pobre da grande comunidade judaica da cidade. O que sabemos de sua vida reunimos de cartas e documentos oficiais; ele não nos contou quase nada. Tornou-se aprendiz de alfaiate e, aos 25 anos, casou-se com Rejzle Winokur, cinco anos mais velha, em uma cerimônia realizada pelo rabino--chefe da cidade. Serviu no exército polonês antes de se casar; uma fotografia mostra que era um jovem de elegância incomum, com grandes olhos e lábios carnudos. Na foto, ele parece determinado e cheio de esperança, mas nunca o vimos assim.

Alguns membros de sua família imigraram para os Estados Unidos, como também era seu desejo. A Palestina era outra opção. Infelizmente, o Reino Unido acabara de instituir grandes restrições à imigração de judeus à Palestina, que governava por mandato da Liga das Nações. O mundo estava fechando suas fronteiras contra a imigração. Três anos depois do casamento, o casal tomou uma decisão ousada. Joel viajaria para a Palestina com um visto de turista válido por três meses e violaria seus termos permanecendo no país de modo ilegal. De lá, faria os preparativos para que o restante da família o encontrasse. Ele deixou a Polônia em 1933; seus documentos de viagem mostram que a jornada foi longa. Meu avô passou pela Tchecoslováquia, pela Grécia e por um país árabe não designado antes de chegar à Palestina. Os refugiados sírios com quem conversei seguiram uma rota semelhante, mas no sentido contrário, do Oriente Médio para a Europa. Os caminhos de fuga não mudaram, apenas as circunstâncias e a direção.

No ano em que ele chegou à Palestina, os nazistas assumiram o poder na Alemanha.

Meu avô se estabeleceu em uma vila agrícola ao norte de Tel Aviv, mantendo contato com a esposa e o filho por carta. Continuou tentando obter um "certificado" para eles — uma licença de imigração —, mas sem sucesso. Os certificados eram escassos devido às restrições britânicas e eram concedidos por funcionários da Agência Judaica. Ele era operário e imigrante ilegal na Palestina. A situação em termos de segurança era terrível de qualquer modo. Três anos depois de sua chegada, a Revolta Árabe estourou; os árabes ficaram furiosos com a política britânica de permitir a imigração e o estabelecimento de judeus no país. Os problemas continuaram até 1939. Naquele mesmo ano, Bialystok foi tomada pelos alemães, que então a entregaram à URSS como parte do pacto Molotov-Ribbentrop. Dois anos depois, os alemães lançaram a Operação Barbarossa contra a União Soviética. No primeiro dia após retomarem Bialystok, os alemães incendiaram a sinagoga central da cidade. Oitocentos judeus morreram queimados. E isso foi só o começo.

Só podemos imaginar o que meu avô passou, louco de preocupação e temendo pela vida da esposa e do filho, de seus pais e do restante da família, enquanto permanecia preso na Palestina. Os documentos contam a história. Ele bateu nas portas dos consulados. Usou o pouco dinheiro que tinha para contratar escribas profissionais para redigir petições e apelos. Pagou um tabelião para traduzir e autenticar suas certidões de nascimento e casamento. Ingressou em partidos políticos, na esperança de que seus membros pudessem ajudá-lo. Em novembro de 1942, o mundo soube que os nazistas estavam cometendo um sistemático assassinato em massa de judeus. Não foi perseguição ou pogrom, mas, sim, uma campanha deliberada para aniquilar todo o povo judeu. O desespero de meu avô está resumido em dois breves documentos que encontramos após sua morte. O primeiro foi uma carta enviada à Agência Judaica — no centro, em letras grandes, havia a palavra *"hatzilu"*, "salve-os!". O segundo era a resposta, afirmando que os representantes da Agência Judaica "entendem a difícil situação", mas que não havia nada que pudessem fazer.

Outros documentos indicam que ele pode ter tentado, sem sucesso, voltar para ficar com a família na Europa dilacerada pela guerra, onde as câmaras de gás já estavam em construção. Se isso for verdade — não temos como saber com certeza —, meu avô fracassou até mesmo nessa tentativa de suicídio. A imensa maioria dos judeus de Bialystok foi assassinada em Treblinka, Majdanek ou Auschwitz.

Após a guerra e as buscas frenéticas infrutíferas, ele se casou com Fortuna Tabach, da antiga comunidade judaica de Beirute. Ela era uma mulher obstinada e exuberante, muito diferente dele. Tiveram três filhos, um dos quais veio a ser meu pai. Minha avó adoeceu e morreu jovem, outra tragédia para um homem que já havia perdido tudo que tinha.

Meu avô era um homem cuja família foi aprisionada entre as fronteiras e o mal. E ele também acabou preso, privado de cidadania e de pátria, batendo em portas estrangeiras, implorando por misericórdia, impotente. Não apenas falhou em resgatar a esposa e o filho, também não pôde nem mesmo morrer com eles.

O Nascimento de um Experimento

A distinta capacidade do *Homo sapiens* de migração e adaptação a novos habitats permitiu que a espécie se espalhasse e se desenvolvesse em todo o globo. A história é, em grande medida, uma narrativa de deslocamentos humanos em massa — por exemplo, a passagem bíblica do Êxodo do Egito; a invasão e a remodelagem do Império Romano por tribos do norte da Europa; a conquista da Inglaterra por Guilherme, o Conquistador, em 1066; a propagação do Islã e as primeiras conquistas árabes; e a invasão europeia das Américas.

Nossa época — paradoxalmente — está se transformando em uma anomalia. A globalização de hoje amplia o intercâmbio político, econômico e cultural entre nações e indivíduos. Mas existe uma espécie de buraco negro no centro, exercendo uma força que impede o deslocamento humano. Embora informações, capital e bens fluam com muito mais facilidade e segurança do que antes, o movimento de pessoas é restringido com mais rigor.

Desde a época medieval, reis e senhores perceberam que controlar a entrada e a saída de pessoas era fundamental para o poder e para a capacidade de administrar suas terras. Mesmo dentro de seus reinos, os governantes às vezes procuravam evitar o deslocamento da população para as grandes cidades, com medo de que isso desestabilizasse seus regimes. Além da escravidão formal, que privava as pessoas da liberdade de movimento por completo, as classes altas na Europa, na Ásia e na América Central mantinham sistemas de servidão e campesinato que prendiam os fazendeiros à terra como partes de uma única propriedade. Foi só em 1861 que o czar Alexandre II libertou os servos da Rússia — cerca de 23 milhões de seres humanos.

284 REVOLTA

Com o início da era colonial, tentativas semelhantes foram feitas para controlar as populações de terras imperiais no Novo Mundo, na África e na Ásia. Os espanhóis eram autorizados a entrar nas colônias de seu país apenas com uma licença que provasse que não eram "nem judeus, nem mouros, nem filhos deles, nem recém-convertidos, nem filhos ou netos de qualquer um que tenha sido punido, condenado ou queimado como herege ou por crimes heréticos".[2] Um modelo oposto tomou forma no Reino Unido, que às vezes preferia usar suas novas terras como colônias penais ou permitir que minorias religiosas ali se instalassem, como no caso da América do Norte e da Austrália. Nos mundos antigo e moderno, a expulsão de pessoas de suas terras, em essência a migração forçada, sempre foi uma prática estabelecida. Os judeus estão entre os poucos que sobreviveram como comunidade, apesar de sofrerem esse destino repetidas vezes. Primeiro após a queda dos antigos reinos hebreus, e novamente após a perda da soberania judaica no século I E.C., os judeus vagaram, buscando novos lares dos quais foram de novo desenraizados.

O judeu era o refugiado e o estrangeiro perpétuos. "De um lugar para outro, o judeu sem lar vagueia no exílio em constante mudança desde a época em que foi arrancado da morada de seus pais, e tem sofrido a pena por homicídio e por ter manchado as mãos com o sangue de Cristo", escreveu Prudêncio, um cristão nascido no século IV E.C. em uma província romana que agora faz parte da Espanha.[3]

Depois de serem expulsos da Judeia, os judeus foram expulsos da França, Inglaterra, Espanha, Renânia, Áustria, Lituânia e a lista continua. Em alguns desses casos, eles foram autorizados a ficar sob a condição de se converterem ao cristianismo, mas a maioria se recusou, preferindo partir. Era um mundo em que os monarcas podiam empregar violência contra judeus e outras minorias, porém, essas minorias ainda tinham a alternativa de fugir de seus perseguidores para outros reinos.

No final do século XV, quando foram expulsos da Espanha, muitos judeus se refugiaram no país vizinho, Portugal. O rei João II os aceitou nos termos usuais exigidos pelos governantes que concediam refúgio aos judeus — pagamento em ouro e adiantado. As seiscentas famílias mais ricas pagaram uma enorme soma e receberam autorizações de residência permanente; os demais pagaram quantias menores e foram autorizados a ficar por oito meses. Quando o prazo expirou, eles tiveram a opção de pagar impostos especiais ou serem escravizados. De acordo com alguns depoimentos, os que tentaram partir também foram obrigados a pagar taxas nas fronteiras.[4] Campos de refugiados surgiram não muito longe das divisas espanholas e epidemias eclodiram. Conforme documenta o historiador François Soyer, muitos agentes públicos portugueses fizeram tudo ao seu alcance para manter os estrangeiros fora de suas cidades. O rei tentou proteger os recém-chegados; representantes da Coroa diziam aos agentes locais que eles não tinham autoridade para impedir que os refugiados se instalassem em suas jurisdições. Em suma, era tudo muito parecido com as atuais crises de refugiados.[5]

Quando se descobriu que alguns dos judeus eram incapazes de pagar os impostos cobrados, o rei instituiu uma política de separação de crianças — cruel até mesmo para os padrões medievais. Ele ordenou o sequestro de crianças judias, tornando-as escravizadas por decreto real. As estimativas de quantas crianças foram sequestradas variam de centenas a milhares. Tudo é bem documentado em arquivos portugueses, bem como em fontes judaicas, que incluem relatos de mães que se lançaram sob os cascos do cavalo do rei para implorar misericórdia. As crianças foram entregues, escravizadas, a um aristocrata português e enviadas para São Tomé, uma ilha na costa oeste africana. Nada se sabe ao certo sobre seu destino, mas presume-se que a maioria morreu em pouco tempo.

O povo judeu foi vítima de muitas perseguições cruéis. Mas foi em Portugal que a história deu uma guinada dramática que demonstra o que acontece quando se elimina a possibilidade de fuga. A política de João II era conceder autorizações de residência; seu sucessor, Manuel I, buscou a união matrimonial com a casa real espanhola. Os piedosos soberanos espanhóis já haviam expulsado os judeus, e o Rei Manuel percebeu que eles não concordariam em unir as duas dinastias a menos que ele fizesse o mesmo. De acordo com alguns relatos, os espanhóis impuseram essa condição para o casamento.[6] Seja como for, cinco anos após a expulsão espanhola, em 1497, Portugal decretou que todos os judeus deviam abandonar o seu território. Porém, ao contrário da Espanha, e de quase todas as outras expulsões semelhantes na era medieval, Portugal não queria a presença nem a partida dos judeus, devido ao grande papel que desempenhavam na economia do país e na classe comerciante.

O rei os forçou a ficar e os obrigou a se converter ao cristianismo. O judaísmo foi banido e os judeus, impedidos de fugir de forma comunal. Sinagogas foram fechadas; livros sagrados, queimados; e os obrigados a se converter, proibidos de vender suas terras e casas. Milhares de crianças foram batizadas à força e sistematicamente retiradas de suas famílias. De acordo com algumas fontes, famílias judias optaram por cometer suicídio com seus filhos.[7] Alguns desses "cristãos-novos" continuaram a praticar o judaísmo em segredo e, no final, conseguiram escapar. O restante foi brutalmente incorporado à sociedade portuguesa. Em 1506, durante um massacre em Lisboa, milhares de pessoas foram mortas, muitas delas queimadas na fogueira por suspeita de serem judias. Um ano depois, cedendo à pressão que se seguiu ao massacre, o rei permitiu que os cristãos--novos partissem, dez anos após impedir sua saída. Foi uma medida temporária; Manuel então pediu ao papa que estabelecesse em Portugal a Santa Inquisição, que, décadas depois, ainda expulsava e matava judeus clandestinos. Em uma única geração, uma das comunidades judaicas mais importantes da Europa foi destruída.

A experiência judaica em Portugal na virada do século XV para o XVI ensina uma lição universal. A história está repleta de atos terríveis, mas eles se agravam quando as pessoas e as comunidades não têm permissão para sair. Em longo prazo, a sobrevivência pessoal e comunitária requer a habilidade de migrar. A própria vida dos judeus e de muitas outras tribos e povos dependia da capacidade de se deslocar.

NA GRÉCIA ANTIGA, SER CAPAZ DE SE DESLOCAR PARA ONDE QUISESSE era um dos quatro componentes da liberdade e marcava a diferença entre escravizados e libertos.[8] Muito tempo depois, quando o mundo ainda carecia de comunicação rápida, era difícil criar e aplicar padrões de deslocamento permitido e proibido. Passaportes eram documentos régios que, a partir do século XV, os reis concediam aos seus emissários. Mas as pessoas comuns nem sempre precisavam desses documentos para se mudar de um país para outro. Não que reinos e impérios defendessem o livre deslocamento internacional — não era bem assim. Em uma tentativa de impedir a emigração protestante, o rei Luís XVI da França proibiu seus súditos de deixar o reino sem permissão, uma das primeiras formas de passaporte; ele também instituiu autorizações para viajar de uma parte da França para outra. A Grã-Bretanha medieval exigia que os viajantes que partissem da ilha por mar apresentassem um documento especial. Formalmente, "papéis" ou passaportes costumavam ser exigidos por ordens do rei. No entanto, em seu esclarecedor livro *A Invenção do Passaporte*, John Torpey explica que esse tipo de documento funcionava em um mundo muito mais sombrio. "Os passaportes tinham uma tendência notória de se 'perder'", observa ele, "e, nesse caso, era preciso garantir sua substituição onde o viajante estivesse... As restrições de passaporte eram um incômodo para muitos, com certeza, mas a negligência administrativa e a assistência bem-intencionada de uma variedade de benfeitores costumavam ridicularizar o uso de controles documentários pelo Estado como meio de regular o deslocamento".[9]

Reinos e principados tinham uma capacidade limitada de impedir a entrada de estrangeiros em seus domínios, salvo quando o deslocamento envolvia um grande número de pessoas e comunidades inteiras. Os recém-chegados não tinham direitos legais garantidos e não eram questionados sobre sua cidadania, conceito que só surgiu no século XVIII. Nem eram recebidos de braços abertos. Às vezes, acabavam mortos ao cruzar um rio ou passavam fome quando não conseguiam entrar em uma cidade murada. Porém, quando uma comunidade enfrentava uma calamidade e fugia, ela não encontrava ao longo do caminho as eficazes barreiras tecnológicas que, por exemplo, os atuais requerentes de asilo da América Central encontram ao tentarem cruzar para os Estados Unidos pela fronteira sul.[10]

Esse é um ponto importante. Assim como na atualidade, os governantes queriam controle absoluto sobre quem entrava e deixava seus domínios; mas não tinham a capacidade tecnológica para isso. Uma exceção surgiu no século XIX e produziu um dos movimentos migratórios mais importantes da era contemporânea. Antes da Primeira Guerra Mundial, os Estados

Unidos não tinham barreiras substanciais à imigração, "refletindo uma tradição de mobilidade de mão de obra do *laissez faire* que datava do período colonial", escreveu Mae Ngai, da Universidade Columbia.[11] Os milhões de europeus que imigraram para os Estados Unidos no século XIX e no início do século XX nem sempre portavam passaportes; chegavam sem visto e sem qualquer garantia de que seriam autorizados a entrar, embora relativamente poucos tenham sido rejeitados. Com o passar do tempo, o Congresso impôs cada vez mais restrições, barrando, entre outros, anarquistas, prostitutas e trabalhadores chineses. Mas, em geral, os recém-chegados tinham entrada livre desde que não estivessem claramente doentes; pudessem provar que tinham algum dinheiro, ou parentes para sustentá-los; andassem sem mancar de forma pronunciada; e não tivessem transtornos mentais.

A Grande Guerra foi o ponto de inflexão que levou os países a instituírem fronteiras fechadas e policiadas como medida de segurança.[12] Os Estados ficaram mais fortes e o controle de passaportes nas passagens de fronteira tornou-se uma convenção para viagens internacionais.[13] Em 1920, a Conferência Internacional de Paris para Passaportes, Formalidades Alfandegárias e Vistos estabeleceu padrões uniformes para passaportes,[14] lançando, assim, as bases para o maior experimento da história humana — um regime global de fronteiras eficazes que isolaria as pessoas e as impediria de entrar nos países sem permissão. Os novos passaportes incluíam fotografias, proporcionando pela primeira vez um meio relativamente eficaz de identificação nas passagens de fronteira. A United States Immigration Act de 1924 estabeleceu, de forma inédita, cotas para imigrantes de diferentes etnias e países, encerrando, para todos os efeitos, a livre entrada nos Estados Unidos. A instituição de padrões internacionais de passaportes facilitou essa restrição.[15]

Para nós, e também para nossos pais, esse sistema parece óbvio, mas na verdade foi revolucionário. Mudou a maneira como as pessoas viveram, sobreviveram e prosperaram ao longo dos milênios anteriores. Entre 1820 e 1930, mais de 30 milhões de pessoas imigraram para os Estados Unidos, reconstruindo a república.[16] Eram alemães, poloneses, irlandeses, ingleses, holandeses, eslavos, entre muitas outras nacionalidades. Essa enorme onda de migração transformou os Estados Unidos de um país de 10 milhões de habitantes baseado na agricultura em uma superpotência latente. Foi um momento único em que a liberdade de movimentação passou a ser considerada sagrada. Agora, ela representa uma era morta há muito tempo, quando irlandeses famintos e judeus perseguidos podiam embarcar em um navio e partir rumo a um novo futuro. Foi uma nação de imigrantes formada não pelo controle de passaportes, mas, sim, pelas massas apinhadas, cansadas e pobres a quem Emma Lazarus — em seu poema "O Novo Colosso", inscrito no pedestal da Estátua da Liberdade — deu boas-vindas ao Novo Mundo.

Emma Lazarus era uma judia de ascendência hispano-portuguesa. Acredita-se que sua família tenha fugido de Portugal para o Brasil. Só em retrospecto compreendemos que a era das grandes migrações foi o último cintilar de um sol poente. No século XX, os Estados-nação já eram modernos e poderosos o suficiente para impedir a migração para seus territórios. As limitações do deslocamento humano se tornaram um fenômeno global não por causa de uma ideologia sistemática, mas pelos avanços da tecnologia. Governos e soberanos queriam esse poder, mas não tinham os meios. Então, de repente, essas limitações se tornaram possíveis e eles ficaram mais do que felizes em colocá-las em prática.

Os judeus foram os primeiros a sentir o impacto das novas restrições, e da maneira mais severa. Quando os nazistas chegaram ao poder na Alemanha, eles inicialmente pressionaram os judeus a sair. Muitos partiram. Porém, as cotas de imigração instituídas pelos Estados Unidos, pelo Reino Unido e pelo Mandato Britânico da Palestina geraram uma crise humanitária na década de 1930. Os judeus tentaram fazer o que sempre fizeram — fugir e encontrar refúgio em outro lugar.

Entretanto, os países do mundo se apaixonaram pelo recém-adquirido poder divino, que lhes deu controle sobre a localização física de todas as pessoas. E isso se encaixou perfeitamente com a aspiração final dos nazistas de dar à luz um novo mundo governado exclusivamente pela raça ariana.

A máquina assassina do Terceiro Reich começou a devorar judeus, bem como homossexuais, ciganos, "mentalmente incapazes", opositores políticos e quaisquer outros grupos vilipendiados pelos nazistas. A história da família do meu avô era a de todas essas minorias: o deslocamento humano em reação à crise, antes natural, agora era impossível, em virtude do novo experimento.

A esmagadora maioria dos judeus da Europa foi exterminada pelos nazistas e seus aliados. Depois da guerra e do Holocausto, a comunidade internacional concordou com convenções e normas destinadas a prevenir a repetição do genocídio. No entanto, embora nada tão monstruoso quanto o que aconteceu na Segunda Guerra Mundial tenha ocorrido desde então, as pessoas continuam encurraladas entre o mal que as obriga a deixar suas casas e os muros que as impedem de entrar em qualquer lugar onde possam ter esperança de encontrar um novo lar. Às vezes, elas morrem nesses mesmos muros.

Cidadão do Mundo

A novidade não é o deslocamento em massa de pessoas através das fronteiras, mas, sim, a tentativa bem-sucedida de limitar essa movimentação durante os últimos cem anos. A expectativa geral no Ocidente é de que o grande experimento de controle de fronteiras continuará para sempre, embora seja insustentável para muitas pessoas e grupos étnicos. O mundo está em convulsão, pois as pessoas que precisam se mover enfrentam barreiras ao deslocamento nunca antes conhecidas na história da humanidade. O comediante britânico Russell Brand tem um esquete que resume bem o cenário:

"Imigrantes! Imigrantes! Imigrantes!..."

Vejam, um imigrante é apenas alguém que costumava estar em outro lugar.

"Ahh! Você sempre esteve lá?"

"Não, não, não — eu costumava estar lá."

"Ahh! Fique parado! Não consigo relaxar com as pessoas se movendo. Fique quieto nesta rocha esférica no espaço infinito. Fique parado na rocha esférica de fronteiras geopolíticas imaginárias que foram traçadas de acordo com a realidade econômica da época. Não pare para refletir que a livre movimentação do capital global exigirá o livre deslocamento de uma força de trabalho global para atender às demandas criadas pela livre movimentação desse capital. Essa é uma ideia econômica complexa e você não vai entender. Apenas fique parado, na rocha."[17]

A definição de imigrante como "apenas alguém que costumava estar em outro lugar" está longe de ser a forma como grande parte do público entende a palavra. Ela desconsidera as diferenças culturais e a disparidade entre as pessoas do Oriente Médio e as que sempre viveram nos subúrbios de Londres. Essas diferenças podem ser atribuídas à religião, à posição social, à condição econômica, ao colonialismo e às memórias históricas comuns, que são a estrutura de qualquer comunidade. Essas diferenças têm um efeito muito significativo na maneira como o público pensa e reage à imigração. O caráter de uma comunidade é determinado, em primeiro lugar, pelos indivíduos que a compõem, e, quando a composição da comunidade muda, o mesmo ocorre com muitos outros aspectos do espaço público.

A pauta de Brand é universalista. Ele atribui pouca importância ao sentimento de autodeterminação nacional ou aos valores tradicionais ou religiosos. Esse tipo de jargão universalista fornece material útil para os políticos. Em 2016, Theresa May, então primeira-ministra do Reino Unido, declarou: "Hoje, muitas pessoas em posições de poder se comportam como se tivessem mais em comum com as elites internacionais do que com os seus vizinhos, seus funcionários ou as pessoas por quem passam na rua. Mas, se acredita que é um cidadão do mundo, você é um cidadão de lugar nenhum. Não entende o que a própria palavra 'cidadania' significa."[18] Pode parecer uma declaração mordaz sobre o funcionamento das comunidades humanas, mas não é. Essa é mais uma tentativa, muito parecida com as que vimos nos capítulos sobre nacionalismo e fundamentalismo, de criar uma oposição diametral entre um conceito mundial de comunidade global e a conexão a uma identidade local. O cosmopolitismo é um conceito flexível e aberto. Os cosmopolitas também podem ser tradicionais e proletários; não são só do tipo estereotipado de pessoas alienadas que voam na classe executiva.[19]

Há outro problema com a distinção feita por May. Metade da população do globo — na verdade, metade dos cidadãos do próprio Reino Unido — acha que é cidadã do mundo. Ao mesmo tempo, essas pessoas certamente são cidadãs de um determinado país. A Pesquisa Anual da Global Shapers Community do Fórum Econômico Mundial, que entrevistou dezenas de milhares de jovens de todo o mundo em 2017, pediu que indicassem o principal componente de sua identidade. Um grande número respondeu "humano" e o segundo mais citado foi "cidadão do mundo". Juntas, as duas respostas somaram 60%. A identificação com uma nação específica ficou em terceiro lugar, e a identidade religiosa, nas últimas posições.

Quando os entrevistados foram classificados por nível de renda, descobriu-se que os jovens de classe média baixa ou média alta tinham maior probabilidade de se identificar como humanos ou cidadãos do mundo. Entre os pobres, apenas 40% se identificaram dessa forma; os muito ricos também pontuaram abaixo da classe média.[20] No Capítulo 2, citei uma pesquisa internacional de longa duração conduzida para a BBC, na qual habitantes de dezoito países foram solicitados a dizer o que achavam da seguinte afirmação: "Eu me vejo mais como cidadão global do que como cidadão do meu país." Em 2016, 47% dos entrevistados do Reino Unido concordaram ou concordaram fortemente com essa ideia revolucionária. O mesmo aconteceu com 54% dos canadenses pesquisados, 59% dos espanhóis e 43% dos norte-americanos.

O que talvez tenha sido surpreendente foi que os entrevistados de países em desenvolvimento — onde há altas taxas de pobreza extrema e que, com frequência, enfrentam conflitos além de suas fronteiras — foram os mais propensos a concordar com a afirmação. Dentre os demais pesquisados, 73% dos nigerianos, 67% dos indianos e 70% dos peruanos se viam como cidadãos do mundo. No quadro geral, houve praticamente um empate entre os que se identificavam primordialmente como cidadãos do mundo e aqueles que se identificavam como cidadãos de seus países.[21]

Isso é impressionante. Afinal, as pessoas que se identificam como cidadãs do mundo estão na verdade aderindo a algo que não existe. Para elas, a cidadania é concreta e tem claras manifestações e ramificações jurídicas — uma língua oficial (ou mais), uma bandeira, uma força militar e, principalmente, um sistema político que usa seu poder para doutrinar outros na cidadania nacional. No entanto, elas parecem estar dispostas a adotar um conceito ambíguo sem base legal — a identidade global — com muita facilidade. Não está claro por que todos os poderes locais estão em pânico? Toda a fúria do inferno não é páreo para um Estado-nação desprezado.

A GLOBESCAN, EMPRESA DE PESQUISA DE OPINIÃO RESPONSÁVEL PELA pesquisa para a BBC, conduz a mesma enquete desde 2001, mas foi apenas na mais recente que os autodenominados cidadãos do mundo alcançaram paridade com os que se identificam com os próprios países. O aumento se deve em grande parte ao mundo em desenvolvimento, que está entusiasmado com a globalização — são os nigerianos, os chineses e os brasileiros, por exemplo, que promovem a ideia de cidadania global. Em contraste, ao longo dos anos, nos sete países europeus pesquisados tem havido um declínio na porcentagem de pessoas que acreditam que alguém pode se considerar um cidadão do mundo. Em 2017, apenas 30% dos alemães escolheram a opção universalista, um declínio de 13% desde 2009. Em uma Rússia cada vez mais opressora e nacionalista, apenas 24% se consideram cidadãos do mundo.

296 REVOLTA

Pesquisas desse tipo devem ser consideradas com certa cautela, mas, nesse caso, os dados se correlacionam com os principais acontecimentos no Ocidente — a saída do Reino Unido da União Europeia, a resposta relutante à crise de refugiados sírios na maior parte da Europa e o novo mapa político do Ocidente, impregnado de xenofobia.

O que estamos testemunhando é deserção. Foram os europeus e os norte-americanos que introduziram as ideias modernas de supranacionalismo e universalismo. Enquanto a China, o Sul global e o restante do mundo não branco embarcam na nau da globalização, as pessoas dos países desenvolvidos estão abandonando o barco. Isso suscita a questão de saber se o seu antigo apoio à globalização não era na realidade uma forma de manter o domínio do Norte global. Quando viram que a globalização estava se tornando de fato global, começaram a debandar. Quando se descobriu que a globalização estava emancipando os Outros do mundo, que com o suor de seus rostos saíam da quarta classe e exigiam o comando do navio, grupos inteiros preferiram entrar em botes salva-vidas e partir.

Na pressa, muitos europeus e norte-americanos estão ignorando as lições da Segunda Guerra Mundial e de sua própria história, sem falar no mero bom senso. Afinal de contas, a Europa tem sido um dos grandes beneficiários do comércio internacional e da imigração — considere a Alemanha reconstruindo sua economia após a Segunda Guerra Mundial com o esforço de trabalhadores convidados turcos, ou a livre circulação de europeus dentro da UE, que ajudou o Reino Unido a desfrutar de maior eficiência em suas indústrias de serviços.

Os Estados Unidos, a nação de imigrantes mais bem-sucedida da história, têm acolhido cada vez menos refugiados desde os anos 1980, e isso diminuiu ainda mais no governo

Trump.[22] Em outubro de 2019, pela primeira vez desde que os dados começaram a ser registrados, os Estados Unidos não receberam refugiado algum. Um momento de celebração para pessoas como Steve King, congressista republicano que declarou em 2017: "Não podemos restaurar nossa civilização com os bebês de outras pessoas."

Em seu discurso final como presidente, Ronald Reagan falou sobre a magia da imigração e sua importância para a experiência norte-americana: "Graças a cada onda de recém-chegados a esta terra de oportunidades, somos uma nação eternamente jovem, sempre explodindo de energia e novas ideias, sempre na vanguarda, sempre levando o mundo para a próxima fronteira. Essa qualidade é vital para nosso futuro como nação. Se algum dia fechássemos a porta para novos norte-americanos, nossa liderança no mundo logo seria perdida."[23]

É verdade que os Estados Unidos devem seu poder à imigração? Alguns dizem que é mais uma concepção romântica do que um fato político. De qualquer forma, o conceito foi jogado no lixo pelo trumpismo. No verão de 2019, Trump chegou a adotar a retórica da Ku Klux Klan e de outros grupos racistas, não apenas se opondo à imigração como também mandando que quatro mulheres congressistas — provenientes de famílias que imigraram há uma ou duas gerações — voltassem para os países de onde vieram. "Esses lugares precisam muito da sua ajuda", disse ele. "Já deviam ter ido." Ao dizer isso, Trump rejeitou o princípio fundamental da cidadania, uma construção liberal nascida das noções de progresso. A cidadania une pessoas de origens diferentes em uma única comunidade nacional, como iguais. Contrariamente, Trump presume que as identidades primordiais dos pais e da família nos contaminam geneticamente e para sempre — mesmo que tenhamos sido eleitos para representar o povo de um distrito congressional norte-americano. É nesse ponto que a oposição à imigração se transforma em nativismo e este, em racismo.

O desejo de estreitar as fronteiras a ponto de fechá-las inteiramente é uma tentativa de recuperar uma capacidade que foi em grande parte perdida, ou pelo menos enfraquecida, com a globalização. A tentativa está se espalhando e, ao fazê-lo, às vezes perde lastro com a realidade. Quando caminhei com os refugiados sírios, vi torres de vigia e cercas altas erguendo-se na fronteira entre a Hungria e a Sérvia. Um enérgico policial húngaro me acompanhou em um tour ao longo da barreira, exibindo com orgulho a avançada tecnologia. "Em breve", me disse com segurança, "seremos capazes de impedir todos eles". Nenhum dos refugiados com quem falei tinha o mínimo interesse em se estabelecer naquele país.

CAPÍTULO 15

Rios de Sangue

Vamos para a Alemanha, estudar e trabalhar lá. Uma vida feliz, Inshalla.

— SHAWQI ABOUDAN, SÍRIO DE DEZESSEIS ANOS

Era o momento dos sírios. As costas da ilha grega estavam repletas de milhares de coletes salva-vidas, as últimas relíquias da fuga. No início da tarde, em uma praia repleta de mulheres de biquíni e homens besuntados de protetor solar, meu cinegrafista e eu observamos um bote inflável aportar na areia. Cerca de vinte sírios atordoados desembarcaram. "Onde nós estamos?", perguntaram em árabe. Quando dissemos que estavam em Kos, um deles, segurando uma menina contra o peito, começou a pular e gritar: *"Al-Yunan, shukran, al-Yunan!"* — "Grécia, obrigado, Grécia!"

Os banhistas, em sua maioria turistas europeus, viram-se no meio de um drama humanitário — e agiram como o momento exigia. Muitos se aproximaram e ofereceram água, frutas e comida aos exaustos refugiados. Alguns dos veranistas pegaram as crianças pequenas e as carregaram ao longo da costa até a estrada principal.

Os recém-chegados estavam exaustos, mas exultantes, cheios de gratidão ao belo e calmo mar que não afundara sua jangada; à marinha grega que não os interceptara; à praia que lhes oferecera um porto seguro; a Deus, que os guiara até lá; e até mesmo ao jornalista israelense que os recebera na areia.

No calçadão à beira-mar, conheci Riyadh Biyram, um homem alto com um sorriso largo e óculos quadrados. Ele e sua família vieram de Kobanî, uma cidade curda que havia sido sitiada e depois teve grande parte devastada pelo EIIS durante a guerra. Biyram me entregou um cartão de visita que o identificava como programador de computadores, oferecia suas informações de contato e especificava que ele usava tanto o WhatsApp quanto o Viber. Apesar de não ter dinheiro, passaporte nem casa permanente — assim como a maioria dos refugiados, ele morava em uma barraca na rua —, Biyram já estava preparado para sua primeira entrevista de emprego. Provavelmente nenhum refugiado antes da atual onda fez questão de estar acessível em todas as redes possíveis, postando fotos de sua jornada na mídia social. "Eu sou um engenheiro de software e fugi porque a Síria está completamente destruída", disse em inglês.[1] "Decidimos ir embora, pois não há futuro possível lá. Não queríamos adiar, porque talvez daqui a um ou dois meses a Europa feche as suas fronteiras, e então não conseguiríamos partir."

Biyram estava na companhia do irmão mais novo, Osman, que estudava engenharia civil na Universidade de Aleppo. "Meu irmão é muito inteligente", disse Biyram. "Se ele tivesse ficado na Síria, não teria tido a chance de terminar os estudos. Por que ficar lá? Aqui talvez ele possa se tornar engenheiro, médico, professor ou ter alguma outra profissão importante. Na Síria, ele teria sido no máximo um operário diarista. Esse é o pensamento que nos levou a fazer esta jornada." Seu otimismo era contagiante.

No calçadão, algumas centenas de metros ao norte, cerca de duzentas pessoas faziam um protesto em frente a uma delegacia de polícia. Os manifestantes falavam persa, em vez de árabe, e gritavam de maneira rítmica e desesperada "Irã!

Irã!" para alguns policiais gregos de aparência cansada. "Eles não nos dão documentos, pois somos do Irã", explicou-me um homem com a barba por fazer que aparentava ter trinta anos. "Não temos onde dormir, não há banheiros e eles não nos permitem seguir viagem para o continente." Os gregos ainda não haviam decidido o que fazer com os iranianos porque, ao contrário dos sírios, eles claramente não eram refugiados de guerra. "Eles executaram meu irmão por enforcamento", me disse o homem, colocando a mão em volta do pescoço. "Se voltarmos para o Irã, eles me enforcarão."

De repente, um homem de cabelos louros e curtos se aproximou, vestindo uma camisa branca e calças listradas. Claramente não era grego; seu sotaque era do Norte da Europa. Ele começou a gritar para a multidão: "Vocês não têm nenhum respeito por nós? Vocês não têm nenhum respeito por este país? Não têm nenhum respeito pelas leis e pela polícia? E querem vir para a Europa? O que vocês estão fazendo é inacreditável, não têm respeito por nada!" Ele se virou para mim. "Você vê esse lixo, eles são bem-vindos na Europa, nós lhes damos de tudo, comida, dinheiro, moradia e eles não têm respeito por nada!", reclamou. Quando um dos iranianos tentou usar mímicas para dizer que não tinham água nem comida, o homem louro imitou seus gestos e guinchou como um macaco.

"O que você faria se não tivesse água ou comida?", perguntei a ele.

"Se fosse o seu país, você os mataria, expulsaria todos eles!", gritou o homem. "E aqui não podemos fazer nada. Eles destroem a economia, destroem Kos, destroem os cidadãos." Ele se voltou para os manifestantes e gritou ainda mais exaltado: "Obrigado! Bem-vindos à Europa!"

Essa hostilidade era relativamente incomum em meados de 2015, mas foi o prelúdio para o que desde então se tornou muito mais disseminado. A onda de refugiados do Oriente Médio veio depois de um longo fluxo de refugiados da África. Em quase todos os países, em especial na Europa, os sentimentos anti-imigrantes se acirraram, às vezes na forma de partidos políticos dedicados a impedir a entrada de refugiados, outras na forma de partidos ou movimentos existentes que tentavam explorar tais sentimentos. Uma pesquisa da Ipsos realizada em 25 países e divulgada no final de 2017 constatou que, enquanto uma em cada cinco pessoas entrevistadas afirmava que a imigração teve um impacto positivo em seu país, o dobro declarava o oposto.[2] Cerca de metade dos entrevistados disse que havia imigrantes demais em seu país.

Pobres e Imigrantes

Os imigrantes estão tirando nossos empregos, é o que quase sempre acusam os nacionalistas. E, de fato, há estudos que demonstram que a expansão da força de trabalho reduz os salários entre os trabalhadores que só têm qualificações básicas. Isso faz sentido no curto prazo — quando mais trabalhadores competem pelos empregos, os empregadores podem pagar menos. Porém, a maioria dos estudos mostra que não demora muito para que os efeitos positivos apareçam. O consenso entre os economistas sobre a imigração é, em geral, positivo. Ela cria mais demanda, impulsiona a inovação, aumenta a eficiência do trabalho e a produtividade, compensando os problemas de curto prazo.

O país que recebe os imigrantes incorrerá em altos custos no início — por exemplo, os impostos pagos pelos imigrantes não cobrem os custos da educação e dos serviços de saúde que eles recebem (em parte porque as suas famílias costumam ser relativamente grandes). Um artigo do Fundo Monetário Internacional revela uma correlação direta entre o número de imigrantes e o aumento do padrão de vida na sociedade como um todo. Essa correlação não depende do nível de qualificação dos imigrantes — tanto aqueles com altas como baixas qualificações acarretam um aumento da produtividade do trabalho.[3] De acordo com um cálculo de 2017, se os Estados Unidos recebessem 8 milhões de imigrantes por ano, eles teriam um crescimento anual a uma taxa impressionante de 4%.[4]

Um dos problemas fundamentais dos países industrializados é o envelhecimento da população, que exige maiores gastos com a saúde e os cuidados com os idosos, gerando uma grave crise atuarial. Os próprios imigrantes tendem a ser jovens e geralmente têm mais filhos do que a população estabelecida, tornando-a mais jovem como um todo. A segunda geração, os filhos dos imigrantes nascidos no novo país, costuma dar uma importante contribuição para a sociedade. Nos Estados Unidos, a renda média dessa geração é igual à da população em geral, com menor índice de pobreza e maior percentual de títulos acadêmicos.[5]

Os imigrantes têm uma enorme motivação para progredir e experimentam uma transformação drástica como resultado da sua fixação em um novo país. Um estudo de 2009 mostrou que um trabalhador mexicano nos Estados Unidos ganha 2,5 vezes o que ganharia no México, em termos de poder de compra. Um trabalhador proveniente do Haiti ganha dez vezes mais e um da Nigéria, quinze vezes mais.[6] Com a ajuda de instituições, infraestrutura, ensino superior e segurança pessoal que um país industrializado oferece, essas pessoas têm grandes chances de sucesso e prosperidade. Mesmo os imigrantes ilegais nos Estados Unidos, aqueles que têm dificuldade em acessar todos os direitos e serviços concedidos à população local, contribuem de forma decisiva para a economia. Um estudo recente estima um aporte de US$6 trilhões por década e mostra que legalizar esses imigrantes aumentaria sua contribuição para o produto do setor privado norte-americano em mais da metade.[7]

■

A QUESTÃO NÃO É SE AS ECONOMIAS DESENVOLVIDAS SE BENEFICIAM dos imigrantes, mas *quem* está se beneficiando. No caso dos Estados Unidos, onde a desigualdade econômica tem aumentado nas últimas décadas, essa é uma questão crucial. Uma análise do relatório norte-americano mais abrangente dos últimos anos sobre as consequências econômicas da imigração revela os maiores beneficiários:[8] os próprios imigrantes e os ricos. Os imigrantes, é claro, desfrutam de um aumento significativo em sua qualidade de vida e poder aquisitivo. Todo o superavit de imigração, ou seja, o aumento da riqueza para a população local, é bastante modesto — US$54 bilhões, apenas 0,31% do aumento geral da renda.[9]

Mas qual é o efeito na população local? George Borjas, economista de Harvard, talvez seja o cético citado com mais frequência. Em sua opinião, os pobres locais e os imigrantes competem uns com os outros por empregos, o que reduz os salários e, portanto, os custos das empresas, transferindo enormes quantidades de riqueza de pessoas de baixa renda para os percentis mais ricos da economia norte-americana. A chegada de imigrantes prejudica os pobres, que consistem em imigrantes anteriores e norte-americanos de baixa renda que não têm ensino médio. De acordo com um dos estudos de Borjas — muito controverso entre seus pares —, um crescimento de 10% na oferta de trabalho como resultado da imigração leva a um declínio médio de 4% nos salários entre trabalhadores concorrentes de níveis educacionais semelhantes.[10] Borjas afirma que a imigração é, na verdade, um ativo para as corporações. Assim, segundo ele, embora tenha feito com que a riqueza geral crescesse US$54 bilhões, ela também acarretou uma transferência de riqueza dos trabalhadores para as empresas, que totaliza US$500 bilhões.[11]

Outros estudos — por exemplo, sobre o efeito da entrada repentina de trabalhadores emigrantes da República Tcheca em uma região da Alemanha — demonstraram um declínio modesto nos salários dos trabalhadores locais e uma queda significativa nos níveis de emprego para os trabalhadores mais velhos.[12] Ainda assim, o documento do FMI citado no início do capítulo afirma que um aumento na porcentagem de migrantes no mercado de trabalho leva ao crescimento da renda per capita entre os nove decis inferiores e no decil superior.

"Rios de Sangue"

Esse debate entre os economistas fornece um verniz de respeitabilidade ao conflito real sobre a imigração, que não diz respeito ao seu efeito sobre os salários e o crescimento. Na verdade, se refere à identidade e ao caráter da sociedade — e a demografia é crucial. Em 1970, a porcentagem de habitantes dos Estados Unidos nascidos no exterior era de 4,7%. Em 2017, esse número atingiu 13,6%, o maior desde 1920.[13] Na Grã-Bretanha, a porcentagem de nascidos no exterior mais que duplicou desde os anos 1980.[14] A situação da Alemanha não é diferente — em três décadas, o número de residentes não cidadãos nascidos no exterior dobrou. A sensação de que a imigração aumentou e que os países do Ocidente mudaram não é a ilusão de pessoas descontentes que, segundo o então candidato Obama, "se apegam às armas e à religião". A proporção de nascidos no exterior aumentou em todos esses lugares por dois motivos principais: primeiro, consentimento tácito entre as classes políticas de que a imigração legal é vital para a economia e deve ser ampliada; segundo, aumento significativo de imigrantes ilegais. Nos Estados Unidos, o número destes últimos triplicou desde a década de 1990.[15]

Essas são mudanças abrangentes na composição da sociedade e, portanto, em sua identidade. Têm profundas implicações na cultura e na percepção de controle das pessoas sobre as sociedades em que vivem. Com frequência, os liberais alardearam dados mostrando que a maior resistência à imigração é encontrada em lugares amplamente desprovidos de imigrantes. Logo, ela deve ser irracional. Mas esse é um argumento condescendente. As pessoas não precisam morar em Nova York ou Londres para sentir que seu país mudou. A cultura pública, que chega às salas de estar pela televisão e pelas redes sociais, reflete a nova demografia. Estar fisicamente distante desses novos membros da sociedade pode fazer com que a ameaça que eles aparentam representar à identidade pareça mais desanimadora, não menos.

O discurso político sobre essas questões foi silenciado pelos principais partidos políticos em quase todos os países industrializados. Os adeptos da economia de direita queriam imigração em massa em prol do crescimento econômico; a esquerda acreditava que os imigrantes se tornariam seus eleitores. Para os setores abastados dessas sociedades, a imigração representava apenas vantagens; afinal, os imigrantes pobres, com sua cultura estrangeira, não moravam ao lado dos ricos nem competiam com eles por empregos que poderiam ser preenchidos por pessoas sem ensino médio. E os ricos não conviviam com os recém-chegados nas escolas ou na fila da clínica de saúde pública. O que as classes altas percebiam era que os imigrantes estavam impulsionando a economia e baixando os preços dos serviços, ao mesmo tempo que quase não exerciam influência política. Tanto para a direita quanto para a esquerda convencionais, o apoio à imigração era moralmente atraente. Parecia bom.

No entanto, com a chegada dos imigrantes, as bombas-relógio sociais começaram a detonar. Os países europeus, que nunca fomentaram um *éthos* de imigração, enfrentaram graves problemas para integrar os recém-chegados e seus filhos. Em 2012, um terço dos jovens franceses cujos pais nasceram na África estava desempregado e quase um terço abandonou a escola sem obter qualquer tipo de diploma. Esse número é o dobro em comparação aos jovens franceses sem origem estrangeira.[16] Em 2015, a receita mediana dos imigrantes na França era 14% menor do que a da população em geral.[17] Mesmo os imigrantes com qualificações similares às da população estabelecida tiveram dificuldade em encontrar trabalho. Eram socialmente marginalizados, vítimas do racismo e da discriminação na alocação de recursos.[18]

Não é de surpreender. A Europa Ocidental é a pátria da homogeneidade cristã branca. Canadá, Estados Unidos e Rússia têm populações minoritárias maiores do que as dos países da Europa Ocidental. Durante séculos, a Europa se especializou, mais do que qualquer outro lugar do mundo, na eliminação das minorias étnicas e religiosas — por meio da segregação, expulsão e, às vezes, aniquilação. Talvez seja possível transformar a Europa da União Europeia em um continente de imigrantes, mas não é possível fazê-lo ignorando a história e sem um diálogo público sério e corajoso. Quando políticos tradicionais, como o britânico Enoch Powell, usaram retórica incendiária para criticar a imigração, foram denunciados como xenófobos ou racistas.

Powell provavelmente estava valendo-se da estratégia de dog-whistle* quando, em 1968, fez uma profecia sombria: "Estou tendo pressentimentos; como os romanos, parece que vejo o rio Tibre tomado de sangue." No entanto, um diálogo sobre a imigração era muito necessário. Com células extremistas do terrorismo islâmico operando na Europa há duas décadas, a direita europeia hoje afirma que as previsões feitas por Powell em sua diatribe "Rios de Sangue" se cumpriram. Alguns dos ataques terroristas sofridos pela Europa nos últimos anos foram perpetrados por imigrantes ou seus descendentes. Assim foram os ataques em Londres, em 2005; o massacre em uma escola judaica em Toulouse, em 2012; o assassinato de Lee Rigby, um soldado britânico, em 2013, cujos agressores tentaram decapitá-lo em uma rua no centro de Londres; o ataque aos escritórios de Paris da revista francesa satírica *Charlie Hebdo* e a um supermercado kosher, em 2015; a série de ataques terroristas coordenados no teatro Bataclan e em outros locais nos subúrbios de Paris, naquele mesmo ano; a invasão de um caminhão sobre o calçadão de Nice, em 2016, na qual 86 pessoas morreram; um atentado semelhante no mercado de Natal em Berlim, no final do mesmo ano; e o ataque de carro em Westminster, Londres, apenas alguns meses depois, em 2017.[19]

Os ataques perpetrados por imigrantes e seus descendentes têm servido como uma arma poderosa para aqueles que há muito argumentam que a perda da homogeneidade europeia comprometeria a segurança do continente. É a perda da sensa-

---

* *Dog-whistle politics* [política do apito de cachorro] é uma alusão ao som alto emitido por um apito o qual só um cão consegue ouvir. O termo é usado sobretudo nos EUA para se referir a mensagens políticas que empregam termos e conceitos aparentemente inócuos, mas potencialmente controversos, e que apenas uma porção (facção) do eleitorado compreende e identifica, deixando a maioria na ignorância ou com uma ideia muito diferente. (N. da T.)

ção de segurança pessoal que impulsiona a oposição central à imigração, não a perda de empregos ou o declínio nos salários. Durante décadas, a extrema direita tentou, sem sucesso, obter apoio público com slogans como "os imigrantes estão roubando nossos empregos". Porém, a xenofobia só aumentou quando os ataques terroristas abalaram a sensação de segurança da população. As elites sempre subestimaram o impacto político do medo das pessoas — de que os estrangeiros queiram matá-las — e o fato de que a sensação de vulnerabilidade pode persistir por muito tempo após a ameaça real ter cessado.

Muitas pessoas no Ocidente afirmam que há bem mais muçulmanos ao redor e dentro de suas comunidades do que de fato há. Quando a pesquisa da Ipsos perguntou a uma amostra representativa dos franceses qual percentual da população de seu país era muçulmana, a estimativa média foi de 28%.[20] O número real é de cerca de 9%.[21] Belgas, canadenses, australianos, italianos, norte-americanos e cidadãos de muitos outros países têm a mesma percepção equivocada.[22] As pessoas veem o Outro em todos os lugares, mesmo onde ele não existe.

Essa distorção é uma grande oportunidade para a extrema direita violenta e para o nacionalismo populista do tipo promovido pelo Alternative for Germany (AfD) e pelo italiano Matteo Salvini. O discurso político degenerou, sendo delineado por falsidades amplamente difundidas, elites abastadas e interesses econômicos — tanto que os extremistas são capazes de derrubar as barreiras decrépitas que antes os confinavam, junto com suas ideias, às margens do cenário político.

A Família Aboudan

Verão de 2015. Encontrei Shawqi e Shahed Aboudan sentados em um cais, contemplando o mar azul, as pernas balançando

310 REVOLTA

sobre a água. Eles são irmãos provenientes de Aleppo, a cidade que os próprios sírios chamam de Haleb. Ela tem quatorze anos, ele é dois anos mais velho. Cruzaram a fronteira com a Turquia à noite e, em seguida, fizeram a travessia para a Grécia em um bote inflável. Naquela manhã, aguardavam a chegada de mais barcos decrépitos carregados de refugiados, na esperança de que seus pais estivessem em um deles. Shahed me ofereceu um sorriso caloroso em meio aos cabelos longos e escuros, e Shawqi continuou balançando as pernas com entusiasmo.

Ambos são bonitos e tão otimistas, ingênuos e confiantes em seu futuro que é difícil acreditar que acabaram de fugir de um país devastado pela guerra. Shawqi relatou a jornada: da Síria a Gaziantep, na Turquia, depois a Istambul, "onde nada deu certo", e de lá a Izmir, "onde todos dormiam na rua", e finalmente até Bodrum, onde conseguiram embarcar em um bote. Mas eles foram interceptados pela polícia turca, que os levou de volta para Izmir, de onde retornaram ao mar na calada da noite. Ele narrou a jornada com um sorriso, como se me entretivesse com a história de uma viagem escolar, e não de uma fuga perigosa.

Eles falaram de sua vida cotidiana em Aleppo durante a guerra — quando era normal sair às ruas e quando ficou muito arriscado. Shawqi disse que uma vez foi detido em um bloqueio do EIIS na estrada, pois seu corte de cabelo era "muito moderno"; os islamitas suspeitaram que ele fosse cristão. Shahed contou que sua escola fechou após ser bombardeada pelas forças de Assad e que desejava ser pediatra. "Quero ser engenheiro", disse Shawqi. Ele me garantiu que chegariam à Alemanha. "Vamos estudar e trabalhar lá", previu. "Uma vida feliz, *Inshalla*."

Inverno de 2015, perto de Frankfurt, Alemanha. Dessa vez, encontrei Shawqi e Shahed com os pais e os irmãos, que eles encontraram pouco depois de nos conhecermos no cais de Kos, cidade repleta de refugiados. Eles estavam instalados em um antigo quartel militar alemão que fora reformado para abrigar refugiados. Os Aboudan estavam maravilhados com a recepção calorosa que receberam dos alemães. De acordo com uma pesquisa, mais de 30 milhões de alemães doaram alimentos, roupas e dinheiro para os refugiados oriundos do Oriente Médio. A família havia começado a fazer aulas de alemão patrocinadas pelo governo, uma ação decorrente das anteriores falhas na integração dos imigrantes. Eles me disseram que sua casa em Aleppo foi bombardeada pela força aérea síria antes de fugirem.

"E então vocês decidiram ir embora?"

"Não", respondeu Abdallah, pai de Shawqi e Shahed. "Decidimos reconstruí-la."

"Então ela foi destruída pela segunda vez", interrompeu Shawqi, com os olhos cintilantes de raiva. "Meu irmão se escondeu debaixo de uma mesa, foi assim que ele sobreviveu."

"Então vocês decidiram partir?"

A resposta foi não. Eles se mudaram para outro lugar na Síria, ao longo da costa. Mas lá também não era seguro. Shawqi acrescentou que a mãe ainda carregava no peito estilhaços de uma explosão. Todos ficamos em silêncio por um breve momento. "É um novo começo para nós", interrompeu Shawqi. "Vamos esquecer o passado e começar uma nova vida."

A conversa esclareceu algo que quase acabou esquecido no fervor da inflamada polêmica do Ocidente sobre a imigração. As pessoas costumam deixar suas casas e pátrias — seja a Síria ou El Salvador — somente quando não têm outra esco-

312 REVOLTA

lha, quando todas as outras opções se esgotaram. Em geral, os imigrantes têm a dolorosa consciência do alto preço que precisarão pagar. Eles serão estrangeiros para o resto de suas vidas e terão que lutar com um novo idioma que provavelmente nunca aprenderão com perfeição ou serão capazes de falar sem sotaque. Eles descerão muitos degraus na escala social, serão um tanto alienados de sua nova cultura e, às vezes, ansiarão por sua terra natal e pelo passado distante. A maioria nunca será capaz de realizar todo o seu potencial. A emigração não é a última moda na Síria, na Venezuela ou no Sudão do Sul. Países pobres, mas estáveis, onde as pessoas sentem que as coisas estão indo na direção certa, não geram muitos refugiados e requerentes de asilo.

Verão de 2019. Dessa vez, conversei com Shawqi pelo Skype.[23] Ele e a família inteira já falavam alemão em níveis diferentes de proficiência, uma indicação de que a política do governo de ensinar o idioma e a cultura aos refugiados foi, pelo menos em parte, bem-sucedida. "Nada é impossível", disse Shawqi. "Foi difícil, mas conseguimos. Nós aprendemos." Alguns dos professores eram excelentes, outros nem tanto, comentou o jovem, mas, no geral, eram bons. "Não é como na Síria, onde os professores às vezes batem em você." Certa vez, recordou ele, um de seus professores na Síria o atacou por usar jeans para ir à escola. "E não há nada que se possa fazer sobre isso."

O pai trabalha como motorista de ônibus e a mãe, na cozinha de uma escola local. O próprio Shawqi concluiu o ensino médio e está trabalhando em uma empresa de catering. A família mora em um apartamento alugado e está economizando dinheiro para comprá-lo. Shahed, que queria ser médica, decidiu estudar farmácia. A irmã caçula pretende cursar direito. Shawqi, que planejava ser engenheiro, optou por aprender fotografia no próximo ano. Ele disse que a viagem à Alemanha mudou seu pensamento e o fez perceber o que realmente deseja.

"Quero mostrar às pessoas como vejo o mundo, trabalhar na televisão ou nas redes sociais", me contou o jovem. Os pais estavam satisfeitos com a decisão: "Dizem que devo trabalhar no que eu quiser, o mais importante é ser feliz, basta fazer alguma coisa." Ele relatou que os alemães "são muito legais, mas nem todos. Alguns nos odeiam, não sei por que, eles não querem refugiados na Alemanha. Mas são só alguns... no lado leste da Alemanha têm alguns nazistas, não muitos. Nunca os encontrei na minha cidade, mas meus amigos já esbarraram com eles. A polícia é muito boa e simpática, e os alemães aqui são amáveis. Eles dizem que somos todos humanos... e que somos todos iguais". Shawqi se sentia uma pessoa de sorte. "É como um sonho estar aqui. Era o nosso sonho estar aqui, ter paz e uma vida boa."

Quando ele falou em "uma vida boa", pensei em Aristóteles. Com seus extremos de grande progresso e miséria, são os emigrantes que melhor entendem o que é uma vida boa. Isso faz sentido. Em nosso mundo circunscrito, pouquíssimas pessoas perseguidas conseguem cruzar as fronteiras e encontrar novos lares. Quando o fazem, os grilhões da pobreza ou do conflito que as prendiam se rompem. Os fugitivos criam um novo mundo para si próprios e podem experimentar o que Aristóteles descreveu como a marca de uma vida boa, a eudaimonia, o florescimento humano.

AS MÍDIAS — TRADICIONAL E SOCIAL — MOSTRAM POUCAS HISTÓRIAS de sucesso de imigrantes, como a da família de Shawqi, preferindo focar as dificuldades de assimilação em uma nova sociedade, as crescentes reações hostis das comunidades, a ascensão da extrema direita e a ameaça do terrorismo. Mais de 1,4 milhão de requerentes de asilo chegaram à Alemanha entre 2015 e 2018. Eles emigraram por causa de guerras internas nos países do Oriente Médio, de mudanças climáticas que causaram volatilidade política e de animosidade tribal, étnica e religiosa. Entre eles havia um número ínfimo de militantes extremistas que entraram na Europa disfarçados de refugiados de guerra.[24] Ataques e outras violações da lei — sendo o evento mais conhecido os abusos sexuais em massa na véspera de Ano-novo de 2016 em Colônia e outras cidades alemãs — abriram caminho para a extrema direita, que ganhou espaço. E, com ela, a violência severa contra os imigrantes muçulmanos e as minorias em geral.

Nos sessenta anos ou mais entre a Segunda Guerra Mundial e a recessão de 2008, e em resposta ao Holocausto, a sociedade alemã combateu o racismo com determinação. Os efeitos da recessão foram limitados; a classe média alemã não estava economicamente enfraquecida e ameaçada, como os outros países do Ocidente. Mas o repentino ímpeto da imigração em massa e os incidentes de 2016 foram suficientes para reverter ganhos anteriores e atiçar as brasas do racismo alemão.

Revoltas em Duelo

Em 23 de junho de 2016, menos de um ano depois que os refugiados começaram a cruzar a Europa, a UE sofreu um dos golpes mais pesados de sua história: em referendo, o povo do Reino Unido votou pela saída da União Europeia. A votação, provavelmente a investida mais concreta à globalização desde os ataques de 11 de Setembro, surpreendeu a mídia e a elite política, tanto na Grã-Bretanha quanto no restante do Ocidente. A campanha do referendo foi tempestuosa e cáustica, destituída da típica moderação britânica. Jo Cox, membro do Parlamento que defendia a permanência na UE, morreu esfaqueada e baleada por um adepto da extrema direita, que gritou durante o ataque: "Isto é pelo Reino Unido. O Reino Unido sempre virá primeiro."

Houve complexas razões históricas e políticas para os resultados do referendo. Elas estão conectadas a profundas correntes do conservadorismo britânico que remontam ao governo de Margaret Thatcher, à relação de amor e ódio entre os eleitores britânicos e a UE, ao vácuo de liderança nos partidos conservador e trabalhista e à crise econômica de 2008, que intensificou a sensação de que as estruturas de poder do país eram desprovidas de conteúdo e incapazes de resolver os problemas reais enfrentados pela população média. A UE era vulnerável na Grã-Bretanha por dois motivos: tradicionalmente, os britânicos se viam como superiores e apartados do continente europeu; e a própria UE operava como uma burocracia de cima para baixo com apoio popular muito limitado.

Nada disso garantia que os apoiadores do Brexit venceriam o referendo, mas, em contextos políticos, às vezes há fatores que inclinam a balança em determinada direção. Os apoiadores do Brexit tinham uma vantagem decisiva — eles se opunham à imigração, uma posição com apoio mais amplo do que nunca. A livre circulação dentro da UE tem sido fonte constante de tensão política nos países-membros mais ricos, embora estes tenham se beneficiado do influxo de trabalhadores qualificados vindos da Europa Central e Oriental, que estavam dispostos a aceitar baixos salários. A combinação de imigração legal de outros países da UE e a entrada de refugiados do Oriente Médio efetivamente armou uma bomba política que detonou com o Brexit. A campanha para deixar a UE fez da oposição à imigração o palanque central em sua plataforma antieuropeia. Um mês antes da votação, um relatório demonstrou que a

Grã-Bretanha detinha um recorde de imigração, tendo recebido, em um único ano, 330 mil imigrantes da UE e de outros lugares.[25] A partir da divulgação desse número, o debate não era mais a favor ou contra a imigração em si, mas, sim, sobre quem poderia interromper a suposta "inundação". De repente, os que defendiam a permanência passaram a argumentar que seria mais fácil controlar a imigração de dentro da UE, mas o discurso parecia uma colcha de retalhos de hipocrisia.

O próprio fato de tanta atenção ser dada à imigração foi uma vitória para a direita populista que buscava a saída do Reino Unido da UE. Nigel Farage, líder do eurocético Partido de Independência do Reino Unido (UKIP, na sigla em inglês), exibiu um pôster provocativo retratando uma longa fila com centenas de refugiados oriundos do Oriente Médio, fotografados durante sua jornada pelos Bálcãs. Impressa no pôster em letras vermelhas estava a legenda PONTO DE RUPTURA e abaixo o slogan "A UE falhou com todos nós".[26] O pôster foi objeto de muitas críticas; alguns o compararam à propaganda nazista. Ainda assim, na era das mídias sociais, as críticas têm um efeito substancial: mais engajamento e exposição.

O foco na imigração parece ter funcionado. Um estudo revelou que 73% daqueles que disseram estar "preocupados" com a imigração votaram a favor do Brexit.[27] Pesquisadores que entrevistaram os eleitores a caminho das urnas relataram que o melhor indicador de voto era a atitude em relação aos estrangeiros — muito mais do que a idade ou ter opiniões de direita sobre economia, segurança e outras questões.[28] Alguns — como Boris Johnson, que liderou a campanha do Brexit e se tornou primeiro-ministro em dezembro de 2019 — argumentaram que a melhor maneira de combater a xenofobia era deixar a UE, pois "se retomarmos o controle, é possível neutralizar os sentimentos anti-imigrantes de modo geral".

Assim como muito do que foi dito por Johnson ao longo da campanha, o argumento parecia um completo absurdo, mas após o referendo acabou se mostrando perigoso também. A polícia britânica relatou um salto significativo nos ataques racistas e crimes de ódio já antes do referendo, que se intensificaram depois.[29] No mês seguinte ao referendo, os crimes de ódio aumentaram 41%,[30] e a taxa continuou a crescer. De acordo com dados fornecidos pela polícia de Londres, os crimes de ódio aumentaram 15% a cada ano desde a votação, em comparação com o período anterior ao referendo.[31] Um estudo realizado antes e depois da votação demonstrou que as minorias passaram a relatar muito mais comentários hostis disfarçados de humor, discursos anti-imigrantes e ofensas online após o referendo.[32] O nacionalismo é uma doença autoimune. Quando irrompe, é muito difícil restaurar o equilíbrio anterior do organismo político.

A REVOLTA É MULTIFACETADA. ENQUANTO ALGUNS MEMBROS DAS classes médias do Ocidente estão se revoltando contra a inclinação liberal para a migração, os migrantes se revoltam contra a ordem global de fronteiras totalmente fechadas. O confronto é inevitável.

Em qualquer momento ao longo da última década, milhões de migrantes e refugiados aguardavam uma chance de cruzar as fronteiras. Em 2017, um relatório do governo alemão vazado para o tabloide *Bild* estimava que mais de 6 milhões de pessoas esperavam para atravessar o Mar Mediterrâneo até a UE.[33] Desde 2018, mais migrantes africanos estão se deslocando para as Américas Central e do Sul, na esperança de seguir viagem para os Estados Unidos. Se algo não mudar em breve, a crise do clima e da biodiversidade só aumentará o deslocamento massivo da humanidade — das partes mais vulneráveis do mundo para lugares mais calmos, estáveis e de climas mais temperados. Para as centenas de milhões de pessoas que vivem em países assolados pela pobreza, a escolha de emigrar é a forma mais racional e eficaz de se salvar. No caso dos pais, há também um desejo humano básico — proteger seus filhos.

Esses migrantes acabarão chegando a outros países, que, por sua vez, já são as casas de outras pessoas. E isso não é necessariamente uma metáfora. Lembre-se da mulher de Bodrum, na Turquia, que tinha refugiados acampados em seu quintal. Determinar quem será admitido ou rejeitado na fronteira não é apenas um direito internacionalmente reconhecido dos Estados soberanos; decidir quem pertence e quem não pertence é fundamental para a natureza de uma política nacional.

A antiga ordem internacional concede aos países o direito de impedir mudanças na composição de suas populações por meio da soberania. Mas será que esse direito formal pode protegê-los das vicissitudes da história? Do desafio moral de milhões de seres humanos que fogem da morte, da opressão e da fome em suas pátrias?

Os nacionalistas invocam a queda de Roma, que consideram fruto da decadência provocada pelo influxo de estrangeiros. No entanto, essas incursões acarretaram o nascimento da Europa moderna. É um exemplo concreto de como a migração altera e desenvolve países e civilizações.[34] A resposta da história à pergunta "as comunidades podem evitar mudanças?" é um retumbante não. Mas o julgamento da história não leva em consideração os controles de fronteira e as cercas de arame farpado. Esse experimento tem o potencial de impedir ou atrasar a história.

Mesmo quando os migrantes conseguem cruzar as fronteiras, os países que os recebem podem já estar em crise. Podem estar lutando contra o fundamentalismo, a desigualdade econômica ou sofrendo de uma crise de natalidade. A entrada de refugiados é uma força disruptiva poderosa e pode sinalizar o enfraquecimento da relevância de um Estado para o tecido comunal de seu povo. Afinal, de que vale um político se não for capaz de evitar que os Outros apareçam sem ser convidados, falando uma língua estrangeira. No entanto, para alguns políticos, a migração pode representar uma oportunidade. O primeiro anúncio televisionado em rede nacional pela campanha de Trump, após sua nomeação como candidato do Partido Republicano em 2016, incluía imagens de refugiados sírios e um aviso sinistro de que Hillary Clinton permitiria que estrangeiros "inundassem" os Estados Unidos.[35] Em seu segundo debate televisionado com Hillary, Trump declarou: "As pessoas estão entrando em nosso país, não temos ideia de quem são, de onde são, quais sentimentos têm sobre nosso país... este será o maior cavalo de Troia de todos os tempos."[36]

As pesquisas de opinião nos três estados que decidiram a corrida presidencial naquele ano — Michigan, Wisconsin e Pensilvânia — perguntaram aos eleitores qual a questão mais importante enfrentada pelo país: relações exteriores, economia, terrorismo ou imigração. Hillary tinha uma pequena vantagem sobre Trump entre aqueles que pensavam que a economia era fundamental. Em todos os três estados, entre aqueles que sustentavam que a imigração e o terrorismo eram os problemas mais graves, Trump venceu Hillary por uma grande margem.[37]

As elites e os centros de poder no Norte global têm buscado fazer da imigração um consenso nacional ou permitir que ela passe despercebida, sem discussão pública. Porém, quando a classe média começou a sentir que sua identidade e sua segurança pessoal estavam ameaçadas, a tentativa provocou uma explosão espetacular. Com os imigrantes escondidos em um cavalo de Troia em suas fronteiras — para usar a imagem de Trump —, muitos cidadãos queriam trancar os portões. E então construir um muro.

CAPÍTULO 16

Com a Palavra, um Súdito do Império

MARIANNA, PENSILVÂNIA, JUNHO DE 2016

Dirigimos de um lado para o outro por cerca de uma hora pelas ruas estreitas e cheias de poças da cidade, em busca da casa da família Quigley. Uma chuva torrencial desaguava dos céus cinzentos da região carbonífera. Já era noite, a visibilidade era horrível e o nosso GPS parou de funcionar.

Quando estávamos prestes a desistir, encontramos o lugar.

Dentro da casa de madeira, os dois filhos de Jessica e Joel se divertiam na aconchegante sala de estar, repleta de fotos de família. Eles brincavam entre si sem largar os smartphones. No sofá, ao lado do casal, estavam Joel sênior e Carolyn, pais de Joel. Fui até lá para saber em quem eles planejavam votar nas próximas eleições presidenciais.

Diante da cena, a pergunta era desnecessária. Todas as pesquisas demonstravam que Hillary Clinton mantinha uma liderança consistente na Pensilvânia, um estado em que nenhum candidato presidencial republicano havia vencido desde 1988. Todos os servidores republicanos e democratas com quem conversei em Washington declararam sem hesitação que, com base nos dados das pesquisas, Trump não venceria. Esse era o rumor por toda a parte. Quando ele anunciou sua candidatura, o *Huffington Post* declarou que cobriria a campanha na seção de entretenimento, e não de política. Li artigos com títulos como "Relaxe, Donald Trump não consegue vencer"[1] e "O argumento para Hillary em 2016 é que ela é uma candidata do único grande partido político dos Estados Unidos que não é dirigido por lunáticos".[2] Uma voz influente na mídia norte-americana me disse, extraoficialmente: "Não acredite nisso. Muita coisa ainda vai acontecer. Os republicanos vão liquidá-lo lá dentro. Este homem não será o candidato presidencial deles. Acredite em mim, você não tem ideia de com quem eu estava falando ao telefone." Para mim, um forasteiro nos Estados Unidos, a campanha de Trump parecia um truque publicitário de um bilionário excêntrico.

Mudei de ideia ao ouvir atentamente ao que ele dizia, em vez de me preocupar com os insultos que fazia. Trump propunha um ataque brutal à ordem mundial. Com frequência, ele embasava seus ataques em mentiras despropositadas e incitações. Mas uma verdade reprimida e poderosa sobre o lado sombrio da globalização transparecia pelas rachaduras de sua retórica. Quando tagarelava sobre o "sistema viciado" e o livre comércio, ou quando se enfurecia contra o politicamente correto, parecia um exercício de um curso de relações internacionais e economia política: "Escreva cinco páginas sobre como um candidato nacional-populista poderia conquistar apoio nos Estados Unidos em decorrência das falhas da globalização e seus efeitos no mercado de trabalho e na cultura local."

Os jornalistas televisivos costumam pesquisar uma história antes de gravar uma matéria.[3] Quando saio com minha equipe de filmagem para uma entrevista, já tenho uma boa ideia do que os protagonistas da história dirão. Em Marianna, fomos surpreendidos. Esperava que Jessica e Joel me dissessem que não tinham certeza se deviam votar nos democratas, o partido que sempre escolheram. Mas eu estava totalmente despreparado para ouvir a magnitude da desilusão que esses trabalhadores expressaram sobre o sonho americano. Foi muito além da questão de votar em Trump ou em Hillary. No passado, esse ceticismo era privilégio dos comunistas e da extrema direita, mas nunca ouviríamos algo assim na sala de estar de uma família típica de classe média da Pensilvânia.

Na casa do outro lado da rua, bandeiras dos Estados Unidos encharcadas tremulavam com o vento e a chuva. Os Quigley, uma típica família norte-americana, discorreram longamente sobre o motivo pelo qual estavam cansados dos Estados Unidos. Foi o primeiro vislumbre do que estava prestes a acontecer. A eleição presidencial estava se transformando em um referendo sobre as crises que relato nos capítulos anteriores — as falhas da globalização, a imigração, o comércio internacional, o emprego e a segurança. Hillary Clinton queria que a eleição fosse uma afirmação de um futuro universalista brilhante para os Estados Unidos, mas, em vez disso, a disputa se centrava nos pecados do passado e na traição de grandes faixas da classe média. Em Marianna, percebi que os Estados Unidos haviam passado do ponto de inflexão. O país já não era o que nós, que vivíamos nos distantes postos avançados do seu império, pensávamos que era.

EM UM MUNDO DOMINADO HÁ DÉCADAS PELOS ESTADOS UNIDOS, CADA um tem sua própria imagem, sonho, ideia ou medo em relação ao país. Minha imagem dos Estados Unidos tomou forma quatorze anos antes de minha visita a Marianna, alguns meses depois do 11 de Setembro. Eu integrava o corpo de imprensa que acompanhava o primeiro-ministro de Israel, Ariel Sharon, em uma visita ao presidente George W. Bush, em Washington. Uma segunda intifada assolava Israel e os territórios palestinos; os Estados Unidos já haviam tomado o Afeganistão e se preparavam para invadir o Iraque. Sharon resistia à pressão norte-americana para negociar com Yasser Arafat, líder inconteste do povo palestino. Relações cordiais com Bush eram vitais para o grande plano — bem-sucedido em última análise — de Sharon para impedir o estabelecimento de um Estado palestino, mesmo enquanto jurava que de fato o apoiava. Sua estratégia era sempre concordar em negociar, mas nunca de fato conversar com Arafat, contra quem nutria um profundo ódio. Segundo Sharon me disse certa vez, para sobreviver no Oriente Médio é preciso falar uma coisa, pensar outra e fazer algo totalmente diferente.

Em 2002, Washington reemergia do choque dos ataques da Al-Qaeda, envolta na névoa ilusória da guerra contra o terrorismo. A facção neoconservadora entre os conselheiros de Bush estava assumindo a liderança; sua longa defesa de um uso assertivo do poderio militar para projetar a liderança dos Estados Unidos havia se tornado política oficial. Era um momento prodigioso para se estar na capital norte-americana e foi minha primeira experiência na cidade depois de adulto. Quando saí do meu hotel para a Avenida Connecticut e perambulei pelas ruas de Washington por horas a fio, senti algo que é difícil de explicar aos norte-americanos.

Foi uma sensação totalmente alheia aos eventos da época ou à política. Uma sensação geral de que havia ordem no Universo, de que de repente tudo fazia sentido e que eu havia chegado ao centro de poder de onde essa ordem e lógica emanavam. Eu estava na capital do império em que vivia; me senti como um jovem que cresceu na Península Ibérica no século II deve ter se sentido ao chegar em Roma e ver por si só toda sua grandeza, e decadência. Ao longo da história, as pessoas foram atraídas para o centro de gravidade de onde seu mundo era governado; afinal, nas crônicas da civilização humana ao longo da primeira metade do século XX, a unidade política essencial era o império.

Nós, que vivemos nas distantes províncias do Ocidente, vemos os marcos do império em todos os lugares, mesmo que os Estados Unidos não sejam um império em todo o sentido histórico. Sabemos, racionalmente, que o dólar é a principal moeda do mundo; que os Estados Unidos exercem o poder, duro ou brando, de todas as maneiras, em todo o mundo; e que a cultura norte-americana, em particular o cinema e a televisão, são onipresentes. Mas só quando se chega de fato a Washington ou Nova York é possível sentir, não apenas saber, que a parte mais importante de nossas vidas vem dos Estados Unidos. Torna-se evidente que o discurso político, econômico e até mesmo estético em nosso país é, na verdade, essa cultura distante traduzida em diversas línguas.

A constatação — que surge com a força de uma epifania, e sem nenhum sentimento de inferioridade — é de que os Estados Unidos permeiam continuamente nossa vida presente e nossa história. Preste atenção, diz a mensagem, não se engane, vocês são os súditos de um império e os norte-americanos são seus governantes. Para mim, tudo se encaixou em Washington. Aconteceu enquanto eu observava a paisagem — enquanto subia os degraus do Lincoln Memorial e virei para a parede sul para ler uma passagem do Discurso de Gettissburg: "Governo do povo, pelo povo, para o povo." Muitos governantes e regimes prometem isso, e a democracia liberal não está mais restrita aos Estados Unidos, que podem não ser sua melhor representação hoje. No entanto, essa é a fonte dessa equidade. E está gravada na pedra. Ninguém mais vai proferi-la como Abraham Lincoln; sua afirmação de "governo do povo" sempre será primordial. Um súdito do império se depara com esse ponto de referência e se sente como alguém que acorda no meio da noite com a solução de um enigma há muito esquecido.

Em seu memorial, Lincoln está sentado, observando. É uma pose rara para estátuas de líderes e heróis nacionais históricos. Ele emana um poder sereno. Essa serenidade no uso do poder, essa naturalidade, é uma inovação moderna e excepcional do império norte-americano. Não é um império mercantil que explora gananciosamente colônias de plantação, nem um poder baseado na posse da terra que busca se expandir em novos territórios para despojá-los e entregar suas riquezas à classe alta. Roma passou da república ao império. A Grã-Bretanha planejou se tornar um império ciente das consequências. Os Estados Unidos nasceram para ser uma alternativa: "Um império pela liberdade como ela nunca existiu desde a criação",[4] nas palavras de Thomas Jefferson.

Os Estados Unidos expandiram seu território de forma constante, por vários meios. Oprimiram, deslocaram, assassinaram e provocaram a aniquilação das populações nativas com uma brutalidade típica das nações europeias; basearam sua economia em um amplo sistema de escravidão que perdurou até mais da metade do século XIX. Em todos os lugares onde lutaram, prevaleceram. Embora muitas vezes conferissem poder aos habitantes locais, as forças militares e os interesses econômicos norte-americanos sempre continuaram a existir. Os Estados Unidos têm presença armada em mais de setenta países e territórios e é a potência militar mais poderosa da história. Ao enfrentar a União Soviética durante a Guerra Fria, o país apoiou ditadores, reis brutais e traficantes de drogas, fomentou golpes e assassinou e torturou dissidentes que se opunham aos regimes que instituiu, em toda parte, do Irã a Honduras. Todos os meios eram considerados legítimos na campanha contra o império rival — e ambos os países eram potências imperialistas, embora Washington e Moscou usassem o termo "imperialista" de forma pejorativa.

COM A PALAVRA, UM SÚDITO DO IMPÉRIO   327

Entretanto, além de exercerem o poder — e ao contrário de todos os outros impérios da história —, os Estados Unidos plantaram nesses lugares as sementes dos valores liberais. As ocupações militares norte-americanas da Alemanha e do Japão foram temporárias e, durante o tempo que perduraram, os Estados Unidos promoveram os direitos humanos e civis e, é claro, a economia de livre mercado, de uma forma inédita na história. Ao fazê-lo, o país tornou-se um império voltado para a era democrática. Lincoln, como convém, repousa em seu memorial rodeado por suas palavras sobre a liberdade cívica. Nos apoios de braço onde pousam suas mãos, estão gravados fasces — o feixe de varas de madeira carregado pelos magistrados romanos, um símbolo de que detinham a autoridade (*imperium*) para obrigar os outros a obedecer. No Lincoln Memorial, eles representam o poder da União e a necessidade de preservá-la após a Guerra Civil. Essa é a mensagem desse marco norte-americano. Mas o que o *imperium* de Lincoln significa para as pessoas como eu, que não moram nos Estados Unidos? Uma resposta possível: aqui há liberdade, mas, ao mesmo tempo, o poder de fazer os outros obedecerem.

A hierarquia é clara. Digamos que você está esperando do lado de fora do Salão Oval para entrar para uma breve sessão de fotos entre o primeiro-ministro de seu país e o presidente dos Estados Unidos. A equipe da Casa Branca explica as regras com precisão e remove da longa fila qualquer pessoa que esteja prestes a violá-las. Fica evidente para todos que essa peregrinação é um evento rotineiro, como, digamos, o de prestar homenagem ao imperador da China, no século XIV. Ao entrar na sala, você vê o presidente George W. Bush sentado, tranquilo e sereno, ao lado do idoso primeiro-ministro, um homem que comandou batalhas blindadas que salvaram seu país durante a Guerra do Yom Kippur. Seu líder está ansioso e suando um pouco, e fica muito claro quem detém o poder e pode exercê-lo com serenidade.

328 REVOLTA

O ponto de vista é provinciano, é claro, mas desde a década de 1950 metade do mundo tem sido, em um sentido ou outro, uma província do império norte-americano; e, desde a década de 1990, esse domínio abrange muito mais da metade. A globalização expande e aprofunda essas relações, mas não há igualdade. Os Estados Unidos criaram uma sensação de que são uma fonte de abundância para um mundo dividido, amedrontado e pobre. Por exemplo, será que os norte-americanos conseguem compreender como o refil grátis é a essência da atratividade da experiência norte-americana para os estrangeiros?

Não faz diferença se o estrangeiro vem da África, lutando para melhorar o padrão de vida; ou da Europa Oriental, que ainda se recorda da escassez do comunismo; ou da eficiente Europa Ocidental, que às vezes desfruta de um padrão de vida mais elevado do que os norte-americanos; ou do Oriente Médio. A primeira vez que ele recebe um refil grátis de seu café ou refrigerante é uma revelação. Quando criança, lembro-me da alegria e maravilha do conceito. Fiquei admirado, por que todo mundo não reabastece seus copos de Coca-Cola sem parar? A resposta simples é — porque eles já têm o suficiente. E, se quiserem, podem pegar mais. Não é preciso ser pobre para se surpreender com a abundância e a sensação de segurança dos Estados Unidos; basta ser um estrangeiro. O fascínio do sonho americano se manifesta no refil grátis e se resume na confiança que a cafeteria ou o posto de gasolina deposita em seus clientes; e a decência fundamental do cliente significa que ele não abusará dessa confiança além do razoável. Ele também está presente na visão capitalista de que encorajar o consumo de um produto, mesmo com prejuízo, muitas vezes levará o cliente a comprar outros. Sinaliza que consumir é divertido. Claro, isso vem junto com uma quantidade mortal de calorias, danos ambientais e excesso de indulgência como estilo de vida.

Na minha língua nativa, a palavra "América" há muito se tornou um adjetivo. "Como foram suas férias?", você pergunta a alguém. E a resposta é apenas: "América." "Como está o carro novo?", você pergunta a um amigo. Ele responde: "América." Uma expressão semelhante é *lehiyot large* (a segunda palavra é emprestada do inglês), que significa ser generoso como na América. Generoso como as grandes poltronas reclináveis (para assistir à televisão) enviadas da América em grandes navios como se fossem ídolos transportados da capital da Assíria para os templos nos recônditos do império. Grandes também são os gigantescos baldes de pipoca que você pode comprar no cinema, ou os bifes cobertos com dois camarões gigantes e manteiga.

A Vitória da Moderação

Embora os Estados Unidos se envolvam em muitos conflitos, e seu modelo para tal apresente rachaduras perturbadoras, até mesmo horripilantes, o país está sistematicamente no topo ou perto do topo em todas as medidas de "poder brando".[5] Os Estados Unidos não são a França, que oferece ao mundo comida gourmet; nem a Grã-Bretanha, com a família real, Oxford, Cambridge e os Beatles. Os Estados Unidos são uma superpotência assertiva, mas, mesmo assim, continuam populares.[6] Sua aura de poder não deriva apenas de um anseio, por parte de estrangeiros, pelo sonho americano e pelos produtos norte-americanos. Há também uma promessa de proteção a províncias distantes. No Oriente Médio, por exemplo, o fato de saber que uma guerra está sempre no horizonte e que, quando estourar, pode ser brutal, vem com a presunção tácita de que ela não se arrastará por muito tempo, pois será rapidamente encerrada pela intervenção norte-americana (ou, no passado, também soviética).

330 REVOLTA

A política de segurança de Israel se baseia no pressuposto de que, em algum momento de qualquer conflito armado, os Estados Unidos tomarão uma decisão e emitirão uma ordem para encerrar a guerra. Assim, a doutrina de combate do exército israelense sempre partiu da premissa de que tinha um tempo limitado para lutar e conquistar território, e que teria que parar quando as superpotências (antes duas e agora a única restante) lhe dissessem para cessar-fogo e interromper os avanços. De fato, a União Soviética e os Estados Unidos usaram seu poder para encerrar hostilidades e, ocasionalmente, traçar linhas de cessar-fogo centímetro a centímetro.

A posição de Washington no comando nem sempre foi bem recebida em partes de seu império e nas sociedades dos países sob sua influência, mas teve um efeito atenuante. Os tomadores de decisão nesses países poderiam resistir ao espírito belicoso alegando que estavam sob pressão dos Estados Unidos, usando Washington como a desculpa derradeira.

Uma determinada política pode atrair o desfavor de Washington; enquanto outra opção pode garantir o respaldo da maior potência do mundo. O Egito seguiu a última estratégia quando, no final da década de 1970, assinou um tratado de paz com Israel, trocando sua aliança com uma URSS em declínio por uma com os EUA. O que valia para o Oriente Médio era ainda mais pertinente para as nações da Europa Ocidental e, após o colapso da União Soviética, passou a valer para todo o continente.

Em 1956, os Estados Unidos deixaram claro para França, Reino Unido e Israel quem comandava o mundo que começaram a construir. A superpotência (junto com a União Soviética) forçou os três países a se retirarem da Península do Sinai e do Canal de Suez, que haviam tomado do Egito em uma operação conjunta. A partir daí, e apesar dos protestos (em

COM A PALAVRA, UM SÚDITO DO IMPÉRIO 331

especial da França), os países do Ocidente perceberam que as principais decisões estratégicas exigiam o consentimento norte-americano. Quando, em 1963, após a construção do muro pela Alemanha Oriental comunista, o presidente John F. Kennedy visitou Berlim Ocidental e proclamou: "*Ich bin ein Berliner*" [Eu sou um berlinense], a mensagem aos aliados dos Estados Unidos da América foi "você não está sozinho".

Isso não significa que os norte-americanos fossem imunes ao erro e à loucura destrutiva, ou que não participassem de guerras que envolviam matança em massa, como fizeram no Vietnã. Eles estavam totalmente cientes de seu poder e acreditavam que era seu papel histórico exclusivo — e até outorgado por Deus — usá-lo para lutar contra o comunismo e disseminar a liberdade. Segundo eles, isso tornava os Estados Unidos da América diferentes de qualquer outro país de sua época e de todos os tempos. Era uma doutrina — adotada já na década de 1840 — que veio a ser chamada de excepcionalismo americano.

Quando os candidatos à presidência dos Estados Unidos juram fidelidade ao excepcionalismo americano, a cerimônia soa, aos ouvidos estrangeiros, como um ritual de iniciação mística. Quando o presidente Obama fez uma observação que foi considerada uma negação do papel imperial da América, ele enfrentou um intenso ressentimento que perdurou por todo o seu mandato.[7]

A visão que a América tem de si mesma como uma cidade edificada sobre um monte, com o dever moral de liderar e agir, não é novidade. O excepcional no excepcionalismo americano é o quanto ele é incomum, do ponto de vista histórico. No século I A.E.C., não muito depois de Roma intervir em uma guerra civil em meu país e instituir um rei vassalo chamado Herodes, Virgílio pregou o excepcionalismo romano aos jovens de seu país: "Nunca se esqueça de qual será / Sua missão outorgada:

as artes usará / Para governar o mundo e o apaziguar / Com serenidade, a ordem e a justiça implantar, / Poupar os derrotados e à guerra pôr fim / Debelando os soberbos, enfim."[8]

TODAVIA, A QUESTÃO É OUTRA. ESSA SENSAÇÃO DE SEGURANÇA, A compreensão de que a população não está à mercê dos políticos locais porque estes devem se reportar a uma autoridade superior, os Estados Unidos da América, era algo de que apenas algumas pessoas *fora* dos Estados Unidos se beneficiaram. Não havia força externa para garantir a segurança interna do país ou para repreender seus líderes caso agissem de forma irresponsável. Os norte-americanos nunca receberam conselhos amigáveis de um aliado mais poderoso para não iniciarem uma guerra que fatalmente terminaria em desastre. Um presidente norte-americano nunca precisou atender um telefonema de Washington, um evento temido por todos os outros líderes mundiais. Nenhum líder norte-americano jamais teve o que nós nas províncias tivemos — alguém que nos impeça de agir de acordo com nossos piores instintos. Ao mesmo tempo, o destino da América, tal como o de todos os impérios, tornou-se indissociável dos domínios que governa à distância e da responsabilidade, ou prerrogativa imperial, que assumiu. Como escreveu Reinhold Niebuhr em sua obra clássica *The Irony of American History* ["A Ironia da História Americana", em tradução livre]: "Uma América forte é menos dona de seu próprio destino do que uma América comparativamente fraca, embalada no berço de sua segurança continental e serena em sua inocência infantil... Não podemos apenas fazer do nosso jeito, nem mesmo quando acreditamos que essa é a maneira de obter a prometida 'felicidade da humanidade'."[9]

Entretanto, os Estados Unidos rejeitaram a abordagem de Niebuhr. O papel central que a nação desempenhou nas duas guerras mundiais do século XX, seguido por seu sucesso em aniquilar a superpotência rival, fez com que seus líderes se sentissem invencíveis e essenciais, e muitas vezes ingenuamente ambiciosos. Thomas Friedman, notável autor e colunista do *New York Times*, me disse certa vez em uma entrevista: "As pessoas adoram zombar da América, adoram zombar de nossa ingenuidade... Mas a ingenuidade norte-americana é extremamente importante para o mundo. Se pararmos de defender os direitos, a privacidade, a igualdade de gênero, a decência básica, transformaremos o mundo inteiro. E, se escurecermos, o mundo ficará escuro."

Conversamos na primavera de 2016, em sua sala na redação do jornal em Washington. Poucos meses depois, Donald Trump foi eleito presidente.

O Projeto Imperial

A globalização como a conhecemos hoje se espalhou pelo mundo ocidental como o cristianismo pelo Império Romano. Ela mudou a maneira como as pessoas se comunicam e fazem comércio umas com as outras, da mesma forma que os grandes impérios navais dos séculos XV e XVI. A globalização abarcou e impôs seu domínio em mais povos e territórios do que qualquer grande potência jamais fez, tornando-se o projeto imperial de maior sucesso desde o início da era moderna. E nasceu na América.

O acordo de Bretton Woods e as instituições por ele estabelecidas, junto com o Plano Marshall, foram enunciados no início da Guerra Fria com a URSS. O desejo de um mundo aberto ao comércio internacional e conectado por fortes laços recíprocos surgiu da situação da economia norte-americana no final da Segunda Guerra Mundial. Na década de 1950, os Estados Unidos produziam cerca de metade dos bens do mundo,[10] mas eram o lar de apenas 6% da população mundial.

Alguém tinha que comprar os rádios, os automóveis, os refrigerantes e todos os outros bens produzidos pelas eficientes fábricas, linhas de montagem e engarrafadoras do país.

Os Estados Unidos investiram mais de US$12 bilhões (equivalente a US$170 bilhões em dólares atuais) na reconstrução da Europa após a guerra. Isso equivalia a 4% de seu PIB anual na época.

Em seu livro sobre o Plano Marshall, Charles L. Mee relata como as redações de jornais em toda a Europa, e em especial no Reino Unido, foram informadas com antecedência sobre o conteúdo e o significado do discurso pelo qual o secretário de Estado expôs o plano.[11] Em contraste, o governo fez o possível para garantir que o discurso fosse divulgado o mínimo possível nos Estados Unidos. Os repórteres norte-americanos não foram convidados para o evento, que foi minimizado como um "discurso típico de formaturas". No entanto, repórteres que tentaram explicar a dramaticidade do evento — segundo relatou mais tarde o *Washington Post* — foram ignorados por seus editores. Posteriormente, o Departamento de Estado informou que nada de novo havia sido dito.[12]

É um exemplo maravilhoso de como os súditos de um império receberam promessas de segurança e respaldo econômico das quais os próprios cidadãos imperiais só ficaram sabendo mais tarde e de forma vaga. Isso é típico — o império não foi construído com base na honestidade com seu povo. A verdade sobre as políticas dos Estados Unidos da América era reservada para além das fronteiras do império, não para as informações que fornecia a seus cidadãos. Em 1846, o presidente James Polk mentiu para o Congresso, pois queria expandir o território dos Estados Unidos para o oeste por meio da guerra com o México. Em 1940, o presidente Franklin Roosevelt, já preparando o país para a guer-

COM A PALAVRA, UM SÚDITO DO IMPÉRIO 335

ra, declarou aos norte-americanos: "Seus filhos não serão enviados para guerras no exterior." Em 1961, o presidente John Kennedy disse ao povo norte-americano, pouco antes da operação da Baía dos Porcos, que os Estados Unidos não planejavam intervir militarmente em Cuba.

A reabilitação da Europa foi alavancada pela criação de alianças estratégicas e forneceu a base para a OTAN.[13] Com a queda do Muro de Berlim, os Estados Unidos promoveram o Consenso de Washington, que prescrevia a privatização, a abertura dos mercados de capitais e a eliminação das barreiras comerciais.

"Somos a nação indispensável", declarou Madeleine Albright, secretária de Estado, em 1998. O que ela quis dizer foi que só os Estados Unidos tinham o poder de garantir a segurança e a prosperidade do mundo. Na década que se seguiu, a América tentou obter soluções duradouras em conflitos épicos, às vezes centenários, como nos Bálcãs, na Irlanda do Norte e no Oriente Médio. Às vezes, era bem-sucedida.

Três anos após o pronunciamento de Albright, a Al-Qaeda atacou e descobriu-se que o mundo não era tão seguro e que o fundamentalismo estava impondo um difícil desafio à ordem liberal. A inerente sensação de confiança dos norte-americanos acabou sendo uma ilusão. Diante dessa surpresa estratégica, os Estados Unidos iniciaram duas guerras — no Afeganistão, contra o regime do Talibã que apoiava e protegia a Al-Qaeda, e então, em um ato massivo de dissimulação e autoengano, no Iraque, contra o regime de Saddam Hussein. Os Estados Unidos, que sempre evitaram estabelecer um império clássico — que governa outras nações —, começaram a se acostumar com a ideia e a enxergar essa opção como uma necessidade militar e talvez até como um destino óbvio. O país não era

336 REVOLTA

mais um império que detinha os fasces e proclamava "governo do povo, pelo povo". Ele apenas empunhava os fasces.

Foi um movimento drástico em direção à globalização, fruto do trabalho dos Estados Unidos após a guerra. Impérios que governam por meio da força sobre outros povos, guerras entre "civilizações", fechamento de fronteiras — tudo isso estava em profundo desacordo com o mundo aberto e a economia que a América criou depois de 1945. Em uma busca desesperada por segurança pessoal, requisito fundamental de todo sistema político, os norte-americanos se apaixonaram por uma versão anacrônica de poder. O historiador Niall Ferguson declarou que os Estados Unidos "são um império que não ousa usar esse nome", e acusou que, por serem "um império em negação", estavam pondo em perigo a segurança do mundo.[14]

"Império Americano (Acostumem-se)" anunciava a manchete de um artigo da *New York Times Magazine,* que foi seguido de mais matérias do tipo.[15] Um conselheiro sênior do presidente George W. Bush declarou, extraoficialmente, à revista *Foreign Policy*: "Agora somos um império."[16] Em dezembro de 2003, o vice-presidente Dick Cheney enviou um cartão de Natal com uma citação de Benjamin Franklin: "E se um pardal não pode cair no chão sem o Seu conhecimento, seria provável um império se erguer sem a Sua ajuda?"[17] Quando um vice-presidente dos Estados Unidos envia um cartão de Natal com uma epígrafe desse tipo, não é simplesmente um ato literário. Na época, as forças norte-americanas estavam passando seu primeiro Natal em Bagdá. O presidente Bush achou necessário negar publicamente as ambições imperiais de seu país, declarando que "a América não tem império para ampliar ou utopia para estabelecer". Há muito debate sobre os custos dessas duas guerras, mas as menores quantias declaradas giram em torno de US$1,6 trilhão,[18] e muitas estimativas apontam para perto de US$3 trilhões.[19] Em 2018, um estudo calculou que o custo total foi de US$6 trilhões, se computadas as pensões vitalícias aos feridos de guerra.[20]

Os Estados Unidos foram advertidos por alguns de seus aliados para ficarem longe dessas guerras. Mas não havia um presidente norte-americano com fala suave e um enorme porrete para aconselhá-los: "Se você, potência atacada, reagir com uma guerra dispendiosa, ficará profundamente endividada, investirá menos em infraestrutura e outros motores de crescimento, arcará com desenfreados gastos de defesa e crises econômicas internas. Essa é a receita clássica para o declínio." Não havia poder superior para refrear e salvar os norte-americanos de si mesmos.

Nunca Aqui

O império substituiu o poder brando eficiente pelo poder duro ineficaz. As guerras ocorreram longe do solo norte-americano. Nesse ínterim, os próprios Estados Unidos mergulharam em sua recessão mais profunda desde a Grande Depressão dos anos 1930. Como de costume, quem pagou o preço foi a abalada classe média, pessoas como as que conheci em Marianna, Pensilvânia, no coração da região que antes era o Cinturão de Aço e agora é o Cinturão de Ferrugem, alguns meses antes de Trump vencer a maior reviravolta política na história norte-americana.

No início do século XX, Marianna era um modelo do êxito industrial norte-americano. Seus habitantes viviam em modernas casas de pedra com água encanada. Imigrantes da Europa Central, da Rússia e da Itália se aglomeraram na região, graças à livre imigração do período. A cidade foi construída perto de três minas de carvão administradas pela Pittsburg-Buffalo Company, que tinha a reputação de operar as minas mais avançadas e seguras da época. Sua posição na vanguarda tecnológica atraiu a visita do presidente Theodore Roosevelt em outubro de 1908, acompanhado por especialistas europeus em carvão. Apenas 44 dias depois, ocorreu um desastre nacional — uma explosão matou 154 mineiros.

Na pequena e bem cuidada biblioteca da cidade, conheci Joe Glad. Ele tinha 89 anos, uma postura ereta, olhos penetrantes e usava um boné de beisebol. Remexendo em um grande pedaço de hulha, o tipo que era usado na fabricação de aço, ele me contou que era "carvão limpo de boa qualidade". Joe começou a trabalhar nas minas dois anos após o fim da Segunda Guerra Mundial. O pai o introduziu na profissão e lhe ensinou os segredos de que um mineiro precisa para sobreviver. Por exemplo, se perceber poeira, ouvir um rangido e vir ratos passando: "É melhor segui-los."

Quando Joe começou a trabalhar, ele e seu pai carregavam carvão. Cada um deles transportava cerca de três toneladas em um dia de trabalho. Para cada tonelada, recebiam US$0,93.[21] Ele me mostrou as mãos grandes. Em algumas manhãs, lembrou, não conseguia abrir e fechar as mãos "por causa dos calos. Então papai me levava até a torneira, abria a água quente, eu as soltava e íamos trabalhar".[22]

Jeremy Berardinelli, vereador da pequena cidade, abriu as portas para as antigas instalações da mina, que foi fechada em 1988. É uma ruína majestosa, de tamanho impressionante, com uma beleza moldada pelas marcas da atividade. Ele me mostrou a última pilha de carvão extraída do solo. "Eles a deixaram aqui para o caso de algum dia criarmos um museu", me contou Berardinelli. Nenhum museu jamais foi construído. Glad me levou para o local onde foi contratado, o escritório do superintendente. Ele estava às lágrimas, comovido. "Dói, dói demais. Não só em mim. Nas pessoas boas que precisam de empregos", disse. "Estou velho, vou morrer, tenho mais um ou dois anos. O que os jovens vão fazer?"

Joel Quigley é um desses jovens. Ele trabalhava em uma mina de carvão perto de Waynesburg, não muito longe de Marianna, que depois fechou, como as outras. Na sala de Quigley, a conversa começou, se desenrolou e terminou no mesmo assunto: carvão — se vai se recuperar, por que é tão necessário, quem são seus inimigos. Jessica, esposa de Joel, ficou em casa cuidando dos filhos por sete anos, mas precisou encontrar um emprego porque o marido "não está ganhando o suficiente". Joel disse que tem que trabalhar "o dobro e dias mais longos apenas para receber a metade" do que ganhava como mineiro.

Referindo-se às empresas que operam minas na região, ele afirmou que "elas culpam a estagnação do carvão por sua falência. Mas, na verdade, foram elas que a provocaram". Seu pai, também chamado Joel, que trabalhou como minerador durante 32 anos até se aposentar, atribuiu isso à "ganância corporativa". O filho concordou: "Os CEOs ainda têm todo o seu dinheiro." Eles pareceram envergonhados ao falar sobre Donald Trump. "Trump vai tentar devolver o emprego dos trabalhadores", disse Joel pai. "Então, o que se pode fazer?" A mãe de Joel, Carolyn, deixou claro que não simpatizava com ele: "Eu não gosto dele, mas, se vai nos devolver o emprego, tem meu voto."

"Vocês sabem que os líderes deste país dizem que é impossível salvar a indústria do carvão. Se a mina foi fechada, existem outros empregos. O carvão não será subsidiado. É um livre mercado. Talvez a América sim, não sei, não sou norte-americano", respondi. Eles riram por um momento. Joel disse que, se for esse o caso, ele não entende a lógica de enviar carvão norte-americano à China "para que suas usinas

340 REVOLTA

de energia funcionem e todas as nossas fechem". De fato, os Estados Unidos exportam carvão para a China.

Eles afirmaram que nunca votaram nos republicanos.

"E votarão em Trump?"

"Talvez seja necessário." Todos rimos.

"Vocês acham que este é o melhor país do mundo?" A sala se agitou com os protestos: "Não! Não!" Joel argumentou com o pai: "Talvez fosse quando o seu pai era jovem, mas agora?" Jessica acrescentou que os Estados Unidos são "uma vergonha". De tudo o que disseram, isso foi o que mais me chamou a atenção. O país deles os envergonha. Eles afirmaram que crianças estão morrendo de fome enquanto outras pessoas "vivem à custa do sistema". Só depois da vitória de Trump entendi até que ponto tais percepções permeavam a América.

De acordo com Jessica: "Ninguém ajuda os seus, o foco nunca é aqui. É sempre o que podemos comprar mais barato no exterior, o que podemos fazer em outros países, *nunca aqui*." Ela enfatizou cada sílaba das duas últimas palavras.

Há algo óbvio em sua afirmação de que "nunca é aqui". Ela indicou o abandono da área rural dos Estados Unidos, as chamadas "regiões esquecidas", e a disparidade entre os florescentes centros urbanos e o restante do país. O menos óbvio é que não existe "aqui". O mundo se tornou tão global, tão conectado, que nada é de fato "aqui".

Sou de um dos outros países a que se referiram os Quigley. Nós nos beneficiamos das salvaguardas fornecidas pela Era da Responsabilidade. Não importa quem era o presidente — Clinton, Bush, Obama — ou se ele seguia políticas sábias ou tolas, a América estava sempre por perto.

No entanto, enquanto o poder do império norte-americano sobreviveu nos longínquos postos avançados, sua locomotiva, o sonho americano, perdeu a pujança. Como um velho soldado japonês saindo da selva décadas após a derrota de seu país, fomos possuídos por algo que há muito desapareceu. Falávamos, confiávamos, temíamos a América, mas a promessa guardada em seu âmago já estava perdida. Trump afirmou isso, com aparente alegria masoquista, logo no início de sua campanha presidencial: "O sonho americano está morto."

Os Quigley votaram em Trump em 2016. Era necessário.

CAPÍTULO 17

"Minha Mãe Foi Assassinada Aqui"

O sonho americano nunca esteve mais vivo do que em Detroit, onde morreu. Eu estava em um micro-ônibus para uma expedição urbana por prédios abandonados. Meus companheiros eram um grupo eclético de viajantes fascinados por ruínas — um japonês, um jovem hipster alemão, um casal da Flórida. O tour começou com o tradicional ritual norte-americano — a assinatura de um formulário isentando o operador turístico de qualquer responsabilidade em caso de crime ou acidente nos prédios abandonados em que entraríamos, nas escolas desertas que se transformaram em antros de drogas ou nos coros em ruínas de igrejas empoeiradas.

O ônibus parou na Harry B. Hutchins Intermediate School, uma estrutura enorme e impressionante localizada em uma rua melancólica. Quando foi inaugurada, um jornal local anunciava que a escola "cuida plenamente não apenas da educação acadêmica, mas também da educação física e profissional das crianças... bem como da formação de um centro comunitário".[1] Isso foi em 1922, quando autoridades vinham de todos os Estados Unidos para conhecer a excelência do sistema de ensino de Detroit e reproduzir seu sucesso em casa.

Ao entrarmos, nosso guia nos orientou a usar lanternas e não pegar nada do chão, principalmente agulhas. A água pingava de paredes crivadas de buracos e sulcos — os catadores de metal levaram o que puderam. O guia nos mostrou os vestiários — os chuveiros foram construídos com blocos de mármore importado. Detroit era o Vale do Silício do início do século XX, e nenhum luxo foi poupado para as crianças da cidade.

Ao lado dos vestiários, há duas piscinas grandes e profundas, agora vazias; uma para os meninos e outra para as meninas. Também há oficinas onde os alunos aprendiam trabalhos elétricos, estamparia, carpintaria e mecânica de automóveis. Armários de madeira natural, feitos sob medida, ainda estão no lugar; a luz do sol proveniente de um pátio interno inundava as salas de aula não utilizadas. "É uma boa luz neutra para fotos por causa das nuvens", disse o guia. Um dos turistas pegou um sapato velho e o colocou sobre uma mesa apodrecida. As paredes estavam cobertas de grafite desbotado. Todos fotografaram.

Em 2018, a população de Detroit era de cerca de 670 mil pessoas[2] — em uma área enorme de quase 362 km^2, como convém a uma cidade construída para a indústria automobilística. Em 1950, Motor City, como era chamada, tinha uma população de 1,8 milhão; que, desde então, caiu 65%.[3] Em 2010, havia 53 mil residências abandonadas e pelo menos 90 mil terrenos baldios, a maioria deles casas que foram queimadas ou demolidas. Em alguns bairros há poucas pessoas. Muitas ruas são ocupadas por algumas residências solitárias com terrenos vazios entre elas, onde antes existiam casas.

Detroit não era como uma cidade da corrida do ouro do século XIX, com uma economia baseada apenas em minas que um dia acabariam exauridas, aniquilando a comunidade. Nem foi despovoada por um terremoto, fome ou guerra. Seu tamanho diminuiu devido à reversão do curso da globalização — que, em vez de fluir do Oriente para o Ocidente, tomou o rumo inverso.

Os desfortúnios da cidade são emblemáticos da brutalidade com que o sonho americano foi destruído. Detroit sofreu com planejamento urbano falho, desigualdade racial, dependência de corporações, um círculo vicioso de pobreza, queda das receitas fiscais, crime, epidemia de drogas e iniciativas de renovação malsucedidas. Nos últimos anos, após ter declarado oficialmente falência e iniciado um processo de reabilitação, seu centro começou a renascer e está passando por uma impressionante onda de construção. Mas, em 2018, Detroit ainda ocupava o terceiro lugar entre as cidades norte-americanas em assassinatos.

A Igreja Católica de St. Margaret Mary estava fechada e tomada pelo mato em uma rua que parecia abandonada. Um veículo com duas mulheres brancas, Sharon Probst e a filha, parou ao nosso lado. Elas estavam em uma jornada em busca das raízes da família nesse bairro antigo e nos viram em frente à igreja. Sharon, na casa dos setenta, casou-se nessa igreja em 1963. "Parece tão diferente agora", desabafou, em um tom monocórdio do Meio-oeste. Apoiando-se em sua bengala, apontou para a filha: "Ela foi batizada aqui."[4] Depois me pediu para ajudá-la a passar pelo mato e entrar no prédio.

O interior estava coberto de pichações e todo o metal fora retirado de suas paredes. Um piano, podre e inchado pela umidade, estava tombado. Na sacristia havia uma túnica branca pendurada, recoberta de poeira, como um adereço barato de um filme de terror. Sharon estava na capela-mor, não muito longe do altar, sob os dois painéis dourados. Ela bateu com a bengala no chão e disse que a igreja costumava ser muito movimentada.

"Em algum momento tínhamos que ir embora", disse Sharon. "Não dava mais para confiar em ninguém. Os tempos ficaram difíceis, muito difíceis." Houve um momento de silêncio, e então ela acrescentou: "Minha mãe e meu padrasto foram assassinados neste bairro, na casa deles... em 6 de dezembro de 1974."

Eu lhe perguntei se foi durante um assalto.

"Sim, foram os vizinhos", respondeu. "Eles atiraram 22 vezes em cada um. Esfaquearam e mataram a cachorra primeiro, porque Lady estava protegendo a casa. E, quando os dois chegaram, eles os mataram. Minha mãe estava falando com a polícia quando atiraram nela. Dá para ouvir quando ela solta o telefone e cai no chão. Meu padrasto estava no porão e quando subiu se deparou com os invasores, que o alvejaram."

Ela me contou sobre a atrocidade sem dramaticidade. Um recorte de jornal antigo que encontrei depois relata que Lady, a cachorra, recebeu dos filhos de Clifton e Lee Ledbetter, as vítimas, um funeral de heroína.

IMPRESSÕES DOS ESTADOS UNIDOS:

Grant Park, Chicago, 2008. Eu estava caminhando com a multidão que deixava o comício da vitória de Barack Obama. Todos estavam tão radiantes que pareciam andar nas nuvens. Assisti ao vídeo em meu BlackBerry. Apenas uma hora antes, eu havia conseguido passar pelo perímetro de segurança ao redor do palanque de Obama e filmar o momento que ele subia ao palco. Uma mulher negra, de cerca de setenta anos, que também saía do comício, me perguntou: "O que você tem aí, filho?" Mostrei a ela, e nós dois rimos como se compartilhássemos um segredo. Ao chegar no hotel na companhia de meu colega — ainda inebriados pela euforia da noite —, dois homens brancos vestindo jeans e moletom entraram conosco no elevador. Meu amigo fez uma piada sobre a eleição; eles pareciam indiferentes, mas um décimo de segundo depois algo aconteceu, como um bote de um animal. Um deles chegou bem perto de nós e gritou: "Malditos estrangeiros, não fodam com nosso sistema eleitoral!" O outro homem também atacou. Eles cheiravam a álcool e imaginaram que éramos eleitores de Obama. Nós fugimos do elevador.

Em uma clínica de aborto em Ohio, algumas semanas antes das eleições de 2016, Dr. David Burkons, o médico que a administra, sentia que estava sendo caçado. Ele tinha quase setenta anos e dizia ser o médico abortista mais jovem do estado. Ninguém mais queria fazer um trabalho tão vilipendiado e perigoso. Para os dois homens que protestavam permanentemente do lado de fora da clínica, ele é um assassino de bebês; o médico recebia constantes ameaças de morte. Uma jovem estudante chegou para um aborto induzido por medicamentos. "Estou tomando a decisão certa", disse ela. "Não tenho dúvidas..." Os homens do lado de fora, usando bonés de beisebol e segurando cartazes sinistros, aguardavam sua saída. "É assassinato, é Auschwitz", pregavam. "É um holocausto." Uma jovem negra aguardava na sala de espera. Ela precisava desesperadamente de um aborto, mas não tinha dinheiro suficiente. O valor era de US$425. Ela perguntou se havia custeio pelo governo. O médico, surpreso, reprimiu um sorriso amarelo. Com certeza, não havia subsídios do governo.

Igreja de Ron Baity, em Winston-Salem, Carolina do Norte. Os membros de sua devota congregação estavam prontos para o culto de domingo. Baity comparou os homossexuais a vermes e alertou contra casamentos do mesmo sexo na linguagem utilizada na Bíblia para descrever Sodoma e Gomorra. "Você acha que o ebola é ruim, é só esperar", disse ele.[5] Era o dia dos pais; chaves de fenda foram distribuídas como presentes aos homens. Observei a pilha. As ferramentas pareciam tão desoladas na porta da igreja do pastor que não pude conter o riso. Faltavam menos de dois meses para a eleição presidencial de 2016. Do lado de fora, o Rev. Baity me disse que o transgenerismo é um transtorno mental e que o seu país ainda está vivo e bem alerta. "Não nos enterre ainda", me alertou.

No início daquela semana, em Charlotte, a menos de cem quilômetros de distância, testemunhei Erica Lachowitz, uma mulher transexual, violar a chamada lei do banheiro da Carolina do Norte,[*] que o Rev. Baity promovera fervorosamente. Em um conhecido mercado de hortifrúti, ela entrou no banheiro feminino acompanhada de sua adorável filha de oito anos, Alice, que escondia a cabeça sob a camisa da mãe. Eu as convidei para um sorvete. Em uma mesa, Alice me contou sobre um episódio envolvendo uma colega. "Somos amigas desde o jardim de infância e sempre fui aos aniversários dela e vice-versa. Mas, quando estávamos na segunda série, ela não me convidou." A menina se virou para a mãe. "Quando ela não sabia que você era transexual, ela sempre me convidava, mas, desde que contei, nem fala direito comigo."

Um Momento Radical

O momento radical de uma sociedade — quando algo antes impensável irrompe das amarras da convenção e se torna uma opção — é latente nesses relatos. A eleição de Barack Obama foi um desses momentos, que mexeu com os senti-

---

* The Public Facilities Privacy & Security Act [Lei de Privacidade e Segurança de Instalações Públicas], comumente conhecida como House Bill 2 (HB2) ou a "lei do banheiro", foi promulgada em 2016. Ela obriga escolas e instalações públicas a proibir pessoas de usarem banheiros em desacordo com seu sexo de nascimento. Também proibiu os municípios de instituir políticas próprias de antidiscriminação.

"MINHA MÃE FOI ASSASSINADA AQUI" 349

mentos mais profundos dos norte-americanos em questões de cidadania, mobilidade social e etnia. Porém, alguns achavam que seu país fora roubado. Muitos, como Donald Trump, precipitaram-se com teorias da conspiração para preencher a lacuna entre o que achavam que deveria ter acontecido e o que de fato aconteceu. Os *birthers*,* que insistiam que Obama não nasceu nos Estados Unidos e, portanto, não era elegível para a presidência, eram uma demonstração de que muitos norte-americanos não conseguiam aceitar nem sua candidatura nem sua vitória. Eles precisavam alegar que Obama era um presidente espúrio, um impostor, eleito com base em uma mentira sinistra.

Momentos radicais implicam a perda da capacidade de fazer previsões razoáveis de como será a vida social no futuro próximo. As questões políticas são respondidas com verdades absolutas, ignorando as áreas cinzentas. Nos Estados Unidos de hoje, não está claro se as pessoas não brancas estão caminhando em direção a oportunidades mais igualitárias ou, em vez disso, estão presas em um labirinto discriminatório construído pelo establishment e mantido por um status quo tóxico. Assim como seus votos acabam invalidados pelo *gerrymandering*,** os poderes trapaceiam para privá-las de

---

* Termo usado para se referir aos teóricos da conspiração que acreditam que Barack Obama não estava qualificado para a presidência dos Estados Unidos (com base em uma série de alegações relacionadas ao seu local de nascimento — segundo eles, Obama teria nascido no Quênia, não no Havaí — e à falsificação de sua certidão de nascimento). (N. da T.)

** Gerrymandering é um controverso método para definir os distritos eleitorais de um território para obter vantagens no número de representantes políticos (geralmente parlamentares) eleitos, em especial nos locais onde se utiliza o sistema eleitoral majoritário com voto distrital. O método pode também servir para favorecer ou prejudicar um determinado grupo étnico, linguístico, religioso, social ou político-partidário. (N. da T.)

seu direito ao voto e impedir a destinação de uma parcela igual dos recursos públicos.

A mãe transgênero que conheci em Charlotte não sabe se vive em um Estado que está avançando em direção à igualdade LGBTQ ou no sentido inverso. O Rev. Baity não consegue prever se logo será capaz de dizer novamente às pessoas com quem elas podem fazer sexo ou quais banheiros podem usar, ou se esse tempo já passou. Milhões de norte-americanos não sabem se o Obamacare desaparecerá em alguns anos ou se ocorrerá exatamente o contrário: será substituído por um sistema público de saúde abrangente? Os residentes do centro decadente das cidades não sabem se experimentarão o renascimento que vem sendo prometido há duas décadas ou se suas cidades estão condenadas a desmoronar como as casas em ruínas do lado leste de Detroit. Ninguém sabe se os Estados Unidos continuarão a proteger, até certo ponto, a liberdade das mulheres de controlar seus direitos reprodutivos e seus corpos, ou se a Suprema Corte reverterá a decisão no caso *Roe versus Wade* e permitirá que estados e municipalidades processem mulheres ou médicos por colocarem em perigo a vida dos fetos, como já começou a acontecer.[6]

Essas incertezas não são tanto uma questão de divisões políticas comuns; elas afetam profundamente o modo como os norte-americanos enxergam o seu país, se acham que deve permanecer uma potência mundial com responsabilidades globais ou se deve recuar e evitar confusões e conflitos no exterior que custam sangue e riquezas. Outra divisão diz respeito à diferença entre os Estados Unidos baseados em uma visão liberal fortalecedora e os Estados Unidos nos quais a supremacia branca se infiltra na política dominante. E ainda há o debate que questiona se o país deve se mover na direção do socialismo — que cativou os corações e mentes de muitos jovens — ou se deve permanecer capitalista.

Pegar o Dinheiro e Fugir

Há muito tempo, o dínamo dos Estados Unidos é a promessa sólida de prosperidade. Mas a nação está perdendo o fôlego. Após a Segunda Guerra Mundial, o sistema de livre mercado e a tendência global de redução das barreiras comerciais desencadearam uma onda de globalização que trouxe prosperidade ao país.

Quando a guerra terminou, quase 40% de sua força de trabalho não agrícola estava empregada na indústria. A globalização era essencial para uma nação com indústria superior e acesso aos mercados. Mas, quando o mundo começou a se recuperar da guerra e as economias de países como França, Reino Unido, Alemanha e Japão ficaram mais fortes, a vantagem relativa dos Estados Unidos na manufatura começou a diminuir. Em 2015, apenas 9% dos trabalhadores norte-americanos estavam empregados no setor.[7]

Isso não é apenas resultado da automação e do aumento da produtividade. Em um mundo globalizado, a concorrência é cada vez mais acirrada, mas os Estados Unidos agiam como se os três grandes fabricantes de automóveis de Detroit — General Motors, Ford e Chrysler — fossem uma força da natureza, assim como o vento e o sol. A produtividade no resto do país aumentou em um ritmo muito mais acelerado nos demais setores do que na indústria automotiva, mas os trabalhadores desta recebiam salários mais altos.[8] A questão da decadência do Cinturão do Aço está repleta de equívocos que culpam o comércio e os livres mercados. Na verdade, muitas das siderúrgicas fechadas da Pensilvânia não estão ociosas por causa do aço importado, mas, sim, porque os empregos e a manufatura se mudaram mais para o sul dos Estados Unidos, onde os salários eram menores e as proteções trabalhistas, menos desenvolvidas.

No entanto, as importações desempenharam um papel crucial no declínio da indústria norte-americana. A manufatura em países com custos trabalhistas menores economizou dinheiro para as corporações, proporcionou mais renda disponível aos consumidores e elevou o padrão de vida geral da nação. Poucos norte-americanos estavam dispostos a abrir mão desses benefícios. Em Marianna, quando perguntei aos Quigley se pagariam milhares de dólares a mais por suas TVs e smartphones para que a manufatura pudesse permanecer nos Estados Unidos, eles riram.

David Autor, do MIT, estudou as maneiras como o comércio internacional dizimou as comunidades dos Estados Unidos. Os resultados demonstraram que pelo menos 1 milhão de pessoas perderam seus empregos na manufatura no intervalo de alguns anos na década de 2000; os empregos que encontraram na sequência eram malremunerados e ofereciam muito menos segurança. O estudo mostrou que pequenas comunidades norte-americanas nunca se recuperaram do choque provocado pelo substancial crescimento da manufatura chinesa iniciado em 2001, ano em que a China ingressou na Organização Mundial do Comércio.[9] Em entrevista concedida em 2017, David Autor explicou que o pensamento convencional de que os trabalhadores poderiam se deslocar de um setor para outro — aceitando no máximo um corte de salário — era falso. "As pessoas não conseguem se realocar com tanta facilidade", disse. "Elas têm habilidades específicas para seu setor, têm apego por seus empregos, é algo entremeado em sua identidade. E, portanto, os choques, tão concentrados geograficamente, são altamente disruptivos."[10]

A disrupção assume a forma da queda nos salários de mulheres e homens que já trabalhavam em empregos industriais de baixa remuneração; da taxa de natalidade e de casamento

"MINHA MÃE FOI ASSASSINADA AQUI" 353

menores; do aumento no número de filhos nascidos fora do casamento; e do crescimento do número de crianças em extrema pobreza. Angus Deaton e Anne Case, economistas de Princeton, alertam para as "mortes por desespero" — isto é, um aumento na taxa de mortalidade de homens brancos de meia-idade, geralmente entre 25 e 64 anos, por suicídio, drogas, doença hepática alcoólica e cirrose.[11] A manifestação mais dramática desse fenômeno nos Estados Unidos é a epidemia de opioides e suas dezenas de milhares de vítimas. A tendência mais ampla é o aumento da taxa de mortalidade entre homens norte-americanos brancos em idade ativa.

O comércio internacional e as importações acabaram com os empregos: o resultado é um jogo de soma zero. Nas palavras de Donald Trump, em um discurso em Detroit antes das eleições de 2016: "Os arranha-céus subiram em Beijing e em muitas outras cidades ao redor do mundo, enquanto as fábricas e os bairros desmoronaram em Detroit."[12] Mas isso é uma meia-verdade. Por exemplo, na década de 1990, as empresas automotivas norte-americanas aumentaram sua eficiência em face dos desafios dos concorrentes japoneses e europeus. O PIB e a produtividade dos Estados Unidos continuaram a crescer, mas a perda de empregos na indústria acelerou. Na década de 1980, a diminuição de empregos era mais relacionada à automação das linhas de produção. Dados substanciais demonstram que a tecnologia é responsável por até 87% da evasão dos empregos industriais norte-americanos entre 2000 e 2010.[13]

Em outras palavras, o comércio internacional não é a principal causa da perda de empregos nos Estados Unidos nas últimas décadas. A princípio, foram os braços robóticos e o aprimoramento da automação. É fácil culpar o México ou a China; mas, ao menos por enquanto, é difícil demonizar robôs.

354 REVOLTA

A globalização significa que nenhuma sociedade pode ser uma ilha. Sociedade alguma é capaz de controlar, de fato, as forças de oferta e demanda, a menos que esteja disposta a se tornar a Coreia do Norte. Mesmo a mais rica das nações, a que deu origem à globalização em sua forma atual, não consegue escapar dessa verdade. Os mesmos processos que enriquecem uma sociedade como um todo podem empobrecer amplas populações dentro dela — e, de uma perspectiva pura de economia global, isso é irrelevante. O fato é que as importações da China elevaram o padrão de vida da classe média norte-americana; esse benefício é superior ao valor dos empregos perdidos desde 2000. A modernização das linhas de produção é brutal, mas natural.

A questão não é o fato em si, mas *como as elites norte--americanas reagiram a ele*. Elas poderiam ter aumentado o investimento em infraestrutura e educação, e aceitado que uma tributação mais alta das próprias riquezas seria necessária para arcar com o salto tecnológico. Outra reação possível seria a proteção para pequenas e novas empresas, a maneira clássica pela qual os norte-americanos sempre se estabeleceram e subiram na escala econômica. Mas nada disso foi feito. Na verdade, desde a década de 1970, o número de pequenas empresas caiu pela metade nos Estados Unidos.[14] Um dos motivos é que grandes empresas e cadeias de lojas exploraram as economias de escala para preencher os nichos em que os pequenos negócios costumavam se desenvolver.[15]

A situação ficou ainda pior. As corporações, seus donos e administradores promoveram políticas e bens que notoriamente causam danos a indivíduos e à sociedade como um todo, não apenas nos Estados Unidos, mas em todo o mundo. Já em 1977 — onze anos antes de isso se tornar um problema público —, as empresas petrolíferas estavam cientes dos estudos científicos que demonstravam que os combustíveis fósseis provocavam mudanças climáticas. A indústria do petróleo chegou a realizar experimentos complexos para testar modelos climáticos que previssem as consequências das emissões de gases de efeito estufa.[16] Ela usou esse conhecimento para disseminar a desinformação e gastou dezenas de milhões de dólares para combater as descobertas científicas sobre o clima.[17] Essa atitude foi quase igual à da indústria norte-americana do tabaco, na tentativa de esconder os enormes riscos à saúde representados pelos cigarros.

Nos Estados Unidos, o exemplo mais flagrante de um padrão estabelecido de lucro e mentiras foi o marketing agressivo, embasado em dados enganosos, do OxyContin, um medicamento opioide fabricado pela Purdue Pharma.[18] O OxyContin é um dos principais catalisadores da crise dos opioides que ceifou a vida de dezenas de milhares de pessoas.

São esquemas de exploração e, mesmo que os exemplos citados sejam exceções pelo grau de desumanidade, isso não exime o restante dos ricos e poderosos dos Estados Unidos. No mínimo, eles se concentraram em reduzir a própria carga tributária e obter ganhos de capital. Pegaram o dinheiro e fugiram (para paraísos fiscais, por exemplo). Um estudo de 2017 conduzido por Thomas Piketty e dois colaboradores demonstrou que, em 2014, os 50% mais pobres da população continuaram a ganhar a mesma quantia, em termos reais per capita, que ganhavam em 1980 — apenas US$16 mil (bruto, em dólares de 2014). E acrescente a isso que a renda per capita do 1% mais rico, durante esses mesmos 34 anos, mais do que triplicou, atingindo US$1,34 milhão.[19] Como corolário, a parcela da renda nacional dos Estados Unidos auferida pelos 50% mais pobres caiu pela metade.[20]

O nível de salário e renda dos trabalhadores norte-americanos é um assunto doloroso e controverso. Os economistas

356 REVOLTA

se debatem há anos com uma questão aparentemente simples — esses salários aumentaram e, em caso afirmativo, em quanto? De acordo com uma métrica, desde meados da década de 1970 até meados da década de 1990, o salário médio por hora pago aos trabalhadores norte-americanos permaneceu exatamente o mesmo. Porém, de acordo com outras métricas aceitas, ele despencou.[21] Segundo uma estimativa, os ganhos semanais médios dos funcionários de produção e não supervisores atingiram o pico em 1978 e nunca mais retornaram a esse nível.[22] Mesmo quando o salário médio começou a subir na década de 1990, a taxa era baixa em comparação com o passado. De acordo com um artigo do Pew Research Center, o salário médio atual tem o mesmo poder de compra de quarenta anos atrás.[23] O problema é que, usando outro cálculo da inflação, os salários, incluindo os da classe média, na verdade aumentaram de modo significativo. Dado que o padrão de vida melhorou, alguns economistas afirmam que a estagnação dos salários é um mito.

Uma maneira de resolver o aparente paradoxo é analisar a renda familiar. Depois de descontados os impostos e após a contabilização do valor de benefícios como vale-refeição e Medicaid/Medicare, a renda da classe média norte-americana (amplamente definida como entre o segundo e o oitavo decil de renda) aumentou 47% em 37 anos, o equivalente a um pouco mais de 1% ao ano.[24] Os membros da classe média da geração anterior se saíram muito melhor — desfrutavam de uma taxa de crescimento anual de renda duas vezes maior;[25] nove em cada dez dos nascidos em 1940 gozavam de uma renda significativamente mais alta do que a de seus pais.[26] A desigualdade de renda cresceu de forma acentuada em todo o mundo desde 1980, mas, nesse quesito, os Estados Unidos superam a Europa.[27]

A derrocada da classe média norte-americana não teria acontecido se os tomadores de decisão e os parlamentares não tivessem feito vista grossa para o que estava acontecendo. Eles permitiram a festa porque eram os convidados de honra. A partir de meados da década de 1980, os gastos com lobby e campanhas políticas aumentaram muitas vezes nos Estados Unidos. Um estudo legislativo mostrou que as empresas podem obter um retorno de até 22.000% sobre os dólares usados no lobby.[28]

Os líderes norte-americanos viram que o PIB e a produtividade estavam crescendo, como um todo, ao mesmo tempo que os índices do mercado de ações inflavam. Mas esses números agregados escondem cânceres políticos locais, com efeitos terríveis para a saúde futura da sociedade. Um estudo de David Autor mostra que as áreas com alta exposição ao comércio estão exibindo mais extremismo político, tanto de direita quanto de esquerda, e elegendo radicais para substituir os políticos do mainstream.[29] A partir da década de 1980, e ainda mais após a queda do Muro de Berlim, a promessa aos norte-americanos — nas palavras do comercial da campanha de Ronald Reagan de 1984 — era: "Está amanhecendo novamente na América." Na verdade, para muitos, estava começando a anoitecer.

Tornando-se Autoconsciente

Fui para Waynesburg, Pensilvânia, conversar com algumas pessoas sobre quem a noite se abateu. Algumas horas antes, eu havia tentado entrar na Mina Esmeralda, que fornecia o sustento para toda a região até o fechamento em 2015. Mas o guarda no portão me disse para ir embora. Cerca de 4 mil pessoas vivem na área, metade delas com uma renda familiar anual de até US$44.500 — são US$15 mil a menos do que a renda média do estado.[30] Na cidade, o comentário corrente é que os jovens trabalhadores podem esperar uma renda de US$14 mil por ano, um valor menor do que a renda média do México. Cerca de metade da população vive abaixo da linha da pobreza.

Estávamos em uma sala lotada com iluminação fluorescente e móveis espartanos. Do outro lado da mesa, sentaram-se os funcionários do governo local e os líderes do United Mine Workers of America, o mais importante sindicato de mineradores do país. Quando eu disse que o fechamento de uma mina de carvão é uma questão puramente econômica, eles ficaram indignados. "O governo quer fechá-las", disse Blair Zimmerman, um dos representantes do condado. "Ele está destruindo comunidades. Não se importa com o que nos acontecerá. Temos problemas com álcool, drogas, conflitos familiares. O marido que ficava em casa para auxiliar nos afazeres domésticos e ajudar a esposa virou caminhoneiro." A condução de caminhões por longas distâncias é o trabalho mais bem pago que os mineiros demitidos podem esperar conseguir. A remuneração é cerca da metade do que ganhavam na mina, e eles passam muito tempo longe das famílias.

Todos os presentes na reunião eram bem versados em usinas elétricas dinamarquesas e japonesas eficientes e limpas que funcionam a carvão.[31] Eles afirmaram que a indústria do gás natural financia campanhas ambientais e políticas contra a indústria carvoeira. Isso não é uma teoria da conspiração. A revista *Time* relatou que, entre 2007 e 2010, a Sierra Club, a organização ambiental mais antiga dos Estados Unidos, recebeu mais de US$25 milhões das indústrias norte-americanas de gás natural e de xisto betuminoso — tão problemática e poluente. Entre outras coisas, esse dinheiro financiou a campanha "Além do Carvão", que pedia explicitamente o fechamento das minas carvoeiras.[32] A indústria do gás natural pretendia doar pelo menos outros US$30 milhões, relatou a Sierra Club, mas naquele momento a organização decidiu cortar os laços com o setor.

Ed Yankovich, um dos líderes do sindicato, falava com muita indignação. "Temos que procurar outras ocupações, certo?" disse. "Elas não existem aqui, não existem em lugar algum! Não existem aqui em Appalachia! Você pode começar a procurar no topo da cadeia montanhosa dos Apalaches, provavelmente no Maine, e seguir até o Alabama, e me dizer onde elas estão! Elas não existem! Os jovens aqui — do condado de Greene, de Appalachia — são inteligentes, não são estúpidos. Podemos treinar pessoas para a nova indústria de alta tecnologia, mas não haverá porta para bater amanhã e dizer: 'Aqui estou, pronto para mudar para este emprego na indústria de alta tecnologia' — porque não há empregos aqui! E que eu saiba ninguém os trará para cá em um futuro próximo."

Ele se recostou na cadeira. O que ficou mais evidente foi seu sentimento de orgulho ferido ao afirmar que os filhos das pessoas ali na sala não eram estúpidos, apenas não estavam recebendo um tratamento justo.

■

HILLARY CLINTON FEZ UMA VISITA A COLUMBUS, OHIO, EM MARÇO de 2016 e apresentou um plano para substituir as usinas movidas a carvão e petróleo por fontes de energia renovável e limpa. "Eu sou a única candidata que tem uma política para trazer oportunidades econômicas para o país do carvão usando energia limpa e renovável como solução", declarou. "Pois vamos tirar muitos mineiros e empresas de carvão do mercado, não é mesmo?"

O plano envolvia o investimento de US$30 bilhões em comunidades de mineração de carvão. Mas ninguém deu importância a ele. A frase de impacto era que Hillary pretendia "tirar muitos mineiros e empresas de carvão do mercado". Mais tarde, ela descreveria esse episódio como o pior erro de sua campanha.

A campanha de Trump criticou ferozmente o discurso. Em maio, ele realizou um comício em West Virginia, um estado de mineração de carvão. Vestindo um capacete, semicerrou os olhos, franziu a boca e fingiu empunhar uma pá. A multidão foi à loucura. "Vejam o que acontecerá se eu ganhar", gritou ele. "Vamos trazer esses mineiros de volta; vocês ficarão muito orgulhosos de seu presidente. Ficarão muito orgulhosos de seu país."

Os mineiros de carvão com quem conversei, diante da mina fechada em Waynesburg, ouviram duas mentiras. Uma delas foi a de Trump sobre reviver a indústria em extinção. No entanto, eles também ouviram uma mentira mais ampla e sombria dos proponentes da globalização. Os mineradores sabiam que nenhum programa governamental poderia salvá-los e que nenhuma usina de alta tecnologia cairia do céu. Sabiam que Washington os havia esquecido há muito tempo. Hillary Clinton precisava dos votos dos mineiros, mas também foi convencida pelos argumentos dos ambientalistas, que queriam que o carvão fosse substituído por energia limpa. Para esses mineradores, as promessas de Hillary eram um ruído de fundo, como a chuva batendo em um vagão carvoeiro enferrujado em uma cidade abandonada. Não que eles acreditassem em Trump. Quase todos com quem conversei enfatizaram que não gostavam dele; alguns o odiavam. "Tivemos que escolher entre dois mentirosos", disse um dos dois mineradores demitidos, que encontrei em Waynesburg diante do portão da mina que antes os empregava. "E sabíamos que Trump pelo menos tentaria." A câmara de ressonância da mídia social muitas vezes descreveu Trump e Hillary como sendo igualmente desonestos, mas verificadores de fatos mostraram de forma recorrente que ela era mais verdadeira. A promessa de Trump aos mineiros — de reverter as poderosas correntes da economia de mercado — era um discurso vazio. Entre 2017 e o final de 2020, a capacidade de energia a carvão do país sofreu o pior declínio de todos os mandatos presidenciais.

Essas pessoas perderam bons empregos. Os níveis de poupança diminuíram dois dígitos, a participação na renda nacional despencou, os sindicatos se tornaram irrelevantes e os filhos não desfrutaram das mesmas oportunidades. O medo de cair na pobreza é uma força política poderosa que alimenta o nacionalismo. Os membros da classe média, que viram seu patrimônio líquido implodir na crise de 2008, olhavam horrorizados para a metade inferior da sociedade norte--americana.[33] Ao mesmo tempo, os "outros países", ecoando as palavras da família Quigley, passaram a ser percebidos como ameaças à sua identidade e às suas vidas. E isso era muito mais importante do que seus salários estagnados.

E assim nasceu uma nova consciência. "*A Skynet começa a aprender em um ritmo geométrico. Torna-se autoconsciente às 2h14, horário do leste*", anuncia o Exterminador do Futuro no filme de ficção científica homônimo.[34] As pessoas que conheci eram usadas há muito tempo como ferramentas mudas por uma nação próspera. Ainda assim, por meio do acesso à informação, do surgimento das redes sociais e do crescimento de uma consciência globalizada, os operários descobriram sua verdadeira situação. Os mineiros de carvão em Marianna e Waynesburg me inundaram de informações sobre dividendos aos acionistas, impostos corporativos, política educacional, economia global e mercados de energia, exibindo experiência e conhecimento que antes não eram muito difundidos na pequena cidade da Pensilvânia. Como aprenderam em um ritmo exponencial, não tinham intenção de perder a oportunidade oferecida pelo momento radical iniciado após a crise de 2008. Do ponto de vista deles, isso não foi, e não é, uma "reação adversa" ou uma "onda populista". Em vez disso, foi uma tentativa de alterar fundamentalmente os vetores do poder e das prioridades norte-americanas. Ante a falta de fé nas instituições da sociedade — do Congresso à mídia —, eles optaram pela revolta.

CAPÍTULO 18

O Antiglobalizador

Depois da grande vitória, tive uma visão no meio da noite. Nela prevalecem a paz e a calma. O céu claro se estende até o horizonte, acima dos campos em flor. Não há fronteiras nem cercas de arame farpado. Na minha visão as pessoas estão trabalhando nos campos e nas fábricas sem ódio, sem medo, juntas, independentemente de nação, religião, raça ou gênero, porque todos estão trabalhando para um único objetivo, todos estão trabalhando para mim.

— HANOCH LEVIN, *SCHITZ*, 1974[1]

No final de 2018, participei de uma reunião de acadêmicos e especialistas em uma propriedade rural isolada na Grã-Bretanha. O clima estava frio, mas havia vinho do Porto para saborear e nos aquecer. Os participantes expressaram suas ponderações sobre a situação internacional dois anos após a eleição de Donald Trump à presidência dos Estados Unidos. Os europeus falavam com cautela, com um certo grau de impassividade, embora limitada, diante da iminência do Brexit. Em contraste, os norte-americanos, nenhum deles eleitor de Trump, expressavam um desespero tão profundo e existencial que não pude evitar sentir compaixão. Eles questionaram se os Estados Unidos algum dia seriam capazes de restabelecer as normas políticas devastadas pelo atual governo. Os danos à posição norte-americana podem nunca ser revertidos; a sensação de segurança que os Estados Unidos deram a seus aliados pode nunca ser restaurada. Porém, também ouvi algo inesperado — que Trump fora necessário. "Ele nos obriga a repensar nossas suposições fundamentais. Mas, ainda mais do que isso, ele reacendeu o sentimento liberal", declarou um deles. Por mais que o odiassem, eles lhe deram crédito por abordar questões que todos os outros haviam evitado. "Trump falou das feridas que sabíamos que existiam, mas que nenhum de nós queria lidar. Da imigração ao papel dos Estados Unidos no mundo. E agora ele está remexendo nelas — e como está", falou outro participante. Os tabus da cultura política norte-americana criaram alguém que violaria todos eles.

Essas avaliações exigem retornarmos aos atores mais importantes — os eleitores de Trump.

Em janeiro de 2020, voltei para Marianna, Pensilvânia, para mais uma visita aos Quigley. Jessica e Joel haviam se mudado para uma casa maior, emprestada pelos pais dele, que estavam em uma viagem pelo país para celebrar a aposentadoria. Em uma colina com vista para a cidade, a casa tinha vários hectares. Joel estava empregado novamente, como mineiro de carvão, mas em uma mina diferente. Jessica havia sido promovida no hotel onde trabalhava. Sua clientela vinha principalmente do setor de energia. Marianna parecia melhor. Os Quigley mencionaram que não precisavam mais dirigir até outra localidade para comprar carne — agora havia um açougue na cidade. Quando escureceu, saímos de carro com seus filhos para comprar algo para comer. Enquanto nos deliciávamos com uma pizza muito boa, eles me contaram sobre sua viagem à Disney World alguns meses antes. Seu retorno a uma modesta prosperidade teve algo a ver com a abordagem da administração Trump em relação ao carvão? Na verdade, não, disseram, mas a família atribuiu ao presidente o crédito pela melhoria geral da economia. "Estamos começando a tomar a direção certa", afirmou Joel.

Quando falamos por telefone antes de minha segunda visita, eles pareciam decididos e esperançosos.[2] "Trump fez muito pelo país", disse Joel. "Ele está gerando empregos, a taxa de desemprego está baixa, mas há alguns problemas com Trump, como a maneira que ele fala, entre outros. Essa parte pode ser inconveniente, mas, em termos de negócios, acho que está fazendo a coisa certa." Ambos me disseram que estão felizes por terem votado em Trump. Jessica até se registrou como republicana. "A economia em geral está indo muito bem, as pessoas estão ganhando e gastando dinheiro, o desemprego é o mais baixo desde que nasci", declarou. Ela lamentou o negativismo que vê ao seu redor e culpou principalmente os oponentes do presidente. "Acho que essa coisa de mídia social é ridícula, mas não acho que seja apenas Donald Trump", explicou. "Para mim grande parte disso é, talvez, exagerado ou haja um excesso de coisas acontecendo... as pessoas estão em pânico." Os Quigley acham que as críticas dos democratas a Trump vão longe demais. Segundo Jessica: "É uma situação terrível e dramática. Eles só estão tentando derrubar o presidente." Joel, por sua vez, estava impressionado com o desejo de Trump de "trabalhar com todos". Em sua opinião: "Ele está se esforçando."

Joel não gosta quando Trump "faz discursos inflamados e coisas do tipo". "Outro dia, eu o vi falando que era um homem melhor do que Jon Stewart", contou. "Jon Stewart era um apresentador de TV. Mas ele lutou pela assistência médica dos bombeiros e socorristas do 11 de Setembro, e garantiu que conseguissem atendimento médico. Trump dizer que se acha um homem melhor do que Jon Stewart, acho desnecessário."

Quando pensei sobre o que tinham me falado e revi minhas anotações da visita à casa deles em 2016, percebi que algo significativo havia mudado. Em 2016, o mundo e "outros países" desempenharam um papel significativo em nossa conversa, assim como a posição norte-americana. Três anos depois, os Quigley não mencionaram nada disso. Eles falaram apenas dos Estados Unidos. Joel e Jessica me disseram que provavelmente votariam de novo em Trump em 2020.

∎

A ERA DA RESPONSABILIDADE PREPAROU O CENÁRIO PARA O PRIMEIRO ato da globalização contemporânea, em que os Estados Unidos e o Ocidente floresceram. Durante o primeiro ato, o mundo era dividido de uma forma bastante ordeira. Havia superpotências, centros urbanos florescentes e hubs de trabalho e de exploração ambiental. Inspirados por valores progressistas e com a ajuda da manufatura e da tecnologia, os hubs de exploração começaram a se libertar.

Durante o segundo ato, o sistema ficou cada vez mais instável nos países ricos. O crescimento da produção e dos salários mudou-se para o Oriente e o Sul globais, resgatando milhões da profunda miséria. Grande parte, tanto da esquerda quanto da direita, recebeu imigrantes de braços abertos, por razões econômicas e sociais. Ao mesmo tempo, a oposição aos valores liberais aumentou e o fundamentalismo começou a empurrar sua pedra colina acima.

Ao final do ato, todas as condições para a revolta estavam reunidas. Muitos perceberam que sua segurança pessoal, sua identidade comunitária e seus empregos estavam em perigo. A classe média, traída, sacou uma pistola e colocou-a sobre a lareira. Agora o terceiro ato começa, e o ritmo dos eventos torna-se acelerado e colérico, conforme a revolta irrompe em toda parte — fundamentalismo, populismo, nacionalismo, crise da imigração, Brexit, radicalismo de esquerda, guerras comerciais e ruptura de toda a ordem global. Nem todos estão revoltados — estes nem mesmo são a maioria —, mas muitos estão. Na falta de uma ideologia coerente e sistemática, essa é uma revolta de muitas personificações e contextos locais.

O ANTIGLOBALIZADOR 367

Ao contrário do que alguns sugeriram, o momento atual não se assemelha à eclosão de uma revolução — por exemplo, a Revolução Bolchevique de outubro de 1917. Naquela ocasião, uma pequena facção militante conseguiu tomar o controle da Rússia, pois era bem organizada e impulsionada por uma ideologia abrangente e radical. Quase desde o primeiro momento, os comunistas russos ofereceram um modelo alternativo de sociedade, baseado nas teorias de Marx e Engels.

Não estamos nesse ponto. Há um impulso para a mudança, mas estamos apenas dando o primeiro passo em direção a uma nova era. As respostas que os atores desse momento radical oferecem são a destruição das atuais estruturas de poder; eles não articulam uma visão de consenso coerente do que as substituirá.

Se algum paralelo é relevante, o que estamos vendo não é a Revolução de Outubro, mas algo mais parecido com a ocorrida alguns meses antes, em fevereiro. Foi quando o czar abdicou, a monarquia foi abolida, os sovietes (conselhos de trabalhadores) foram estabelecidos e um governo provisório foi formado para gerir a Rússia. Houve pouco derramamento de sangue em comparação com o que viria depois, na guerra civil, mas o cheiro da carnificina iminente estava no ar. A Revolução de Fevereiro abalou tanto o sistema político da Rússia que os radicais foram capazes de se organizar e atacar. Lênin conseguiu embarcar no agora lendário vagão "lacrado" — no qual cruzou a Alemanha governada pelo Kaiser Wilhelm II —, retornou à Rússia "como um bacilo da peste", nas palavras de Winston Churchill, e liderou um golpe de Estado.[3]

Donald Trump não é nenhum Lênin. Ele é apenas o homem que disparou a pistola colocada sobre a lareira no segundo ato, sinalizando o alvorecer da era atual. O trumpismo foi apenas o começo.

368 REVOLTA

O Descendente Sombrio da Globalização

A ironia é que, mais do que qualquer outro presidente norte-americano, Trump deve sua ascensão à própria era da globalização que tenta destruir. A estrela política de Trump surgiu após a crise financeira global, e sua retórica mais forte, aquela que o destacou do bando de candidatos republicanos em 2016, focava imigração, empregos e fracassadas políticas comerciais internacionais.

No entanto, não é apenas política, até mesmo porque ela é um capítulo recente na vida de Trump. Ele é um incorporador imobiliário que construiu resorts de golfe no mundo todo; ergueu arranha-céus em Manhattan com aço chinês; vendeu apartamentos para russos; e reconstruiu seus negócios falidos com financiamento de um banco alemão. É viciado em uma rede social global, o Twitter. E essa não é apenas uma lista incoerente. A razão pela qual um magnata do mercado imobiliário em Nova York poderia prosperar e se promover usando aço chinês, financiamento alemão, dinheiro russo e investimento estrangeiro direto em outros países era que as barreiras ao fluxo de bens, informações e capital foram gradualmente removidas. Trump vicejou em um mundo projetado pelos arquitetos da Era da Responsabilidade, os criadores do sistema de Bretton Woods, o Banco Mundial, as Nações Unidas e a Organização Mundial do Comércio, instituições que ele despreza. Sem as políticas nas quais essa ordem mundial foi baseada, é quase certo que ele não teria prosperado como fez, ou sobrevivido às suas muitas crises financeiras. O pai, Fred Trump, construiu um império imobiliário quase totalmente sediado nos Estados Unidos. O filho aspirava ser global. Inimigo da globalização? Donald Trump é seu cúmplice supremo.

Trump tem sido radicalmente incoerente. Era um democrata e agora é um republicano; era um defensor dos direitos de escolha da mulher que agora investe contra o aborto; e foi um dos primeiros defensores da invasão norte-americana ao Iraque, a qual depois condenou. Mas ele tem sido coerente em dois aspectos — desde os anos 1980, é um crítico veemente da política comercial dos Estados Unidos e de tudo que considera a fraqueza do país no exterior. Durante anos, alimentou uma mídia faminta com afirmações de que o resto do mundo estava se aproveitando dos Estados Unidos, econômica e politicamente, e que apenas ele, o autor ostensivo de *A Arte da Negociação*, poderia salvar a nação. Desde o início, ele prosperou comercialmente na era da globalização, ao mesmo tempo em que usava seu sucesso para atacá-la.

Trump é um artista da era do consumismo. Você deve ter visto o vídeo de quando ele agarrou o CEO da World Wrestling Entertainment, o arrastou para dentro do ringue, espalhou espuma na cabeça dele e raspou seus cabelos ao vivo na televisão. Ele chamou uma equipe de filmagem em seu escritório e brincou enquanto colocavam uma águia careca em seu ombro e gravavam imagens para seu novo reality show. Apareceu em um terno amarelo vivo em um esquete do programa *Saturday Night Live* com atores vestidos de galinha para promover o restaurante fictício "Casa das Asas de Frango de Trump". A presunção por trás dessas aparições bem-humoradas sempre foi a de que ele era um sucesso pessoal. Seus eleitores nunca se consideraram plateia ao ouvir seus discursos, mas, sim, clientes satisfeitos desfrutando de um grande espetáculo.

O rótulo de "bilionário" é crucial para sua imagem (Trump adora usar a expressão "bilhões e bilhões" em quase qualquer contexto). Porém, hoje em dia, existem milhares de bilionários. O que o diferencia no contexto norte-americano é o fato de se enquadrar no arquétipo do bilionário, desprovido de dúvidas e nuances, assim como é retratado em *Os Simpsons*. Ele é o seu próprio logotipo, com seu cabelo icônico, rosto alaranjado

370 REVOLTA

e estilo bombástico. Suas fotos comendo fast-food do Kentucky Fried Chicken ou do McDonald's em seu jato particular são projetadas para mostrar que, de uma forma paradoxal — e até bizarra —, ele é um cara normal, um homem do povo, uma personificação da projeção romântica da classe média. Como declarou Fran Lebowitz, Trump é "a ideia que uma pessoa pobre tem de uma rica".

Trump, é claro, não é um cara comum, mas é o bilionário acessível. Uma exceção para um homem tão rico, ele se colocou à disposição da mídia, com satisfação. Não é exatamente o bilionário mais abastado, inteligente ou sexy que existe, mas é o único que se tornou uma presença constante na indústria da mídia e do entretenimento e, como tal, tem tido muito mais visibilidade do que qualquer outra pessoa em sua faixa de renda. Antes de ser presidente, ele fazia aparições regulares no programa de rádio de Howard Stern, brindando os ouvintes com histórias sobre alguma modelo com quem saiu na noite anterior e sua opinião sobre as várias partes do corpo de diversas mulheres. Era presença constante em programas noturnos de televisão, dava entrevistas para programas econômicos e fazia papel de si mesmo em filmes e na televisão.

Mesmo como presidente, Trump telefonava para programas de rádio e televisão sem avisar. Está sempre tão disponível, tão ansioso por atenção, que o *Washington Post* relatou que costumava ligar para jornalistas se identificando como "John Miller", um suposto amigo publicista.[4] E, nesse papel, desmanchava-se em elogios para si mesmo. "Ele recebe ligações de todos os nomes de mulheres de sua agenda", teria dito o personagem em uma dessas conversas gravadas. "Atrizes, as pessoas sobre as quais você costuma escrever, ligam para ver se podem sair com ele e coisas assim." Em especial, o avatar teria observado que "Trump não tem nenhum interesse na Madonna", embora "ela tenha ligado querendo sair com ele".[5] Enquanto Trump vencia primária após primária, Bill Kristol, um analista conservador que o despreza, esbravejou: "O Partido Republicano está prestes a nomear como seu candidato presidencial o Mágico de Oz."

Kristol estava certo, mas sua indignação estava mal direcionada. Nos Estados Unidos, tudo o que é preciso para ser um mago é se parecer com um. Trump superou todas as reestruturações de dívidas, as falências de suas empresas e o desprezo da imprensa econômica por sua perspicácia para os negócios e sua suposta boa reputação. Por fim, o que o salvou — no início dos anos 2000 — foi seu reality show, *O Aprendiz*, no qual interpretou o empresário supremo. Os bilionários estão no topo da cadeia alimentar capitalista, e Trump foi o único deles que aparecia regularmente nas salas de estar do povo norte-americano. Antes uma celebridade da sociedade nova-iorquina, ele se tornou um ícone nacional graças a seu programa de TV campeão de audiência. É claro que o programa nunca abordou seus fracassos comerciais, as alegações bem fundamentadas de que ele não pagava fornecedores e empreiteiros ou sua litigiosidade.[6] Na televisão, os norte-americanos assistiram a um rude e combativo magnata que explora o povo. Trump dirigiu um show de gladiadores capitalistas em que os perdedores eram executados no estilo da economia de mercado, com a sentença: "Você está demitido!" Ele se transformou na autoridade suprema em algo que escapava à grande parte do público norte-americano — o sucesso. Era a persona ideal para o mundo das redes sociais, que não tolerava indiferença.

Mesmo agora, anos após a vitória de Trump em 2016, sua ascensão à Casa Branca permanece, para muitos, difícil de acreditar. Ele foi acusado publicamente, por 22 mulheres, de crimes sexuais que vão desde atentado ao pudor a agressão sexual e estupro. Foi gravado dizendo: "Quando você é uma estrela, (as mulheres) deixam você fazer o que quiser. Pode agarrá-las pela buc***."[7] Nenhum outro presidente dos Estados Unidos chegou perto de um escândalo dessa magnitude, mas esse foi apenas mais um precedente criado por Trump. Ele é o primeiro presidente que nunca ocupou um cargo público antes de sua eleição, o primeiro desde Richard Nixon a não divulgar suas declarações de impostos e o primeiro candidato a ter declarado falência em seus negócios várias vezes. "Donald Trump é um impostor, uma fraude", declarou Mitt Romney em 2016.[8] Por qualquer métrica objetiva, Trump é um dos mentirosos mais prolíficos a chefiar uma grande potência na era moderna. Mas o que o torna tão importante não é apenas sua disposição para a mentira, mas sua tendência de mentir de forma tão pública e descarada que suas invencionices são evidentes para todos. Nada disso impediu que os eleitores votassem nele em 2016 e que grande parte do público norte--americano continuasse a apoiá-lo desde então.

Isso não teria acontecido se o império norte-americano não sofresse de graves doenças sistêmicas que foram ignoradas e negligenciadas por seus líderes. Eles negaram que o sistema global prejudicava comunidades inteiras no continente americano. Negaram o retrocesso do poder dos Estados Unidos em todo o mundo e a crescente sensação de insegurança que os norte-americanos sentiram desde o 11 de Setembro. Eles não queriam de fato se envolver com questões polêmicas e explosivas como imigração e identidade. Muitas vezes, reconheceram a angústia de determinado grupo, os operários, por exemplo, mas em resposta apenas recitaram os mantras da globalização do biscoito da sorte sobre pensamento positivo, e ofereceram profecias místicas e tautológicas que sugeriam que os Estados Unidos poderiam vencer qualquer desafio. Essas afirmações foram baseadas em uma falácia indutiva clássica. Os Estados Unidos sempre prevaleceriam porque sempre foi assim.

A mensagem revolucionária de Trump para os norte--americanos era exatamente o oposto. O sentimento geral de que o país estava à beira do apocalipse era correto, ele argumentava. Um gênio do marketing, Trump estava promovendo um novo produto — o desespero. O antagonismo à globalização em seu sentido amplo — não apenas de comércio global, mas também de envolvimento e engajamento com o mundo e os valores universais — tornou-se tão difundido que até ele, o bilionário de Manhattan, nascido em uma família extremamente rica, explorou esse sentimento. Seu discurso de aceitação na Convenção Nacional Republicana foi sombrio e colérico. "Nossa convenção ocorre em um momento de crise para nossa nação", declarou. O discurso foi uma coletânea de profecias sombrias:

> Os ataques [...] o terrorismo [...] a violência em nossas ruas [...] caos [...] O crime e a violência [...] Homicídios [...] vítimas de tiroteios [...] imigrantes ilegais com antecedentes criminais [...] vagando livremente para ameaçar cidadãos pacíficos [...] uma humilhação internacional após a outra [...] Uma depois da outra. Os Estados Unidos estão muito menos seguros e o mundo, muito menos estável [...] desastres [...] O EIIS se espalhou pela região e por todo o mundo [...] Irmandade Muçulmana radical [...] caos [...] crise [...] a situação está pior do que nunca [...] Morte, destruição, terrorismo e fraqueza [...] os Estados Unidos — um ambiente mais perigoso do que, francamente, eu já vi e qualquer pessoa nesta sala já assistiu ou viu [...][9]

Eleições Globais

A retórica de Trump combina bem com a desestabilização e a insegurança que caracterizam a era da revolta. As eleições de

2016 foram a campanha mais globalizada da história norte-americana e acarretaram a ascensão dele — embora maculada — à liderança do país mais poderoso do mundo.

Em primeiro lugar, Donald Trump se beneficiou de uma intervenção de uma potência estrangeira no discurso político norte-americano, na forma da ampla operação secreta russa, destinada — de acordo com a comunidade de inteligência dos EUA — a semear a discórdia nos Estados Unidos e impulsionar suas chances de ganhar. Mesmo que se acredite que a interferência russa não influenciou a eleição, não se pode negar que os russos empreenderam uma operação de espionagem sem precedentes. Eles realizaram algo que o império soviético no auge de seus poderes nunca conseguiu — disseminar informações para milhões de norte-americanos, muitos dos quais se tornaram idiotas úteis, promovendo efetivamente uma agenda que aparentemente vinha do gabinete de Vladimir Putin.[10]

No entanto, Putin não foi o único jogador em campo. Informações falsas foram disseminadas por operadores privados, muitos deles atuando no exterior e com fins lucrativos. A Cambridge Analytica, uma firma de consultoria política britânica, coletou dados pessoais e preferências de páginas do Facebook de milhões de pessoas sem consentimento explícito e os usou para criar anúncios direcionados para tipos específicos de eleitores. O governo Obama decidiu não se envolver na guerra civil síria, mas os Estados Unidos acabaram enfrentando o EIIS. A guerra civil desencadeou uma crise internacional de refugiados que teve um grande impacto na Europa. No Reino Unido, aumentou o apoio ao Brexit; nos Estados Unidos, impulsionou a campanha presidencial de Trump. Em um mundo globalizado, não existem conflitos locais isolados; superpotências que permanecem passivas pagam um preço.

A globalização corroeu gradualmente a soberania efetiva dos Estados. Essa erosão atingiu o pico em 2016. Trump pode ter adotado o slogan "Os Estados Unidos Primeiro!", mas nenhuma eleição presidencial anterior foi marcada por tanto envolvimento externo, chegando ao ponto de uma potência estrangeira conseguir o acesso às urnas norte-americanas[11] e a capacidade de, mesmo a distância, fomentar protestos.

Foi um resultado inevitável de inter-relações globais cada vez mais estreitas. A globalização não apenas preparou o cenário como também determinou o ritmo, a música e o roteiro da peça. Quando o palco foi montado, a globalização enviou os atores, liderados por Trump, que, por sua vez, trouxe a globalização, que antes era uma mera história de fundo, para o centro do palco. "Não vamos mais entregar este país ou seu povo à ilusão do globalismo", proclamou. "O Estado-nação continua sendo o verdadeiro fundamento para a felicidade e a harmonia. Sou cético em relação aos sindicatos internacionais que nos amarram e humilham a América."[12] Hillary Clinton defendeu explicitamente a globalização e alertou contra o isolacionismo, que ela afirmava prejudicar os Estados Unidos e seus trabalhadores. Mas, a essa altura, as antigas certezas dos membros da classe média norte-americana — a estabilidade no emprego, a solidariedade comunitária e a sensação de que os filhos teriam uma vida ainda melhor — foram substituídas por hologramas confusos.

Trump foi criado por esse simulacro de realidade. Um bilionário do povo, ele vomita ódio à mídia, mas tem com ela uma relação simbiótica. Segundo Michael D'Antonio, seu brilhante biógrafo, as reuniões com Trump eram como entrar em uma cena que já havia sido roteirizada por ele. Os textos que recita alardeiam a grandiosidade norte-americana, mas as palavras parecem desconectadas de sua origem, dos valores e das políticas que contribuíram para a ascensão dos Estados Unidos. É apropriado que ele tenha invadido a consciência da nação por meio de um reality show, uma simulação que não tem mais a pretensão de representar o mundo real, assim como sua cobertura dourada à la Versalhes.

De modo espetacular, a ilusão era exatamente o que muitas pessoas em lugares como Greene County, Pensilvânia, ansiavam, lugares onde o sonho americano havia morrido. Os trabalhadores de renda média agora dispunham de crédito em vez de poupança; consumismo voraz em vez de verdadeira segurança financeira; horas extras em vez de aumentos salariais; junk food em vez de alimentação; e conexão com o mundo via smartphones, mas com uma chance cada vez menor de desfrutar da prosperidade conquistada por seus pais. Em um mundo em que o real foi substituído por imposturas, a mais ousada das farsas pode ser o rei.

Os resultados das eleições pareceram arbitrários ou próximos disso. Hillary Clinton ganhou no voto popular por uma margem de quase 3 milhões, mas sua derrota em três estados, por um total de menos de 80 mil votos, custou-lhe a presidência. Se apenas 0,25% dos norte-americanos tivessem sido menos hostis à ideia de eleger uma mulher, se Hillary tivesse conseguido persuadir mais pessoas não brancas a votar nela, ou se o então diretor do FBI, James Comey, tivesse desistido de enviar sua hoje infame carta sobre a reabertura da investigação de seus e-mails, ela teria vencido. Mas Hillary perdeu. O desequilíbrio dos Estados Unidos era tal que eles estavam dispostos a empurrar um homem como Donald Trump até a linha de chegada.

Os líderes políticos se encolheram e cochilaram envoltos em seus mantos de fé no progresso inexorável, no livre comércio e nas leis de migração indulgentes, enquanto o âmago dos Estados Unidos se sentia ameaçado. Em seguida, veio o boné de beisebol vermelho estampando o infame slogan Make America Great Again [Tornar a América Grande Novamente]. A revolta contra a globalização iniciada nas margens encenou um ataque de guerrilha no centro político da maior potência mundial e conquistou seu cargo mais importante. Trump não é uma resposta coerente às queixas contra a globalização, mas apenas o cavaleiro menos poderoso de um possível apocalipse.

Nasce um Nacionalista

Pouco tempo antes das eleições legislativas intermediárias de 2018, Trump voou até Houston a fim de fazer campanha para o senador Ted Cruz. Quando concorreram pela indicação presidencial republicana, os dois homens disseram coisas horríveis um sobre o outro; Trump muito mais do que Cruz, apelidando-o de "Ted Mentiroso", já que, segundo ele, era "o maior mentiroso com quem já lidei na minha vida", sem mencionar "uma pessoa muito instável" e "um pouco insano". Cruz declarou que Trump não estava apto para ser presidente, era um "narcisista" e "mulherengo contumaz" e que os norte-americanos poderiam acordar uma manhã e descobrir que ele havia "bombardeado a Dinamarca". Essa é apenas uma pequena amostra das calúnias trocadas entre eles.

Após a eleição de Trump, Cruz, como a maioria dos outros republicanos, passou a apoiar o homem que alegou ser um perigo para os Estados Unidos. E claro, como presidente, Trump não queria que os republicanos perdessem o assento de Cruz no senado.

Assim, Trump mudou o tom sobre Cruz, a quem agora chamava de "Belo Ted"; era como se um papa medieval concedesse indulgência a um nobre rebelde. A noite foi festiva, com a presença de uma multidão entusiasmada. Em seu discurso, Trump falou longamente sobre a situação da economia norte-americana e declarou que os países da Europa "não se aproveitarão mais, pessoal".[13] Depois veio a parte em que explicou como pretendia derrubar a ordem liberal e a globalização em sua forma atual. Era um tropo muito antigo e insano. "Os Estados Unidos estão vencendo de novo. A nação voltou a ser respeitada porque estamos colocando a América em primeiro lugar. Estamos colocando a América em primeiro lugar. Isso não acontecia há muitas décadas", anunciou à multidão. Então ele identificou o inimigo. "Os democratas radicais querem voltar ao tempo do governo de globalistas corruptos e sedentos por poder. Vocês sabem o que é um globalista, certo? Sabem o que é? Um globalista é uma pessoa que deseja que o mundo vá bem e francamente não se preocupa tanto com o nosso país."

Classificar pessoas de valores liberais como traidoras é a retórica nacionalista clássica. Ela estabelece uma falsa dicotomia, segundo a qual os valores universais necessariamente contradizem os interesses locais e as culturas nacionais. A mensagem é transmitida de modo bem explícito: há um inimigo escondido entre nós. Na extrema direita norte-americana, a palavra "globalista" é usada nesse contexto com propósito antissemita. Será que Trump, cuja filha e netos são judeus, percebeu isso? Em todo caso, ele não teve escrúpulos em adotar um termo que foi tóxico no discurso político norte-americano durante a maior parte do século passado e no atual.

"Sabem, eles têm uma palavra para isso", disse. "Ela se tornou meio antiquada. É nacionalista e, na verdade, não devemos usá-la. Vocês sabem o que eu sou? Sou nacionalista, ok? Sou nacionalista. Nacionalista... Usem essa palavra. Usem essa palavra."

Naquela noite, Trump não explicou o que queria dizer com nacionalismo e evitou fazê-lo no dia seguinte também, em uma entrevista coletiva na Casa Branca, onde reiterou que é nacionalista, embora negue categoricamente que sabia que o termo está relacionado ao racismo e à supremacia branca. Assim como os nacionalistas, ele usa o termo para definir não o que é, mas o que não é. Trump não é um daqueles globalistas traiçoeiros que procuram sabotar os Estados Unidos em nome de uma agenda internacionalista secreta.

Isso levou, é claro, a um debate público sobre o nacionalismo, que abordava tudo, desde o nacionalismo étnico ou racista — a ideia clássica de nacionalismo liberal formulada pelo revolucionário italiano Giuseppe Mazzini — ao nacionalismo econômico, defendido por Steve Bannon. Do ponto de vista histórico, também abordou por que o conceito havia desaparecido do discurso político legítimo nos Estados Unidos. O debate ofuscou o óbvio: Trump havia dito o que realmente era. "Nacionalismo" é uma designação precisa para seu histórico longo, consistente e profundamente perturbador, e é o único "ismo" em que ele próprio se baseou para se descrever.

Durante anos, alguns observadores argumentaram que, no caso de Trump, forma era conteúdo e estilo, sua essência. Por conta disso, ele despeja no Twitter — único aplicativo instalado em seu celular — uma retórica demagógica vazia em um incessante fluxo de consciência, composto de enunciados narcisistas. Sob esse ponto de vista, Trump era no máximo um fanfarrão perigoso.

No entanto, para seus partidários, ele era um populista, no sentido positivo da palavra — pragmático e resoluto —, que não queria nem saber de protocolos ou padrões aceitos de discurso e conduta, um homem que avançou diante da oposição determinada do antiquado establishment político. Antes mesmo de sua vitória em 2016, Salena Zito, em matéria para a *Atlantic*, resumiu: "A imprensa o leva no sentido literal, mas não a sério; seus apoiadores o levam a sério, mas não no sentido literal."[14]

Em retrospecto, Trump precisava ser levado a sério e no sentido literal. Ele tentou cumprir muitas de suas promessas, mesmo com alto custo para a sociedade norte-americana, a economia, as relações exteriores e a cultura política da república mais importante do mundo. Quer seja a construção de um muro na fronteira mexicana, as guerras comerciais ou os maus-tratos a imigrantes e requerentes de asilo, ninguém pode dizer que Trump esmoreceu, ficou mais comedido ou aceitou as regras estabelecidas. A famosa avaliação dos monarcas Bourbon da França pode ser facilmente aplicada a ele: como presidente, não aprendeu nada e não se esqueceu de nada. POTUS 45* foi o vulcão em erupção no meio de sua própria administração, a fonte dos atritos e das rachaduras, que ele explora para os próprios fins.

Trump usa o idioma e os tropos do nacionalismo de modo sistemático. A ideia de que ele é uma espécie de isolacionista clássico, buscando a serenidade de uma nação suprema, foi desmascarada. Ele claramente vê metade dos norte-americanos como partícipes de uma conspiração global contra o país. Trump vê seus oponentes políticos como "inimigos do povo". Estes incluem jornalistas, imigrantes, globalistas, democratas, empresas que transferem fábricas para o exterior, o Federal Reserve Bank, o falecido senador John McCain, membros da FDA durante a pandemia de Covid-19 e muitos outros. Seu slogan "Os Estados Unidos Primeiro!" vem do movimento que tentou manter a nação fora da Segunda Guerra Mundial e foi além de um mero flerte com a xenofobia. Sua economia é classicamente nacionalista, bastante distinta dos princípios de livre mercado da tradição conservadora norte-americana. Trump tentou impedir que pessoas de países muçulmanos entrassem nos Estados Unidos. Ele se envolveu em infindáveis confrontos públicos com outros países — da Dinamarca à China — e seus líderes. Sua obsessão por manter os imigrantes longe, selar as fronteiras dos Estados Unidos e construir um

---

* Nome de usuário de Trump no Twitter. POTUS é um acrônimo para Presidente dos Estados Unidos, na sigla em inglês, e o número indica que ele foi o 45º presidente norte-americano. (N. da T.)

muro fronteiriço é sintoma de uma doutrina etnonacionalista que tende a traçar uma linha entre estrangeiros e "norte-americanos reais" — que, por ilação, são pessoas brancas que aparentemente compartilham identidade, história, herança e valores culturais comuns.

Quando neonazistas e supremacistas brancos marcharam em Charlottesville, Virgínia, e entraram em confronto com opositores — o que culminou no assassinato de um deles —, Trump declarou que havia "pessoas muito boas em ambos os lados".[15] Ele disse a quatro congressistas negras que "voltassem" aos países de onde vieram.[16]

Essa não é uma pauta coerente. A marca registrada de sua administração foi a constante improvisação. Em todo caso, seu nacionalismo é falho. Um verdadeiro nacionalista não seria indiferente — ou até mesmo receptivo — à interferência de uma potência estrangeira nas eleições de seu país. Um verdadeiro nacionalista não depreciaria os heróis de guerra de sua pátria nem declararia em uma entrevista na televisão: "Acho que nosso país também mata demais", como justificativa para a brutalidade de um líder estrangeiro.[17]

O estilo populista de Trump há muito tempo anda de mãos dadas com o nacionalismo. Mas há uma diferença fundamental entre as duas posturas. O populismo primeiro pergunta quem está no topo e quem está na base. Nas palavras de Benjamin De Cleen, ele se concentra nas relações verticais de poder.[18] Há um povo com demandas autênticas e justas, e uma elite e um establishment político que, afirma o populista, buscam frustrar essas demandas.

No Ocidente, "populismo" se tornou um termo abrangente para denotar toda uma gama de fenômenos. O resultado é que, ao incluir tudo, não significa nada. Não estamos testemunhando o surgimento de um autoproclamado partido populista como o do final do século XIX, mas, sim, o retorno do conceito como um termo descritivo e muitas vezes depreciativo. "Populismo" não descreve de forma adequada a ascensão contemporânea do nacionalismo, do racismo, do fundamentalismo ou das ideias radicais de esquerda; o mais importante, e assim como existem poucos populistas autoproclamados hoje, também não existe uma pauta populista coerente. Estudiosos, eruditos, jornalistas e políticos tradicionais às vezes se furtam a usar uma terminologia mais precisa, por isso continuam a se referir à ideologia de Trump e de seus apoiadores como republicana e a denominá-lo como populista, embora o próprio ex-presidente se considere "nacionalista". A fixação em chamar os insurgentes atuais de "populistas" não se limita aos Estados Unidos. Os europeus também relutam em aplicar os rótulos de nacionalista, fascista ou racista aos partidos de extrema direita devido à sua associação com os regimes totalitários opressores dos anos 1930 e os horrores da Segunda Guerra Mundial. O "populismo" é como uma capa de muitas cores que parece benigna e não exala malignidade ou violência.

O nacionalismo, ao contrário do populismo, não pergunta quem governa e quem é governado em uma determinada sociedade. Sua visão não é vertical, mas horizontal — ela busca determinar quem está dentro e quem está fora de sua comunidade nacional ideal, e quem precisa ser expulso.

As relações de classe e poder que interessam ao populista não atraem o nacionalista, que se concentra em elementos de identidade que confirmam a inclusão ou exclusão das pessoas da nação. "Este é um país onde falamos inglês, não espanhol", declarou Trump em um dos debates presidenciais em 2016. Em outra ocasião, afirmou que um juiz norte-americano, nascido nos Estados Unidos, filho de pais que imigraram do

México, não poderia analisar um processo contra ele, pois tinha um conflito de interesses.

O nacionalismo tem outra característica. Não consegue sobreviver por muito tempo em simbiose com outras ideias. As nomeações feitas por Trump, a reforma tributária que implementou e as boas relações que desenvolveu com a liderança republicana deixaram claro que ele não é populista. Notavelmente, Trump não mudou — e nem sequer tentou mudar — as relações de poder entre a elite e o restante de seu país. Ele não entregou o poder ao povo nem lhe concedeu benefícios sociais ou lhe destinou gastos do governo. Pelo contrário, tudo o que lhe ofereceu foi ressentimento, para que pudesse construir seu "grande e belo muro" e os estrangeiros não pudessem "atacar".

É da natureza do nacionalista não conseguir esconder seu caráter por muito tempo — não há socialismo no nacional-socialismo, e o populismo nacionalista é efêmero. O nacionalismo étnico ou racista só é capaz de se harmonizar com o fascismo, o qual complementa de modo extraordinário.

Embora exista um debate contínuo e intenso sobre a possibilidade de a ascensão de Trump ter colocado os Estados Unidos no caminho do fascismo, há poucas evidências de que o próprio Trump seja um fascista com um programa coordenado para destruir as instituições da democracia, como parte de um projeto totalitário. A maneira pela qual Trump começou a corroer a democracia norte-americana, especialmente após a absolvição em seu julgamento de impeachment, não é programática, mas, sim, pessoal e instintiva.

No mundo de Trump, nenhuma ideia é maior do que ele mesmo. Mas existe uma tendência, e é nacionalista. O nacionalismo de Trump é bruto, centrado na sensação de que a nação está sob ameaça, tanto externa quanto interna, por forças que afetam a identidade única e o sucesso da comunidade nacional. Consequentemente, a suposição de que existem padrões de verdade e justiça que independem da nação é uma ameaça à sua visão do mundo. O socialismo, o conservadorismo e a democracia são voltados para a comunidade civil, mas sempre serão elementos subsidiários para o nacionalista. Por sua natureza, o nacionalismo sempre mata seu hospedeiro.

Foi o que aconteceu com Trump. Ele não promulgou nenhuma legislação populista, nem boa nem terrível, que mudasse fundamentalmente a maneira como as elites governam ou que criasse uma nova distribuição de recursos. Seu populismo não foi nada mais do que uma questão de estilo, um acessório de grife, um sentimento que reverberou em enormes comícios planejados.

Nacionalista devoto que é, Trump fez vista grossa aos danos que suas guerras comerciais causaram à economia e aos trabalhadores norte-americanos. Seu único foco é a determinação de que nenhum outro país deve explorar os Estados Unidos, sem levar em conta as reais implicações da política para a posição de sua nação e o bem-estar de seus trabalhadores.

"O nacionalismo é a fome de poder temperada com o autoengano", escreveu George Orwell. "Embora reflita incessantemente sobre poder, vitória, derrota e vingança, o nacionalista costuma ser um tanto desinteressado sobre o que acontece no mundo real. O que ele quer é *sentir* que sua própria unidade está levando a melhor sobre outra."[19]

Para que tal abordagem seja sustentável ao longo do tempo, e para que os políticos sejam capazes de sobreviver mesmo que as consequências de suas ações mostrem que foram um fracasso, a indiferença à verdade objetiva deve se espalhar pela sociedade como um todo.

CAPÍTULO 19

A Implosão da Verdade

Sean Spicer, nosso secretário de imprensa, forneceu fatos alternativos.

— KELLYANNE CONWAY, CONSELHEIRA SÊNIOR DO
PRESIDENTE TRUMP,[1] 2017

Para que os nacionalistas e fundamentalistas de nossa época prosperem do ponto de vista político e para que a revolta cresça, não é suficiente que a classe média se sinta econômica e culturalmente desprivilegiada. Primeiro é preciso disseminar uma crescente indiferença aos fatos, rebaixando as noções de verdade objetiva e promovendo, em seu lugar, os sentimentos. As redes sociais contribuíram para isso, mas algo ainda mais profundo aconteceu às nossas sociedades. Está mais relacionado aos desafios impostos pela verdade do que à usual disseminação de mentiras pela internet.

ALGUNS MESES APÓS A VITÓRIA DE DONALD TRUMP, VIAJEI PARA uma parte diferente dos Estados Unidos — não para o interior abandonado e esquecido, mas, sim, para o Vale do Silício. A elite de alta tecnologia estava em pânico total. Naquela manhã, uma névoa pairava sobre a baía de São Francisco e caía uma garoa fina. Do meu hotel ao sul de Sausalito, não muito longe da ponte Golden Gate, dava para ouvir o barulho dos barcos e distinguir as silhuetas de motoqueiros em jaquetas de couro serpenteando pelas colinas verdes mais abaixo. Essa parte da Califórnia é exuberante e rica. Senti o frenesi da

386 REVOLTA

riqueza enquanto dirigia pelas estradas sinuosas que cortam pequenos vilarejos a caminho de São Francisco.

A Bay Area é uma das regiões com maior disparidade econômica dos Estados Unidos, onde a lacuna entre os pobres e os ricos é maior. A desigualdade aumentou com o boom da indústria de alta tecnologia.[2] A Califórnia é o estado mais liberal e tem mais desabrigados do que qualquer outro estado do país.[3] Entretanto, a Bay Area é o lar de mais bilionários do que qualquer outra área metropolitana do mundo.[4] Em 2019, três das cinco empresas norte-americanas com maior valor de mercado estavam sediadas em um raio de 24km uma da outra no Vale do Silício — Google, Apple e Facebook.

"Nos últimos dezessete anos, construí uma vida no Vale do Silício", disse o CEO da Apple, Tim Cook, aos formandos da Universidade George Washington em 2015. "É um lugar especial. Do tipo onde não há problema que não possa ser resolvido... Há uma espécie de otimismo muito genuíno. Nos anos 1990, a Apple fez uma campanha publicitária que chamamos de 'Pense diferente'. Foi muito simples. Cada anúncio estampava uma fotografia de um de nossos heróis... Pessoas como Gandhi, Jackie Robinson, Martha Graham, Albert Einstein, Amelia Earhart e Miles Davis... Eles nos recordam de viver de acordo com nossos valores mais profundos e alcançar nossas aspirações mais elevadas."[5]

Como demonstra o discurso de Cook, os executivos do Vale do Silício não veem esse lugar apenas como uma aglomeração de corporações em busca de lucro. Para eles, o lugar expõe uma mensagem quase messiânica sobre a melhoria da condição humana. Ou, pelo menos, era essa ideia que pretendiam vender.

Então veio novembro de 2016. As redes sociais e os meios de comunicação criados no Vale do Silício — integrados e adaptados ao universo dos smartphones — podem até ter conectado o mundo, mas não como os magos da tecnologia afirmaram que fariam. Eles criaram comunidades fechadas de pessoas que pensavam da mesma maneira, câmaras de ressonância que ampliavam a autoconfiança de seus membros. Essas pessoas não eram expostas a uma variedade de opiniões e, portanto, não tinham o ímpeto de verificar os fatos. A Rússia explorou o sistema durante a campanha eleitoral, divulgando, por exemplo, fotos adulteradas de Hillary Clinton ao lado de pessoas retratadas como seus partidários muçulmanos, e promovendo postagens destinadas a impedir o voto em áreas negras. Uma postagem, impulsionada por agentes russos, recebeu 130 mil curtidas nos Estados Unidos: retratava Donald Trump no Salão Oval, vestido com uma roupa de Papai Noel, com a legenda "VAMOS DIZER FELIZ NATAL DE NOVO!". O post protestava contra as pessoas serem "obrigadas", em nome do politicamente correto, a dizer "boas festas".[6] Essa mentira era relativamente inócua em comparação com outras teorias de conspiração sinistras semeadas online.

Os mecanismos de busca e a tecnologia móvel tornaram quantidades praticamente ilimitadas de informações acessíveis de forma imediata. Mas a mesma coisa aconteceu com a desinformação. De acordo com uma análise do site *BuzzFeed*, nos últimos três meses da campanha presidencial de 2016, as vinte matérias falsas mais populares tiveram 8.711.000 compartilhamentos, comentários e reações. Matérias amplamente divulgadas no Facebook estampavam manchetes como "Papa Francisco choca mundo, endossa Donald Trump", "Wikileaks confirma: Hillary Clinton vendeu armas para o EIIS!" e "Basta Ler a Lei: Hillary é inapta para ocupar qualquer cargo federal". Em comparação, as vinte matérias mais populares no Facebook provenientes de redes de mídia estabelecidas, como o *Washington Post*, o *New York Times* e a NBC, tiveram 7.360.000 compartilhamentos, reações e comentários.[7] Cerca de 66% dos norte-americanos têm acesso às notícias pelas redes sociais.[8] Estudos pós-eleitorais descobriram que o número de norte-americanos expostos a sites de notícias falsas era muito superior ao esperado pelos observadores. Entre outubro e novembro de 2016, um a cada quatro norte-americanos visitou um desses sites. O Facebook serviu como "um vetor-chave de exposição a notícias falsas".[9]

A revista *Wired* relatou como Boris (nome fictício), um adolescente macedônio, começou sua carreira como divulgador pago de informações falsas. O primeiro post em seu site, Daily Interesting Things, continha um link para um artigo que ele encontrara online alegando que, em um comício na Carolina do Norte, Donald Trump havia esbofeteado um homem da plateia que discordou dele. Na verdade, o fato não aconteceu. Ele compartilhou a postagem do blog em sua página pessoal do Facebook e em grupos dedicados à política dos Estados Unidos. De acordo com a *Wired*, a informação foi compartilhada cerca de oitocentas vezes. "Naquele mês, em fevereiro de 2016, Boris ganhou mais de US$150 com anúncios do Google em seu site. O jovem decidiu que esse era o melhor uso possível de seu tempo, e parou de frequentar o ensino médio."[10] A história de Boris retrata um adolescente de um país pobre em uma região subdesenvolvida que construiu um lucrativo negócio baseado na internet. Ela é também uma manifestação do lado sombrio da globalização.

No inverno de 2017, quando entrei nos escritórios suntuosos e elegantes de uma empresa do Vale do Silício, com cozinhas generosas e sofás confortáveis, ficou claro que o costumeiro lago sereno de complacência foi substituído por um pântano de ansiedade. "Entendemos qual é o desafio", admitiu um executivo — extraoficialmente, porque não conseguira permissão para falar com jornalistas. "Percebemos o que aconteceu conosco e vamos assumir a responsabilidade por essa história e resolvê-la." Ele parecia exausto. O homem realmente acreditava que seu trabalho, com salário fabuloso e opções de ações, estava conectando pessoas; agora ele se via no meio de um episódio especialmente tenebroso de *Black Mirror.* Ele enfrentou desafios crescentes e ameaçadores — pessoas que incitavam e cometiam atos de violência e usavam sua plataforma para espalhar informações nocivas em tempo real. Dois anos depois de nossa conversa, o homem que massacrou pessoas em mesquitas na Nova Zelândia transmitiu seus ataques ao vivo pelo Facebook.

Esse membro do alto escalão encarou o grande desafio de longo prazo. Sua plataforma precisava de uma forma de eliminar as mentiras ou, pelo menos, alertar os usuários contra histórias falsas. "Em um futuro próximo, não há chance de sermos capazes de fazer isso usando inteligência artificial. Precisamos de pessoas. Mas, se começarmos a examinar e editar o conteúdo, nos transformaremos no que pretendemos substituir. Nós nos tornaremos a mídia tradicional." Ele ficou chocado com essa perspectiva — a necessidade de monitorar uma grande quantidade de informações, determinar o que é verdade, descobrir como mensurar a verdade, mitigar confrontos contínuos sobre o conteúdo; em suma, o trabalho de edição de um jornal com muitos milhares de redatores. Quando perguntei como sua plataforma influenciou as sociedades fora do país, ele pareceu surpreso. Revelou que não haviam refletido muito sobre isso, já que seu problema político era nos Estados Unidos.

Desde então, ficou mais claro como o YouTube, o Google, o Facebook, o Twitter e outras redes semelhantes estimulam racistas e fomentadores de ódio em todo o mundo, que usam esses serviços para disseminar mentiras, minando as sociedades. Em alguns lugares, as relações étnicas já são bastante frágeis.[11] Em Mianmar, um incentivo propagado via Facebook Messenger foi usado para exacerbar as tensões entre a maioria budista Bamar e a minoria muçulmana Rohingya, que se tornou vítima de violência genocida.[12] Um estudo alemão mostrou como as postagens no Facebook de xenófobos de extrema direita se relacionavam e pressagiavam ataques a imigrantes. A correlação foi mais próxima em áreas em que o uso de mídia social era maior.[13] Em 2020, um relatório do movimento de ativismo global Avaaz afirmou que o algoritmo do Facebook é uma "grande ameaça à saúde pública" no contexto da batalha contra a Covid-19. Segundo o relatório, o conteúdo dos principais sites de divulgação de informações errôneas sobre saúde teve quase quatro vezes mais visualizações no Facebook do que o conteúdo das principais instituições de saúde.[14]

À medida que as grandes empresas de mídia social enfrentavam um escrutínio cada vez maior, elas tentavam se distanciar da indústria da mentira e da retórica radical que florescia em suas plataformas. Elas investem em pesquisa, esforços de monitoramento e criação de mecanismos para filtrar conteúdo problemático. Em um ato de desespero, o Facebook reduziu a frequência com que as postagens de empresas e organizações de notícias de todos os tipos, bem como de grupos políticos e de fãs, aparecem nos feeds de seus usuários. Os empreendedores têm se envolvido muito mais na identificação e na exposição de mentiras, à medida que aumenta a preocupação do público com o impacto da desinformação. Inovadores de alta tecnologia em Tel Aviv costumam me contar sobre seus projetos de desenvolvimento de ferramentas que podem ser usadas por mídias sociais e sites para eliminar a desinformação, verificar os fatos em tempo real ou, pelo menos, marcar informações controversas para que os usuários saibam que precisam ser analisadas mais a fundo. "Se conseguirmos fazer isso, podemos salvar o mundo", disse o vice-presidente de uma empresa israelense, "ou talvez pelo menos a verdade".

O Meio É a (Falsa) Mensagem

Por trás das ações das gigantes da internet, e por trás do debate público em geral, há várias suposições. A primeira é que as redes sociais e a internet como um todo desempenharam um papel crucial na vitória de Trump e na disseminação de informações falsas do tipo promovido pelos russos. A segunda é que as redes sociais podem ser reparadas e transformadas em locais onde a verdade prevalece, e isso pode ser feito por meio de fiscalização, ferramentas tecnológicas e educação. A terceira suposição é que as pessoas inadvertidamente se embrenham nos caminhos errados da floresta de informações falsas e precisam ser protegidas e resgatadas.

Cada uma dessas suposições é problemática ou definitivamente falsa. Em primeiro lugar, as redes sociais não foram os únicos nem mesmo os principais vetores para a disseminação das teorias da conspiração; nem a vitória de Donald Trump pode ser atribuída à combinação de intervenção russa e notícias falsas. Esse efeito foi secundário em comparação com os fatores usuais que explicam como eleições são vencidas — notícias, algumas falsas, veiculadas pela grande mídia; preferência partidária e comparecimento às urnas; a carta que James Comey, diretor do FBI, enviou ao Congresso sobre a investigação dos e-mails de Hillary Clinton; e os votos de protesto depositados em Trump por operários brancos.[15] Em outras palavras, o que de fato mudou os acontecimentos foi muito mais do que o mundo virtual. Este apenas refletiu tendências já existentes, talvez ampliando-as a um nível mais extremo.

Os esforços do Vale do Silício para corrigir o sistema estão em desacordo com a situação fundamental produzida pelas corporações que lá operam. Marshall McLuhan fez a famosa observação de que o meio é a mensagem,[16] mas talvez ele não tenha sido levado a sério o suficiente pelos programadores do Vale do Silício. O novo meio disse a seus usuários que todos têm voz e o que importa é se sentir bem ao interagir com outros usuários de redes sociais — e que se danem os fatos ou as hierarquias de gatekeeper que filtram informações. Como os novos ricos do Vale do Silício sabem muito bem, esse meio de comunicação foi criado por corporações multinacionais para gerar lucros. As mentiras atendem muito bem aos propósitos dos algoritmos das redes sociais e, quanto mais absurdas, mais reações e engajamento elas recebem. Os algoritmos são feitos para isso. Não é um bug, é um recurso.

A terceira suposição é a mais frágil. A visão de que os consumidores dos meios de comunicação são vítimas ou tolos que precisam de proteção carece de evidências empíricas. Há poucos motivos para acreditar que grande parte do público confiará nas descobertas produzidas por novas e aprimoradas ferramentas de verificação de fatos, da mesma forma que não acredita nas informações divulgadas pelas principais organizações de notícias. De fato, as pesquisas indicam que quase metade dos norte-americanos já enxerga os sites de verificação como politicamente tendenciosos.[17] Muitos usuários estão bem cientes de que consomem, e às vezes espalham, informações e histórias fictícias.

Em 2018, um estudo internacional da Ipsos, abrangendo 27 países, descobriu que 65% dos 19 mil entrevistados concordaram que a maioria das pessoas vive em sua própria "bolha" na internet... conectando-se apenas com semelhantes e procurando opiniões com as quais já concordam, enquanto mais de um terço declarou que a afirmação se aplicava a eles. Seis em cada dez disseram que as pessoas não se importam mais com os fatos, só "acreditam no que querem"; nos Estados Unidos esse número foi de 68%, e na Alemanha, 62%.[18] Em uma pesquisa conduzida pelo Online Civic Culture Centre (OCCC) da Universidade de Loughborough, quatro em cada dez usuários de mídia social britânicos admitiram compartilhar notícias que mais tarde perceberam que eram falsas ou imprecisas. Um em cada seis admitiu espalhar deliberadamente material que sabe ser falso. Quando questionados sobre o motivo de compartilharem notícias políticas nas redes sociais, a resposta mais comum era que o faziam para expressar seus sentimentos; quase um quinto declarou que a intenção era incomodar os outros.[19]

Os sentimentos são o mais importante no mundo de hoje, muito mais do que um debate racional e focado. Em uma entrevista durante a Convenção Nacional Republicana em 2016, o ex-presidente da Câmara, Newt Gingrich, defendeu a afirmação mentirosa de Trump de que as cidades norte-americanas estavam vivenciando "taxas de criminalidade crescentes", alegando que "as pessoas *se sentem* mais ameaçadas".[20] O entrevistador da CNN respondeu que ele poderia estar certo sobre os sentimentos, mas estes não eram baseados em fatos. "Como candidato político", respondeu Gingrich, "prefiro ficar com o que as pessoas sentem e deixo que você se preocupe com os teóricos". Ele não estava apenas exibindo o cinismo típico dos políticos; estava transmitindo a mensagem do próprio público sobre a centralidade de suas emoções.

Em 2018, um estudo de grande escala do MIT analisou 126 mil notícias que foram compartilhadas por 3 milhões de usuários do Twitter ao longo de dez anos. A conclusão central foi que a verdade estava perdendo de lavada. Não importa qual o assunto da história — da política ao entretenimento — ou o método de mensuração, as histórias falsas ou enganosas receberam mais exposição, foram mais influentes e se espalharam com muito mais velocidade do que o conteúdo autêntico. As histórias falsas alcançaram 1.500 pessoas de forma seis vezes mais rápida do que as verdadeiras. E, mais importante ainda, isso não se deve aos bots (contas automáticas) operados por partes interessadas, mas às pessoas reais. A cultura da mentira floresce "porque os humanos, e não os robôs, são mais propensos a espalhá-la", declararam os pesquisadores.[21] Isso, aliado ao que as pessoas relatam sobre si mesmas, indica que espalhar mentiras online se tornou uma espécie de prazer com culpa.

Duas em cada três pessoas pensam que, com pouca ou muita frequência, a grande mídia divulga histórias fabricadas de forma maliciosa.[22] E elas são capazes de distinguir uma história verdadeira de uma falsa? Hoje, as pessoas acham cada vez mais difícil fazer essa distinção. Em 2019, uma pesquisa do Pew Research Institute revelou que metade dos norte-americanos entrevistados declararam que às vezes evitam conversar com alguém por medo de que possam citar notícias inventadas.[23]

Algo mudou profundamente na sociedade ocidental. A questão principal não é porque as pessoas caem nas mentiras, mas porque perderam a fé nas fontes tradicionais de autoridade, ou seja, o governo, o mundo acadêmico e a imprensa. Hoje, combater declarações falsas e enganosas é o passatempo favorito das elites sitiadas, mas o que causou o colapso da confiança e o surgimento de um ecossistema de mentiras?

"HÁ UM DEFICIT DE CONFIANÇA NO MUNDO", DECLAROU ANTÓNIO Guterres, secretário-geral da ONU, em 2019.[24] Confiança e prosperidade andam de mãos dadas nas sociedades; estudos demonstram uma relação causal entre elas — quanto mais confiança os membros de uma sociedade têm uns nos outros, mais a sociedade floresce.[25] O Barômetro de Confiança da empresa de pesquisa Edelman mostra que pessoas em todo o mundo, mas sobretudo no Ocidente, estão passando por uma crise de confiança. Para o barômetro, metade dos entrevistados ao redor do mundo relatou falta de confiança no governo, na mídia, nas organizações não governamentais e nas empresas. Sejam ricos e instruídos, sejam pobres sem um diploma acadêmico, apenas um em cada cinco pesquisados acredita que o sistema está funcionando para ele. Sete em cada dez norte-americanos dizem que têm um "desejo de mudança".[26] Apenas quatro em cada dez habitantes de países industrializados confiam em seus governos.[27] Nos países da União Europeia, 60% dos pesquisados declararam não estar inclinados a confiar nos seus governos.[28]

Quase todas as instituições da sociedade norte-americana viram sua confiança pública diminuir significativamente nos últimos quarenta anos. A confiança no Congresso atingiu um dígito; na presidência, caiu 27% desde os anos 1970 e no governo como um todo, que era de 53% em 1972, despencou mais de dois terços.[29] Durante esses anos, a economia norte-americana, medida pelo PIB e pela produtividade, cresceu; o padrão de vida subiu para todas as parcelas da população; e os Estados Unidos, que eram uma de duas superpotências mundiais, agora, são a única. Quanto mais tarde uma pessoa nasceu na era da supremacia norte-americana, mais pessimista ela provavelmente será em relação ao seu país. Os millennials são a geração que menos confia nas autoridades eleitas, nas forças armadas, na religião e no mundo dos negócios.[30]

Porém, esse fenômeno não se dá apenas em relação às instituições. A confiança interpessoal, medida pela concordância dos entrevistados com uma afirmação do tipo "a maioria das pessoas é confiável", também diminuiu; hoje, apenas um em cada três norte-americanos concorda com ela.[31] Em uma escala de zero a dez, eles avaliaram sua confiança nos outros, em média, em 5,8; para os britânicos, a média é de 5,5; e, para os franceses, apenas 4,9.[32] Sete em cada dez jovens afirmaram que a maioria das pessoas tentará tirar vantagem de você se tiver uma chance. E essas são as pessoas que desfrutaram das melhores condições que a humanidade já conheceu. Entre os norte-americanos com 65 anos ou mais — que cresceram durante a Era da Responsabilidade com um padrão de vida mais modesto —, apenas quatro em cada dez demonstram esse nível de desconfiança.[33] No geral, idosos confiam nos estrangeiros duas vezes mais do que os jovens.

Talvez tenha algo a ver com o tipo de sociedade em que a pessoa cresceu. Os pesquisadores observam uma correlação e sugerem uma relação causal entre a falta de igualdade social e a falta de confiança.[34] Os indivíduos que se sentem traídos são os que expressam mais desconfiança: as minorias, os pobres, os jovens e os sem formação universitária.[35] A confiança diminui drasticamente em lugares que experimentam desigualdade econômica, discriminação e carência material. Os residentes de Flint, Michigan, bem longe do Vale do Silício, sabem disso melhor do que ninguém.

Cidade Envenenada

O sol brilhava sobre o rio Flint. Ao me distanciar da trilha e me aproximar de suas margens lamacentas, avistei objetos na água. Barras de ferro enferrujadas, um saco de papel encharcado. Uma substância oleosa se espalhava pela superfície. Nos

A IMPLOSÃO DA VERDADE 397

últimos anos, essa cidade de Michigan foi protagonista em um conto sombrio dos Estados Unidos de hoje. Quem pensa que o colapso da confiança e da cultura da mentira teve início no mundo digital deveria visitar um lugar como esse e conversar com seus habitantes, pessoas que perderam a confiança muito antes de a desinformação começar a se espalhar pelas redes sociais. É uma história sobre as pessoas para quem mentiram. Sobre as pessoas a quem é permitido mentir.

Eu estava perto de uma estação de purificação de água à beira do rio — a mais famosa do mundo. No centro havia uma branca e reluzente torre de água. Não muito longe havia um hidrante aberto. A água escorria formando uma pequena piscina natural, da qual a água fluía de volta para o rio. Em Flint, a demanda local de água é pequena.

Flint [que significa pederneira, em inglês] ficava na rota comercial que conectava Saginaw, no norte, com Detroit, no sul. Os brancos expulsaram os sioux, que chamavam o rio de Pawanunking, que significa "rio de pederneira". Afro-americanos se mudaram para lá vindos do sul. Flint é o berço da General Motors e de toda a gama de automóveis que ela produziu.

Cerca de 40% da população da cidade de maioria negra vive abaixo da linha da pobreza. Os problemas financeiros locais levaram o governador a retirar grande parte do poder do prefeito e do conselho municipal e, em 2011, indicar gestores de emergência para administrar a cidade. Esses tecnocratas impuseram um regime de austeridade que reduziu os serviços básicos fornecidos à população vulnerável. Uma de suas iniciativas de eficiência envolvia economizar dinheiro com a reforma do sistema de abastecimento, que canalizava a água do lago Huron. Nesse ínterim, a água seria bombeada do rio Flint — o mesmo rio no qual muitos dos resíduos produzidos durante o período de industrialização da cidade eram despejados.[36] A cidade concluiu que poderia economizar US$5 milhões se a água do rio fosse purificada e canalizada para os seus habitantes. Mas não havia nada a temer — a tecnologia limparia a água suja. Os administradores não eleitos assinaram o plano, declarando a água segura.

Na cerimônia de inauguração da estação de purificação de água, o prefeito fez um brinde: "À cidade de Flint!" e bebeu um copo de água tratada.[37] Mas, assim que as pessoas abriram suas torneiras, surgiram reclamações. Elas alegavam que a água bombeada para dentro de suas casas era turva e cheirava mal. Os tecnocratas garantiram ao público que a água era ótima. Em janeiro de 2015, a empresa responsável encontrou níveis elevados de trialometanos (THMs), um agente cancerígeno, na água. O prefeito propôs a contratação de um consultor. Houve um surto de legionelose na cidade, matando doze pessoas, mas os funcionários públicos não fizeram qualquer conexão entre o surto e o abastecimento de água. Em junho, a Agência de Proteção Ambiental dos Estados Unidos havia coletado dados suficientes para emitir uma ordem de emergência, pedindo ao público que não bebesse a água.[38]

Ao mesmo tempo, as pessoas em Flint mandavam para a mídia fotos de sedimentos marrons em suas banheiras. Elas relatavam erupções na pele e crianças doentes. O Departamento de Qualidade Ambiental de Michigan declarou que "qualquer pessoa preocupada com o chumbo na água potável em Flint pode ficar tranquila". Porém, em resposta a um telefonema de um residente da cidade, Marc Edwards, engenheiro hidráulico da Virginia Tech, levou uma equipe de cientistas para investigar. Eles descobriram altos níveis de chumbo na água fornecida a grande parte da população. Nas casas de algumas famílias, o nível de chumbo era semelhante ao de resíduos industriais não tratados. A primeira reação das autoridades foi insistir que a água era segura. Mas, dessa vez, havia provas científicas que não podiam ser ignoradas. Os fatos rapidamente vieram a público. Acontece que a estação de tratamento não tratou a água adequadamente; ela era tão ácida que causou corrosão maciça nas já velhas e deterioradas tubulações que abasteciam as residências. O chumbo vazou dos canos. O acúmulo de altos níveis de chumbo no organismo causa danos ao longo da vida, sobretudo em crianças. A exposição ao chumbo danifica o cérebro, provoca distúrbios comportamentais, retarda a puberdade e prejudica a audição, para citar alguns dos efeitos colaterais. E os danos são irreversíveis.

Em 2017, três anos depois que a água contaminada começou a abastecer a cidade, outro estudo explicou por que a taxa de natalidade caiu a partir de 2014. Durante o período em que a cidade extraiu água do rio Flint, as mortes de fetos aumentaram 58% e a taxa de natalidade diminuiu 12%.[39] Tudo isso foi possibilitado por conluio e deturpação de informações, segundo o promotor do estado do Michigan. "Houve uma obsessão pelas finanças e balanços", declarou. "Essa fixação custou vidas... É tudo uma questão de privilegiar números em detrimento de pessoas, dinheiro em detrimento de saúde."[40]

As vicissitudes de Flint são um exemplo flagrante da deterioração geral da infraestrutura dos Estados Unidos. Desde então, níveis inseguros de chumbo foram encontrados em fontes de água em todo o país, desde Newark, em Nova Jersey, ao Condado de Houston, no Alabama.

EM FLINT, UMA GRANDE CLÍNICA PEDIÁTRICA MÓVEL FOI POSICIONADA em um estacionamento público para oferecer avaliação psicológica e terapia ocupacional. Ela veio de Nova Orleans, onde havia sido usada para atender as vítimas do furacão Katrina.

Reformada e repintada de branco, estava pronta para atender mais um grupo de norte-americanos deixados à própria sorte. Dentro, havia algumas bonecas já bem puídas, junto com materiais de artes e artesanato. Qiana Towns é uma das conselheiras que trabalha com as crianças. Ela me contou que, em sua casa, o assunto principal é a água: ficar longe da água; quando se deve usar a torneira; não se esquecer de beber água purificada da garrafa ou de abrir o filtro. Towns tem duas filhas, de sete e quatorze anos, e entra em pânico quando a mais nova se esquece de ligar o filtro para escovar os dentes: "Porque não sei se esse gole vai fazer a diferença." Ela tem medo de que o chumbo destrua suas vidas. "Minha filha de sete anos está tendo um desempenho excepcional", afirmou. "Ela aprende muito rápido e é uma garota esperta, e fico imaginando se o fato de ela ter bebido a água afetará seu aprendizado acelerado. É quando a culpa bate, quando eu penso — se eu apenas tivesse prestado atenção..."

A palavra "culpa" surgiu repetidamente em nossa conversa. Ela disse que sente "uma enorme culpa... Porque havia sinais. Percebi que a cortina do chuveiro ficou manchada, que a água tinha um cheiro que eu não tinha sentido antes". Lágrimas brotaram de seus olhos. "Achei que podia confiar nas pessoas que falavam que a água era segura. Então, não reagi da maneira que costumo fazer para manter minhas filhas seguras."

Ao ouvir suas palavras, não pude evitar repetir algo que Towns já sabia, mas não sentia: que a culpa não era dela. Não consegui deixar de pensar no que se perdeu — a confiança. Não é muito esperar que o ato de abrir uma torneira e dar um copo d'água para seu filho não o envenene. "Eu simplesmente não conseguia imaginar viver em uma sociedade — como a dos Estados Unidos — na qual um município permite o fornecimento de água em tão péssimo estado", disse.

A IMPLOSÃO DA VERDADE 401

Agora nem ela nem suas filhas precisavam imaginar. Karen Weaver, a excelente prefeita eleita depois que os administradores foram expulsos, certamente sabe que o povo de sua cidade está em meio a uma crise de confiança. Eu a encontrei em seu escritório. Segundo ela, o problema com a água não teria ocorrido se a maioria da população não fosse negra e pobre. Não há dúvidas sobre isso. Weaver me contou que a fábrica local da GM pediu para desligar o abastecimento vindo do rio, devido aos danos que a água estava causando aos produtos de metal. A usina foi prontamente desconectada, enquanto a população continuava a beber água com chumbo.

Entre parte da elite intelectual dos Estados Unidos, circulam fantasias românticas sobre os menos privilegiados que marcham às urnas para se vingar. Na prática, quando os fracos são pisoteados e envenenados, quando perdem a confiança no sistema e em si próprios, eles não votam. Na eleição presidencial de 2016, a participação no Condado de Genesee, onde fica Flint, caiu de 3% a 4%,[41] e foram principalmente os membros da base democrata nas cidades pobres que se abstiveram do voto. Em Flint, com a água envenenada do rio abastecendo suas torneiras, esse número foi ainda maior. Em 2012, o condado elegeu Barack Obama por uma margem de 57 mil votos; Hillary Clinton venceu no condado por apenas 19 mil votos quatro anos depois, e isso ajudou a garantir a pequena margem de vitória de Trump em Michigan. O desempenho dos republicanos nas urnas foi o melhor dos últimos 28 anos.

O sistema de água de Flint passou por profundos reparos. Testes feitos pela Agência de Proteção Ambiental dos Estados Unidos mostraram que a água é segura e que os níveis de chumbo são baixos. Mas, em 2019, cinco anos após o início da crise, a prefeita Weaver ainda alertava os habitantes a beber apenas água filtrada ou engarrafada. Muitos deles seguem esse conselho à risca.

Flint foi envenenada pela água e, depois, pelas mentiras. E o resíduo foi a desconfiança.

Mentindo para a Vovó

Certa vez, minha avó me pediu para lhe comprar uma máquina de lavar. O pedido era inédito — caminhando para os noventa anos, meus avós eram muito independentes. Exigentes e diligentes, como convém à geração da Era da Responsabilidade, sempre compravam em lojas de boa reputação, nunca a crédito, e sempre após procurar recomendações sobre os itens em questão. O pedido veio com instruções precisas. Eu deveria ir a uma loja em especial — e só lá — e comprar um determinado modelo de máquina de lavar que havíamos escolhido. Era a loja onde sempre compravam seus eletrodomésticos. "É a que confiamos", enfatizou vovó.

Quando fui à loja, o preço informado para a máquina de lavar que eles queriam era muito alto — na verdade, era inflado. Uma pesquisa rápida no Google mostrou que o mesmo modelo, com a mesma garantia, poderia ser comprado de outra loja não muito longe e entregue por um preço um terço menor do que a loja preferida pediu. Quando contei à vovó sobre o preço ridículo na loja "dela", seus olhos se arregalaram de espanto. "Isso significa que ele nos enganou por todos esses anos?", perguntou.

Sempre confiro os preços no Google antes de fazer uma compra importante. E, para mim, era óbvio o motivo do preço da loja ser tão mais alto. Ela estava localizada em um shopping center de luxo, onde os clientes eram, em sua maioria, mais velhos e muito acomodados com suas rotinas. Mas minha avó levou para o lado pessoal. Em seu tempo, quando não havia sites para comparar preços, quando as pessoas não compravam itens desse tipo por telefone ou correio, uma compra assim era uma transação interpessoal. Exigia tempo e investigação. Também exigia confiança no comerciante, que contaria toda uma história sobre o item. Vovó de repente percebeu que o dono da loja em quem confiara por décadas para obter um preço justo não fora completamente honesto com ela, talvez por muitos anos.

De certa forma, somos todos como minha avó — o tempo todo. Imagine uma pessoa trinta anos atrás ouvindo um palestrante afirmar que, em um país distante, é costume retirar os rins dos mortos antes do sepultamento. Segundo ele, a prática teve início há apenas alguns anos. O ouvinte acha que é estranho e implausível. E decide investigar. Porém, há trinta anos, ele não tinha muitas maneiras de fazer isso. A pesquisa na biblioteca não ajudaria muito, pois os livros provavelmente não seriam especializados ou atualizados o suficiente. As enciclopédias também não adiantariam. Ele teria que pegar um avião e viajar até o país distante? Esperar que um jornal acadêmico tratasse do assunto? Talvez pudesse ligar para a embaixada do país, onde alguém da equipe poderia investigar e depois confirmar ou desmentir. Mas seria uma grande empreitada, exigiria muito tempo e considerável esforço. Qualquer das respostas corretas seria transmitida ao interessado algumas semanas ou meses depois, quando ele já teria praticamente se esquecido dos estranhos costumes estrangeiros e dos rins dos mortos.

Suponha que, nesse ínterim, a mesma pessoa tenha feito um check-up. O médico sugere que ela substitua um de seus medicamentos regulares. Não se preocupe, diz o médico, essa versão de marca é melhor do que a genérica que você estava tomando e vale o dinheiro extra, mesmo que seu plano de saúde não cubra. O paciente acredita nele. Na verdade, não tem outra escolha. Teoricamente, poderia procurar uma segunda opinião ou ler sobre o assunto em revistas médicas profissionais. Mas é improvável que isso aconteça, devido ao alto custo envolvido, em tempo e dinheiro. Estudos têm demonstrado de modo consistente que muitos médicos não são abertos com seus pacientes sobre os conflitos de interesse comerciais. De acordo com um artigo, quatro em cada dez médicos não informavam seus pacientes sobre suas relações comerciais com empresas farmacêuticas ou fabricantes de outros produtos médicos.[42]

A mesma pessoa liga a TV à noite. O ministro da Fazenda cita dados econômicos. Nossa vítima — claramente, ela é uma vítima — se lembra de números diferentes. Talvez, por alguma obsessão, ela guarde os dados anteriores em um jornal de economia e possa verificá-los. Acho improvável. O que ela teria que fazer se quisesse confirmar as informações fornecidas pelo político?

No jornal da manhã, ela lê um relatório surpreendente sobre o corpo de um mergulhador descoberto em uma floresta incendiada na Grécia. Como ele foi parar lá? O artigo cita especialistas que sugerem que um avião-tanque, empregado para apagar o incêndio florestal, tenha sugado o mergulhador com a água do mar com que enchia seus tanques e o jogou no meio do fogo. Ela não tinha lido uma história estranhamente similar alguns anos atrás? Essa pessoa acha que pode ser uma lenda urbana (e de fato é), mas, de novo, será muito difícil refutá-la.

Todos esses casos aconteceram em um mundo sem Google, quando não havia uma maneira eficiente, rápida e barata de verificar, comparar, confirmar e refutar histórias e afirmações.

E há muitas informações que precisam ser refutadas. Pessoas contam mentiras todos os dias. Um clássico trabalho de 1977 sobre o assunto afirma que uma pessoa comum se depara com cerca de duzentas mentiras por dia, incluindo mentiras inocentes.[43] Outro estudo descobriu que seis em cada dez pessoas não conseguem conduzir uma conversa de dez minutos sem mentir duas ou três vezes. Elas próprias admitem ter mentido após ouvir uma gravação da conversa.[44] Estudos mais otimistas afirmam que os norte-americanos mentem, em média, apenas uma ou duas vezes por dia. Quando os dados foram reexaminados por outros pesquisadores, eles descobriram que a variação entre as pessoas era muito alta. Existem mentirosos em série e pessoas que podem passar dias sem contar uma única mentira.[45] Parece razoável supor que a maioria das pessoas não relata com precisão o número de vezes que mente, seja de modo involuntário, seja porque também estão mentindo sobre isso.

E quanto as pessoas poderosas mentem? Essa é uma pergunta importante. Esses indivíduos têm um impacto considerável na vida de outras pessoas e, às vezes, podem lucrar com as mentiras. Não há pesquisas suficientes sobre o grau de honestidade de pessoas em posições de poder, mas pesquisadores da Columbia Business School realizaram um estudo fascinante. Eles distribuíram aleatoriamente 47 pessoas em dois grupos, "líderes" e "subordinados". Os líderes exerciam o poder em uma estrutura de um complexo jogo de simulação, na qual podiam tomar decisões a respeito da posição econômica e social dos subordinados. Então, tanto os líderes quanto os subordinados foram instruídos a furtar US$100 e tentar persuadir um entrevistador (que não foi informado sobre a natureza do experimento) de que não haviam cometido o furto. Quem conseguisse convencê-lo ficaria com o dinheiro.

Os resultados mostraram que bastou um simples jogo de RPG para transformar os líderes em mentirosos descarados. Eles exibiram menos marcadores cognitivos e emocionais de mentira do que os subordinados. E a diferença não era apenas psicológica — ela também se apresentava em termos biológicos. Antes e depois do experimento, amostras de saliva foram coletadas de cada participante para medir os níveis de cortisol, um hormônio liberado sob estresse. A saliva dos líderes continha níveis significativamente menores de cortisol do que a dos subordinados. Estes também se sentiram pior e sofreram perdas cognitivas depois de mentir. Os pesquisadores concluíram que "o poder agia como um amortecedor, permitindo que os poderosos mentissem com muito mais facilidade".[46]

Desonestidade Revelada

Eis uma hipótese: a princípio, não foram as mentiras, mas, sim, as informações que se multiplicaram e, portanto, também a capacidade de detectar verdades. Tudo aconteceu muito rápido, com o salto tecnológico e com a ajuda da interação global. A capacidade de confirmar, refutar e verificar afirmações tornou-se tão poderosa que, de repente, muitas mentiras foram expostas, todas de uma vez. Tornou-se muito mais fácil divulgar refutações de informações falsas. A verdade era mais acessível, ameaçando as velhas estruturas e convenções de poder. Surgiram grandes fissuras na confiança que as pessoas antes depositaram nas instituições e nos outros membros de sua sociedade. A impressão criada era que todo mundo mentia para todo mundo, e isso por si só encorajava as pessoas a mentir.

O ponto de virada ocorreu quando o público em geral percebeu com que frequência e grau estava sendo enganado por pessoas em posições de autoridade. As sociedades, todas elas, concedem a alguns de seus membros autoridade formal ou informal para fornecer verdades sobre o mundo. Essas pessoas desfrutam de uma legítima expectativa popular de que sempre contarão histórias reais para grandes públicos ou fornecerão informações importantes sobre suas vidas.

A IMPLOSÃO DA VERDADE 407

Claro, essas pessoas — políticos, banqueiros, médicos, jornalistas, policiais, professores, líderes comunitários, até mesmo o proprietário da loja de eletrodomésticos preferida pela minha avó — praticamente mentiam o tempo todo, em graus variados. Elas mentem porque todos nós mentimos, e, se o estudo citado estiver correto, as pessoas no poder mentem melhor e se sentem menos culpadas por isso.

Até cerca de trinta anos atrás, a humanidade vivia sob o véu de desonestidade que fornecia aos governantes um espaço complacente para imprecisões e mentiras. Esse véu não foi totalmente removido, mas logo se tornou mais transparente. Hoje, mais pessoas têm a capacidade de descobrir mentiras, pois é mais fácil investigar exaustivamente cada elemento de uma afirmação feita por uma figura de autoridade.

Como resultado, muito mais mentiras são desmascaradas. A importância da tecnologia ou, para sermos mais exatos, do Google é que agora temos — como nunca antes — uma forma eficaz, fácil e barata de verificar a validade das declarações sobre o mundo. É claro que não conseguimos desvendar todas as mentiras, mas somos capazes de revelar uma quantidade muito maior do que no passado. A extensão da verdade e a atualidade das informações na internet quase sempre serão maiores do que as fontes disponíveis na era pré-digital, porque a internet, ao contrário de um livro impresso, é dinâmica. Para fazer uma pesquisa, a pessoa precisa ter acesso à internet e alfabetização digital. Com o passar do tempo, o número de pessoas sem esses recursos está diminuindo e a porcentagem da população mundial que consegue confirmar ou refutar informações está aumentando. E, se você não souber como verificar um determinado fato, um de seus amigos do Facebook ou contatos do WhatsApp saberá.

Há uma sobrecarga de informações. Já em 2016, o Google lidava com 4 milhões de consultas por minuto, 2 trilhões por ano, muitas delas totalmente inéditas, perguntas que nunca haviam sido feitas ao Google antes.[47] Essa é uma expansão da verdade, ou do desejo de alcançar a verdade, que continuamente se estende e desafia as convenções da sociedade. Consideremos, por exemplo, a hostilidade dos médicos ao "Dr. Google", que os pacientes usam para questionar diagnósticos e prescrições.

Será que o Dr. Google é melhor para seus filhos do que um pediatra? Provavelmente não. Mas o choque deste novo mundo, no qual os fatos estão disponíveis com apenas alguns toques no teclado, e no qual as pessoas se deparam com uma enxurrada de relatos sobre a revelação de mentiras, transformou a dúvida em um argumento por si só. Um estudo descobriu que resultados de pesquisa que não correspondem ao que dizem os pediatras fazem com que os pais percam a confiança no médico de seus filhos — mesmo antes de terem verificado a precisão das informações apresentadas pela pesquisa.[48]

O ceticismo vazio é a ordem do dia. Dados coletados pela Gallup ao longo de décadas demonstram que, entre 1997 e 2007, houve a maior queda de confiança nas instituições norte-americanas.[49] Esse fato está conectado à posição da classe média, à desigualdade econômica e aos ataques de 11 de Setembro. Esse é o solo de onde brotou a crise de confiança. Mas também existem outros fatores — a década em questão é a década da internet e do Google, e muitos descobriram bons motivos para deixar de confiar nas histórias contadas pelas pessoas em posição de poder.

Os millennials cresceram nesta era. Embora sua fé na maioria das instituições sociais seja extremamente baixa, eles exibem um alto nível de confiança — muito mais alto do que o das gerações anteriores — em três tipos de pessoas: cientistas, professores acadêmicos e jornalistas.[50] Essas são três profissões que exigem verificação de fatos e comparação de fontes como uma questão de prática profissional. Determinar a verdade das afirmações faz parte do trabalho. Para os nascidos no mundo pós-Google, isso parece gerar mais confiança.

AGORA CHEGAMOS ÀS MENTIRAS.

Quando a verdade se expandiu tanto e implodiu, deixou um vácuo. Cada vez que uma dissimulação ou mentira era praticada por uma instituição social familiar ou uma pessoa de alta reputação, isso reforçava o poder dos charlatões — aqueles que vendem a suposta verdade sobre as vacinas, a conspiração para esconder o fato de que a terra é plana, a afirmação de que George Soros controla o mundo. Muitas pessoas se depararam com mentiras e se convenceram de que haviam encontrado a verdade.

Outra coisa aconteceu com as mentiras — elas não eram mais privilégio daqueles com poder e autoridade, ou dos profetas de esquina que gritam: "O fim está próximo!" A capacidade de espalhar mentiras foi privatizada e descentralizada, e passou para as mãos das massas. Quando as coisas são assim, as pessoas fazem a escolha — perfeitamente racional — de não confiar em ninguém.

A expansão da verdade, a erosão da confiança e a capacidade de usar o Google para verificar os fatos tornaram mais fácil argumentar de forma convincente que *Todo Mundo Mente*, título do best-seller mundial de Seth Stephens-Davidowitz, de 2018 [Editora Alta Books].[51] O livro usa dados de mecanismos de busca para demonstrar a hipocrisia fundamental na maneira como as pessoas mentem para amigos, pesquisadores e para si mesmas. Seth mostra como a era tecnológica expande a informação e, assim, revela a falta de sinceridade — por exemplo, as pessoas comemoram o Dia de Martin Luther King ao mesmo tempo que pesquisam piadas racistas sobre negros na internet.

A crença de que todo mundo mente dá às pessoas uma justificativa tácita para mentir a si mesmas, uma vez que estão apenas reproduzindo um comportamento comum. Todo mundo mente, sim, mas o quadro geral é que *todo mundo já foi vítima de mentiras.* Esse é o contexto do discurso público contemporâneo.

De acordo com uma pesquisa, 66% dos norte-americanos afirmam ser alvo de mentiras. Esse número é 50% maior do que no final da década de 1980.[52] Talvez eles *sintam* que as pessoas estão mentindo mais para eles. No entanto, o mais significativo é que eles ao menos têm as ferramentas tecnológicas para desmascarar facilmente muitas das mentiras. Nunca as pessoas foram capazes de vencer discussões de forma tão rápida ou fácil. Basta perguntar à Siri e receber uma resposta muito boa via Google.

Quando a verdade implodiu, as pessoas recuaram para algo que são capazes de controlar e sobre o qual não podem ser contestadas — suas opiniões, ocasionalmente apoiadas por fatos convenientes ou inventados. Elas dizem que os fatos não são mais tão importantes em suas relações sociais, ou que não querem mais participar de conversas que envolvam notícias e informações. Seja qual for o caso, de acordo com um estudo, mais da metade dos norte-americanos têm dificuldade de distinguir declarações factuais de expressões de opinião.[53] Dentre os jovens de quinze anos, 86% não sabiam a diferença dos testes PISA (Programa para Avaliação Internacional de Alunos). A questão é se as pessoas ainda desejam fazer essa distinção.

Em *As Origens do Totalitarismo*, Hannah Arendt escreve sobre o aparato de repressão e sua conexão com a confusão de verdade e falsidade, fato e opinião. "Num mundo incompreensível e em perpétua mudança", argumenta ela, "as massas haviam chegado a um ponto em que, ao mesmo tempo, acreditavam em tudo e em nada, julgavam que tudo era possível e que nada era verdadeiro. A propaganda de massa descobriu que o seu público estava sempre disposto a acreditar no pior, por mais absurdo que fosse, sem objetar contra o fato de ser enganado, uma vez que achava que toda afirmação, afinal de contas, não passava de mentira".[54]

O totalitarismo que preocupava Arendt está, pelo menos por enquanto, adormecido. No entanto, o cinismo absoluto sobre a verdade descrito por ela ressurgiu, fomentando a violência. Hoje em dia, não é ditado pelas elites fascistas, mas, sim, um fenômeno popular, mobilizado online. Onde nada é verdadeiro e nada é falso, o próprio progresso está em perigo.

CAPÍTULO 20

A Batalha pelo Progresso

Vou revelar-te o que é o medo num punhado de pó.[*]

—T. S. ELIOT, *A TERRA DESOLADA*

A humanidade está escrevendo um novo capítulo em sua saga, no qual estamos mais interconectados do que nunca. A Era da Responsabilidade tornou as guerras entre Estados soberanos menos frequentes. A industrialização e o comércio abriram novas oportunidades para centenas de milhões de pessoas no Oriente e no Sul globais que haviam sido isoladas da prosperidade do Ocidente. Em média, a condição humana melhorou drasticamente, mas isso não conta toda a história. Comunidades inteiras perderam seus empregos, foram empurradas para as margens sociais, sofreram o impacto da mudança climática e viram suas cidades ou países se tornarem hubs de exploração. Muitos sentiram que suas identidades e modo de vida estavam sob ataque. Essa intuição não é equivocada, e o entendimento de que a globalização prejudica muitos deles não é delírio.

O paradoxo no cerne desse promissor — e terrível — novo mundo é que as pessoas procuram as mesmas coisas que buscam por séculos — segurança, sustento, amor, fé e, talvez, liberdade. Hoje, elas estão mais interconectadas, aproveitam os benefícios dos avanços tecnológicos e pensam em sua cultura em termos mais supranacionais, mas suas necessidades

---

[*]   *A Terra Desolada*, tradução de Ivan Junqueira. (N. da T.)

e seus desejos básicos permanecem os mesmos. Nosso mundo de significados é sobretudo local. A globalização é uma revolução constante alimentada por essa tensão. A pandemia de Covid-19 ilustrou como a localização física, o ambiente social e a maneira como a comunidade política funciona determinam não apenas o risco para sua saúde, mas também seu bem-estar econômico e emocional. Quando os tempos são bons, pode-se viver como um avatar global; mas, quando a guerra — ou um novo patógeno — bate à nossa porta, são os vizinhos e o governo que importam. Algumas pessoas podem achar isso reconfortante, embora nem sempre seja assim, e não com líderes populistas e nacionalistas no comando. No entanto, independentemente das deficiências da liderança atual, uma crise global exige organismos, soluções e acordos globais. E estes não estão em voga.

"Para grande parte do mundo, a globalização da forma como tem sido administrada parece um pacto com o diabo", escreveu Joseph Stiglitz, economista vencedor do Prêmio Nobel, em 2006. "Algumas pessoas no país ficam mais ricas; as estatísticas do PIB, se é que valem de alguma coisa, parecem melhores, mas modos de vida e valores básicos estão ameaçados."[1] Um ano e meio depois, estourou a pior crise financeira desde a Grande Depressão. Desde essa crise, o mundo passou por dramas rápidos e frequentes — a recessão mundial, a crise da dívida governamental, o Brexit, a ascensão de Trump à presidência, a guerra civil na Síria, a migração em massa de refugiados desesperados, a instabilidade política, o surgimento de uma violenta extrema direita, uma avalanche de notícias falsas e uma espiral descendente de quase todas as medidas relacionadas ao meio ambiente e à pandemia de Covid-19.

O ressentimento com a globalização se intensificou e se espalhou. Seus adversários de longa data farejam a vitória iminente. "Acho que as elites conviveram muito tempo apenas entre si", zombou Marine Le Pen, que se opõe firmemente ao que a direita nacionalista chama de "globalismo". "Elas agiram como carnívoras", acusou, "que usaram o mundo para enriquecer apenas a si mesmas. E, seja no caso da eleição de Donald Trump ou do Brexit, as elites perceberam que o povo parou de ouvi-las, quer decidir o próprio futuro e, em uma estrutura inteiramente democrática, recuperar o controle de seu destino; isso as deixa em pânico, pois elas estão perdendo o poder auto-outorgado".[2]

Le Pen desconsidera o fato de que a globalização é um produto de processos democráticos e que salvou muitas pessoas da pobreza e da morte. Na verdade, enriqueceu muito seu eleitorado. Mas ela está certa ao dizer que a globalização foi liderada pelas elites políticas cujo poder está enfraquecendo. Enquanto as tradições, comunidades e empresas locais lutam para sobreviver à revolução da era da informação, as elites se desligaram. Elas se isolaram em comunidades ricas, ilhas empresariais de alta tecnologia e nas torres de marfim da academia. Simultaneamente, as pessoas se desoneraram das promessas da aldeia global e se reformularam como radicais. Elas representam grandes eleitorados, sobretudo no Ocidente, que se sentem cada vez mais marginalizados e desamparados por um mundo em constante mudança.

ROTULAR ESSA DESONERAÇÃO COMO UMA "ONDA POPULISTA" OU UMA "ameaça à democracia" é simplista e inadequado. A rubrica do populismo ignora a intensificação das forças fundamentalistas em quase todos os lugares, de Mianmar ao Oriente Médio e à Europa. O fundamentalismo é uma força na política contemporânea, não um fantasma de um passado ignorante. Para os pobres e frágeis, o fundamentalismo desempenha o mesmo papel que o populismo para a classe média — ele oferece uma resposta aparentemente razoável à ruptura da ordem atual. E o que a princípio parece populismo pode ocultar as forças do racismo ou do ultranacionalismo.

Outra forma de encarar a crise atual pode ser pensar que o mundo está passando por uma desconsolidação da democracia, como sugerido por Yascha Mounk e outros. Embora a democracia esteja de fato em crise, os regimes autoritários também enfrentam ameaças crescentes à sua estabilidade. A China reprime a liberdade de expressão e teme uma resistência crescente ao Partido Comunista. O Irã enfrenta uma onda de ressentimentos e protestos. E Vladimir Putin está usando todos os meios disponíveis para reprimir, deslegitimar e liquidar seus oponentes. Cada um desses regimes enfrenta desafios na forma de agitação popular, que tem suas raízes na ascensão da consciência global, na economia mundial integrada e na disseminação de tecnologia inovadora.

Mesmo no Ocidente, o declínio da fé dos jovens na democracia não significa necessariamente que sejam a favor do autoritarismo. Eles podem até dizer que a democracia não é essencial — como demonstram as pesquisas —, mas não estão marchando nas ruas exigindo outra forma de governo. Em vez disso, muitos perderam a confiança nas instituições e nos figurões de suas sociedades e agora testam novas ideias.[3] E, embora muitos estejam dispostos a lutar por iniciativas antes consideradas à margem da política — renda básica para todos, formas não policiais de segurança pública ("desfinanciar a polícia"), um novo acordo ambiental —, a maioria apenas espera; vivenciando o limbo entre a morte da velha era e o nascimento de outra.

Estamos testemunhando algo mais inconstante, heterogêneo e confuso do que uma simples dicotomia "nós versus eles". Esta última pode ser atraente, mas não existe de fato um "nós", pois as identidades se tornaram mais multifacetadas.

Hoje, existem inúmeras linhas divisórias, não apenas entre norte-americanos das elites urbanas e das áreas rurais sem educação universitária, por exemplo. Donald Trump não venceu as eleições de 2016 apenas porque obteve os votos dos brancos de classe média baixa, mas também porque os norte-americanos que ganham mais de US$200 mil por ano — cuja maioria vive nos confortáveis subúrbios das grandes cidades — preteriram Hillary Clinton.

As divisões binárias estiveram em voga durante a Guerra Fria, mas o mundo atual está cada vez mais multipolar. Os paradigmas políticos estão entrando em colapso e, na revolta contemporânea, os velhos rótulos são inadequados. Desde 2016, o líder liberal mais proeminente do mundo tem sido a chanceler alemã Angela Merkel, que lidera o partido conservador de seu país. O Partido Republicano dos Estados Unidos, historicamente comprometido com o livre mercado e o livre comércio, foi assumido por defensores de taxas e subsídios. Alguns membros da esquerda radical são tolerantes em relação ao antissemitismo, sendo o Partido Trabalhista do Reino Unido, sob o comando de Jeremy Corbyn, apenas o exemplo mais recente. Fundamentalismo, populismo, nacionalismo e outliers da esquerda radical negam fatos inconvenientes e se envolvem em teorias da conspiração, ou ambos. "As coisas desmoronam; o centro não consegue suportar", escreveu Yeats.[4]

Nem coerente nem estruturada, a revolta se propaga em muitas frentes, assumindo diferentes formas. Como tudo no mundo globalizado, suas facetas díspares estão conectadas. Enxergar o populismo, o fundamentalismo, o anticientificismo e o racismo nacionalista como meros obstáculos no caminho para o triunfo da ordem liberal — meros eventos isolados ou empecilhos temporários à vitória inevitável dos valores iluministas — é um erro perigoso.

418 REVOLTA

Hoje, o que está em jogo não é apenas a paz, a prosperidade e a estabilidade — principais objetivos dos arquitetos da Era da Responsabilidade. O próprio progresso está ameaçado. A razão e os dados científicos são cada vez mais marginalizados pela política do sentimento, composta de radicais que fortalecem a política tribal de ressentimento ou políticos tradicionais que a dominam. Cada vez mais, os detentores do poder "agem de forma contrária àquela apontada pela razão e que os próprios interesses em jogo sugerem", para citar a definição de insensatez de Barbara Tuchman.[5]

Newtown, Connecticut, Outono de 2016

Olhei para o rosto do Dr. Jeremy Richman e decidi, no último minuto, não lhe fazer perguntas sobre as teorias de conspiração. Refiro-me às alegações daqueles que afirmam que nenhum tiro foi disparado na Escola Fundamental Sandy Hook em Newtown, Connecticut, em 2012, e que seis membros da equipe e vinte alunos do primeiro ano não foram assassinados lá — entre eles estava Avielle Rose, filha de Richman. Noah Pozner, outra vítima, tinha seis anos quando foi morto; sua família teve que se mudar sete vezes desde então, pois tem sido alvo de ameaças e provocações.

De acordo com algumas narrativas delirantes, as crianças assassinadas nem sequer nasceram. Segundo outras, as crianças foram de fato assassinadas, mas os agressores eram agentes do governo. Os defensores dessas teorias veem uma trama maligna arquitetada pelo governo Obama para defender o controle de armas.

Não consigo suportar a ideia de perguntar ao enlutado Jeremy Richman a respeito do mais proeminente fomentador dessas falsidades, Alex Jones, celebridade da internet a quem Donald Trump considera "incrível".[6] Jones argumentou que "ninguém morreu" em Sandy Hook. (Ele foi processado pelas famílias das vítimas, se retratou e foi condenado a pagar US$100 mil em honorários advocatícios e custas judiciais.)

Quando fui para Newtown, as primeiras folhas de outono começavam a cair. Elas flutuavam lentamente das árvores altas que ladeavam os caminhos do parque. Uma grande placa ao lado de um playground declarava: "Área de proteção infantil. A polícia será chamada."

Conheci Kaitlin Roig-DeBellis, que era professora do primeiro ano na Escola Fundamental Sandy Hook. Em 14 de dezembro de 2012, um dia agradável de céu límpido, ela se preparava para ensinar aos alunos sobre as tradições do feriado, como fazer biscoitos de Natal e Papai Noel. Após assassinar a mãe e pegar seu rifle semiautomático com dez pentes de munição, o assassino entrou no prédio por volta das 9h30. Vestido de preto, com óculos escuros e protetores de ouvido, ele primeiro atirou e matou membros da administração escolar. Então seguiu até a sala de aula do primeiro ano, que Lauren Rousseau acabara de assumir como professora titular. Ela e Rachel D'Avino, uma terapeuta que trabalhava com um aluno com deficiência, tentaram — em vão — esconder os alunos no banheiro. As duas mulheres e quinze alunos do primeiro ano foram mortos a tiros.

Kaitlin é impressionante e obstinada. Quando ouviu os tiros, rapidamente conduziu todos os seus alunos para o banheiro. "Nosso banheiro era muito pequeno, então parecia impossível que dezesseis pessoas, contando comigo, coubessem ali", relatou. "Mas era entrar ou não sobreviver." Ela pediu às crianças que fizessem silêncio.

Do outro lado da parede ficava a sala de aula de Victoria Soto. Ela foi assassinada após implorar pela vida das crianças sob sua responsabilidade e tentar protegê-las com o próprio corpo. Da sala ao lado, Kaitlin e seus alunos ouviram os gritos e os tiros.

Sentamos para conversar em um pequeno banco de madeira no parque. "Pensei que eu fosse morrer. Imaginei que veria cada uma das crianças ser assassinada e depois seria a minha vez", recordou. O assassino não entrou no banheiro onde eles se esconderam, então todos sobreviveram. Ela me disse que já havia imaginado a possibilidade de um atirador atacar a escola antes mesmo do ocorrido e que sempre estava pronta para o pior cenário. Um cenário tipicamente norte-americano.

JEREMY RICHMAN E JENNIFER HENSEL, PAIS DE AVIELLE, CRIARAM a Avielle Foundation em memória dela. Jeremy foi um neurocientista que pesquisava sobre a doença de Alzheimer; Jennifer é uma microbiologista que desenvolveu medicamentos anticâncer. O objetivo declarado da fundação é "prevenir a violência e fomentar a compaixão por meio de pesquisas em neurociência, envolvimento da comunidade e educação".[7]

Sentamos no gramado do lado de fora do consultório do Dr. Richman, no centro de Newtown. "Avielle era um desses espíritos radiantes, sua presença era capaz de iluminar uma sala. Tinha um sorriso contagiante que todos adoravam", disse Richman. "Ela adorava fazer as pessoas rirem e, para isso, seu melhor truque era contar histórias. Avielle amava histórias. Gostava de ouvi-las e, quando ficou mais velha, adorava contá-las. Mesmo que seu dia fosse banal, ela ainda queria que se tornasse uma boa leitura. 'Estou lavando a louça com o papai, como faço para transformar esse momento em uma boa história?'"

De onde estávamos, dava para ouvir o barulho da escola fundamental que Avielle teria frequentado. "A risada dela deveria estar entre a dessas crianças. Isso me mata todos os dias. Sinto muito a falta dela", disse. Desde o incidente, ele e Jennifer tiveram mais dois filhos, Imogen e Owen.

Dr. Richman tinha um propósito em mente ao concordar em conversar comigo — desejava falar sobre o trabalho científico promovido pela fundação que leva o nome da filha. Seu objetivo é descobrir se a ciência é capaz de fornecer um modo de prevenir a violência nos Estados Unidos e no mundo. "Financiamos pesquisas que investigam a estrutura e a química cerebrais, buscando uma correlação entre estas e os comportamentos observados no mundo real. Estamos tentando fazer a ponte entre as ciências bioquímicas e comportamentais", relatou. Segundo me explicou, o fácil acesso a armas em casa é o principal fator de risco para suicídios e assassinato do próprio dono da arma. Ele discorreu longamente sobre os dados que comprovam esse fato.

Nosso encontro ocorreu poucos dias depois de eu ter acompanhado uma patrulha armada de uma milícia em Michigan. Seus membros são determinados a nunca abrir mão das armas, que julgam essenciais para se defenderem contra a tirania iminente. Alguns deles possuem dezenas de armas. Contei ao Dr. Richman sobre minha conversa com os milicianos. "Quando mencionei as estatísticas e os estudos sobre o risco da posse de armas, eles responderam que era darwinismo, que só os idiotas se matam. Outros disseram que, se houvesse armas nas escolas, talvez tudo tivesse sido diferente. Já ouvi Donald Trump dizendo isso."

"É claro", respondeu o Dr. Richman com amargura. "Eles não pensam nem conhecem os dados" — sua voz transparecia frustração. "Eles apostam no medo e criam mais medo, o que piora o problema e faz com que as pessoas preservem suas falsas crenças de que estão mais seguras com uma arma de fogo. Por ser um tema tão polarizado, elas não querem saber de dados científicos; já chegaram a uma conclusão e não estão ouvindo."

Em 25 de março de 2019, o Dr. Jeremy Richman foi encontrado morto perto da prefeitura de Newtown. Ele se suicidou. Jennifer, a esposa, emitiu um comunicado que atestava: "Meu marido sucumbiu à dor inescapável."

A CONVERSA COM O DR. RICHMAN ECOOU EM MINHA MENTE NOS anos seguintes, toda vez que cobri tiroteios em massa nos Estados Unidos, nos quais centenas de pessoas foram massacradas por causa da insensatez absoluta que é a política de armas norte-americana.

Pensei em sua tentativa de abordar — científica e racionalmente — o terrível estado de coisas que levou ao assassinato de sua filha. A American Medical Association considera a violência armada uma crise de saúde pública. Diante de uma tragédia inconcebível e do sadismo que nega que o incidente existiu, o Dr. Richman buscou promover a pesquisa científica para encontrar uma forma de abordar essa emergência, acreditando que as coisas devem e podem mudar; que a mudança surgirá por meio de um exame empírico e lúcido do cérebro humano; que o pensamento racional, a ciência e as noções de progresso melhoraram a condição humana e continuam sendo nossa melhor esperança.

Assim, além da terrível tragédia pessoal, sua morte parece mais um alerta. Ouço sua voz repetidamente em minha cabeça, dizendo: as pessoas "não estão ouvindo".

Campo de' Fiori, Roma, 2018

Era noite. Na pequena praça fica um dos mercados de alimentos mais antigos da Europa. Os gritos ruidosos dos vendedores de produtos agrícolas ecoam no ar. No centro da praça há uma estátua escura, ligeiramente diferente das esculturas clássicas que costumamos ver na capital italiana. A figura olha para baixo, com olhos intensos, um capuz de monge sobre a cabeça e um manto envolvendo seu corpo. As mãos estão cruzadas na cintura, segurando um livro. Uma perna dá um passo à frente, a outra está prestes a acompanhá-la. Há algumas flores cor-de-rosa, já murchas, aos seus pés.

A figura é de Giordano Bruno. Em 17 de fevereiro de 1600, uma multidão de romanos animados se reuniu nesse local para vê-lo ser queimado na fogueira, por ordem da Inquisição. Antes que o fogo fosse aceso, Bruno foi amarrado à estaca de cabeça para baixo, porque havia sido condenado por heresia, e sua língua foi pregada no céu da boca para que ele não pudesse expressar suas visões sacrílegas.

Bruno foi filósofo e teólogo. Ele concordou abertamente com a visão de Copérnico de que a Terra circunda o Sol, afirmou que não havia um centro no Universo e acusou a Igreja de empregar truques baratos para conquistar a preferência das massas. Escreveu obras cosmológicas que argumentavam a possibilidade da existência de diversos mundos e promoviam visões místicas em desacordo com o catolicismo de sua época. Bruno foi acusado de blasfêmia e heresia. Em um julgamento, que durou sete anos, ele se recusou a retratar suas afirmações pouco ortodoxas.

Diz a lenda que sua resposta aos juízes que o sentenciaram à morte foi: "Talvez vocês que proclamam minha sentença a temam mais do que eu que a recebo."[8] Sua estátua foi erguida em 1899, quando a Revolução Industrial avançava rapidamente. Desde então, tornou-se um elemento fixo da paisagem romana. Sua história é o padrão para um herói da antiguidade. Primeiro foi vilipendiado, depois esquecido e, mais tarde, obteve fama póstuma. (A igreja se desculpou por sua execução.) Então, de novo, ele foi praticamente esquecido.

Hoje, os estudiosos argumentam que sua execução teve mais a ver com suas heresias místico-religiosas, ou sua

424 REVOLTA

personalidade provocativa, do que com suas visões sobre cosmologia. Não importa mais — Giordano Bruno foi um dos primeiros mártires da ciência.

Ao observar a estátua, vi pequenos pedaços de papel colados nas laterais. Eram textos italianos manuscritos criticando Donald Trump, uma continuação da tradição clássica das "esculturas falantes", em que tais monumentos servem como fóruns de discussão, em geral por aqueles que desafiam as convenções da classe dominante. Para esses panfletários, Trump representa algo diametralmente oposto à devoção de Bruno à verdade como ele a via, e à sua disposição de dar sua vida por ela.

Quando Bruno morreu, a Europa estava agitada com uma ideia revolucionária — a de que existem fatos objetivos com os quais todas as pessoas podem concordar, não importa de qual nação, tribo ou religião. Sob esse novo desígnio, múltiplas hipóteses precisavam ser propostas e investigadas de forma empírica. A fé em proposições transmitidas por autoridade religiosa ou ao longo dos tempos foi substituída pelo princípio de que a observação racional do mundo, a lógica e a dedução levariam a resultados mais precisos do que a mais pura das orações. "A Revolução Científica não foi uma revolução do conhecimento. Foi, acima de tudo, uma revolução da ignorância", escreve Yuval Noah Harari em seu best-seller internacional *Sapiens*. "E sua maior descoberta foi de que os humanos não têm as respostas para suas perguntas mais importantes."[9] Foi a investigação de tais questões que produziu o Iluminismo, santificador do humano.

As pessoas que começaram a fazer essas perguntas presumiram que o mundo de ontem murcharia e morreria. Como escreveu Marquês de Condorcet em 1793: "Portanto, chegará o momento em que o sol só iluminará as nações livres, que não reconhecem outro mestre senão a própria razão [...] em que nossa única preocupação será lamentar suas vítimas e os tolos do passado, e, por meio da lembrança de seus terríveis excessos, exercer um cuidado vigilante; que possamos ser capazes de reconhecer de imediato e sufocar de forma eficaz, com a força da razão, as sementes da superstição e da tirania, caso elas ousem ressurgir na terra."[10]

Embora a condição humana tenha melhorado significativamente, as visões da Inquisição nunca desapareceram como previra o Marquês de Condorcet; elas apenas foram colocadas de lado em face das realizações do progresso.

Com o termo "progresso", não me refiro a uma noção determinística do aperfeiçoamento linear das sociedades humanas, mas, sim, aos valores decorrentes e inspirados pelo Iluminismo: investigação racional; dignidade humana; liberdade individual; aceitação da ciência e tecnologia como um meio para melhorar a condição humana; e liberalismo, que protege essas ideias por meio da política. Os humanos são senhores de seu próprio destino e podem, sem a intercessão divina, alcançar a redenção. Na era do progresso, redenção significa felicidade no sentido aristotélico — alcançar um estado de florescimento humano.

Historicamente, é um abalo tectônico. A sabedoria e o conhecimento não fluem mais dos anciões. A história não é mais percebida como cíclica. O conhecimento humano — acumulado por meios científicos — pode ser empregado para ajudar as sociedades a mudar, se adaptar e melhorar. "É pura ilusão pensar que uma opinião que passa de século em século, de geração em geração, não possa ser inteiramente falsa", escreveu Pierre Bayle no final do século XVII.[11]

Esse impulso constante de mudança e progresso pode levar a uma incrível crueldade, passível de ser cometida por pessoas que realmente acreditam que a natureza revolucionária do

426 REVOLTA

progresso às vezes requer e justifica a violência, ou por aqueles que fazem do progresso sua bandeira enquanto na verdade promovem a ganância, o império ou ambos. O rei Leopoldo II descreveu a colonização genocida do Congo como "uma cruzada digna deste século de progresso".[12] De fato, todo regime totalitário do século passado se proclamava como a vanguarda do progresso, tentando legitimar atrocidades contra aqueles que se interpuseram em seu caminho. Essas ações buscavam separar o progresso dos valores do Iluminismo, deixando uma concha vazia e corrompida — por exemplo, estradas e fábricas melhores — sem uma essência. Um país pode ter os cientistas mais brilhantes e os hospitais mais bem equipados para conter uma epidemia, mas, se a capacidade de dizer a verdade sobre uma epidemia em expansão for silenciada; a liberdade de expressão, oprimida; e médicos, ameaçados, apenas a tecnologia pode não ser suficiente.

O Progresso sob Ataque

A revolta contra a globalização é uma plataforma para a real batalha de nossa época — o conflito sobre as próprias ideias de progresso. Exploração, desigualdade, ameaças ambientais catastróficas, tentativas de suprimir ou extinguir a identidade local, um senso de arbitrariedade — tudo isso serve aos velhos inimigos do progresso, entre eles fundamentalistas e nacionalistas racistas. A própria globalização, com a mídia descentralizada e os estreitos relacionamentos que criou, muniu aqueles que disseminam ideias contrárias à sua própria ordem liberal. Enquanto os opositores do progresso afirmam representar os interesses dos pobres ou da classe média, sua intenção real é mais radical. Fundamentalistas religiosos e nacionalistas étnicos, normalmente inimigos mortais, têm pelo menos uma coisa em comum — estão usando as queixas de um mundo globalizado para destruir os valores que o possibilitaram.

A revolta ameaça o progresso de duas principais maneiras. A primeira é uma espécie de neoludismo. Vimos os efeitos da imigração e do comércio internacional, e a alegação dos populistas ou nacionalistas de que eles roubaram empregos da classe média. Mas os fatos são claros — não foi o comércio ou a imigração o que inquietou os operários nas últimas décadas. Seus empregos foram, em grande parte, perdidos para a industrialização e a automação. Por uma estimativa conservadora, pelo menos 8,5% dos empregos industriais do mundo serão eliminados até 2030, pois os trabalhadores terão sido substituídos por robôs ou softwares.[13] De acordo com um relatório, isso significa que 20 milhões de pessoas perderão seus empregos. Sem dúvida, elas serão informadas de que podem fazer um treinamento vocacional e ingressar em outra profissão, mas muitas vezes essa esperança é vã.

A verdade é que seguirão o mesmo destino dos ferreiros. Em 1850, os ferreiros representavam 2% da força de trabalho norte-americana. E, é claro, esse ofício desapareceu.[14] Ao contrário da Revolução Industrial, não se espera que a revolução da informação e sua continuação — a revolução da inteligência artificial — criem empregos na quantidade necessária para compensar os que eliminam. É o que os dados de empregos sugerem.

Em 1956, os três grandes fabricantes de automóveis — Chrysler, General Motors e Ford — empregavam diretamente mais de 900 mil trabalhadores. Hoje, as três gigantes do Vale do Silício — Facebook, Apple e Google — empregam, juntas, menos de 300 mil pessoas, embora tenham receitas e valores de mercado mais elevados do que as montadoras jamais tiveram. E isso em uns Estados Unidos com o dobro da população. O Bureau of Labor Statistics estima que, a partir de 2018, 33% dos empregos do país em processamento de texto e digitação desaparecerão até 2028, assim como 28% dos empregos de instalação e reparo de equipamentos eletrônicos em veículos motorizados e realização de operações telefônicas, e 27% dos empregos dos trabalhadores dos correios — e esses são apenas alguns exemplos.[15] As novas tecnologias também ameaçam tradições, comunidades e religiões. As pessoas podem se tornar neoluditas não apenas por razões materialistas; elas podem difamar ou tentar destruir novas tecnologias por medo de que o globalismo atropele estilos de vida locais e ameace estruturas de poder.

"No mundo pós-Trump, temo as pessoas empunhando tochas — e forcados", disse-me um engenheiro de computação israelense-americano do Vale do Silício, em 2019. Há uma verdade por trás desse exagero fomentado pela ansiedade. Nas últimas décadas, apenas um pequeno e seleto grupo participou da festa dos lucros e salários crescentes nos setores financeiro e tecnológico. Quando você é convidado para uma festa, raramente pensa em quem foi deixado de fora. Essas empresas falam sobre um mundo conectado, mesmo quando usam sua influência para promover regulamentações fracas, estrangular a competição de pequenos empresários e buscar agressivamente estratégias para pagar menos impostos. Elas se esquivam da responsabilidade pelo incitamento e pela agressão verbal publicada em suas plataformas, ao mesmo tempo em que se beneficiam da popularidade desse discurso violento com a venda de publicidade. Eles canibalizam o conteúdo literário, jornalístico e criativo ao se recusarem a investir significativamente em sua produção. Por um único momento de ouro, essas corporações voaram indetectadas pelos radares de políticos mais velhos da era analógica, operando como monopólios não regulamentados, buscando lucro sem levar em conta os danos que causam à sociedade.

Porém, esse momento já passou. À medida que os eleitores e tomadores de decisão da era analógica morrem, seus lugares são ocupados por uma geração nascida em um mundo digital online. Os mais jovens não têm a visão deslumbrada em relação ao que os políticos mais velhos ainda chamam de "internet". A reação adversa é vigorosa e já está em andamento. Há apelos para desmembrar grandes corporações de tecnologia a fim de preservar a competitividade e proteger a democracia. Há quem defenda frear o desenvolvimento tecnológico em geral.

Tucker Carlson, âncora da Fox News e provavelmente a personalidade da TV mais influente no time de Trump, reflete essa tendência. Ele defende a proibição de carros autônomos, pois "dirigir é o trabalho mais comum para homens com apenas o ensino médio neste país... o custo social da eliminação de seus empregos... é tão alto que não é sustentável, então o bem maior é a proteção de seus cidadãos".[16]

Carlson tem razão. Existem 3,5 milhões de caminhoneiros nos Estados Unidos; eles trabalham longas horas por um pagamento relativamente baixo em um trabalho árduo que exige muitas horas de solidão na estrada. Em breve, eles enfrentarão condições ainda mais difíceis, porque as gigantes da tecnologia estão se dedicando ao máximo ao desenvolvimento e à implementação de caminhões autônomos, que se deslocarão sozinhos com segurança e baixo custo pelas rodovias, controlados por inteligência artificial.

No entanto, o mesmo argumento foi usado quando as pessoas tentaram bloquear os avanços tecnológicos no passado, como quando os cavalos foram substituídos por tratores e quando os vendedores de gelo faliram com o advento da geladeira elétrica. O fenômeno político da revolta da classe média contra a estagnação dos salários e a perda da segurança no emprego está se transformando em propostas de políticas específicas destinadas a bloquear o progresso tecnológico.

As promessas de Trump para deter e até mesmo reverter o fechamento de usinas movidas a carvão foram desse tipo — elas conquistaram o apoio dos trabalhadores que perderam seus empregos. Mas, se colocadas em prática, tais políticas imporiam custos ao restante da sociedade, uma vez que a mesma energia agora pode ser produzida de forma mais eficiente, barata e limpa sem carvão.

O foco da revolta se deslocará dos imigrantes e do comércio para a tecnologia, a inteligência artificial e os robôs. Afinal, eles são as verdadeiras ameaças para muitos empregos e, como tal, será preciso encontrar uma forma de demonizá-los, junto com seus criadores.

A SEGUNDA AMEAÇA AO PROGRESSO É MAIS SUBSTANCIAL. O CAPÍTU-lo anterior mostrou como uma sobrecarga de verdade levou a uma implosão, gerando, na prática, mais desconfiança e mentiras. A revolta cria uma câmara de ressonância na qual a insegurança é amplificada e na qual radicais e teóricos da conspiração promovem suas causas. O fundamentalismo, sem dúvidas um antigo inimigo do progresso, provou ser adepto da exploração da desconfiança, mas o mesmo aconteceu com os antivacinas, terraplanistas, racistas, políticos mentirosos, fascistas de todos os credos e tribalistas, para citar apenas alguns. A insustentabilidade do atual mundo globalizado, manifestada na queda das taxas de natalidade e nos danos ambientais, é citada por alguns para mostrar que o próprio progresso falhou. Explorando a crescente desconfiança das instituições sociais, seus agentes agora podem recrutar um novo eleitorado para apoiar seus antigos objetivos. Enquanto os neoluditas se concentram no material, esses oponentes do progresso visam a consciência.

A perda de confiança nas instituições sociais e o declínio da aceitação dos fatos criaram um solo fértil para políticas domésticas extremistas em muitos países, e também têm implicações para a cooperação internacional. A maneira resoluta como o mundo lidou com a crise de destruição da camada de ozônio na década de 1980 contrasta fortemente com a forma negligente e letárgica com que está lidando com a atual crise climática, muito mais extrema e severa. Essa marcha de insensatez não é produto de uma ideologia inflexível que se opõe aos valores iluministas. Em vez disso, é o cinismo político que busca evitar os custos eleitorais de responder às advertências dos cientistas. Quando despreza o aquecimento climático ou zomba de cientistas que explicam que alguns produtos químicos destroem a camada de ozônio, Trump não está se rebelando contra a ordem mundial ou os acordos comerciais; ele está desafiando a suposição de que a ciência é uma forma confiável de explicar o mundo físico e está associando cientistas à política de esquerda. Quando Trump e seus aliados sugeriram que, se os Estados Unidos parassem de realizar testes para detectar o coronavírus, "teríamos pouquíssimos casos, se é que haveria algum", eles não estavam apenas espalhando tolices relativistas, mas ignorando fatos.

Tanto o fundamentalismo explosivo quanto uma política de cinismo são ataques ao princípio de que a razão deve ser a base do discurso social. O próprio discurso racional está sob ataque quando as pessoas alegam que os fatos não são importantes e têm dificuldade em distinguir entre informações reais e inventadas. Está sob ataque quando nazistas e outros racistas inventam conceitos falsos de pureza racial que procuram restaurar, e quando eles e outros dizem que o importante não é o significado dos fatos, mas a identidade de quem os apresenta. Está sob ataque quando industriais e governos desconsideram dados científicos e continuam a permitir a emissão desenfreada de gases de efeito estufa, pois são fomentados por lobby corporativo e políticos desvairados, e quando os pais se recusam a vacinar seus filhos com base em pseudoinformação. Quando os fundamentalistas convencem as pessoas de que o mundo moderno falhou e que uma devoção inventada é a resposta, e quando a Terra avança para uma era de extinção que os tomadores de decisão ignoram, o discurso racional e o progresso estão sob ataque. O mesmo é verdade quando milhões de pessoas estão presas em meio a uma experiência sem precedentes para impedir o deslocamento humano, quando elas não têm como melhorar suas vidas em suas terras natais, e quando os populistas recorrem a políticas econômicas fracassadas que causam danos terríveis e ainda continuam a ser reeleitos.

O que começou como uma revolta justificada contra a globalização se transformou em uma rejeição ao próprio progresso.

As pessoas escolheram a medicina moderna em detrimento da medieval porque funcionava. Elas pararam de usar a radiestesia como meio de determinar onde cavar um poço, pois os geólogos eram melhores em prever uma busca bem-sucedida por água. Os pesquisadores agrícolas proporcionaram sementes e fertilizantes melhores que aumentaram a produtividade e reduziram drasticamente o risco de fome. As sociedades substituíram a monarquia absoluta, e a crença de que os reis eram ungidos por Deus, pela democracia. Esta lhes proporcionou um governo melhor e uma vida mais feliz. É a perspectiva de aumento de receita que impele uma fábrica a substituir uma linha de produção humana menos eficiente por uma robótica mais eficiente — pois ela simplesmente funciona melhor. A ciência avança porque funciona, porque sociedades, economias e estruturas políticas têm interesse em pesquisa e descoberta. Max Weber escreveu que a modernidade "significa principalmente, portanto, que não há forças misteriosas incalculáveis, mas que podemos, em princípio, dominar todas as coisas pelo cálculo. Isto significa que o mundo foi desencantado".[17]

Contudo, o mundo de hoje está preso a uma forma diferente de encantamento, do tipo humano. O sucesso é o poderoso feitiço lançado pelo progresso. O sucesso gerou a crença de que o mundo sempre progride. Cidades foram erguidas em terras não cultivadas e pântanos. Bibliotecas foram construídas para atender populações antes analfabetas. Nossas vidas são mais fáceis do que as de nossos avós. O mundo fica melhor — de modo inevitável, inexorável.

Em um sentido amplo, esse mito está fundamentado em fatos ocorridos nos últimos dois séculos. A criação de riquezas e o aumento da longevidade justificam o sentimento de que o progresso é inexorável e de que a humanidade continuará avançando. Dizemos a nós mesmos: sim, de vez em quando violentas tempestades nos assolaram, como as do fascismo e do nazismo, mas elas foram debeladas. A democracia, a forma de governo associada ao progresso, pode não ser perfeita, mas é a mais resiliente e acabará por triunfar.

Isso também é um mito. Não temos razão real para acreditar que, porque a humanidade avançou tanto nos últimos duzentos anos, ela continuará a fazê-lo, ou que será no mesmo ritmo. Às vezes, as pessoas, assim como as comunidades, optam por retornar a uma vida que consideram tradicional, mais eficiente, racialmente pura ou religiosa, mas que depois se mostra irracional ou leva a um mal violento.

O sucesso é o encantamento de nossa era, porém, quando as sociedades enfrentam crises severas que questionam seus valores fundamentais, o feitiço pode ser quebrado. É substituído por um passado imaginário, um sentimento de superioridade ou um vício em mentiras. Imagine um país como o Irã antes da Revolução Islâmica de 1979. O antigo regime era corrupto e opressor, e a sociedade iraniana era extremamente desigual, mas a opressão das mulheres estava diminuindo; a economia, crescendo; e o nível educacional da população, aumentando. Então veio a revolução. A economia e a sociedade civil foram subjugadas por uma teocracia rígida.

A Turquia conseguiu transformar o governo de uma autocracia militar em uma democracia limitada. Todavia, na última década, voltou atrás e se tornou uma autocracia liderada por um partido com características islâmicas.

A expectativa de vida dos homens na Rússia é dez anos menor do que a dos países desenvolvidos; aumentou apenas quatro anos desde a década de 1960. Há um alcoolismo generalizado, e os sistemas de educação e saúde são deficientes em comparação com outras nações industrializadas.

A indisposição da sociedade norte-americana demonstra até que ponto os líderes são capazes de arrastar comunidades ao retrocesso, ou mesmo envená-las, como aconteceu em Flint, no Michigan, e em muitos outros lugares. Os norte-americanos trocaram seu próspero estado industrial por uma espécie de oligarquia financeira.

Todos esses exemplos demonstram fracassos, porém, o mais grave é o ambiental. Jared Diamond, em *Colapso*,[18] e Ronald Wright, em *Uma Breve História de Progresso*,[19] retrataram vividamente como o ambiente natural era, no passado, o fator determinante mais importante da estabilidade e do desenvolvimento das civilizações. A inferência que se faz disso é que a atual exploração dos recursos naturais pela humanidade pode levar ao colapso e à regressão. Wright adverte que o crescimento populacional em épocas anteriores acarretou o esgotamento dos recursos, que ocorreu mais rapidamente do que a natureza poderia sustentar. Diamond oferece relatos detalhados de civilizações que entraram em colapso porque cresceram de forma insustentável, exaurindo seus recursos. O processo não pôde ser interrompido a tempo por causa da "armadilha do progresso", uma cadeia de sucessos que, quando atinge um determinado nível, leva ao desastre e à autodestruição.

Ambos os escritores afirmam que os laços cada vez mais estreitos entre os países na Era da Globalização produziram uma situação em que a própria civilização é "mundial", como diz Wright. O corolário é que nós, os *Homo sapiens,* prosperaremos juntos ou experimentaremos um colapso global.[20] As geleiras estão derretendo; as espécies estão se extinguindo; os recifes de coral, branqueando; o nível do mar, subindo; a desertificação, avançando. Nos últimos 150 anos, metade do solo superficial do mundo desapareceu como resultado de métodos agrícolas modernos; nós cultivamos 95% dos alimentos do mundo no restante.[21] A negação desses fatos equivale a dar as costas à Revolução Científica, justamente no momento em que a humanidade necessita desesperadamente da ciência.

O progresso apenas parece uma força natural inevitável que nos regala com sua generosidade. Mas ele só conseguirá sobreviver em uma estufa de políticas racionais que respeite os recursos naturais e ecológicos e, não menos importante, rejeite mentiras deliberadas. O que foi esquecido precisa ser lembrado — há algo fundamentalmente saudável em temer que uma grande e devastadora guerra possa estourar de repente.

A guerra é o perigo supremo que assoma sobre um mundo que possui o conhecimento e os meios para se destruir. Czeslaw Milosz, poeta polonês e ganhador do Prêmio Nobel de Literatura, ao testemunhar o incêndio do Gueto de Varsóvia pelos nazistas em 1943, pensou em outro incêndio, aquele ao qual a Igreja condenou Giordano Bruno em Roma:

> *Foi aqui, justo nesta praça*
> *Que queimaram Giordano Bruno.*
> *O algoz acendeu a pira*
> *Cercado por turba curiosa.*
> *E assim que baixaram as chamas*

436 REVOLTA

Já estavam cheias as tabernas,
Levavam nas cabeças, os feirantes,
As cestas de limões e azeitonas.

Lembrei-me do Campo di Fiori
Junto ao carrossel em Varsóvia,
Na tardinha de primavera
Ao som de uma canção saltitante.
As salvas trás o muro do Gueto
A canção saltitante abafava
E casais lá no alto voavam
No céu sereno e limpo.

O vento das casas em chamas
Trazia pipas negras às vezes,
Pegavam no ar os retalhos
Os que iam no carrossel.
As saias, às moças levantava
O vento das casas em chamas,
E ria o povo alegre
No lindo domingo de Varsóvia.[*, 22]

---

*   Tradução de Piotr Kilanowski. (N. da T.)

CAPÍTULO 21

Uma Nova História

Antes de seu mandato como secretário de Defesa, o general James Mattis comandou a Primeira Divisão de Fuzileiros Navais no Iraque. Em um dia de verão no deserto ocidental daquele país, soldados sob seu comando prenderam um jovem enquanto ele colocava uma bomba na beira de uma estrada com o objetivo de matar o general na passagem da carreata. Ao perceber que o prisioneiro falava inglês, Mattis foi conversar com ele. Desfrutando de um café e um cigarro, o aspirante a assassino explicou que queria matar o comandante norte-americano e os fuzileiros navais que o acompanhavam porque eram invasores estrangeiros em solo iraquiano. Entendo como se sente, disse Mattis ao homem, informando-o de que ele seria enviado para a infame prisão de Abu Ghraib. "General", perguntou o homem a Mattis, "se eu for um prisioneiro exemplar, você acha que algum dia poderia emigrar para a América?".[1]

O jovem iraquiano lutava contra invasores estrangeiros infiéis. O general norte-americano acreditava ter sido enviado até lá para libertar o Iraque, ao mesmo tempo que protegia seu próprio país contra terroristas. O jovem estava sendo mandado para a prisão, depois de uma xícara de café e um cigarro oferecido por seu magnânimo captor. Mas, com o tempo, o império do general recuaria e encerraria sua ocupação catastrófica.

A América é um sonho para muitos. O iraquiano não aspirava os Estados Unidos como são, mas, sim, a cidade reluzente edificada sobre um monte. É isso o que a palavra "América" ainda evoca em quem vive fora dela. O jovem ansiava por viver em um lugar de liberdade, abundância e oportunidades. Atualmente, o único modelo que ofereceu isso em toda a história da civilização humana foi a democracia liberal e o Iluminismo, e os valores progressistas sobre os quais ambos repousam.

O jovem que queria matar um general norte-americano, mas também queria ser norte-americano, personifica o atual momento radical. Seu desejo evoca o quão intrusiva e alienante é a ordem liberal para as comunidades locais e estruturas de poder, e quão grande é seu fascínio.

Lar

Este livro foi uma viagem a lugares díspares e um relato de eventos ao longo de mais de uma década. As pessoas cujas histórias contei — trabalhadores norte-americanos, gregos desempregados, empresários chineses, refugiados sírios — trilham um caminho estreito entre a esperança e o medo. Fui apenas um jornalista que as encontrou por um breve instante em seu caminho, às vezes em um momento de desilusão, às vezes em um momento de fuga. Onde estará Lilan agora, a refugiada síria de dezessete anos com a tatuagem de clave de sol no pescoço? O que aconteceu com Riyad, que fugiu do EIIS e chegou à Europa com cartões de visita em mãos, e rapidamente se preparou para começar um trabalho como programador, caso conseguisse um? Os anarquistas gregos que preparavam coquetéis Molotov voltaram às suas antigas vidas de classe média ou ainda estão enfurnados em uma casa abandonada em algum lugar, planejando outro ataque à fera capitalista? E os pinguins africanos famintos que vi serem alimentados à força na clínica de resgate em Gansbaai — quantos deles estão livres e de volta ao oceano?

Em momentos mais sombrios, penso nos neonazistas e outros racistas que conheci nas trincheiras da revolta. Suas fantasias começaram a se tornar realidade. O mundo ficou mais dividido e desconectado. Sua propaganda está inspirando mais assassinatos em massa. O que eles estão planejando agora, à medida que o sol do Ocidente se põe no horizonte e as sombras avançam?

No passado, essas perguntas permaneceriam sem resposta. No entanto, no mundo conectado de hoje, é muito fácil obtê-las via Facebook ou WhatsApp. Dentre todos os entrevistados, os que desejaram fazê-lo continuaram a me atualizar sobre suas vidas — as celebrações e os desastres. Riyad, de Kobani, agora tem um emprego na Alemanha como programador. Ele sabe que tem sorte de ter encontrado seu lugar, mas também diz que se sente cada vez mais alienado pela sociedade em que vive. Lilan mora na Holanda e está estudando; não quer mais falar sobre sua fuga da Síria. Konstantinos Plevris, o escritor de ensaios antissemitas, está satisfeito ao ver os homens que mentoreou assumirem cargos na liderança política da Grécia. Sampath Ekanayaka, do Sri Lanka, continua promovendo cercas eletrônicas para conter e salvar os elefantes, apesar de permanecer pessimista sobre o derradeiro destino deles.

Os Jeremias, profetas da desgraça, não tiveram um bom desempenho nos últimos dois séculos. A humanidade teste-munhou duas guerras mundiais, o Holocausto e outros genocídios, e ainda assim os otimistas sempre foram mais precisos em suas previsões do que os profetas do juízo final. Os que previram outra Grande Depressão ficaram perplexos. Os que temeram, durante a Guerra Fria, que a raça humana estivesse à beira da autodestruição, e proclamaram que a melhor abordagem era "comer, beber e ser feliz, pois amanhã morreremos", descobriram que o mundo não só sobreviveu como em grande parte prosperou em uma nova ordem mundial. Os áugures da destruição que construíram abrigos nucleares e acumularam ouro pagaram um alto preço por sua ansiedade. Foram os que assumiram riscos, os otimistas e os internacionalistas que prevaleceram.

No entanto, algo semelhante aconteceu com aqueles que sustentaram que a globalização e os valores que ela dissemina trariam um mundo único e unido, erradicariam a pobreza ou incorporariam o universalismo supranacional e a democracia ocidental em todos os lugares. Vemos o impacto destrutivo da globalização no meio ambiente, em partes da classe média, na cultura, nas tradições e na estabilidade das comunidades em muitos lugares. Os otimistas não percebiam que, para muitos, a globalização parecia arbitrária e violenta. Seja por um senso de superioridade ou por medo, eles desprezaram a importância do significado e da identidade na vida das pessoas. Não estavam tão errados quanto os mercadores do medo, mas mesmo assim estavam muito errados. A revolta prova isso.

Uma Era de Reforma

Estamos vivendo tempos fluidos e voláteis. A soberania dos Estados-nação está se desgastando, à medida que sua capacidade de controlar, monitorar e manipular seus cidadãos aumenta. O mundo está mais interconectado, ao mesmo tempo em que as barreiras à migração são, em alguns aspectos, mais eficazes do que nunca. É um mundo construído — e moldado — em uma era de política moderada, mas os nascidos nessa prosperidade votam cada vez mais em extremistas. Em uma época em que se tornou fácil, rápido e barato distinguir a verdade das mentiras, cada vez mais pessoas têm a certeza de que estão sendo enganadas — e admitem abertamente que elas próprias espalham mentiras. Em todos os aspectos materiais, estamos melhores do que nunca, mas muitas pessoas sentem que têm menos oportunidades. Somos uma sociedade que insiste no otimismo, que se vangloria de suas realizações, e, no entanto, vive com medo do colapso da civilização.

A industrialização, a globalização e as instituições que delas se originaram tiraram 1 bilhão de pessoas da extrema pobreza, salvaram a vida de mais de 100 milhões de crianças e elaboraram normas internacionais que reduziram os conflitos entre os Estados aos níveis mais baixos da modernidade. Ainda assim, em muitos lugares, quando as forças econômicas globais chegaram, exploraram e depois partiram — sem se importar com as identidades e queixas locais —, elas deixaram para trás as sementes da revolta. Embora tenha levado o progresso de forma ampla às comunidades, a globalização também criou o ambiente social que fortaleceu aqueles que tentam destruí-la.

O mundo precisa de reformas em escala mundial, uma grande revisão da economia global e da maneira como os países administram seus assuntos internos. Com a revolta contra a globalização se transformando em uma cruzada contra o próprio progresso, a janela de oportunidade para tais reformas logo se fechará.

Todas as reformas devem ser baseadas no truísmo de que o mundo e seu povo são interdependentes e que não há como voltar atrás. Mesmo que os nacionalistas triunfem e erradiquem a ordem liberal, o mundo continuará conectado — a diferença é que não existirão instituições eficazes para administrar as conexões. A responsabilidade mútua não é um sonho ingênuo — é uma necessidade essencial. "Na realidade, estamos todos presos em uma mesma teia inescapável de mutualidades, entrelaçados em um único tecido do destino", disse Martin Luther King Jr. "O que afeta um diretamente afeta a todos indiretamente."[2] A disseminação da Covid-19 no início de 2020 salientou a extensão da crise de globalização. Os aspectos virais típicos de um mundo globalizado de repente se tornaram imediatos, reais e letais; o fechamento das fronteiras tornou-se uma questão de saúde pública, e não mera xenofobia ou protecionismo. A propagação da epidemia também destacou a falta de ferramentas e regras internacionais para garantir segurança e sustentabilidade. Em uma economia mundial baseada no comércio e no tráfego aéreo maciço, as instituições internacionais ainda não têm o poder de intervir rapidamente em Estados soberanos para monitorar, investigar e prevenir a disseminação de patógenos perigosos. A estabilidade mundial foi desafiada com a crise financeira, em 2008, e com uma agressiva pandemia, em 2020. Da próxima vez, pode ser um conflito local se transformando em um conflito global. Vivemos em uma era de globalização, mas não temos a responsabilidade global e o poder necessário para administrá-la.

Nas últimas duas décadas, muitas medidas e reformas foram propostas para resolver as falhas estruturais na atual ordem globalizada. Este capítulo não poderia abarcar todas elas; o objetivo é mostrar que há soluções.

O mundo precisa adotar protocolos compulsórios para enfrentar o desafio mais assustador da humanidade, a mudança climática. É uma questão lógica que o Ocidente deva pagar muito mais do que tem feito pela poluição e gases de efeito estufa que emitiu, e pela maneira como causou danos desproporcionais ao Sul global. Ainda mais importante, o mundo precisa urgentemente de um novo modelo econômico. O conceito de uma economia circular, baseada no aproveitamento máximo dos recursos por meio de mais reaproveitamento e menos desperdício, oferece possibilidades importantes. Mesmo que medidas conjuntas sejam tomadas para conter a crise climática, ainda precisaremos de um aparato internacional coordenado para atender às necessidades de um grande número de pessoas que podem se tornar refugiadas do clima como resultado da crise em expansão. Um plano global para lidar com a perda de biodiversidade e a crise de extinção é vital. Deve haver uma compensação adequada aos países pobres por preservar partes de seus territórios como reservas ecológicas essenciais.

São necessárias mudanças urgentes nos órgãos políticos internacionais. Hoje, o Conselho de Segurança, o órgão máximo da ONU, tem cinco membros permanentes (EUA, Rússia, Grã-Bretanha, França e China, representando as potências vitoriosas da Segunda Guerra Mundial) que exercem poder de veto, o que lhes concede um controle desproporcional sobre o órgão composto de quinze membros. O Conselho de Segurança precisa de reforma, seja pela eliminação desses privilégios especiais, seja pela concessão de prerrogativas semelhantes aos representantes da África e das Américas Central e do Sul. Os países nesses continentes devem ser capazes de exercer mais influência sobre as decisões internacionais coletivas; não é mais sustentável que a ONU se organize com base no resultado da última guerra mundial.

A exoneração dos Estados Unidos de suas obrigações e responsabilidades como superpotência é tão perigosa para o mundo quanto para eles mesmos. O isolamento não é uma escolha sábia para a maior economia do mundo, sobretudo se considerada a dívida nacional e o interesse do país em que o dólar continue a servir como moeda mundial. Os Estados Unidos têm enfraquecido instituições internacionais, como as Nações Unidas e suas organizações. Essas instituições, bem como o Banco Mundial e o Fundo Monetário Internacional, foram fundamentais para garantir a estabilidade e a prosperidade globais e precisam desesperadamente de maior apoio norte-americano.

É necessária uma reforma urgente nas regras de comércio global, que permita aos países mais fracos exportar produtos agrícolas ou de fácil produção para os países mais fortes. Uma tentativa de tal reforma foi feita no ciclo de negociações comerciais multilaterais da Rodada de Doha (2001–2008) entre os membros da Organização Mundial do Comércio, mas fracassou.

As empresas multinacionais não devem continuar a gozar de imunidade moral e legal, que se manifesta na evasão tanto de impostos como de responsabilidade pelas consequências da comercialização dos seus produtos. As grandes empresas de internet enfrentam críticas crescentes. Dado seu tamanho e influência, bem como a ameaça constante que representam para a privacidade e a democracia, elas devem ser fragmentadas ou uma estrutura legal deve ser criada para lidar, caso a caso, com os complexos monopólios que construíram.

Se os países continuarem a se envolver em uma guerra fiscal em relação aos impostos corporativos e aos impostos sobre a riqueza, a fim de atrair corporações e bilionários, seus poderes continuarão a se desgastar, mesmo que as empresas se tornem os participantes mais importantes no cenário mundial, tomando o lugar de instituições representativas. É necessário um regime tributário global corporativo e individual para evitar isso. A desigualdade na carga tributária entre a classe média e o 1% mais rico é tão maléfica para o capitalismo quanto para a ideia de uma sociedade justa, e é uma placa de Petri para extremistas de todos os tipos.

A reforma tributária global também é necessária, devido ao que as grandes corporações estão fazendo às sociedades além do próspero Norte global. Muitos nos países ocidentais continuam alheios a como grandes corporações — o Facebook, por exemplo — lucram com sociedades locais fora da Europa e dos Estados Unidos, mesmo possibilitando uma radicalização do discurso político local de maneiras perigosas. Elas o fazem em detrimento das empresas que empregam residentes locais, mesmo não pagando impostos nesses lugares. Isso não pode ser corrigido por acordos caso a caso; em um mundo em que os lucros são obtidos globalmente e por meio de transações online, os impostos precisam ser pagos aos governos que representam as pessoas de quem essas receitas foram auferidas.

O capitalismo precisará se ajustar às sociedades com uma população cada vez menor, e isso é terra desconhecida. A crise migratória é uma oportunidade para as nações do Ocidente. Em um mundo globalizado com uma taxa de natalidade em queda livre, os países precisam desenvolver e adotar o *éthos* da imigração. É uma necessidade prática. No entanto, se o Ocidente quiser reduzir a imigração ao mínimo, a melhor maneira de fazê-lo é com vultosos investimentos nos países de onde os migrantes precisam fugir, a fim de criar condições mais toleráveis para essas populações. Mesmo que o Ocidente não esteja preparado para assumir a responsabilidade pelos danos e injustiças causados pelo colonialismo, ele deve, para seu próprio bem, investir somas maiores no desenvolvimento e na ajuda aos países pobres.

446 REVOLTA

Porém, esses são apenas exemplos. Nenhum deles é novo ou surpreendente; ainda assim, vale a pena reafirmá-los no contexto deste livro. Eles são, em grande parte, senso comum, mas isso não os torna menos necessários.

Uma Nova Narrativa

A globalização continua instável e deficiente, mas não por falta de ideias sobre como melhorar a jurisdição e a autoridade em escala global, reformar a política comercial, promover um desenvolvimento mais eficaz nos países do Sul global e criar uma economia mais sustentável do ponto de vista ambiental. O problema fundamental é que há pouca vontade eleitoral de lutar por qualquer tipo de globalização.

Os líderes e formuladores de políticas sabem que existem planos e iniciativas capazes de tornar o mundo melhor e mais estável, mas é raro que se disponham a arriscar seu capital político na tentativa de implementá-los. Se o fizessem, provavelmente seriam varridos do cargo por uma gigantesca onda de populismo. Eles não podem mais depositar suas esperanças no enfraquecido mainstream. Para a esquerda, a globalização e as práticas que ela dissemina estão contaminadas pela exploração; para a direita, são uma ameaça aos valores comunitários. A Era da Responsabilidade acabou, e os líderes — e as pessoas que os apoiam — não testemunharam e não carregam as cicatrizes de uma guerra mundial. A defesa da cooperação internacional afugenta muitos; a cautela foi deixada de lado e substituída pelo aventureirismo. Os valores iluministas são, na melhor das hipóteses, considerados óbvios; na pior das hipóteses, são vistos como um instrumento de uma ditadura de fato, de um imaginado Estado profundo. Tal como Roma antes de sua queda, a globalização não carece de filósofos, mas de guerreiros. Nas democracias, os guerreiros são os eleitores.

A globalização em si é insustentável. É difícil remodelá-la quando a história que ela oferece nitidamente não é crível: "Todos seremos vencedores. Somos todos uma aldeia!" As pessoas nas minas de coltan congolesas e nos bairros decadentes de Detroit já sabem que essa descrição otimista da globalização de gotejamento é uma invenção, uma fraude. A narrativa alternativa é cruel e apática. Embora a industrialização e as leis de oferta e demanda sejam certamente melhores explicações de como nosso mundo funciona, quem se unirá e lutará sob sua bandeira? Apenas os membros do 1% mais rico.

Ambas as narrativas da globalização são profundamente falhas. Uma é totalmente falsa; a outra não consegue obter apoio popular. O público não confia na primeira e não consegue apoiar a segunda. E ambas ameaçam tudo o que é local. As comunidades sofrem com empregos precários, estagnação salarial, poluição, erosão de suas terras e elevação do mar. As identidades religiosa e nacional são ridicularizadas como ultrapassadas. Cada vez mais as pessoas acreditam que suas instituições carecem de poder real para agir contra a terrível arbitrariedade das forças globais. Espera-se que os indivíduos abandonem os elementos que ancoram suas vidas e adotem um sistema universal alienante ditado, por exemplo, pela política de juros do Federal Reserve. A presente ordem global, que é uma construção política, apresenta-se como uma força da natureza à qual se espera que os cidadãos se rendam, aceitando qualquer benesse que ela possa lhes oferecer. Mas as pessoas sabem que a globalização e seus valores não são predeterminados nem eternos, e que suas instituições podem ser restringidas e às vezes até desmanteladas. Industrialização e interconexão não são vento, sol e ondas.

Assim, o desafio é claro. Significa não apenas encontrar maneiras novas e criativas de reformar um mundo globalizado, mas também nutrir a motivação para fazê-lo. Significa aproveitar a energia da revolta e direcioná-la para a reforma. A ordem liberal e a globalização que lhe deu origem precisam de uma nova narrativa que seja realista e não tenha medo de remodelar a corrente dominante de forma radical.

Neste século, as pessoas lutarão por suas nações e religiões. Mas elas também lutarão pelas ideias de liberdade, ciência, um mundo interconectado que fornece benefícios recíprocos e por valores universais — e elas podem ser persuadidas de que vale a pena lutar por essas coisas?

Os contornos dessa nova história já estão claros. Os Estados soberanos não são inimigos do mundo global nem dos valores universais. A afirmação de que o patriotismo é irreconciliável com os interesses universais apresenta uma dicotomia manifestamente falsa. É uma redenção aos nacionalistas. A comunidade internacional deve fornecer os meios para as nações sobreviverem e florescerem em um mundo globalizado complexo e evitarem se tornar Estados falidos. A atual ordem internacional desenvolveu, até certo ponto, ferramentas para intervir nos conflitos entre os Estados, mas não tem uma resposta efetiva ao seu colapso interno. Quando os países se degeneram em guerra civil e assassinato em massa, isso afeta o mundo inteiro e, à medida que a integração global se expande, também aumenta a necessidade de intervenção internacional em conflitos que antes eram vistos como locais ou regionais.

Dada a taxa crescente de mudança tecnológica, talvez o problema mais assustador que os países enfrentarão seja o desemprego. Decisões corajosas precisam ser tomadas com relação à idade de aposentadoria, aos sistemas de pensões, à seguridade social e à saúde.

O pressuposto fundamental deve ser que as sociedades que estão passando por uma revolução tecnológica acelerada precisam de melhores redes de segurança social. Elas precisam fazer mais, não menos, para sustentar a coesão civil. Será necessário instituir alíquotas de impostos mais altas, além de novos fatos geradores — por exemplo, um imposto sobre o consumo progressivo. Em um mundo de crescente interconexão global, mais solidariedade é um imperativo.

Nem Londres nem Manhattan sucumbirão se um imposto de solidariedade — com recursos destinados ao investimento em infraestrutura e educação em áreas rurais — for cobrado da população urbana mais abastada. Se as elites econômicas continuarem a se aliar a forças nacionalistas ou ultraconservadoras, se não permitirem esses aumentos de impostos e, em vez disso, deixarem tantos para trás, a reação adversa só se intensificará.

Como ideia política, a globalização não deve dissipar identidade, localidade e tradicionalismo. Pelo contrário, deve santificá-los. O sentimento nacional não é o inimigo; ele pode ser um garantidor do liberalismo. Em um mundo com crescente homogeneização, as elites devem acolher aqueles que agitam suas bandeiras nacionais, não insultá-los como nacionalistas.

As comunidades não podem ser pressionadas a aceitar os imigrantes sem discutir abertamente o *éthos* da imigração; elas não podem ser deixadas à mercê de corporações internacionais que buscam lucros rápidos e uma saída ainda mais rápida. Quando têm certeza de que suas identidades serão respeitadas, as pessoas podem ser inspiradas a lutar por princípios maiores. O liberalismo conservador clássico é o tipo de conservadorismo que rejeita o império para proteger a alma da nação colonizadora, um conservadorismo que promove fazer o bem em nome da decência tradicional, e não apenas por causa dos direitos humanos. Isso precisa ser incorporado à narrativa da globalização.

Essa versão — e visão — da globalização não deve apenas ter um bom desempenho na média. Ela deve beneficiar e se concentrar especificamente nas comunidades que correm o risco de serem arrasadas por sua força. Somente uma história focada na justiça pode unir e empoderar.

SE APENAS RECITARMOS REPETIDAMENTE OS SUCESSOS QUE ALCANÇAmos com o progresso, estaremos de volta a novembro de 2016. As conquistas iluministas são irrefutáveis, mas lembrar as pessoas disso não mudará nada do ponto de vista político. Pior ainda, repelirá ainda mais os céticos do Iluminismo. Se as pessoas se convencerem de que o atual estado de coisas — no qual se veem perdidas em um labirinto de alienação — é a epítome do progresso, estarão aptas a concluir que combater o progresso lhes dará liberdade. Elas podem argumentar que a saída do labirinto é retroceder, não avançar. Aqueles que aceitam as ideias da ordem liberal, tanto de direita quanto de esquerda, estão acostumados a pertencer à maioria; isso acabou. Eles precisam começar a se considerar uma oposição ambiciosa. Após os anos com Donald Trump exercendo o cargo mais poderoso do mundo, os protestos em resposta ao assassinato de George Floyd e outros e a ascensão de movimentos ambientais de base, o chão está começando a tremer.

"O conflito tem sido instigante, agitado, envolvente e, por enquanto, tem silenciado todos os outros tumultos. Precisa ser assim, ou não terá resultado. Se não há luta, não há progresso", disse Frederick Douglass não muito antes da Guerra Civil Norte-americana.[3] Suas palavras nos recordam de que a maneira de garantir o progresso não é por meio da evocação nostálgica de seus benefícios ou da santificação do status quo.

Em vez disso, é por meio do engajamento em uma luta e da demonstração da disposição para mudar.

A revolta está em toda parte. Está varrendo os resquícios da Era da Responsabilidade. A oportunidade que este momento radical oferece é superior aos perigos que ele pressagia — é uma chance de moldar um mundo mais justo e sustentável. O objetivo não é preservar o lar que a era anterior construiu, mas substituí-lo por outro melhor e mais viável. Depende de nós.

— GANEI TIKVA, ISRAEL

PINAKATES, GRÉCIA

2020

Notas

INTRODUÇÃO: A MORTE DE UMA ERA

1. Howard J. Langer, ed., *World War II: An encyclopedia of quotations* (Abingdon, Reino Unido: Routledge, 2013), 39.
2. William A. Lydgate, "My Country, Right or Left?" *The Magazine of the Year*, 1947, http://www.oldmagazinearticles.com/cold_war_opinion_poll-pdf.
3. Ibid.
4. Edward T. Imparato, General MacArthur: Speeches and Reports, 1908–1964 (Nashville, TN: Turner, 2000), 192, 247; General Douglas MacArthur, transmissão de rádio do navio de guerra *USS Missouri*, 2 de setembro de 1945, memorial do navio de guerra *Missouri*, https://ussmissouri.org/learn-the-history/surrender/general-macarthurs-radio-address.
5. Martin W. Sandler, ed., *The Letters of John F. Kennedy* (Nova York: Bloomsbury, 2013), 230.
6. Roberto Stefan Foa e Yascha Mounk, "The Signs of Deconsolidation", *Journal of Democracy* 28, n°.1 (2017): 5–15.
7. "Trends in Armed Conflict, 1946–2017", Peace Research Institute Oslo (PRIO), maio de 2018, https://www.prio.org/utility/Download File.ashx?id=1698&type=publicationfile.
8. Max Roser e Esteban Ortiz-Ospina, "Literacy", em "Our World in Data, 2019" (fonte de dados: OCDE; UNESCO), https://ourworld indata.org/literacy.
9. Tomas Hellebrandt e Paolo Mauro, "The Future of Worldwide Income Distribution", Peterson Institute for International

454 NOTAS

Economics, Série de Documentos de Trabalho 15–7, 2015 (fonte de dados: OCDE; Consensus Forecasts; FMI/Banco Mundial; previsões do autor para o crescimento; projeções de população das Nações Unidas; dados de pesquisa sobre distribuição de renda por residência do Banco Mundial e do Luxembourg Income Study).

10. Foa e Mounk, "The Signs of Deconsolidation".

CAPÍTULO 1: ATAQUE A UM JORNAL

1. "Poverty and Shared Prosperity 2018: Piecing Together the Poverty Puzzle", Banco Mundial, 2018, https://openknowledge. worldbank.org/bitstream/handle/10986/30418/9781464813306. pdf.

2. Francisco Alcalá e Antonio Ciccone, "Trade and Productivity", *Quarterly Journal of Economics* 119, nº. 2 (2004): 613–46; Steven N. Durlauf, Paul A. Johnson e Jonathan R. W. Temple, "Growth Econometrics", *Handbook of Economic Growth* 1 (2005), pp. 555–677.

3. James C. Riley, "Estimates of Regional and Global Life Expectancy, 1800–2001", *Population and Development Review* 31, nº. 3 (2005): 537–43; Richard A. Easterlin, "The Worldwide Standard of Living Since 1800", *Journal of Economic Perspectives* 14, nº 1 (2000): 7–26.

4. "How Has Life Expectancy Changed over Time?", Decennial Life Tables, Office for National Statistics (Reino Unido), 9 de setembro de 2015, https://www.ons.gov.uk/peoplepopulationand community/birthsdeathsandmarriages/lifeexpectancies/ articles/howhaslifeexpectancychangedovertime/2015–09–09; Max Roser, "Life Expectancy", em "Our World in Data, 2019" (fonte de dados: Human Mortality Database, Universidade da Califórnia), https://ourworld indata.org/life-expectancy.

5. Max Roser e Esteban Ortiz-Ospina, "Global Extreme Poverty", em "Our World in Data, 2019" (fonte de dados: François Bourguignon e Christian Morrisson, 2002), https://ourworldindata. org/extreme-poverty.

NOTAS 455

6. Max Roser, "Child Mortality" em "Our World in Data, 2019" (fonte de dados: Gapminder; Banco Mundial), https://ourworldindata.org/child-mortality.

7. Martin Ravallion, "The Idea of Antipoverty Policy", Documento de Trabalho 19210, National Bureau of Economic Research (EUA), 2013, https://www.nber.org/papers/w19210.pdf.

8. Arthur Young, 1771, citado em Edgar S. Furniss, *The Position of a Labourer in a System of Nationalism: A study in the labor theories of the later english mercantilists* (Boston e Nova York: Houghton Mifflin, 1920), 118.

9. Bernard De Mandeville, "An Essay on Charity and Charity Schools", em *The Fable of the Bees: Or, Private Vices, Publick Benefits*, 3ª ed. (J. Tonson, 1724; reimpresso de 1714), 328.

10. Philippe Hecquet, 1740, citado em Daniel Roche, *The People of Paris: An essay in popular culture in the eighteenth century* (Berkeley: University of California Press, 1987), 64.

11. Immanuel Kant, "What Is Enlightenment?" em *Eighteenth--Century Answers and Twentieth-Century Questions*, ed. James Schmidt (Berkeley: University of California Press, 1996), 58.

12. Karl Marx e Friedrich Engels, *The Communist Manifesto* (Nova York: Simon & Schuster, 2013; reimpressão de 1848), 63. Publicado no Brasil com o título *O Manifesto Comunista*.

13. Clayton Roberts, David F. Roberts e Douglas R. Bisson, *A History of England, Volume 2: 1688 to the Present,* 6ª ed. (Abingdon, Reino Unido: Routledge, 2016), 357.

14. David Mitch, "The Role of Education and Skill in the British Industrial Revolution", em Joel Mokyr, *The British Industrial Revolution: An economic perspective*, 2ª ed. (Boulder, CO: Westview Press, 1998; reimpresso de 1993), 241–79; Sascha O. Becker, Erik Hornung e Ludger Woessmann, "Education and Catch-up in the Industrial Revolution", *American Economic Journal: Macroeconomics* 3, nº 3 (2011): 92–126.

15. Max Roser e Esteban Ortiz-Ospina, "Primary and Secondary Education", em "Our World in Data, 2019" (fonte de dados: OCDE e IIASA, 2016; Wittgenstein Centre for Demography

and Global Human Capital, 2015), https://ourworldindata.org/primary-and-secondary-education.

16. Oded Galor e Omer Moav, "Das Human Kapital: A Theory of the Demise of the Class Structure", *Review of Economic Studies* 73 (2006): 85–117.

17. Roser e Ortiz-Ospina, "Global Extreme Poverty".

18. Voltaire, "Défense du Mondain ou l'apologie du luxe", 1736, em Theodore Besterman, *Voltaire's Notebooks* (Genebra: Voltaire Institute and Museum, 1952), 244.

19. Gregory Clark, "Introduction: The Sixteen-Page Economic History of the World", em *A Farewell to Alms: A brief economic history of the world* (Princeton, NJ: Princeton University Press, 2007), 1.

20. Angus Maddison, *The World Economy* (Paris: OCDE, 2003), 263.

CAPÍTULO 2: BANHO DUAS VEZES POR MÊS

1. "GDP per Capita (current US$) — China", Banco Mundial, 2019, https://data.worldbank.org/indicator/NY.GDP.PCAP.CD?locations=CN.

2. Hu Angang, Hu Linlin e Chang Zhixiao, "China's Economic Growth and Poverty Reduction (1978–2002)", em *India's and China's Recent Experience with Reform and Growth*, eds. Wanda Tseng e David Cowen (Basingstoke, Reino Unido: Palgrave Macmillan, 2005), 59–90.

3. "China–Systematic Country Diagnostic", Banco Mundial, 2017, http://documents.worldbank.org/curated/en/147231519162198351/pdf/China-SCD-publishing-version-final-for-submission-02142018.pdf, 20.

4. "Literacy Rate", Data for Sustainable Development Goals — China, UNESCO, 2018, http://uis.unesco.org/en/country/cn#slideoutmenu.

5. "Trends in Under-Five Mortality Rate", Key Demographic Indicators — China, UNICEF, 2018, https://data.unicef.org/country/chn/.

NOTAS 457

6. Citado em Susan Whitfield, *Life Along the Silk Road* (Berkeley: University of California Press, 1999), 21.

7. Valerie Hansen, *The Silk Road: A new history* (Nova York: Oxford University Press, 2012), 9–10, 139.

8. Moahn Nair, "Understanding and Measuring the Value of Social Media", *Journal of Corporate Accounting & Finance* 22, n° 3 (2011): 45–51.

9. Richard Dobbs, James Manyika e Jonathan Woetzel, "The Four Global Forces Breaking All the Trends", em *No Ordinary Disruption* (Nova York: Public Affairs and McKinsey Global Institute, 2015).

10. Paul Hirst e Grahame Thompson, "Global Myths and National Policies", em *Global Democracy: Key Debates*, ed. Barry Holden (Abingdon, Reino Unido: Routledge, 2000), 50.

11. Esteban Ortiz-Ospina, Diana Beltekian e Max Roser, "Trade and Globalization", em "Our World in Data, 2018" (fonte de dados: Giovanni Federico e Antonio Tena-Junguito, 2016), https://ourworldindata.org/trade-and-globalization#trade-has-grown-more-than-proportionately-with-gdp.

12. "Global Citizenship a Growing Sentiment Among Citizens of Emerging Economies: Global Poll", Globescan for BBC, 27 de abril de 2016, https://globescan.com/wp-content/uploads/2016/04/BBC_GlobeScan_Identity_Season_Press_Release_April%2026.pdf, 1, 4.

13. Eric C. Marcus, Morton Deutsch e Yangyang Liu, "A Study of Willingness to Participate in the Development of a Global Human Community", *Peace and Conflict: Journal of Peace Psychology*, 23, n° 1 (2017): 89–92.

14. Anthony Elliott, *Contemporary Social Theory: An introduction* (Abingdon, Reino Unido: Routledge, 2014), 322–28.

15. Sugata Mitra, "Self-Organising Systems for Mass Computer Literacy: Findings from the 'Hole in the Wall' Experiments", *International Journal of Development Issues* 4, n° 1 (2005): 71–81.

16. Alvin Toffler, *Future Shock* (Nova York: Random House, 1970), 413–18.

458 NOTAS

17. Ian Johnson, "Chinese Activists Continue Calls for Protests", *The New York Times*, 25 de fevereiro de 2011, https://www.nytimes.com/2011/02/26/world/asia/26china.html.

18. Andrew Jacobs e Jonathan Ansfield, "Catching Scent of Revolution, China Moves to Snip Jasmine", *The New York Times*, 10 de maio de 2011, http://www.nytimes.com/2011/05/11/world/asia/11jasmine.html.

19. *Life*, 17 de fevereiro de 1941, 65.

20. *The Bhagavad Gita*, trad. Juan Mascaro (Nova York: Penguin, 1962), 92.

CAPÍTULO 3: AS GUERRAS DA GLOBALIZAÇÃO

1. Edward Wong, "In China, Breathing Becomes a Childhood Risk", *The New York Times*, 22 de abril de 2013, http://www.nytimes.com/2013/04/23/world/asia/pollution-is-radically-changing-childhood-in-chinas-cities.html.

2. Delin Fang et al., "Clean Air for Some: Unintended Spillover Effects of Regional Air Pollution Policies", *Science Advances* 5, n° 4 (2019), https://advances.sciencemag.org/content/5/4/eaav4707/tab-e-letters.

3. Celia Hatton, "Under the Dome: The Smog Film Taking China by Storm", BBC, 2 de março de 2015, http://www.bbc.com/news/blogs-china-blog-31689232.

4. "Air Pollution", Organização Mundial da Saúde, 2018, https://www.who.int/airpollution/en/.

5. "The Cost of a Polluted Environment: 1.7 Million Child Deaths a Year", Organização Mundial da Saúde, 6 de março de 2017, http://www.who.int/mediacentre/news/releases/2017/pollution-child-death/en/.

6. "9 out of 10 People Worldwide Breathe Polluted Air, but More Countries Are Taking Action", Organização Mundial da Saúde, 2 de maio de 2018, https://www.who.int/news-room/detail/02−05−2018−9-out-of-10-people-worldwide-breathe-polluted-air-but-more-countries-are-taking-action.

7. Qiang Zhang et al., "Transboundary Health Impacts of Transported Global Air Pollution and International Trade", *Nature* 543 (2017): 705–9, https://doi.org/10.1038/nature21712.

NOTAS 459

8. Ibid., 708–9.

9. "The Air Quality Life Index", Energy Policy Institute na Universidade de Chicago (EPIC), https://aqli.epic.uchicago.edu/the-index/.

10. Trabalho de Immanuel Wallerstein sobre a dinâmica de periferias e áreas metropolitanas no comércio e na economia internacionais é a obra seminal sobre esses assuntos: Immanuel WallerStein, *World-Systems Analysis: An Introduction* (Durham, NC: Duke University Press, 2004).

11. Jing Meng et al., "The Rise of South–South Trade and Its Effect on Global CO2 Emissions", *Nature Communications* 9, n° 1 (2018): 1–7, https://www.ncbi.nlm.nih.gov/pmc/articles/PMC5951843/.

12. Derek Thompson, "The Economic History of the Last 2,000 Years in 1 Little Graph", *The Atlantic*, 19 de junho de 2012, https://www.theatlantic.com/business/archive/2012/06/the-economic-history-of-the-last-2–000-years-in-1-little-graph/258676/.

13. Gottfried Wilhelm Freiherr von Leibniz, *The Preface to Leibniz' Novissima Sinica: Commentary, translation, text*, ed. e trad. Donald Frederick Lach (Honolulu: University of Hawaii Press, 1957; texto original publicado em 1699), 69.

14. Imperador Qianlong, Carta para George III, 1793, em Harley Farnsworth MacNair, *Modern Chinese History: Selected readings* (Shanghai: Commercial Press, 1923), 4–5.

15. Nick Robins, *The Corporation That Changed the World: How the East India Company shaped the modern multinational* (Londres: Pluto Press, 2006), 152.

16. Hsin-pao Chang, *Commissioner Lin and the Opium War* (Cambridge, MA: Harvard University Press, 1964), 172–79.

17. Lin Zexu, "Letter to the Queen of England", em *The Chinese Repository*, Vol. 8 (Canton Press, 1840), https://books.google.com/books?id=ngMMAAAAYAAJ&printsec=frontcover&source=gbs_ge_summary_r&cad=0#v=onepage&q&f=false, 499.

18. Angus Maddison, *Contours of the World Economy 1–2030 AD: Essays in macro-economic history* (Nova York: Oxford University Press, 2007), 379.

460 NOTAS

19. Weimin Zhong, "The Roles of Tea and Opium in Early Economic Globalization: A Perspective on China's Crisis in the 19th Century", *Frontiers of History in China* 5, n°. 1 (março de 2010): 86–105.

20. Carta de Willaim Jardine para Dr. Charles Gutzlaff, 1832, citado em Maurice Collis, *Foreign Mud: Being an account of the opium imbroglio at canton in the 1830s and the anglo-chinese war that followed* (Nova York: New Directions, 2002; primeira publicação em 1946), 82.

21. W. E. Gladstone, "War with China — Adjourned Debate", *Hansard Parliamentary Debates, House of Commons*, 8 de abril de 1840, Vol. 53, cols. 817–18, https://api.parliament.uk/historic-hansard/commons/1840/apr/08/war-with-china-adjourned-debate#column_821.

22. Whitney Stewart, *Deng Xiaoping: Leader in a changing China* (Minneapolis: Lerner, 2001), 23.

23. Zheng Bijian, "The Three Globalizations and China", *HuffPost*, 26 de novembro de 2014, https://www.huffpost.com/entry/globalization-and-china_b_4668216.

24. Paul Michael Linehan, *The Culture of Leadership in Contemporary China: Conflict, values, and perspectives for a new generation* (Lanham, MD: Lexington Books, 2017), 107–22.

25. Yefu Gu et al., "Impacts of Sectoral Emissions in China and the Implications: Air Quality, Public Health, Crop Production, and Economic Costs", *Environmental Research Letters* 13, n°. 8 (2018).

26. Biblioteca do Congresso dos EUA, "Federal Research Division Country Profile: Haiti, maio de 2006", https://www.loc.gov/rr/frd/cs/profiles/Haiti.pdf.

27. Malick W. Ghachem, "Prosecuting Torture: The Strategic Ethics of Slavery in Pre-revolutionary Saint-Domingue (Haiti)", *Law and History Review* 29, n°. 4 (2011): 985–1029; Anthony Phillips, "Haiti, France and the Independence Debt of 1825", Canada Haiti Action Network, 2008, https://www.canadahaitiaction.ca/sites/default/files/Haiti%2C%20France%20and%20the%20Independence%20Debt%20of%201825_0.pdf.

28. Citado em Carolyn E. Fick, *The Making of Haiti: The Saint Domingue revolution from below* (Knoxville: University of Tennessee Press, 1990), 19.

29. Ibid., 20.

30. David Geggus, *The Haitian Revolution: A documentary history* (Indianápolis, IN: Hackett, 2014), 13.

31. James, *The Black Jacobins*, 74.

32. Ibid., 271.

33. Ibid., 78.

34. "Haitian Constitution of 1801", The Louverture Project, trad. Charmant Theodore, 2000, http://thelouvertureproject.org/index.php?title=Haitian_Constitution_of_1801_(English).

35. Tim Matthewson, "Jefferson and the Nonrecognition of Haiti", *American Philosophical Society* 140, n° 1 (1996): 22–48.

36. "Haiti's Troubled Path to Development", Council on Foreign Relations, 12 de março de 2018, https://www.cfr.org/backgrounder/haitis-troubled-path-development.

37. Herb Thompson, "The Economic Causes and Consequences of the Bougainville Crisis", *Resources Policy* 17, n°. 1 (1991): 69–85.

38. "PNG Leader Apologises to Bougainville for Bloody 1990s Civil War", Australian Associated Press, 29 de janeiro de 2014, https://www.theguardian.com/world/2014/jan/29/papua-new-guinea-apologises-bougainville-civil-war.

39. Daniel Flitton, "Rio Tinto's Billion-Dollar Mess: 'Unprincipled, Shameful and Evil'", *Sydney Morning Herald*, 19 de agosto de 2016, http://www.smh.com.au/world/billiondollar-mess-a-major-disaster-the-people-do-not-deserve-to-have-20160817-gquzli.html.

CAPÍTULO 4: A TERRA DOS ÚLTIMOS ELEFANTES

1. Fred Kurt, Günther B. Hartl e Ralph Tiedemann, "Tuskless Bulls in Asian Elephant *Elephas maximus*: History and Population Genetics of a Man-Made Phenomenon", *Acta Theriologica* 40 (1995): 125–43; Raman Sukumar, *The Living Elephants: Evolutionary ecology, behaviour and conservation* (Nova York: Oxford University Press, 2003), 287.

2. Samuel White Baker, *The Rifle and the Hound in Ceylon* (Londres: Longman, Brown, Green, and Longmans, 1854), 9, 187, 373.

3. Monique Grooten e Rosamunde Almond, eds., "Living Planet Report – 2018: Aiming Higher", WWF, 2018, https://c402277.ssl.cf1.rackcdn.com/publications/1187/files/original/LPR2018_Full_Report_Spreads.pdf?1540487589.

4. Gerardo Ceballos, Paul R. Ehrlich e Rodolfo Dirzo, "Biological Annihilation via the Ongoing Sixth Mass Extinction Signaled by Vertebrate Population Losses and Declines", *Proceedings of the National Academy of Sciences* 114, n°. 30 (2017): e6089–96; "Global Assessment Report on Biodiversity and Ecosystem Services: Summary for Policymakers", IPBES, 2019, https://ipbes.net/system/tdf/inline/files/ipbes_global_assessment_report_summary_for_policymakers.pdf?file=1&type=node&id=36213, 12.

5. Vernon R. Booth e Kevin M. Dunham, "Elephant Poaching in Niassa Reserve, Mozambique: Population Impact Revealed by Combined Survey Trends for Live Elephants and Carcasses", *Oryx* 50, n° 1 (2016): 94–103.

6. Kenneth V. Rosenberg et al., "Decline of the North American Avifauna", *Science* 366, n° 6461 (2019): 120–24.

7. Caspar A. Hallmann et al., "More Than 75 Percent Decline over 27 Years in Total Flying Insect Biomass in Protected Areas", *PLOS ONE* 12, n° 10 (2017): e0185809.

8. Villy Christensen et al., "A Century of Fish Biomass Decline in the Ocean", *Marine Ecology Progress Series* 512 (2014): 155–66; Ransom A. Myers e Boris Worm, "Rapid Worldwide Depletion of Predatory Fish Communities", *Nature* 423 (2003): 280–83.

9. Boris Worm et al., "Global Catches, Exploitation Rates, and Rebuilding Options for Sharks", *Marine Policy* 40 (2013): 194–204.

10. "UN Report: Nature's Dangerous Decline 'Unprecedented'; Species Extinction Rates 'Accelerating,'" *Sustainable Development Goals* blog, 6 de maio de 2019, https://www.un.org/sustainabledevelopment/blog/2019/05/nature-decline-unprecedented-report/.

NOTAS 463

11. Moses Maimonides, *The Guide for the Perplexed*, trad. Michael Friedländer (Nova York: E. P. Dutton & Co, 1904), Parte 3, 274.

12. Veja o filme de Susan Scott *Stroop: Journey into the Rhino Horn War*, África do Sul, 2018.

CAPÍTULO 5: "NÓS NOS RECUSAMOS A MORRER"

1. "Sri Lanka: Floods and Landslides Emergency Response Plan (junho–outubro de 2017)", Nações Unidas, 2017, https://reliefweb.int/sites/reliefweb.int/files/resources/SriLanka_ResponsePlan_020617.pdf; "FAO/WFP Crop and Food Security Assessment Mission to Sri Lanka", Food and Agriculture Organization of the United Nations and World Food Programme, 22 de junho de 2017, http://www.fao.org/3/a-i7450e.pdf.

2. Noah S. Diffenbaugh e Marshall Burke, "Global Warming Has Increased Global Economic Inequality", *Proceedings of the National Academy of Sciences* 116, n°. 20 (2019): 9808–13.

3. Stanford's School of Earth, Energy & Environmental Sciences. "Climate change has worsened global economic inequality", ScienceDaily, 2019. www.sciencedaily.com/releases/2019/04/190422151017.htm.

4. Marshall Burke, Solomon M. Hsiang e Edward Miguel, "Global Non-Linear Effect of Temperature on Economic Production", *Nature* 527 (2015): 235.

5. Sebastian Bathiany et al., "Climate Models Predict Increasing Temperature Variability in Poor Countries", *Science Advances* 4, n° 5 (2018): eaar5809.

6. Martin Parry et al., "Climate Change and Hunger: Responding to the Challenge", World Food Programme, 2009, https://www.imperial.ac.uk/media/imperial-college/grantham-institute/public/publications/collaborative-publications/Climate-change-and-hunger-WFP.pdf; Terence P. Dawson, Anita H. Perryman e Tom M. Osborne, "Modelling Impacts of Climate Change on Global Food Security", *Climatic Change* 134, n° 3 (2016): 429–40.

7. "Bangladesh: Reducing Poverty and Sharing Prosperity", Banco Mundial, 15 de novembro de 2018, https://www.worldbank.org/

464 NOTAS

en/results/2018/11/15/bangladesh-reducing-poverty-and-sha-ring-prosperity.

8. "Bangladesh Climate Change Strategy and Action Plan 2009", Government of the People's Republic of Bangladesh, setembro de 2009, https://www.iucn.org/downloads/bangladesh_climate _change_strategy_and_action_plan_2009.pdf, 7–8.

9. Nellie Le Beau e Hugh Tuckfield, "The Change Luck City: Dhaka's Climate Refugees", *The Diplomat*, 10 de agosto de 2016, https://thediplomat.com/2016/08/the-change-luck-city-dhakas -climate-refugees/; Tim McDonnell, "Climate Change Creates a New Migration Crisis for Bangladesh", *National Geographic*, 24 de janeiro de 2019, https://www.nationalgeographic.com/ environment/2019/01/climate-change-drives-migration -crisis=-in-bangladesh-from-dhaka-sundabans/?cjevent-92f17507352911e981a300f30a240612&utm_source =4003003&utm_medium=affiliates&utm_campaign=CJ/.

10. Kanta Kumari Rigaud et al., "Groundswell: Preparing for Internal Climate Migration", Banco Mundial, 2018, 148; Scott A. Kulp e Benjamin H. Strauss, "New Elevation Data Triple Estimates of Global Vulnerability to Sea-Level Rise and Coastal Flooding", *Nature Communications* 10, n°. 1 (2019): 1–12.

11. Julie Rozenberg e Stéphane Hallegatte, "The Impacts of Climate Change on Poverty in 2030 and the Potential from Rapid, Inclusive, and Climate-Informed Development", Banco Mundial, 8 de novembro de 2015, http://documents.worldbank.org/curated/ en/349001468197334987/pdf/WPS7483.pdf.

12. Mark Spalding, Corinna Ravilious e Edmund Peter Green, *World Atlas of Coral Reefs* (Berkeley: University of California Press, 2001); Marjorie Mulhall, "Saving the Rainforests of the Sea: An Analysis of International Efforts to Conserve Coral Reefs", *Duke Environmental Law & Policy Forum* 19 (2009): 321–51.

13. Manfred Lenzen et al., "The Carbon Footprint of Global Tourism", *Nature Climate Change* 8, n° 6 (2018): 522–28.

14. Xavier Romero Frías, The Maldive Islanders: A Study of the Popular Culture of an Ancient Ocean Kingdom, Nova Ethnographia Indica, 1999, 443.

15. Joseph C. Farman, Brian G. Gardiner e Jonathan D. Shanklin, "Large Losses of Total Ozone in Antarctica Reveal Seasonal ClOx/NOx Interaction", *Nature* 315 (1985): 207–10.

16. Robert Mackey, "Donald Trump's Hairspray Woes Inspire Climate Denial Riff", *The Intercept*, 7 de maio de 2016, https://theintercept.com/2016/05/06/donald-trumps-got-hairspray-riff-hes-gonna-use/.

17. Douglas Adams, *The Hitchhiker's Guide to the Galaxy* (Nova York: Harmony Books, 1980; primeira publicação em 1979), 35. Publicado no Brasil com o título *O Guia do Mochileiro das Galáxias*.

18. Alex Crawford, "Meet Dorsen, 8, Who Mines Cobalt to Make Your Smartphone Work", Sky News, 28 de fevereiro de 2017, https://news.sky.com/story/meet-dorsen-8-who-mines-cobalt-to-make-your-smartphone-work-10784120.

19. Naomi Klein, *This Changes Everything: Capitalism vs. the climate* (Nova York: Simon & Schuster, 2014), 44.

CAPÍTULO 6: OS ARAUTOS DA REBELIÃO

1. "Terror in Mumbai", Transcrições da CNN, 12 de dezembro de 2009, http://transcripts.cnn.com/transcripts/0912/12/se.01.html.

2. Krishna Pokharel, "Investigators Trace Boat's Last Voyage", *The Wall Street Journal*, 2 de dezembro de 2008, https://www.wsj.com/articles/SB122816457079069941#.

3. Rahul Bedi, "India's Intelligence Services 'Failed to Act on Warnings of Attacks'", *The Telegraph*, 30 de novembro de 2008, https://www.telegraph.co.uk/news/worldnews/asia/india/3537279/Indias-intelligence-services-failed-to-act-on-warnings-of-attacks.html.

4. "Terror in Mumbai", Transcrições da CNN, 12 de dezembro de 2009.

5. Nadav Eyal, "Darkness and Terror in Mumbai", *Ma'ariv Daily*, 30 de novembro de 2008.

6. Guillaume Lavallée, "'Banned' Group Thrives in Pakistan", AFP, UCA News, 10 de fevereiro 2015, https://www.ucanews.com/news/banned-group-thrives-in-pakistan/72963.

7. John C. M. Calvert, "The Striving Shaykh: Abdullah Azzam and the Revival of Jihad", em Ronald A. Simkins, ed., "The Contexts of Religion and Violence", *Journal of Religion & Society*, Supplement Series 2 (2007): 83–102.

8. Shaykh Abdullah Azzam, "Join the Caravan", 1987, https://archive.org/stream/JoinTheCaravan/JoinTheCaravan_djvu.txt, 24.

9. Ibid., 10.

10. Zbigniew Brzezinski para os mujahidin, "Your cause is right and God is on your side!", YouTube, 4 de setembro de 2014, https://www.youtube.com/watch?v=A9RCFZnWGE0.

11. Peter L. Bergen, *Holy War, Inc.: Inside the secret world of Osama bin Laden* (Nova York: Simon & Schuster, 2002), 56.

12. Andrew McGregor, "'Jihad and the Rifle Alone': 'Abdullah 'Azzam and the Islamist Revolution", *Journal of Conflict Studies* 23, nº 2 (2003): 92–113, https://journals.lib.unb.ca/index.php/jcs/article/view/219/377.

13. "US Embassy Cables: Lashkar-e-Taiba Terrorists Raise Funds in Saudi Arabia", *The Guardian*, 5 de dezembro de 2010, https:// www.theguardian.com/world/us-embassy-cables-documents/220186.

14. John Rollins, Liana Sun Wyler e Seth Rosen, "International Terrorism and Transnational Crime: Security Threats, US Policy, and Considerations for Congress", Congressional Research Service, 5 de janeiro de 2010, https://fas.org/sgp/crs/terror/R41004–2010.pdf, 15.

15. "Lashkar-E-Tayyiba", Conselho de Segurança das Nações Unidas, 2010, https://www.un.org/securitycouncil/sanctions/1267/aq_sanctions_list/summaries/entity/lashkar-e-tayyiba.

16. Rituparna Chatterje, "Dawood Ibrahim's Wife Tells TV Channel World's Most Wanted Terrorist Is in Karachi, Sleeping at the Moment", *HuffPost*, 22 de agosto de 2015, https://www.huffingtonpost.in/2015/08/22/dawood-ibrahim_n_8024254.html.

17. "Al-Mourabitoun", Counter Extremism Project, 28 de março de 2019, https://www.counterextremism.com/threat/al-mourabitoun;

"Mali: Group Merges with Al Qaeda", Associated Press/ *The New York Times*, 4 de dezembro de 2015, https://www. nytimes.com/2015/12/05/world/africa/mali-group-merges-with-al-qaeda.html.

18. Simon Usborne, "Dead or Alive? Why the World's Most-Wanted Terrorist Has Been Killed at Least Three Times", *The Guardian*, 28 de novembro de 2016, https://www.theguardian.com/world/ shortcuts/2016/nov/28/dead-or-alive-mokhtar-belmokhtar-most -wanted-terrorist-killed-three-times.

19. Ishaan Tharoor, "Paris Terror Suspect Is 'a Little Jerk,' His Lawyer Says", *The Washington Post*, 27 de abril de 2016, https:// www.washingtonpost.com/news/worldviews/wp/2016/04/27/ paris-terror-suspect-is-a-little-jerk-his-lawyer-says/? noredirect=on&utm_term=.0d0887cd1bb2.

20. Paul Tassi, "ISIS Uses 'GTA 5' in New Teen Recruitment Video", *Forbes*, 20 de setembro de 2014, https://www.forbes.com/sites/ insertcoin/2014/09/20/isis-uses-gta-5-in-new-teen-recruitment- -video/#59240edb681f.

21. Andrew K. Przybylski e Netta Weinstein, "Violent Video Game Engagement Is Not Associated with Adolescents' Aggressive Behaviour: Evidence from a Registered Report", *Royal Society Open Science* 6, n° 2 (2019), https://royalsocietypublishing.org/ doi/10.1098/rsos.171474.

22. Jean Baudrillard, *Simulacra and Simulation*, trad. Sheila Faria Glaser (Ann Arbor: University of Michigan Press, 1994; primeira publicação em 1981), 84.

23. "For What It's Worth", Buffalo Springfield, 1966, https://genius. com/Buffalo-springfield-for-what-its-worth-lyrics.

24. Abdullah Azzam, "So That the Islamic Nation Does Not Die an Eternal Death", *al-Jihad* 63 (1990): 29.

25. Asaf Maliach, "Abdullah Azzam, al-Qaeda, and Hamas: Concepts of Jihad and Istishhad", *Military and Strategic Affairs* 2, n° 2 (2010): 80.

26. Bernard Lewis e Buntzie Ellis Churchill, *Islam: The religion and the people* (Upper Saddle River, NJ: Pearson Prentice Hall, 2008), 153.

468 NOTAS

27. Robert Allen Denemark e Mary Ann Tétreault, *Gods, Guns, and Globalization: Religious radicalism and international political economy* (Boulder, CO: Lynne Rienner, 2004).

28. Ibid., 1–3.

29. Michael J. Stevens, "The Unanticipated Consequences of Globalization: Contextualizing Terrorism", em *The Psychology of Terrorism: Theoretical understandings and perspectives*, Vol. 3, ed. Chris E. Stout (Westport, CT: Greenwood Publishing Group, 2002), 31–56.

CAPÍTULO 7: CONVERSANDO COM NACIONALISTAS

1. Nicholas Cronk, *Voltaire: A very short introduction* (Nova York: Oxford University Press, 2017), 37.

2. Tom Baldwin e Fiona Hamilton, "Times Interview with Nick Griffin: The BBC Is Stupid to Let Me Appear", *The Times*, 22 de outubro de 2009, https://www.thetimes.co.uk/article/times -interview-with-nick-griffin-the-bbc-is-stupid-to-let-me-appear- lkqvlv6r6vk.

3. "Barack Obama's Speech in Independence, Mo.", *The New York Times*, 30 de junho de 2008, https://www.nytimes. com/2008/06/30/us/politics/30text-obama.html?mtrref=www. google.com

4. David Nakamura, "Obama: Biggest Mistake Was Failing to 'Tell a Story' to American Public", *The Washington Post*, 12 de julho de 2012, https://www.washingtonpost.com/blogs/ election-2012/post/obama-biggest-mistake-was-failing-to-tell -a-story-to-american-public/2012/07/12/gJQANHBFgW_blog. html?noredirect=on&utm_term=.547a520e6035.

5. "Countering Violent Extremism", Government Accountability Office dos Estados Unidos, abril de 2017, https://www.gao.gov/ assets/690/683984.pdf, 0, 4.

6. "Timothy McVeigh: The Path to Death Row", transcrições da CNN, 9 de junho de 2001, http://edition.cnn.com/transcripts/ 0106/09/pitn.00.html.

7. Angelique Chrisafis, "Jean-Marie Le Pen Convicted of Contesting Crimes against Humanity", *The Guardian*, 16 de fevereiro

de 2012, https://www.theguardian.com/world/2012/feb/16/jean-
-marie-le-pen-convicted.

8. Jeremy Diamond, "Trump Embraces 'Nationalist' Title at Texas Rally", CNN, 23 de outubro de 2018, https://edition.cnn.com/2018/10/22/politics/ted-cruz-election-2018-president-trump-campaign-rival-opponent/index.html.

9. Sigmund Freud, *The Future of an Illusion*, trad. e ed. James Strachey (Nova York: W. W. Norton & Company, 1961; primeira publicação em 1927), 12. Publicado no Brasil com o título *O Futuro de uma Ilusão*.

10. Noam Gidron e Jonathan J. B. Mijs, "Do Changes in Material Circumstances Drive Support for Populist Radical Parties? Panel Data Evidence from the Netherlands During the Great Recession 2007–2015", *European Sociological Review* 35, n°. 5 (2019): 637–50.

11. Carlo Bastasin, "Secular Divergence: Explaining Nationalism in Europe", Brookings Institution, maio de 2019, https://www.brookings.edu/wp-content/uploads/2019/05/FP_20190516_secular_divergence_bastasin.pdf.

12. Ronald F. Inglehart e Pippa Norris, "Trump, Brexit, and the Rise of Populism: Economic Have-Nots and Cultural Backlash", Harvard JFK School of Government, Série de Documentos de Trabalho do Corpo Docente N° RWP16–026, agosto de 2016, 1–52.

CAPÍTULO 8: UM RENASCIMENTO NAZISTA

1. Nadav Eyal, "Hatred: A Journey to the Heart of Antisemitism", Channel 10, Israel, 7 de outubro de 2014, https://www.youtube.com/watch?v=helC1_cog0A.

2. Thomas Rogers, "Heil Hipster: The Young Neo-Nazis Trying to Put a Stylish Face on Hate", *Rolling Stone*, 23 de junho de 2014, https://www.rollingstone.com/culture/culture-news/heil-hipster-the-young-neo-nazis-trying-to-put-a-stylish-face-on-hate-64736/.

3. Conrad Hackett, "5 Facts About the Muslim Population in Europe", Pew Research Center, 29 de novembro de 2017, https://

470 NOTAS

www.pewresearch.org/fact-tank/2017/11/29/5-facts-about-the-muslim-population-in-europe.

4. "Europe's Growing Muslim Population", Pew Research Center, 29 de novembro de 2017, https://www.pewforum.org/2017/11/29/europes-growing-muslim-population/.

5. J. D. Hunter, "Fundamentalism in Its Global Contours", em *The Fundamentalist Phenomenon: A view from within; a response from without*, ed. Norman J. Cohen (Grand Rapids, MI: William B. Eerdmans, 1990), 59.

6. Alon Confino, *A World Without Jews: The nazi imagination from persecution to genocide* (New Haven, CT: Yale University Press, 2014); Avner Shapira, "The Nazi Narrative: How a Fantasy of Ethnic Purity Led to Genocide", *Ha'aretz*, 23 de abril de 2017 (hebraico), https://www.haaretz.co.il/gallery/literature/.premium-1.4039220.

7. "International Military Trials — Nurnberg", em Office of United States Chief of Counsel for Prosecution of Axis Criminality, *Nazi Conspiracy and Aggression*, Volume 4 (Washington, D.C.: US Government Printing Office, 1946), http://www.loc.gov/rr/frd/Military_Law/pdf/NT_Nazi_Vol-IV.pdf, 563.

8. Michael B. Salzman, "Globalization, Religious Fundamentalism and the Need for Meaning", *International Journal of Intercultural Relations* 32, nº. 4 (2008): 319.

9. Garry Wills, *Under God: Religion and american politics* (Nova York: Simon & Schuster, 1990), 15–16.

10. General Social Survey Data (GSS), NORC na Universidade de Chicago, 2018, http://www.norc.org/Research/Projects/Pages/general-social-survey.aspx.

CAPÍTULO 9: AS REBELIÕES DA CLASSE MÉDIA

1. "Wall Street and the Financial Crisis: The Role of Investment Banks", depoimento perante o Subcomitê Permanente de Investigações do Comitê de Segurança Nacional e Assuntos de Governo, Senado dos Estados Unidos, 111ª Reunião do Congresso, segunda sessão, vol. 4 de 5, 27 de abril de 2010, https://www.govinfo.gov/content/pkg/CHRG-111shrg57322/pdf/CHRG-111shrg57322.pdf.

NOTAS 471

2. Bruce Horovitz, "Shoppers Splurge for Their Country", *USA Today*, 3 de outubro de 2001, http://usatoday30.usatoday.com/money/ retail/2001–10–03-patriotic-shopper.htm.

3. "Defence Expenditure of NATO Countries (2010–2017)", Departamento de Diplomacia Pública da OTAN, 15 de março de 2018, https://www.nato.int/nato_static_fl2014/assets/pdf/pdf_2018_03/20180315_180315-pr2018–16-en.pdf; "Defense Budget Overview", Departamento de Defesa dos Estados Unidos, Ano Fiscal 2020, Requisição de Orçamento, 5 março de 2019, https://comptroller.defense.gov/Portals/45/Documents/defbudget/fy2020/fy2020_Budget_Request_Overview_Book.pdf.

4. Moritz Kuhn, Moritz Schularick e Ulrike Steins, "Asset Prices and Wealth Inequality", VOX CEPR Policy Portal, 9 de agosto de 2018, https://voxeu.org/article/asset-prices-and-wealth-inequality.

5. Andrew G. Haldane e Piergiorgio Alessandri, "Banking on the State", Bank of England, 25 de setembro de 2009, https://www.bis.org/review/r091111e.pdf; Andrew G. Haldane, "The Contribution of the Financial Sector: Miracle or Mirage?", Bank of England, 14 de julho de 2010, https://www.bis.org/review/r100716g.pdf.

6. Julia Finch e Katie Allen, "What Do Bankers Spend Their Bonuses On?", *The Guardian*, 14 de dezembro de 2007, https://www.theguardian.com/business/2007/dec/14/banking.

7. "Northern Rock Besieged by Savers", BBC, 17 de setembro de 2007, http://newsvote.bbc.co.uk/2/hi/business/6997765.stm#story.

8. Jonny Greatrex, "West Midlands Men Planning Credit Crunch Full Monty", *Birmingham Mail*, 19 de abril de 2009, https://www.birminghammail.co.uk/news/local-news/west-midlands--men-planning-credit-239734.

9. William Boston, "Financial Casualty: Why Adolf Merckle Killed Himself", *Time*, 6 de janeiro de 2009, http://content.time.com/time/business/article/0,8599,1870007,00.html.

10. Nic Allen e Aislinn Simpson, "City Banker Spent £43,000 on Champagne", *The Telegraph*, 20 de fevereiro de 2009, https://www.telegraph.co.uk/news/newstopics/howaboutthat/4700148/City-banker-spent-43000-on-champagne.html.

472 NOTAS

11. Rebecca Smithers, "Au ATM: UK's First Gold Vending Machine Unveiled", *The Guardian*, 1º de julho de 2011, https://www.theguardian.com/money/2011/jul/01/au-atm-gold-vending-machine; Wei Xu, "Gold ATM Activated, but Not for Long", *China Daily*, 27 de setembro de 2011, http://www.chinadaily.com.cn/business/2011–09/27/content_13801006.htm; Associated Press, "Gold-Dispensing ATM Makes U.S. Debut in Fla.", CBS News, 17 de dezembro de 2010, https://www.cbsnews.com/news/gold-dispensing-atm-makes-us-debut-in-fla/.

12. "ReportoftheStudyGroupontheRoleofPublicFinanceinEuropean Integration", Vols. 1 e 2, Comissão de Comunidades Europeias, União Europeia, abril de 1977, https://www.cvce.eu/content/publication/2012/5/31/91882415–8b25–4f01-b18c-4b6123a597f3/publishable_en.pdf; https://www.cvce.eu/content/publication/2012/5/31/c475e949-ed28–490b-81ae-a33ce9860d09/publishable_en.pdf.

13. "Why Europe Can't Afford the Euro", *The Times*, 19 de novembro de 1997, de *The Collected Works of Milton Friedman*, eds. Robert Leeson e Charles G. Palm, https://miltonfriedman.hoover.org/friedman_images/Collections/2016c21/1997novtimesWhyEuro pe.pdf.

CAPÍTULO 10: ANARQUISTAS COM FERRARIS

1. Serge Berstein e Jean-François Sirinelli, eds., *Les années Giscard: Valéry Giscard d'Estaing et l'Europe, 1974–1981* (Paris: Armand Colin, 2007; primeira publicação em 2005), 135.

2. "'Seventeen Countries Were Far Too Many'", *Der Spiegel*, 11 de setembro de 2012, https://www.spiegel.de/international/europe/spiegel-interview-with-helmut-schmidt-and-valery-giscard-destaing-a-855127.html.

3. "Taking responsibility for the arson of yachts on 30/3", 3 de abril de 2009, https://bellumperpetuum.blogspot.com/2009/04/303_03.html.

4. Henry Miller, *The Colossus of Maroussi*, 2ª ed. (Nova York: New Directions, 2010; primeira publicação em 1941), 14. Publicado no Brasil com o título *O Colosso de Maroussi*.

NOTAS 473

5. Joergen Oerstroem Moeller, "The Greek Crisis Explained", *Huffington Post*, 22 de junho de 2015, https://www.huffingtonpost. com/joergen-oerstroem-moeller/the-greek-crisis-explaine _b_7634564.html.

6. "Europe Balks at Greece's Retire-at-50 Rules", AP, 17 de maio de 2010, https://www.cbsnews.com/news/europe-balks-at-greeces -retire-at-50-rules; "Pensions at a Glance 2013: OECD and G20 Indicators", OCDE, 2013, http://dx.doi.org/10.1787/pen-sion_glance-2013-en.

7. "Greece 10 Years Ahead: Defining Greece's New Growth Model and Strategy", McKinsey, 1º de junho de 2012, https://www. mckinsey.com/featured-insights/europe/greece-10-years-ahead.

8. Suzanne Daley, "Greek Wealth Is Everywhere but Tax Forms", *The New York Times*, 1º de maio de 2010, http://www.nytimes. com/2010/05/02/world/europe/02evasion.html?th&emc=th&m-trref=undefined&gwh=C3F3DF2E8C5C22D2A667A933C-80604C9&gwt=pay.

9. Elisabeth Oltheten et al., "Greece in the Eurozone: Lessons from a Decade of Experience", *Quarterly Review of Economics and Finance* 53, nº. 4 (2013): 317–35; Beat Balzli, "How Goldman Sachs Helped Greece to Mask Its True Debt", *Der Spiegel*, 2 de fevereiro de 2010, http://www.spiegel.de/international/europe/ greek-debt-crisis-how-goldman-sachs-helped-greece-to-mask-its -true-debt-a-676634.html.

10. Nikos Roussanoglou, "Thousands of Empty Properties Face the Prospect of Demolition", *Kathimerini*, 19 de março de 2017, http:// www.ekathimerini.com/216998/article/ekathimerini/ business/thousands-of-empty-properties-face-the-prospect-of- -demolition.

11. "Youth Unemployment Rate", dados da OCDE, 2019, https:// data.oecd.org/unemp/youth-unemployment-rate.htm.

12. "Severely Materially Deprived People", Eurostat, julho de 2019, https://ec.europa.eu/eurostat/databrowser/view/tipslc30/ default/table?lang=en.

474 NOTAS

13. Nicole Itano, "In Greece, Education Isn't the Answer", Public Radio International, 14 de maio de 2009, https://www.pri.org/stories/2009–05–14/greece-education-isnt-answer.

14. Alyssa Rosenberg, "'Girls' Was About the Path — and Costs — to Being 'A Voice of a Generation'", *The Washington Post*, 14 de abril de 2017, https://www.washingtonpost.com/news/act-four/wp/2017/04/14/girls-was-about-the-path-and-costs-to-being-a-voice-of-a-generation/?utm_term=.0f1a5526c60e.

15. J. Rocholl e A. Stahmer, "Where Did the Greek Bailout Money Go?", ESMT White Paper Nº WP–16–02, 2016, http://static.esmt.org/publications/whitepapers/WP-16–02.pdf.

16. Susanne Kraatz, "Youth Unemployment in Greece: Situation Before the Government Change", Parlamento Europeu, 2015, http://www.europarl.europa.eu/RegData/etudes/BRIE/2015/542220/IPOL_BRI(2015)542220_EN.pdf.

17. Karolina Tagaris, "After Seven Years of Bailouts, Greeks Sink Yet Deeper in Poverty", Reuters, 20 de fevereiro de 2017, https://www.reuters.com/article/us-eurozone-greece-poverty/after-seven-years-of-bailouts-greeks-sink-yet-deeper-in-poverty-idUSKBN15Z1NM.

18. "Fertility Rates", "Population", dados da OCDE, 2019, https://data.oecd.org; Lois Labrianidis e Manolis Pratsinakis, "Outward Migration from Greece during the Crisis", LSE para o Banco Nacional da Grécia, 2015, https://www.lse.ac.uk/europeanInstitute/research/hellenicObservatory/CMS%20pdf/Research/NBG_2014_-Research_Call/Final-Report-Outward-migration--from-Greece-during-the-crisis-revised-on-1–6–2016.pdf.

19. David Molloy, "End of Greek Bailouts Offers Little Hope to Young", BBC, 19 de agosto de 2018, https://www.bbc.com/news/world-europe-45207092.

20. Dunja Mijatović, "Report of the Commissioner for Human Rights of the Council of Europe", Conselho da Europa, 2018, https://rm.coe.int/report-on-the-visit-to-greece-from-25-to-29-june-2018-by-dunja-mijatov/16808ea5bd.

21. Marina Economou et al., "Enduring Financial Crisis in Greece: Prevalence and Correlates of Major Depression and Suicidality",

Social Psychiatry and Psychiatric Epidemiology 51, n° 7 (2016): 1015–24.

22. Ibid., 1020.

23. Herb Keinon, "Greek Minister Distances Himself from Past Associations with Neo-Nazi Groups", *Jerusalem Post*, 15 de julho de 2019, https://www.jpost.com/Diaspora/Antisemitism/ Greek-Minister-distances-himself-from-past-associations-with- -neo-Nazi-groups-595623.

24. "How Some Made Millions Betting Against the Market", National Public Radio, 2 de maio de 2011, https://www.npr. org/2011/05/02/135846486/how-some-made-millions-betting-a- gainst-the-market.

25. *Duna*, direção de David Lynch, 1984.

26. "Flashback: Elizabeth Warren (Basically) Predicts the Great Recession", *Moyers on Democracy*, 25 de junho de 2004, https:// billmoyers.com/segment/flashback-elizabeth-warren-basically -predicts-the-great-recession/.

27. Thomas Philippon, "Has the US Finance Industry Become Less Efficient? On the Theory and Measurement of Financial Intermediation", *American Economic Review* 105, n°. 4 (2015): 1408–38.

28. Sameer Khatiwada, "Did the Financial Sector Profit at the Expense of the Rest of the Economy? Evidence from the Uni- ted States", International Institute for Labor Studies, Cornell University and International Labor Organization, 2010, https://digitalcommons.ilr.cornell.edu/cgi/viewcontent.cgi?arti- cle=1101&context=intl.

29. "Household Debt, Loans and Debt Securities Percent of GDP", FMI, 2018, https://www.imf.org/external/datamapper/HH_LS@ GDD/CAN/ITA/USA; "How Has the Percentage of Consumer Debt Compared to Household Income Changed over the Last Few Decades? What Is Driving These Changes?", Federal Reserve Bank of San Francisco, 2009, https://www.frbsf.org/ education/publications/doctor-econ/2009/july/consumer-debt- -household-income/.

476 NOTAS

30. "Household Debt and Credit Report (Q1 2019)", Federal Reserve Bank of New York, 2019, https://www.newyorkfed.org/media library/interactives/householdcredit/data/pdf/hhdc_2019q1.pdf.

31. Martin Wolf, "Bank of England's Mark Carney Places a Bet on Big Finance", *Financial Times*, 29 de outubro de 2013, https://www.ft.com/content/08dea9d4–4002–11e3–8882–00144feab-dc0.

32. Relatório sobre Economia e Bem-Estar dos domicílios norte-americanos (SHED), Federal Reserve Board's Division of Consumer and Community Affairs (DCCA), 2018, https://www.federalreserve.gov/publications/report-economic-well-being-us-households.htm.

CAPÍTULO 11: O DESAPARECIMENTO DAS CRIANÇAS

1. "Mobile Population Survey (November)", população por municipalidade, informações estatísticas da Prefeitura de Gunma, novembro de 2019, https://toukei.pref.gunma.jp/idj/idj201911.htm.

2. Kiyoshi Takenaka e Ami Miyazaki, "'Vanishing Village' Looks to Japan's LDP for Survival", Reuters, 17 de outubro de 2018, https://www.reuters.com/article/us-japan-election-ageing/vanishing-village-looks-to-japans-ldp-for-survival-idUSKB-N1CM0VM.

3. Ben Dooley, "Japan Shrinks by 500,000 People as Births Fall to Lowest Number Since 1874", *The New York Times*, 24 de dezembro de 2019, https://www.nytimes.com/2019/12/24/world/asia/japan-birth rate-shrink.html.

4. Charlotte Edmond, "Elderly People Make up a Third of Japan's Population — and It's Reshaping the Country", Fórum Econômico Mundial, 17 de setembro de 2019, https://www.weforum.org/agenda/2019/09/elderly-oldest-population-world-japan/; "Population Projections for Japan (2016–2065)", Instituto Nacional de Pesquisa Populacional e Previdenciária (Japão), abril de 2017, http://www.ipss.go.jp/pp-zenkoku/e/zenkoku_e2017/pp_zen-koku2017e.asp; "2019 Revision of World Population Prospects", Nações Unidas, 2019, https://population.un.org/wpp/.

NOTAS 477

5. "Family Database: The Structure of Families", estatísticas da OCDE, 2015, https://stats.oecd.org/Index.aspx?DataSetCode=FAMILY/.

6. Alana Semuels, "Japan Is No Place for Single Mothers", *The Atlantic*, 7 de setembro de 2017, https://www.theatlantic.com/business/archive/2017/09/japan-is-no-place-for-single-mothers/538743/; "Child poverty", Departamento de Política Social da OCDE, novembro de 2019, https://www.oecd.org/els/CO_2_2_Child_Poverty.pdf.

7. "Declining Birthrate White Paper, 2018", Gabinete de Governo (Japão), 2018, https://www8.cao.go.jp/shoushi/shoushika/whitepaper/measures/english/w-2018/index.html.

8. Mizuho Aoki, "In Sexless Japan, Almost Half of Single Young Men and Women are Virgins", *Japan Times*, 16 de setembro de 2016, https://www.japantimes.co.jp/news/2016/09/16/national/social-issues/sexless-japan-almost-half-young-men-women-virgins-survey/#.WmxosqiWY2x.

9. Abigail Haworth, "Why Have Young People in Japan Stopped Having Sex?", *The Guardian*, 20 de outubro de 2013, https://www.theguardian.com/world/2013/oct/20/young-people-japan-stopped-having-sex; "The Fifteenth Japanese National Fertility Survey in 2015, Marriage Process and Fertility of Married Couples, Attitudes toward Marriage and Family Among Japanese Singles", Instituto Nacional de Pesquisa Populacional e Previdenciária, março de 2017, http://www.ipss.go.jp/ps-doukou/e/doukou15/Nfs15R_points_eng.pdf.

10. Cyrus Ghaznavi et al., "Trends in Heterosexual Inexperience Among Young Adults in Japan: Analysis of National Surveys, 1987–2015", *BMC Public Health* 19, n°. 355 (2019), https://bmcpublichealth.biomedcentral.com/articles/10.1186/s12889-019-6677-5.

11. Léna Mauger, *The Vanished: The "evaporated people" of Japan in stories and photographs*, trad. de Brian Phalen, com fotografias de Stéphane Remael (Nova York: Skyhorse, 2016).

12. Frank Baldwin e Anne Allison, eds., *Japan: The precarious future* (Nova York: NYU Press, 2015).

478 NOTAS

13. Justin McCurry, "Japanese Minister Wants 'Birth-Giving Machines', aka Women, to Have More Babies", *The Guardian*, 29 de janeiro de 2007, https://www.theguardian.com/world/2007/jan/29/japan.justinmccurry.

14. Baldwin e Allison, *Japan*, 58–59.

15. "OECD Economic Surveys: Japan 2017", OCDE, 13 de abril de 2017, https://www.oecd-ilibrary.org/economics/oecd-economic-surveys-japan-2017/the-wage-gap-between-regular-and-non-regular-workers-is-large_eco_surveys-jpn-2017-graph28-en; Koji Takahashi, "Regular/Non-Regular Wage Gap Between and Within Japanese Firms", Instituto Japonês para Treinamento e Políticas de Trabalho, 2016, https://www.jil.go.jp/profile/documents/ktaka/asa14_proceeding_721357.pdf.

16. "Employed Persons by Age Group and Employee by Age Group and Type of Employment", dados históricos (9), Escritório de Estatísticas do Japão, 2019, https://www.stat.go.jp/english/data/roudou/lngindex.html.

17. Kathy Matsui, Hiromi Suzukib e Kazunori Tatebe, "Womenomics 5.0", Portfolio Strategy Research, Goldman Sachs, 18 de abril de 2019, https://www.goldmansachs.com/insights/pages/womenomics-5.0/multimedia/womenomics-5.0-report.pdf, 14.

18. "The Global Gender Gap Report 2018", Fórum Econômico Mundial, 2018, http://www3.weforum.org/docs/WEF_GGGR_2018.pdf, p. 8.

19. "Record Low of 16,772 Children on Day Care Waiting Lists in Japan, Welfare Ministry Says", *Japan Times*, 6 de setembro de 2019, https://www.japantimes.co.jp/news/2019/09/06/national/japan-day-care-waiting-record-low/#.XfyXbOgzY2w; "Report on the Status Related to Day-Care Centers", Ministério da Saúde, Trabalho e Bem-Estar (Japão), 1º de abril de 2019, https://www.mhlw.go.jp/stf/houdou/0000176137_00009.html.

20. Justin McCurry, "Japanese Women Suffer Widespread 'Maternity Harassment' at Work", 18 de novembro de 2015, https://www.theguardian.com/world/2015/nov/18/japanese-women-suffer-widespread-maternity-harassment-at-work.

21. Matsui, Suzukib e Tatebe, "Womenomics 5.0".

NOTAS 479

22. Mary Brinton, "Gender Equity and Low Fertility in Postindustrial Societies", Palestra no Radcliffe Institute for Advanced Study, Universidade Harvard, 9 de abril de 2014, https://www.youtube.com/watch?v=XiKYU07QqPI.

23. Ibid.

24. "Employees Working Very Long Hours", Better Life Index, OCDE, 2019, http://www.oecdbetterlifeindex.org/topics/work-life-balance/.

25. "White Paper on Measures to Prevent Karoshi", Ministério da Saúde, Trabalho e Bem-Estar (Japão), 2017, https://fpcj.jp/wp/wp-content/uploads/2017/11/8f513ff4e9662ac515de9e646f-63d8b5.pdf.

26. "Japan's State-Owned Version of Tinder", *The Economist*, 3 de outubro de 2019, https://www.economist.com/asia/2019/10/03/japans-state-owned-version-of-tinder.

27. Chizuko Ueno, "The Declining Birth Rate: Whose Problem?", *Review of Population and Social Policy* 7 (1998): 103–28.

CAPÍTULO 12: "A HUMANIDADE É O *TITANIC*"

1. "Fertility Rate, Total (Births per Woman)", Banco Mundial, 2019 (fonte de dados: Departamento de População das Nações Unidas, Estimativas de População Mundial: Revisão de 2019), https://data.worldbank.org/indicator/SP.DYN.TFRT.IN.

2. Christopher J. L. Murray et al., "Population and Fertility by Age and Sex for 195 Countries and Territories, 1950–2017: A Systematic Analysis for the Global Burden of Disease Study 2017", *The Lancet* 392, n°. 10159 (2018): 1995–2051.

3. Anthony Cilluffo e Neil G. Ruiz, "World's Population Is Projected to Nearly Stop Growing by the End of the Century", Pew Research Center, 17 de junho de 2019, https://www.pewresearch.org/fact-tank/2019/06/17/worlds-population-is-projected-to-nearly-stop-growing-by-the-end-of-the-century/; Max Roser, "Future Population Growth", em "Our World in Data, 2019", https://ourworldindata.org/future-population-growth.

4. "Vital Statistics Rapid Release, Births: Provisional Data for 2018", Report N°. 7, National Center for Health Statistics

480 NOTAS

(EUA), maio de 2019, https://www.cdc.gov/nchs/data/vsrr/vsrr-007–508.pdf.

5. "Fertility Rate, Total (Births per Woman)", Banco Mundial, 2019, https://data.worldbank.org/indicator/sp.dyn.tfrt.in.

6. "Population Growth (Annual %)", Banco Mundial, 2019, https://data.worldbank.org/indicator/SP.POP.GROW?locations=ES-PT.

7. Rachel Chaundler, "Looking for a Place in the Sun? How About an Abandoned Spanish Village", *The New York Times*, 9 de abril de 2019, https://www.nytimes.com/2019/04/09/realestate/spain-abandoned-villages-for-sale.html.

8. J. C. Caldwell, *Demographic Transition Theory* (Dordrecht, Holanda: Springer, 2006), 249.

9. "Life Expectancy", Organização Mundial da Saúde, 2020, http://www.who.int/gho/mortality_burden_disease/life_tables/situation_trends_text/en/.

10. "Mapped: The Median Age of the Population on Every Continent", Fórum Econômico Mundial, 20 de fevereiro de 2019 (fonte de dados: The World Factbook, CIA, 2018), https://www.weforum.org/agenda/2019/02/mapped-the-median-age-of-the-population-on-every-continent/; Charles Goodhart e Manoj Pradhan, "Demographics Will Reverse Three Multi-Decade Global Trends", Bank of International Settlements, Documento de Trabalho N°. 656, 2017, https://www.bis.org/publ/work656.pdf, 21.

11. Jay Winter e Michael Teitelbaum, *Population, Fear, and Uncertainty: The global spread of fertility decline* (New Haven, CT: Yale University Press, 2013).

12. "Germany's Population by 2060, Results of the 13th Coordinated Population Projection", Escritório Federal de Estatísticas da Alemanha, 2015, https://www.destatis.de/GPStatistik/servlets/MCRFileNodeServlet/DEMonografie_derivate_00001523/5124206159004.pdf;jsessionid=0EDFA73EBE669FB229AAED0566265526, 6, 20.

13. "The Labor Market Will Need More Immigration from Non-EU Countries in the Future", Bertelsmann Stiftung, 2015, https://www.bertelsmann-stiftung.de/en/topics/ak-

tuelle-meldungen/2015/maerz/immigration-from-non-eu-countries/.

14. Lorenzo Fontana e Ettore Gotti Tedeschi, *La culla vuota della civiltà: All'origine della crisi* (Verona: Gondolin, 2018).

15. George Alter e Gregory Clark, "The Demographic Transition and Human Capital", em *The Cambridge Economic History of Modern Europe: Volume 1, 1700–1870*, ed. Stephen Broadberry e Kevin H. O'Rourke (Cambridge: Cambridge University Press, 2010), 64.

16. John Bingham, "Falling Birth Rates Could Spell End of the West — Lord Sacks", *The Telegraph*, 6 de junho de 2016, https://www.telegraph.co.uk/news/2016/06/06/falling-birth-rates-could-spell-end-of-the-west–lord-sacks/.

17. Fabrice Murtin, "Long-Term Determinants of the Demographic Transition, 1870–2000", *Review of Economics and Statistics* 95, n°. 2 (2013): 617–31.

18. Una Okonkwo Osili e Bridget Terry Long, "Does Female Schooling Reduce Fertility? Evidence from Nigeria", *Journal of Development Economics* 87, n°. 1 (2008): 57–75.

19. Amartya Sen, *Development as Freedom* (Nova York: Oxford University Press, 2001; primeira publicação em 1999), 153; Max Roser, "Fertility Rate" (em "Empowerment of Women"), em "Our World in Data, 2017", https://ourworldindata.org/fertility-rate.

20. Gary S. Becker, *A Treatise on the Family* (Cambridge, MA: Harvard University Press, 1981); Gary S. Becker, "An Economic Analysis of Fertility", em *Demographic and Economic Change in Developed Countries*, ed. Gary S. Becker (Nova York: Columbia University Press, 1960), 209–40.

21. Luis Angeles, "Demographic Transitions: Analyzing the Effects of Mortality on Fertility", *Journal of Population Economics* 23, n°. 1 (2010): 99–120.

22. Hagai Levine et al., "Temporal Trends in Sperm Count: A Systematic Review and Meta-Regression Analysis", *Human Reproduction Update* 23, n°. 6 (2017): 646–59.

23. Chuan Huang et al., "Decline in Semen Quality Among 30,636 Young Chinese Men from 2001 to 2015", *Fertility and Sterility*

107, n°. 1 (2017): 83–88; Priyanka Mishra et al., "Decline in Seminal Quality in Indian Men over the Last 37 Years", *Reproductive Biology and Endocrinology* 16, n°. 1 (2018), artigo 103.

24. Conversa com o autor em outubro de 2019.

25. Netta Ahituv, "Western Men's Free-Falling Sperm Count Is a 'Titanic Moment for the Human Species'", *Ha'aretz*, 17 de novembro de 2017, https://www.haaretz.com/science-and-health/.premium.MAGAZINE-western-men-s-dropping-sperm-count-is-a-titanic-moment-for-humans-1.5466078.

26. "South Korea's Fertility Rate Falls to a Record Low", *The Economist*, 30 de agosto de 2019, https://www.economist.com/graphic-detail/2019/08/30/south-koreas-fertility-rate-falls-to-a-record-low.

27. Joori Roh, "Not a Baby Factory: South Korea Tries to Fix Demographic Crisis with More Gender Equality", Reuters, 4 de janeiro de 2019, https://www.reuters.com/article/us-southkorea-economy-birthrate-analysis/not-a-baby-factory-south-korea-tries-to-fix-demographic-crisis-with-more-gender-equality-idUSKCN1OY023.

28. A. M. Devine, "The Low Birth-Rate in Ancient Rome: A Possible Contributing Factor", *Rheinisches Museum für Philologie* 128, n°s. 3–4 (1985): 313–17.

29. Goran Therbon, *Between Sex and Power: Family in the World, 1900–2000* (Abingdon, Reino Unido: Routledge, 2004), 255; Kate Bissell, "Nazi Past Haunts 'Aryan' Children", BBC, 13 de maio de 2005, http://news.bbc.co.uk/2/hi/europe/4080822.stm8.

30. Wang Feng, Yong Cai e Baochang Gu, "Population, Policy, and Politics: How Will History Judge China's One-Child Policy?", *Population and Development Review* 38, Supplement 1 (2013): S115–29; Stuart Gietel-Basten, Xuehui Han e Yuan Cheng. "Assessing the Impact of the 'One-Child Policy,' in "China: A Synthetic Control Approach", *PLOS ONE* 14, n°. 11 (2019).

31. James Renshaw, *In Search of the Romans,* 2ª ed. (Londres: Bloomsbury, 2019), 244.

32. "China", *The World Factbook*, Central Intelligence Agency, 2018, https://www.cia.gov/library/publications/the-world-factbook/

geos/ch.html; Simon Denyer and Annie Gowen, "Too Many Men", *The Washington Post*, 18 de abril de 2018, https://www. washingtonpost.com/graphics/2018/world/too-many-men/.

33. Valerie M. Hudson e Andrea M. den Boer, *Bare Branches: The security implications of Asia's surplus male population* (Cambridge, MA: MIT Press, 2004).

34. "World Population Prospects", ONU, 2019, https://population. un.org/wpp/DataQuery/.

CAPÍTULO 13: AS FACES DO ÊXODO

1. "Refugee Data Finder", Estatísticas de Refugiados, UNHCR, https://www.unhcr.org/refugee-statistics/.

2. "Forced Displacement in 2015", Global Trends, UNHCR, 20 de junho de 2016, https://www.unhcr.org/576408cd7.

3. "Refugee Data Finder", Estatísticas de Refugiados, UNHCR, https://www.unhcr.org/refugee-statistics/.

4. "Syria Refugee Crisis", UNHCR, 2019, https://www.unrefugees. org/emergencies/syria/.

5. Max Roser, "War and Peace After 1945", em "Our World in Data, 2019" (fonte de dados: UCDP; PRIO), https://ourworldindata. org/war-and-peace#war-and-peace-after-1945.

6. UNHCR's Populations of Concern, Estatísticas da UNHCR, 2019, http://popstats.unhcr.org.

7. Mary Kaldor, *New and Old Wars: Organized violence in a global era* (Cambridge, Reino Unido: Polity Press, 1999).

8. "UN and Partners Call for Solidarity, as Venezuelans on the Move Reach 4.5 million", Notícias da ONU, 23 de outubro de 2019, https://news.un.org/en/story/2019/10/1049871.

9. Ted Enamorado et al., "Income Inequality and Violent Crime: Evidence from Mexico's Drug War", Região da América Latina e Caribe, Unidade de Administração e Redução da Pobreza, Banco Mundial, 1º de junho de 2014.

10. Kimberly Heinle, Octavio Rodríguez Ferreira e David A. Shirk, "Drug Violence in Mexico", Departamento de Ciências Políticas e Relações Internacionais, Universidade de San

484 NOTAS

Diego, março de 2017, https://justiceinmexico.org/wp-content/uploads/2017/03/2017_DrugViolenceinMexico.pdf.

11. "Refugee Data Finder", Estatísticas de Refugiados, UNHCR, https://www.unhcr.org/refugee-statistics/.

12. Hugh Naylor, "Desperate for Soldiers, Assad's Government Imposes Harsh Recruitment Measures", *The Washington Post*, 28 de dezembro de 2014, https://www.washingtonpost.com/world/middle_east/desperate-for-soldiers-assads-government-imposes-harsh-recruitment-measures/2014/12/28/62f99194−6d1d-4bd6-a862-b3ab46c6b33b_story.html; Erin Kilbride, "Forced to Fight: Syrian Men Risk All to Escape Army Snatch Squads", *Middle East Eye*, 3 de abril de 2016, http://www.middleeasteye.net/news/escape-assads-army-373201818.

13. "Gen. Breedlove's Hearing with the House Armed Services Committee", United States European Command Library, 25 de fevereiro de 2016, https://www.eucom.mil/media-library/transcript/35355/gen-breedloves-hearing-with-the-house-armed-services-committee.

CAPÍTULO 14: UM EXPERIMENTO E SEUS CUSTOS

1. Declaração Universal dos Direitos Humanos, Artigo 13, Cláusula 2, ONU, https://www.ohchr.org/EN/UDHR/Documents/UDHR_Translations/eng.pdf.

2. Joseph de Veitia Linage, *Norte de la contratacion de las Indias Occidentales* (Sevilha: por Juan Francisco de Blas, 1672), citado em Bernard Moses, *The Casa de Contratacion of Seville*, 1896, 113. https://books.google.com/books?id=JyTDJEsXMqU-C&printsec=frontcover&source=gbs_ge_summary_r&cad=0#-v=onepage&q &f=false.

3. Prudentius, "The Divinity of Christ", em *Prudentius*, trad. de H. J. Thomson, Vol. 1 (Londres: William Heinemann e Harvard University Press, 1949), 161.

4. Haim Beinart, *The Expulsion of the Jews from Spain*, trad. de Jeffrey M. Green (Oxford: Littman Library of Jewish Civilization, 2001), 285.

5. Francois Soyer, "King John II of Portugal 'O Principe Perfeito' and the Jews (1481–1495)", *Sefarad* 69, n°. 1 (2009): 75–99.

6. Moises Orfali e Tom Tov Assis, eds., *Portuguese Jewry at the Stake: Studies on Jews and Crypto-Jews* [hebraico] (Jerusalém: Magnes, 2009), 30.

7. Richard Zimler, "Identified as the Enemy: Being a Portuguese New Christian at the Time of the Last Kabbalist of Lisbon", *European Judaism* 33, n°. 1 (2000): 32–42.

8. Rachel Zelnick-Abramovitz, *Not Wholly Free: The concept of manumission and the status of manumitted slaves in the ancient greek world* (Nova York: Brill, 2005).

9. John C. Torpey, *The Invention of the Passport: Surveillance, citizenship and the State*, 2ª ed. (Cambridge: Cambridge University Press, 2018; primeira publicação em 2000), 27.

10. Alan Dowty, *Closed Borders: The contemporary assault on the freedom of movement* (New Haven, CT: Yale University Press, 1987); Bonnie Berkowitz, Shelly Tanand e Kevin Uhrmacher, "Beyond the Wall: Dogs, Blimps and Other Things Used to Secure the Border", *The Washington Post*, 8 de fevereiro de 2019, https://www.washingtonpost.com/graphics/2019/national/what -is-border-security/?utm_term=.cd9d7eb58313.

11. Mae M. Ngai, "Nationalism, Immigration Control, and the Ethnoracial Remapping of America in the 1920s", *OAH Magazine of History* 21, n°. 3 (2007): 11–15.

12. Daniel C. Turack, "Freedom of Movement and the International Regime of Passports", *Osgoode Hall Law Journal* 6, n°. 2 (1968): 230.

13. Richard Plender, *International Migration Law* (Leiden, Países Baixos: Martinus Nijhoff, 1988); Martin Lloyd, *The Passport: The history of man's most travelled document* (Canterbury, Reino Unido: Queen Anne's Fan, 2008; primeira publicação em 2003), 95–115.

14. Ibid.

15. Mae M. Ngai, *Impossible Subjects: Illegal aliens and the making of modern America* (Princeton, NJ: Princeton University Press, 2014).

486 NOTAS

16. "Immigration Timeline", The Statue of Liberty–Ellis Island Foundation, https://www.libertyellisfoundation.org/immigration-timeline.

17. "Russell Brand: Messiah Complex (2013) — Full Transcript", *Scraps from the Loft*, 7 de novembro de 2017, https://scrapsfromtheloft.com/2017/11/07/russell-brand-messiah-complex-2013-full-transcript/.

18. Theresa May, "Theresa May's Conference Speech in Full", *The Telegraph*, 5 de outubro de 2016, http://www.telegraph.co.uk/news/2016/10/05/theresa-mays-conference-speech-in-full/.

19. Irene Skovgaard-Smith e Flemming Poulfelt, "Imagining 'Non-Nationality': Cosmopolitanism as a Source of Identity and Belonging", *Human Relations*, 71, nº. 2 (2018): 129–54; Pnina Werbner, ed., *Anthropology and the New Cosmopolitanism: Rooted, feminist and vernacular perspectives* (Nova York: Berg, 2008); Kwame Anthony Appiah, "Cosmopolitan Patriots", *Critical Inquiry* 23, nº. 3 (1997): 617–39.

20. Fórum Econômico Mundial, Global Shapers Annual Survey 2017, http://www.shaperssurvey2017.org/.

21. "Global Citizenship a Growing Sentiment Among Citizens of Emerging Economies: Global Poll", Globescan para BBC, 27 de abril de 2016, https://globescan.com/wp-content/uploads/2016/04/BBC_GlobeScan_Identity_Season_Press_Release_April%2026.pdf.

22. Brittany Blizzard e Jeanne Batalova, "Refugees and Asylees in the United States", Migration Policy Institute, 13 de junho de 2019, https://www.migrationpolicy.org/article/refugees-and-asylees-united-states.

23. Ronald Reagan, 19 de janeiro de 1989, em *Public Papers of the Presidents of the United States: Ronald Reagan, 1988–1989* (Washington, D.C.: US Government Printing Office, 1990), https://www.reaganlibrary.gov/research/speeches/011989b, 1752.

CAPÍTULO 15: RIOS DE SANGUE

1. As conversas com os refugiados sírios são parte de um documentário para a Channel 10 TV, Israel.

2. "Global Views on Immigration and the Refugee Crisis", Ipsos, 13 de setembro de 2017, https://www.ipsos.com/sites/default/files/ct/news/documents/2017–09/ipsos-global-advisor-immigration-refugee-crisis-slides_0.pdf.

3. Florence Jaumotte, Ksenia Koloskovae e Sweta Chaman Saxena, "Impact of Migration on Income Levels in Advanced Economies", Fundo Monetário Internacional, 2016, https://www.imf.org/en/Publications/Spillover-Notes/Issues/2016/12/31/Impact-of-Migration-on-Income-Levels-in-Advanced-Economies-44343.

4. Lena Groeger, "The Immigration Effect", *ProPublica*, 19 de julho de 2017, https://projects.propublica.org/graphics/gdp.

5. "Second-Generation Americans: A Portrait of the Adult Children of Immigrants", Pew Research Center, 7 de fevereiro de 2013, https://www.pewsocialtrends.org/2013/02/07/second-generation-americans/.

6. "The Progressive Case for Immigration", *The Economist*, 18 de março de 2017, https://www.economist.com/news/finance-and-economics/21718873-whatever-politicians-say-world-needs-more-immigration-not-less?fsrc=scn/tw/te/bl/ed/.

7. Ryan Edwards e Francesc Ortega, "The Economic Contribution of Unauthorized Workers: An Industry Analysis", *Regional Science and Urban Economics* 67 (2017): 119–34.

8. Francine D. Blau e Christopher Mackie, *The Economic and Fiscal Consequences of Immigration* (Washington, D.C.: National Academies Press, 2017).

9. George J. Borjas, "Among Many Other Things, That Current Policy Creates a Large Wealth Transfer from Workers to Firms", *National Review*, 22 de setembro de 2016, http://www.nationalreview.com/article/440334/national-academies-sciences-immigration-study-what-it-really-says, acesso em 29 de janeiro de 2018.

10. George J. Borjas, "The Labor Demand Curve Is Downward Sloping: Reexamining the Impact of Immigration on the Labor Market", *Quarterly Journal of Economics* 118, n°. 4 (2003): 1335–74.

11. Borjas, "Among Many Other Things".

488 NOTAS

12. Christian Dustmann, Uta Schönberg e Jan Stuhler, "Labor Supply Shocks, Native Wages, and the Adjustment of Local Employment", *Quarterly Journal of Economics* 132, no. 1 (2017): 435–83.

13. Jynnah Radford, "Key Findings About U.S. Immigrants", Pew Research Center, 17 de junho de 2019 (fonte de dados: US Census Bureau; American Community Survey [IPUMS]), https://www.pewresearch.org/fact-tank/2019/06/17/key-findings-about-u-s-immigrants/.

14. "Proportion of Resident Population Born Abroad, England and Wales; 1951–2011", Office for National Statistics (Reino Unido), 2013, http://www.ons.gov.uk/ons/rel/census/2011-census-analysis/immigration-patterns-and-characteristics-of-non-uk-born-population-groups-in-england-and-wales/chd-figure-1.xls; "Population of the UK by Country of Birth and Nationality: 2018", Office for National Statistics (Reino Unido), 24 de maio de 2019, https://www.ons.gov.uk/peoplepopulationandcommunity/populationandmigration/internationalmigration/bulletins/ukpopulationby countryofbirthandnationality/2018.

15. Jens Manuel Krogstad, Jeffrey S. Passel e D'vera Cohn, "5 Facts about Illegal Immigration in the U.S.", Pew Research Center, 12 de junho de 2019, https://www.pewresearch.org/fact-tank/2019/06/12/5-facts-about-illegal-immigration-in-the-u-s/.

16. "An Edgy Inquiry", *The Economist*, 4 de abril de 2015 (fonte de dados: Insee – National Institute of Statistics and Economic Studies [França], France strategie), https://www.economist.com/news/europe/21647638-taboo-studying-immigrant-families-performance-fraying-edgy-inquiry.

17. "Settling In 2018: Indicators of Immigrant Integration", OCDE, 2018, https://www.oecd.org/publications/indicators-of-immigrant-integration-2018–9789264307216-en.htm.

18. Rick Noack, "Some French Wanted to Find Out How Racist Their Country Is. They Might Get Sued for It", *The Washington Post*, 4 de fevereiro de 2016, https://www.washingtonpost.com/news/worldviews/wp/2016/02/04/why-it-can-be-illegal-to-ask-people-about-their-religion-or-ethnicity-in-france/?utm_term=.21f58814349b.

19. "Timeline: Deadly Attacks in Western Europe", Reuters, 17 de agosto de 2017, https://www.reuters.com/article/us-europe-at tacks-timeline-idUSKCN1AX2EV; David Batty, "Timeline: 20 Years of Terror That Shook the West", *The Guardian*, 14 de novembro de 2015, https:// www.theguardian.com/world/2015/ nov/14/paris-attacks-timeline-20-years-of-terror.

20. "The Perils of Perception 2018", Ipsos MORI, 2018, https://www. ipsos.com/ipsos-mori/en-uk/perils-perception-2018.

21. Hackett, "5 Facts about the Muslim Population in Europe".

22. "The Perils of Perception 2018", Ipsos MORI, 2018; Pamela Duncan, "Europeans Greatly Overestimate Muslim Population, Poll Shows", *The Guardian*, 13 de dezembro de 2016, https:// www.theguardian.com/society/datablog/2016/dec/13/europeans-massively-overestimate-muslim-population-poll-shows.

23. A conversa foi conduzida por Inbar Golan, o pesquisador que trabalhou comigo em uma série de reportagens intitulada "Exodus" para a rede Channel 10 de Israel e neste livro. Foi durante a preparação dessas reportagens que conheci a família Aboudan.

24. "German Spy Agency Says ISIS Sending Fighters Disguised as Refugees", Reuters, 5 de fevereiro de 2016, https://www.reuters. com/article/us-germany-security-idUSKCN0VE0XL; Anthony Faiola e Souad Mekhennet, "Tracing the Path of Four Terrorists Sent to Europe by the Islamic State", *The Washington Post*, 22 de abril de 2016, https://www.washingtonpost.com/world/national-security/how-europes-migrant-crisis-became-an-opportunity--for-isis/2016/04/21/ec8a7231–062d-4185-bb27-cc7295d35415_story.html?utm_term=.7cf4615e01c9.

25. Alan Travis, "Net Immigration to UK Nears Peak as Fewer Britons Emigrate", *The Guardian*, 26 de maio de 2016, https:// www.theguardian.com/uk-news/2016/may/26/net-migration-to--uk-nears-peak-fewer-britons-emigrate.

26. Heather Stewart e Rowena Mason, "Nigel Farage's Anti-Migrant Poster Reported to Police", *The Guardian*, 16 de junho de 2016, https://www.theguardian.com/politics/2016/jun/16/nigel-farage -defends-ukip-breaking-point-poster-queue-of-migrants.

490 NOTAS

27. "The Vote to Leave the EU", em *British Social Attitudes* 34, The National Centre for Social Research, 2017, http://www.bsa.natcen.ac.uk/media/39149/bsa34_brexit_final.pdf; Daniel Boffey, "Poll Gives Brexit Campaign Lead of Three Percentage Points", *The Observer (The Guardian)*, 5 de junho de 2016, https://www.theguardian.com/politics/2016/jun/04/poll-eu-brexit-lead-opinium.

28. Rose Meleady, Charles R. Seger e Marieke Vermue, "Examining the Role of Positive and Negative Intergroup Contact and Anti-Immigrant Prejudice in Brexit", *British Journal of Social Psychology* 56, nº. 4 (2017): 799–808.

29. Yago Zayed, "Hate Crimes: What Do the Stats Show?", House of Commons Library, 8 de abril de 2019 (fonte de dados: Home Office, Office for National Statistics), https://commonslibrary.parliament.uk/home-affairs/justice/hate-crimes-what-do-the-stats-show/.

30. Hannah Corcoran e Kevin Smith, "Hate Crime, England and Wales, 2016/16", Home Office (Reino Unido), 13 de outubro de 2016, https://assets.publishing.service.gov.uk/government/uploads/system/uploads/attachment_data/file/559319/hate-crime-1516-hosb1116.pdf.

31. Qasim Peracha, "How Hate Crimes Have Spiked in London since the Brexit Referendum", *My London*, 3 de maio de 2019 (fonte de dados: Polícia Metropolitana de Londres), https://www.mylondon.news/news/zone-1-news/how-hate-crimes-spiked-london-16217897; "Hate Crime or Special Crime Dashboard", Polícia Metropolitana de Londres, 2019, https://www.met.police.uk/sd/stats-and-data/met/hate-crime-dashboard/.

32. Robert Booth, "Racism Rising since Brexit Vote, Nationwide Study Reveals", *The Guardian*, 20 de maio de 2019 (fonte de dados: pesquisa de opinião, 2014–16), https://www.theguardian.com/world/2019/may/20/racism-on-the-rise-since-brexit-vote-nationwide-study-reveals.

33. Franz Solms-Laubach, "Mehr als 6 Millionen Flüchtlinge auf dem Weg nach Europa", *Bild*, 23 de maio de 2017, https://www.bild.de/politik/ausland/fluechtlinge/6-millionen-warten-auf-reise-nach-europa-51858926.bild.html.

34. Peter Heather, *Empires and Barbarians: Migration, development and the birth of Europe* (Londres: Macmillan, 2009).

35. "Two Americas: Immigration", 18 de agosto de 2016, YouTube, https://youtu.be/3mKzYPt0Bu4.

36. "Transcript of the Second Debate", *The New York Times*, 10 de outubro de 2016, https://www.nytimes.com/2016/10/10/us/politics/transcript-second-debate.html.

37. "Exit Polls", CNN, 23 de novembro de 2016, http://edition.cnn.com/election/results/exit-polls/national/president; Philip Bump, "In Nearly Every Swing State, Voters Preferred Hillary Clinton on the Economy", *The Washington Post*, 2 de dezembro de 2016, https://www.washingtonpost.com/news/the-fix/wp/2016/12/02/in-nearly-every-swing-state-voters-preferred-hillary-clinton-on-the-economy/?utm_term=.cf8fbdc0763f.

CAPÍTULO 16: COM A PALAVRA, UM SÚDITO DO IMPÉRIO

1. Jon Wiener, "Relax, Donald Trump Can't Win", *The Nation*, 21 de junho de 2016, https://www.thenation.com/article/trump-cant-win/.

2. Jonathan Chait, "Why Hillary Clinton Is Probably Going to Win the 2016 Election", *New York Magazine*, 12 de abril de 2015, http://nymag.com/daily/intelligencer/2015/04/why-hillary-clinton-is-probably-going-to-win.html.

3. As entrevistas mostradas foram conduzidas para uma série de reportagens na rede Channel 10 de Israel antes das eleições de 2016.

4. Thomas Jefferson para James Madison, 27 de abril de 1809, Arquivos Nacionais, https://founders.archives.gov/documents/Jefferson/03–01–02–0140.

5. Jonathan McClory, "The Soft Power 30, A Global Ranking of Soft Power, 2018", Portland and USC Center on Public Diplomacy, julho de 2018, https://www.uscpublicdiplomacy.org/sites/uscpublicdiplomacy.org/files/useruploads/u39301/The%20Soft%20Power%2030%20Report%202018.pdf.

6. Iliana Olivié e Manuel Gracia, "Elcano Global Presence Report 2018", Elcano Royal Institute, 2018, http://www.realinstitu-

492 NOTAS

toelcano.org/wps/wcm/connect/897b80cc-47fa-4130–9c3d-24e-16c7f0a66/Global_Presence_2018.pdf? MOD=AJPERES&CA-CHEID=897b80cc-47fa-4130–9c3d-24e16c7f0a66.

7. Michael Scherer, "Obama Too Is an American Exceptionalist", *Time*, 4 de abril de 2009, https://swampland.time.com/2009/04/04/obama-too-is-an-american-exceptionalist/.

8. Virgil, *The Aeneid*, Book Six, trad. de David Ferry (Chicago: University of Chicago Press, 2017), 201.

9. Reinhold Niebuhr, *The Irony of American History* (Chicago: University of Chicago Press, 2008), 74.

10. Alan P. Dobson e Steve Marsh, *US Foreign Policy since 1945 (The Making of the Contemporary World)* (Londres e Nova York: Routledge, 2006), 55.

11. Charles L. Mee Jr., *The Marshall Plan* (Nova York: Simon & Schuster, 1985), 99–100.

12. John T. Bethell, "How the Press Missed 'Mr. Marshall's Hint'", *The Washington Post*, 25 de maio de 1997, http://www.washingtonpost.com/wp-srv/inatl/longterm/marshall/bethell.htm.

13. Bruce D. Jones, ed., *The Marshall Plan and the Shaping of American Strategy* (Washington, D.C.: Brookings Institution Press, 2017).

14. Niall Ferguson, *Empire: The rise and demise of the british world order and the lessons for global power* (Nova York: Basic Books, 2003).

15. Michael Ignatieff, "American Empire (Get Used to It)", *The New York Times Magazine*, 5 de janeiro de 2003, https://www.nytimes.com/2003/01/05/magazine/the-american-empire-the-burden.html.

16. Richard H. Immerman, *Empire for Liberty: A history of american imperialism from Benjamin Franklin to Paul Wolfowitz* (Princeton, NJ: Princeton University Press, 2010), 3.

17. Molly Ivins, "Cheney's Card: The Empire Writes Back", *The Washington Post*, 30 de dezembro de 2003, https://www.washingtonpost.com/archive/opinions/2003/12/30/cheneys-card-the-empire-writes-back/18317ced-c7d4–4ea2-a788-d9a-67cd72f86/.

18. Amy Belasco, "The Cost of Iraq, Afghanistan, and Other Global War on Terror Operations Since 9/11", Serviço de Pesquisa do Congresso dos Estados Unidos, Relatório RL33110, 2014, https://fas.org/sgp/crs/natsec/ RL33110.pdf.

19. Joseph Stiglitz e Linda J. Bilmes, *The Three Trillion Dollar War* (Nova York: W. W. Norton & Company, 2008).

20. Neta C. Crawford, "United States Budgetary Costs of the Post 9/11 Wars Through FY2019: $5.9 Trillion Spent and Obligated", Universidade Brown, 14 de novembro de 2018, https://watson.brown.edu/costsofwar/files/cow/imce/papers/2018/Crawford_Costs%20of%20War%20Estimates%20Through%20FY2019.pdf.

21. "Israeli Journalist Mines a Story in Marianna", *Observer-Reporter* [Washington, PA], 30 de julho de 2016, atualizado em 5 de dezembro de 2017, https://observer-reporter.com/news/localnews/israeli-journalist-mines-a-story-in-marianna/article_923b8bbb-e3a8-54c8-992b-90e65404d987.html.

22. As conversas em Marianna foram conduzidas para um documentário exibido pela rede Channel 10 de Israel em julho de 2016.

CAPÍTULO 17: "MINHA MÃE FOI ASSASSINADA AQUI"

1. "Hutchins Intermediate School", 1922, http://detroiturbex.com/content/schools/hutchins/index.html.

2. Detroit, Michigan, Quick Facts, United States Census Bureau, 2018, https://www.census.gov/quickfacts/fact/table/detroitcity-michigan/PST045218.

3. "1950 Census of Population, Population of Michigan by Counties", United States Census Bureau, 1º de abril de 1950, https://www2.census.gov/library/publications/decennial/1950/pc-02/pc-2-36.pdf.

4. As conversas estão documentadas em minha série de reportagens "The Battle for America", na rede Channel 10 News de Israel, exibida em outubro de 2016.

5. Ed Mazza, "Ron Baity, Baptist Preacher, Claims God Will Send Something Worse Than Ebola as Punishment for Gay Marria-

494 NOTAS

ge", *HuffPost*, 15 de outubro de 2014, https://www.huffpost.com/entry/ron-baity-ebola-gay-marriage_n_5987210.

6. Anna North e Catherine Kim, "The 'Heartbeat' Bills That Could Ban Almost All Abortions, Explained", Vox, 28 de junho 2019, https://www.vox.com/policy-and-politics/2019/4/19/18412384/abortion-heartbeat-bill-georgia-louisiana-ohio-2019; Jacob Gershman e Arian Campo-Flores, "Antiabortion Movement Begins to Crack, After Decades of Unity", *The Wall Street Journal*, 17 de julho de 2019, https://www.wsj.com/articles/antiabortion-movement-begins-to-crack-after-decades-of-unity-11563384713.

7. "All Employees: Total Nonfarm Payrolls", Federal Reserve Bank of St. Louis, 2019 (fonte de dados: US Bureau of Labor Statistics), https://fred.stlouisfed.org/graph/?g=4EKm.

8. Lee E. Ohanian, "Competition and the Decline of the Rust Belt", Economic Policy Paper nº. 14–6, Federal Reserve Bank of Minneapolis, 2014.

9. David H. Autor, David Dorn e Gordon H. Hanson, "The China Shock: Learning from Labor-Market Adjustment to Large Changes in Trade", *Annual Review of Economics* 8 (2016): 205–40.

10. Zeeshan Aleem, "Another Kick in the Teeth: A Top Economist on How Trade with China Helped Elect Trump", Vox, 29 de março de 2017, https://www.vox.com/new-money/2017/3/29/15035498/autor-trump-china-trade-election.

11. Anne Case e Angus Deaton, "Mortality and Morbidity in the 21st Century", Brookings Papers on Economic Activity, Vol. 1, 2017, https://www.brookings.edu/wp-content/uploads/2017/08/case textsp17bpea.pdf, 397–476.

12. Andrew Buncombe, "Donald Trump's Detroit Speech: Read the Full Transcript", *The Independent*, 8 de agosto de 2016, http://www.independent.co.uk/news/world/americas/us-elections/donald-trumps-detroit-speech-read-the-full-transcript-a7179421.html.

13. Michael J. Hicks e Srikant Devaraj, "The Myth and the Reality of Manufacturing in America", Center for Business and

Economic Research, Universidade Estadual Ball, 2015 https://conexus.cberdata.org/files/MfgReality.pdf.

14. Ryan A. Decker et al., "Where Has All the Skewness Gone? The Decline in High-Growth (Young) Firms in the US", *European Economic Review* 86 (2016): 4–23 (fonte de dados: US Census Bureau).

15. Ronald S. Jarmin, Shawn D. Klimek e Javier Miranda, "The Role of Retail Chains: National, Regional and Industry Results", em *Producer Dynamics: New evidence from micro data*, ed. Tim Dunne (Chicago: University of Chicago Press, 2009), 237–62.

16. Neela Banerjee, Lisa Song e David Hasemyer, "Exxon's Own Research Confirmed Fossil Fuels' Role in Global Warming Decades Ago", Inside Climate News, 16 de setembro de 2015, https://insideclimatenews.org/news/15092015/Exxons-own-research-confirmed-fossil-fuels-role-in-global-warming.

17. Geoffrey Supran e Naomi Oreskes, "Assessing ExxonMobil's Climate Change Communications (1977–2014)", *Environmental Research Letters* 12, n°. 8 (2017): 084019.

18. Art Van Zee, "The Promotion and Marketing of Oxycontin: Commercial Triumph, Public Health Tragedy", *American Journal of Public Health* 99, n°. 2 (2009): 221–27, doi 10.2105/AJPH.2007.131714.

19. Thomas Piketty, Emmanuel Saez e Gabriel Zucman, "Distributional National Accounts: Methods and Estimates for the United States", *Quarterly Journal of Economics* 133, n°. 2 (2017): 553–609, doi 10.3386/w22945.

20. Facundo Alvaredo et al., "World Inequality Report, 2018", World Inequality Lab, 2018, https://wir2018.wid.world/files/download/wir2018-full-report-english.pdf, 82.

21. Bruce Sacerdote, "Fifty Years of Growth in American Consumption, Income, and Wages", Documento de Trabalho N°. 23292, National Bureau of Economic Research, 2017; Michael R. Strain, "The Link between Wages and Productivity Is Strong", American Enterprise Institute, 2019, https://www.aei.org/wp-content/uploads/2019/02/The-Link-Between-Wages-and-Productivity-is-Strong.pdf.

496 NOTAS

22. "Average Weekly Earnings of Production and Nonsupervisory Employees, 1982–84 Dollars, Total Private, Seasonally Adjusted", https://data.bls.gov/pdq/SurveyOutputServletEmployment; "Hours, and Earnings from the Current Employment Statistics Survey (National)", Bureau of Labor Statistics (EUA), 2019, https://www.bls.gov/webapps/legacy/cesbtab8.htm.

23. Drew DeSilver, "For Most U.S. Workers, Real Wages Have Barely Budged in Decades", Pew Research Center, 7 de agosto de 2018, https://www.pewresearch.org/fact-tank/2018/08/07/for-most-us-workers-real-wages-have-barely-budged-for-decades/.

24. "The Distribution of Household Income, 2016", Congressional Budget Office, julho de 2019, https://www.cbo.gov/publication/55413.

25. David Leonhardt, "Our Broken Economy, in One Simple Chart", *The New York Times*, 7 de agosto de 2017, https://www.nytimes.com/interactive/2017/08/07/opinion/leonhardt-income-inequality.html?smid=tw-share.

26. Raj Chetty et al., "The Fading American Dream: Trends in Absolute Income Mobility Since 1940", *Science* 356, n°. 6336 (2017): 398–406.

27. Alvaredo et al., "World Inequality Report, 2018", 45.

28. Raquel Meyer Alexander, Stephen W. Mazza e Susan Scholz, "Measuring Rates of Return for Lobbying Expenditures: An Empirical Case Study of Tax Breaks for Multinational Corporations", *Journal of Law and Politics* 25, n°. 401 (2009): 401–58.

29. David Autor et al., "Importing Political Polarization? The Electoral Consequences of Rising Trade Exposure", National Bureau of Economic Research, Documento de Trabalho N°. w22637 (2016): 936–53, doi 10.3386/w22637.

30. Dados dos Estados Unidos, 2017 (fonte de dados: US Census Bureau), https://datausa.io/profile/geo/waynesburg=-pa/?compare-pennsylvania#about.

31. Julian Turner, "Lean and Clean: Why Modern Coal-Fired Power Plants are Better by Design", 21 de junho de 2016, https://www.power-technology.com/features/featurelean-and-clean-why-modern-coal-fired-power-plants-are-better-by-design-4892873/.

32. Bryan Walsh, "How the Sierra Club Took Millions from the Natural Gas Industry — And Why They Stopped", *Time*, 2 de fevereiro de 2012, http://science.time.com/2012/02/02/exclusive-how-the-sierra-club-took-millions-from-the-natural-gas-industry-and-why-they-stopped/.

33. Neil Irwin, "How Are American Families Doing? A Guided Tour of Our Financial Well-Being", *The New York Times*, 8 de setembro de 2014, https://www.nytimes.com/2014/09/09/upshot/how-are-american-families-doing-a-guided-tour-of-our-financial-well being.html?module=inline.

34. *O Exterminador do Futuro 2: O Julgamento Final*, direção de James Cameron, 1991.

CAPÍTULO 18: O ANTIGLOBALIZADOR

1. Hanoch Levin, *Schitz*, trad. de Naaman Tammuz, em *Selected Plays One (1975–1983)* (Londres: Oberon, 2020), 110.

2. As conversas com a família Quigley foram conduzidas por Inbar Golan, meu pesquisador, em julho de 2019.

3. Winston S. Churchill, *The World Crisis: The aftermath* (Nova York: Scribner, 1929), 63.

4. Marc Fisher e Will Hobson, "Donald Trump Masqueraded as Publicist to Brag About Himself", *The Washington Post*, 13 de maio de 2016, https://www.washingtonpost.com/politics/donald-trump-alter-ego-barron/2016/05/12/02ac99ec-16fe-11e6-aa55−670cabe f46e0_story.html.

5. Chris Cillizza, "Donald Trump's 'John Miller' Interview Is Even Crazier Than You Think", *The Washington Post*, 16 de maio de 2016, https://www.washingtonpost.com/news/the-fix/wp/2016/05/16/donald-trumps-john-miller-interview-is-even-crazier-than-you-think/.

6. Patrick Radden Keefe, "How Mark Burnett Resurrected Donald Trump as an Icon of American Success", *The New Yorker*, 27 de dezembro de 2018, https://www.newyorker.com/magazine/2019/01/07/how-mark-burnett-resurrected-donald-trump-as-an-icon-of-american-success.

498 NOTAS

7. David A. Fahrenthold, "Trump Recorded Having Extremely Lewd Conversation About Women in 2005", *The Washington Post*, 8 de outubro de 2016, https://www.washingtonpost.com/politics/trump-recorded-having-extremely-lewd-conversation-about-women-in-2005/2016/10/07/3b9ce776–8cb4–11e6-bf8a-3d26847eeed4_story.html.

8. "Transcript of Mitt Romney's Speech on Donald Trump", *The New York Times*, 3 de março de 2016, https://www.nytimes.com/2016/03/04/us/politics/mitt-romney-speech.html.

9. Brad Plumer, "Full Transcript of Donald Trump's Acceptance Speech at the RNC", Vox, 21 de julho de 2016, https://www.vox.com/2016/7/21/12253426/donald-trump-acceptance-speech-transcript-republican-nomination-transcript.

10. Craig Timberg e Tony Romm, "New Report on Russian Disinformation, Prepared for the Senate, Shows the Operation's Scale and Sweep", *The Washington Post*, 17 de dezembro de 2018, https://www.washingtonpost.com/technology/2018/12/16/new-report-russian-disinformation-prepared-senate-shows-operations-scale-sweep/; Philip N. Howard, Bharath Ganesh, e Dimitra Liotsiou, "The IRA, Social Media and Political Polarization in the United States, 2012–2018", Universidade Oxford, 2018, https://comprop.oii.ox.ac.uk/wp-content/uploads/sites/93/2018/12/The-IRA-Social-Media-and-Political-Polarization.pdf.

11. David E. Sanger e Catie Edmondson, "Russia Targeted Election Systems in All 50 States, Report Finds", *The New York Times*, 25 de julho de 2019, https://www.nytimes.com/2019/07/25/us/politics/russian-hacking-elections.html; "Report of the Select Committee on Intelligence, United States Senate, on Russian Active Measres Campaigns and Interference in the 2016 U.S. Election, Volume 1: Russian Efforts Against Election Infrastructure", Senado dos Estados Unidos, 25 de julho de 2019, https://www.intelligence.senate.gov/sites/default/files/documents/Report_Volume1.pdf, 21–28.

12. "Transcript: Donald Trump's Foreign Policy Speech", *The New York Times*, 27 de abril de 2016, https://www.nytimes.

com/2016/04/28/us/politics/transcript-trump-foreign-policy.
html.

13. "Speech: Donald Trump Holds a Political Rally in Houston, Texas", Factbase, 22 de outubro de 2018, https://factba.se/transcript/donald-trump-speech-maga-rally-houston-tx-october-22–2018.

14. Salena Zito, "Taking Trump Seriously, Not Literally", *The Atlantic*, 23 de setembro de 2016, https://www.theatlantic.com/politics/archive/2016/09/trump-makes-his-case-in-pittsburgh/501335/.

15. Rosie Gray, "Trump Defends White-Nationalist Protesters: 'Some Very Fine People on Both Sides'", *The Atlantic*, 15 de agosto de 2017, https://www.theatlantic.com/politics/archive/2017/08/trump-defends-white-nationalist-protesters-some-very-fine-people-on-both-sides/537012/.

16. Katie Rogers e Nicholas Fandos, "Trump Tells Congresswomen to 'Go Back' to the Countries They Came From", *The New York Times*, 14 de julho de 2019, https://www.nytimes.com/2019/07/14/us/ politics/trump-twitter-squad-congress.html.

17. Paul Waldman, "Trump Sucks up to Putin, Embarrassing Us Yet Again", *The Washington Post*, 28 de junho de 2019, https://www.washingtonpost.com/opinions/2019/06/28/trump-sucks-up-putin-embarrassing-us-yet-again/.

18. Benjamin De Cleen, "Populism and Nationalism", em *The Oxford Handbook of Populism*, ed. Cristóbal Kaltwasser Rovira et al. (Nova York: Oxford University Press, 2017), 342–62.

19. George Orwell, "Notes on Nationalism", *Polemic* 1 (outubro de 1945), parágrafos 4, 15.

CAPÍTULO 19: A IMPLOSÃO DA VERDADE

1. Alexandra Jaffe, "Kellyanne Conway: WH Spokesman Gave 'Alternative Facts' on Inauguration Crowd", NBC, 22 de janeiro de 2017, https://www.nbcnews.com/storyline/meet-the-press-70-years/wh-spokesman-gave-alternative-facts-inauguration-crowd-n710466.

500 NOTAS

2. "Income Inequality in the San Francisco Bay Area", Silicon Valley Institute for Regional Studies, junho de 2015, https://jointventure.org/images/stories/pdf/income-inequality-2015–06.pdf.

3. "California Homelessness Statistics", United States Interagency Council on Homelessness, 2018, https://www.usich.gov/homelessness-statistics/ca.

4. Theodore Schleifer, "One Out of Every 11,600 People in San Francisco Is a Billionaire", Vox, 9 de maio de 2019, https://www.vox.com/recode/2019/5/9/18537122/billionaire-study-wealthx-san-francisco; "The Wealth-X Billionaire Census 2019", Wealth-X, 9 de maio de 2019, https://www.wealthx.com/report/the-wealth-x-billionaire-census-2019/?utm_campaign=bc-2019&utm_source=broadcast&utm_medium=referral&utm_term=bc--2019-press&utm_source=broadcast&utm_medium=referral.

5. Tim Cook, "Tim Cook to Grads: This Is Your World to Change", *Time*, 18 de maio de 2015, http://time.com/collection--post/3882479/tim-cook-graduation-speech-gwu/.

6. Mike Isaac e Scott Shane, "Facebook's Russia-Linked Ads Came in Many Disguises", *The New York Times*, 2 de outubro de 2017, https://www.nytimes.com/2017/10/02/technology/facebook-russia-ads-.html?rref=collection%2Fbyline%2Fmike-isaac&action=click&contentCollection=undefined%-C2%AEion=stream&module=stream_unit&version=latest&-contentPlacement=5&pgtype=collection.

7. Craig Silverman, "This Analysis Shows How Viral Fake Election News Stories Outperformed Real News on Facebook", *BuzzFeed*, 17 de novembro de 2016, https://www.buzzfeed.com/craigsilverman/viral-fake-election-news-outperformed-real-news-on-facebook?utm_term=.uyRyVedQ2P#.hj5KkW1nXJ.

8. Kurt Wagner, "Two-Thirds of Americans Are Now Getting News from Social Media", Vox, 7 de setembro de 2017, https://www.vox.com/2017/9/7/16270900/social-media-news-americans-facebook-twitter; "In 2017 Two-Thirds of U.S. Adults Get News from Social Media", Pew Research Center, 5 de setembro de 2017, https://www.journalism.org/2017/09/07/news-use-across--social-media-platforms-2017/pi_17– 08 –23 _ socialmediaupdate_0–01/.

9. Andrew Guess, Brendan Nyhan e Jason Reifler, "Selective Exposure to Misinformation: Evidence from the Consumption of Fake News During the 2016 US Presidential Campaign", European Research Council, 9 de janeiro de 2018, http://www.dartmouth.edu/~nyhan/fake-news-2016.pdf.

10. Samanth Subramanian, "The Macedonian Teens Who Mastered Fake News", *Wired*, 15 de fevereiro de 2017, https://www.wired.com/2017/02/veles-macedonia-fake-news/.

11. Thomas Fuller, "Internet Unshackled, Burmese Aim Venom at Ethnic Minority", *The New York Times*, 15 de junho de 2012, https://www.nytimes.com/2012/06/16/world/asia/new-freedom-in-myanmar-lets-burmese-air-venom-toward-rohingya-muslim-group.html?search ResultPosition=8&module=inline.

12. "Report of the Independent International Fact-Finding Mission on Myanmar", Conselho de Direitos Humanos, ONU, 17 de setembro de 2018, https://www.ohchr.org/EN/HRBodies/HRC/Pages/NewsDetail.aspx?NewsID=23575&LangID=E.

13. Karsten Müller e Carlo Schwarz, "Fanning the Flames of Hate: Social Media and Hate Crime", 2018, http://dx.doi.org/10.2139/ssrn.3082972.

14. "Facebook's Algorithm: A Major Threat to Public Health", AVAAZ, 19 de agosto de 2020, https://avaazimages.avaaz.org/facebook_threat_health.pdf.

15. Alan I. Abramowitz, "Did Russian Interference Affect the 2016 Election Results?", Sabato's Crystal Ball, University of Virginia Center for Politics, 8 de agosto de 2019, http://crystalball.centerforpolitics.org/crystalball/articles/did-russian-interference-affect-the-2016-election-results/; Morgan Marietta, "Did Russian Interference Change Votes in 2016?" *Psychology Today*, 15 de agosto de 2019, https://www.psychologytoday.com/us/blog/inconvenient-facts/201908/did-russian-interference-change-votes-in-2016; Yochai Benkler, Robert Faris e Hal Roberts, *Network Propaganda: Manipulation, disinformation, and radicalization in american politics* (Nova York: Oxford University Press, 2018), 235–68.

16. Herbert Marshall McLuhan, *Understanding Media: The extensions of man* (Nova York: McGraw-Hill, 1964).

502 NOTAS

17. Mason Walker e Jeffrey Gottfried, "Republicans Far More Likely than Democrats to Say Fact-Checkers Tend to Favor One Side", Pew Research Center, 27 de junho de 2019, https://www.pew research.org/fact-tank/2019/06/27/republicans-far-more-likely--than-democrats-to-say-fact-checkers-tend-to-favor-one-side/.

18. "Fake News, Filter Bubbles, Post-Truth and Trust", Ipsos, setembro de 2018, https://www.ipsos.com/sites/default/files/ct/news/documents/2018−09/fake-news-filter-bubbles-post-truth-and-trust.pdf.

19. Andrew Chadwick e Cristian Vaccari, "News Sharing on UK Social Media Misinformation, Disinformation, and Correction", Online Civic Culture Centre, Universidade de Loughborough, 2 de maio de 2019, https://www.lboro.ac.uk/media/media/research/o3c/Chadwick%20Vaccari%20O3C-1%20News%20 Sharing%20on%20UK%20 Social%20Media.pdf.

20. Francine Prose, "Truth Is Evaporating Before Our Eyes", *The Guardian*, 19 de dezembro de 2016, https://www.theguardian.com/commentisfree/2016/dec/19/truth-is-evaporating-before-our-eyes.

21. Soroush Vosoughi, Deb Roy e Sinan Aral, "The Spread of True and False News Online", *Science* 359, n°. 6380 (2018): 1146−51.

22. "Fake News", Ipsos, setembro de 2018.

23. Galen Stocking, "Political Leaders, Activists Viewed as Prolific Creators of Made-Up News; Journalists Seen as the Ones to Fix It", Pew Research Center, 5 de junho de 2019, https://www.journalism.org/2019/06/05/political-leaders-activists-viewed-as-prolific-creators-of-made-up-news-journalists-seen-as-the-ones-to-fix-it/.

24. António Guterres, "Secretary-General's Remarks to UNA-USA Global Engagement Summit", Nações Unidas, Secretário-geral, ONU, 22 de fevereiro de 2019, https://www.un.org/sg/en/content/sg/statement/2019−02−22/secretary-generals-remarks-una-usa-global-engagement-summit-delivered.

25. Yann Algan e Pierre Cahuc, "Inherited Trust and Growth", *American Economic Review* 100, n°. 5 (2010): 2060−92; Ogu-

zhan C. Dincer e Eric M. Uslaner, "Trust and Growth", *Public Choice* 142 (2010): 59–67.

26. "2019 Edelman Trust Barometer, Global Report", Edelman, 2019, https://www.edelman.com/sites/g/files/aatuss191/files/2019–02/2019_Edelman_Trust_Barometer_Global_Report.pdf.

27. "Trust in Government", Directorate for Public Governance, OCDE, 2019, https://www.oecd.org/gov/trust-in-government.htm.

28. Public Opinion, Eurobarometer Interactive, European Commission, junho de 2019, https://ec.europa.eu/commfrontoffice/publicopinion/index.cfm/Chart/getChart/themeKy/18/groupKy/98; "Standard Eurobarometer 89 Spring 2018", Comissão Europeia, 2018, https://ec.europa.eu/commfrontoffice/publicopinion/index.cfm/ResultDoc/download/DocumentKy/83548.

29. "Confidence in Institutions", Gallup, 2019, https://news.gallup.com/poll/1597/confidence-institutions.aspx; "Public Trust in Government: 1958–2019", Pew Research Center, 11 de abril de 2019, https://www.people-press.org/2019/04/11/public-trust-in-government-1958–2019/.

30. John Gramlich, "Young Americans Are Less Trusting of Other People — and Key Institutions — Than Their Elders", Pew Research Center, 6 de agosto de 2019, https://www.pewresearch.org/fact-tank/2019/08/06/young-americans-are-less-trusting-of-other-people-and-key-institutions-than-their-elders/.

31. Esteban Ortiz-Ospina e Max Roser, "Trust", em "Our World in Data, 2019" (fonte de dados: US General Survey Data, 2014), https://ourworldindata.org/trust#in-the-us-people-trust-each-other-less-now-than-40-years-ago; US General Survey Data, 2018, https://gssdataexplorer.norc.org/variables/441/vshow.

32. Trustlab, OCDE, 2019 (fonte de dados: pesquisa da OCDE, 2016–18), https://www.oecd.org/sdd/trustlab.htm.

33. Gramlich, "Young Americans".

34. Alberto Alesina e Eliana La Ferrara, "The Determinants of Trust", National Bureau of Economic Research, Documento de Trabalho N°. 7621, 2000; Henrik Jordahl, "Economic Inequality", em *Handbook of Social Capital*, ed. Gert Tinggaard

504 NOTAS

Svendsen e Gunnar Lind Haase Svendsen (Cheltenham, Reino Unido: Edward Elgar, 2009), 323-36.

35. Lee Rainie e Andrew Perrin, "Key Findings about Americans' Declining Trust in Government and Each Other", Pew Research Center, 22 de julho de 2019, https://www.pewresearch.org/fact-tank/2019/07/22/key-findings-about-americans-declining-trust-in-government-and-each-other/.

36. Susan J. Masten, Simon H. Davies e Shawn P. McElmurry, "Flint Water Crisis: What Happened and Why?", *Journal of the American Water Works Association* 108, n°. 12 (2016): 22-34.

37. Mitch Smith, Julie Bosman e Monica Davey, "Flint's Water Crisis Started 5 Years Ago. It's Not Over", *The New York Times*, 25 de abril de 2019, https://www.nytimes.com/2019/04/25/us/flint-water-crisis.html.

38. "High Lead Levels in Flint, Michigan: Interim Report", United States Environmental Protection Agency, 24 de junho de 2015, http://flintwaterstudy.org/wp-content/uploads/2015/11/Miguels-Memo.pdf.

39. Daniel S. Grossman e David J. G. Slutsky, "The Effect of an Increase in Lead in the Water System on Fertility and Birth Outcomes: The Case of Flint, Michigan", Universidade da Virgínia Ocidental e Universidade do Kansas, 2017.

40. James Salzman, *Drinking Water: A history*, rev. ed. (Nova York: Abrams, 2017), 149-50.

41. Lauren Gibbons, "See How Voter Turnout Changed in Every Michigan County from 2012 to 2016", Michigan Live, 11 de novembro de 2016, https://www.mlive.com/news/2016/11/see_how_every_ michigan_county.html.

42. Sowmya R. Rao et al., "Survey Shows That at Least Some Physicians Are Not Always Open or Honest with Patients", *Health Affairs* 31, n°. 2 (2012): 383-91; Marcia Frellick, "Physicians, Nurses Draw Different Lines for When Lying Is OK", Medscape, 31 de janeiro de 2019, https://www.medscape.com/viewarticle/908418.

43. Jerald M. Jellison, *I'm Sorry, I Didn't Mean To, and Other Lies We Love To Tell* (Chicago: Chatham Square Press, 1977).

44. Robert S. Feldman, James A. Forrest e Benjamin R. Happ, "Self-Presentation and Verbal Deception: Do Self-Presenters Lie More?", *Basic and Applied Social Psychology* 24, nº. 2 (2002): 163–70, https://doi.org/10.1207/S15324834BASP2402_8.

45. Kim B. Serota, Timothy R. Levine e Franklin J. Boster, "The Prevalence of Lying in America: Three Studies of Self-Reported Lies", *Human Communication Research* 36, nº. 1 (2010): 2–25.

46. Dana Carney et al., "People with Power Are Better Liars", Columbia Business School, 2017, https://www0.gsb.columbia.edu/mygsb/faculty/research/pubfiles/3510/Power.Lying.pdf; D. R. Carney, "People with Power Are Better Liars" (outubro de 2009), apresentado no Person Memory Interest Group, Boothbay Harbor, ME. 2.

47. Danny Sullivan, "Google Now Handles at Least 2 Trillion Searches per Year", Search Engine Land, 24 de maio de 2016, https://searchengineland.com/google-now-handles-2–999-trillion-searches-per-year-250247.

48. Nikita Sood et al., "Paging Dr. Google: The Effect of Online Health Information on Trust in Pediatricians' Diagnoses", *Clinical Pediatrics* 58, nº. 8 (2019): 889–96.

49. Reid Wilson, "Fury Fuels the Modern Political Climate in US", *The Hill*, 20 de setembro de 2019 (fonte de dados: Gallup), https://thehill.com/homenews/state-watch/351432-fury-fuels--the-modern-political-climate-in-us; Frank Newport, "Americans' Confidence in Institutions Edges Up", Gallup, 26 de junho de 2017, https://news.gallup.com/poll/212840/americans-confidence-institutions-edges.aspx.

50. Gramlich, "Young Americans".

51. Seth Stephens-Davidowitz, *Everybody Lies: Big data, new data, and what the internet can tell us about who we really are* (Nova York: Harper Collins, 2017). Publicado no Brasil com o título *Todo Mundo Mente* (Rio de Janeiro: Ed. Alta Books, 2018).

52. "Exclusive Third Rail with OZY–The Marist Poll", setembro de 2017, https://www.pbs.org/wgbh/third-rail/episodes/episode-1-is-truth-overrated/americans-value-ideal-truth-american-society/.

506 NOTAS

53. Amy Mitchell et al., "Distinguishing Between Factual and Opinion Statements in the News", Pew Research Center, 18 de junho de 2018, https://www.journalism.org/2018/06/18/distinguishing-between-factual-and-opinion-statements-in-the-news/.

54. Hannah Arendt, *Totalitarianism: Part three of the origins of totalitarianism* (Nova York: Harcourt Brace and Company, 1973; primeira publicação em 1951), 382. Publicado no Brasil com o título *As Origens do Totalitarismo*.

CAPÍTULO 20: A BATALHA PELO PROGRESSO

1. Joseph E. Stiglitz, *Making Globalization Work* (Nova York: W. W. Norton & Company, 2006), 292.

2. "CNBC Transcript: French Presidential Candidate & National Front Party Leader Marine Le Pen Speaks with CNBC's Michelle Caruso-Cabrera Today", CNBC, 21 de novembro de 2016, https:// www.cnbc.com/2016/11/21/cnbc-transcript-french-presidential-candidate-national-front-party-leader-marine-le-pen-speaks-with-cnbcs-michelle-caruso-cabrera-today.html.

3. Roberto Stefan Foa e Yascha Mounk, "The Danger of Deconsolidation: The Democratic Disconnect", *Journal of Democracy* 27, nº. 3 (2016): 5–17.

4. W. B. Yeats, "The Second Coming", 1919, https://www.poetryfoundation.org/poems/43290/the-second-coming.

5. Barbara W. Tuchman, *The March of Folly* (Nova York: Knopf, 1984), 5. Publicado no Brasil com o título *A Marcha da Insensatez*.

6. Eric Bradner, "Trump Praises 9/11 Truther's 'Amazing' Reputation", CNN, 2 de dezembro de 2015, https://edition.cnn.com/2015/12/02/politics/donald-trump-praises-9–11-truther-alex-jones/index.html.

7. The Avielle Foundation, 2019, https://aviellefoundation.org/about-the-foundation/welcome-message/.

8. Dorothea Waley Singer, *Giordano Bruno: His life and thought* (Nova York: Henry Schuman, 1950), 179.

NOTAS 507

9. Yuval Noah Harari, *Sapiens: A brief history of humankind* (Londres: Harvill Secker, 2014), 215. Publicado no Brasil com o título *Sapiens: Uma breve história da humanidade.*

10. Marie Jean-Antoine-Nicolas de Caritat, Marquis de Condorcet, *Outlines of an Historical View of the Progress of the Human Mind*, trad. do francês (Londres: Impresso por J. Johnson, 1795), 327.

11. Pierre Bayle, *Various Thoughts on the Occasion of a Comet*, 1682, trad. de Robert C. Bartlett (Albany: SUNY Press, 2000), 130.

12. Citado em Mark Twain, "King Leopold's Soliloquy" (Nova Délhi: LeftWord Books, 1970; primeira publicação em 1905), 12.

13. "How Robots Change the World", Oxford Economics, junho de 2019, https://www.oxfordeconomics.com/recent-releases/how-robots-change-the-world;.

14. Quoctrung Bui, "How Machines Destroy (And Create!) Jobs, in 4 Graphs", National Public Radio, 18 de maio de 2015 (fonte de dados: IPUMS-USA, Universidade de Minnesota), https://www.npr.org/sections/money/2015/05/18/404991483/how-machines--destroy-and-create-jobs-in-4-graphs.

15. "Fastest Declining Occupations, 2018 and Projected 2028", Bureau of Labor Statistics, United States Department of Labor, 4 de setembro de 2019, https://www.bls.gov/emp/tables/fastest-declining-occupations.htm.

16. "Ben Shapiro and Tucker Carlson Debate the Impact of Driverless Cars", YouTube, 4 de novembro de 2018, https://www.youtube.com/watch?v=o5zPKxpPHFk.

17. Max Weber, "Science as a Vocation", *From Max Weber: Essays in Sociology*, traduzido, editado e com prefácio de H. H Gerth e C. Wright Mills (Abingdon, Reino Unido: Routledge, 1971), 139.

18. Jared Diamond, *Collapse: How societies choose to fail or succeed* (Nova York: Viking, 2005).

19. Ronald Wright, *A Short History of Progress* (Toronto: House of Anansi Press, 2004).

20. Wright, *A Short History*, 64; Diamond, *Collapse*, 64, 118–19.

508 NOTAS

21. Susan Cosier, "The World Needs Topsoil to Grow 95% of Its Food — But It's Rapidly Disappearing", *The Guardian*, 30 de maio de 2019, https://www.theguardian.com/us-news/2019/may/30/topsoil-farming-agriculture-food-toxic-america.

22. Czeslaw Milosz, "Campo dei Fiori", 1943, trad. de David Brooks e Louis Iribarne, Poetry Foundation, https://www.poetryfoundation.org/poems/49751/campo-dei-fiori, de *The Collected Poems: 1931–1987* (Nova York: Ecco, 1988), 33–35.

CAPÍTULO 21: UMA NOVA HISTÓRIA

1. Robert Burns, "Away from Washington, a More Personal Mattis Reveals Himself", Associated Press, 9 de janeiro de 2018, https:// www.apnews.com/667bd4c51217464487e44948ccf6b631.

2. Martin Luther King Jr., discurso na Conferência Metodista de Líderes Estudantis, Lincoln, Nebraska, 1964, American Rhetoric Online Speech Bank, https://americanrhetoric.com/speeches/mlkmethodistyouthconference.htm.

3. Douglass, "West India Emancipation Speech".

Índice

Símbolos

11 de Setembro, 14, 50, 187
  reação em cadeia, 190
  reverberações, 187

A

Abdullah Yusuf Azzam, 132
acordo de Bretton Woods, 333
acumulação de crianças, 250
África do Sul
  impacto na ecologia, 99
Al-Murabitoun, 137
ameaça ao progresso, 424
ameaça muçulmana, 175
anarquismo
  radicalismo, 206
Angela Merkel, 411
aposentadoria, 246
aquecimento global
  recifes, 108
ataques terroristas
  extrema direita, 155

ataque terrorista em Mumbai
  2008, 123
  pensamento fundamentalista, 126
Aurora Dourada, 212

B

baby boom, 246
Banco Mundial, 275
Bangladesh, 104
Barack Obama
  eleição, 151, 346
Bashar al-Assad, 276-277
Belle Époque, 45
"bolhas" da internet, 388
bots, 389
Brexit, 149, 315
budismo, 145
Buraco na Parede, experimento, 52

C

caça ilegal
   demanda, 100
Centro Financeiro de Londres,
   194
ceticismo vazio, 404
China, 37–56
   Revolução Cultural, 38
   Século da Humilhação, 68
ciência, 429
colapso da confiança, 390
Congo
   minas de cobalto, 118–120
   regime do rei Leopoldo II, 70
consciência humana comum, 51
Conselho de Segurança da ONU,
   437
consumismo, 35
Coreia do Sul
   geração sampo, 255
cosmopolitismo, 293
crédito ao consumidor
   Reino Unido, 194
crescimento econômico, 29
crescimento populacional, 35,
   244
crimes de ódio, 317
crise atuarial, 303
crise de 2008, 24, 121
crise de crédito, Reino Unido,
   195
crise demográfica, 232
crise do vício, 272
crise global, 214
crise global de refugiados, 261

D

Dawood Ibrahim, 136
democracia
   declínio da fé na, 410
democracia liberal, 325
desigualdade, 34
desigualdade da crise climática,
   102
desinformação, 383
deslocamento, 270–271
   fatores econômicos globais,
   272
   restrição, 283
dívidas de empréstimos
   estudantis, 221
divisão multipolar, 411
divisões binárias, 411
Donald Trump, 364–369
   campanha, 322
   globalização, 364
   interferência russa, eleição,
   370

E

economia de livre mercado, 327
EIIS, 134
eleições norte-americanas de
   2016, 3–5
eleitores jovens, 242–262
empoderamento local, 82
epidemia de extinção, 94–100
Era da Responsabilidade, 9–11
Escola Fundamental Sandy
   Hook
   massacre, 412

ÍNDICE 511

estabilidade, 13
Estados Unidos, 325
  Detroit, 341
  EIIS, 370
  estabilidade do sistema
    financeiro, 190
  guerras, 185
  imigração, 297
  poder brando, 329
  poder duro, 337
  política de armas, 416
  políticas, 334
  salários, 354
estruturas de poder
  atuais, 363
euro, 200
Europa Ocidental
  tranquilidade pós-traumática,
    185
excepcionalismo americano, 331
expansão da força de trabalho,
  302
exploração, 62
extrema pobreza
  redução, 28

F

fábricas, 63
fertilidade, problemas, 252
FMI, 275
fontes tradicionais de autoridade,
  390
Fukushima, Japão, 113–118

fundamentalismo
  definição, 142
  e a mídia, 140
  Iluminismo, 135
  modernismo, 145
  moderno, 140
  racista, 169
  radical, 134
  violento, natureza, 131

G

Galgamuwa, Sri Lanka, 83
  elefantes, 84
geração de €700, 213
gerontocracia continental, 246
Giordano Bruno, 417
globalização
  comportamento da
    fecundidade, 245
  domínio do norte, 296
  e os Estados Unidos, 333
  fundamentalista
    hierarquia patriarcal, 141
  hostilidade contra a, 7
  impacto no ecossistema, 91
  lado sombrio, 140
  perda de significado, 121
  problema central, 26
  senso de alienação, 121
globalização da consciência, 55
Grande Guerra
  fronteiras, 289
grande mídia, 390

512 ÍNDICE

Grécia
anarquismo, 206
colapso da economia, 203
crise do coronavírus, 217
GTA, jogo, 138
guerra ao terror, 188
Guerra do Golfo de 1991, 184
Guerras do Ópio, 64

H

Haiti, 71
revolução, 75
Hillary Clinton, 323
hipoteca, 220
hubs de exploração, 70

I

identidade social, 222
Iluminismo, 31
imigração
benefício, 304
economia, 302
padrão de vida, 303
segurança, 309
imperialismo, 326–340
implosões das sociedades, 272
inadimplência em cartão de
crédito, 220
indústria
Leste da Ásia, 61
industrialização, 41
informação sobre injustiças, 120

interesse econômico, 272
intervenção humanitária, 275
inverno do descontentamento,
193
Iraque, ocupação norte-
americana, 185

J

Jamaat-ud-Dawah (JuD)
atividades assistenciais e
militares, 136
objetivo original, 135
Organização para o Chamado
ao Islã, 131
Japão
desempenho educacional, 227
e mulheres, 239–240
mercado de trabalho, 233–238
sexualidade, 230
judaísmo, 284

K

Konstantinos Plevris, 167

L

Lashkar-e-Taiba
Exército dos Justos, 131
Líbano, invasão, 184–185
limbo entre eras, 410
linhas de produção
modernização, 352
luta jihadista, 136

M

Maldivas, 106–113

Mandato Britânico da Palestina, 291

Marine Le Pen, 156–161
globalização, 161

matahara, assédio à maternidade, 236

México
guerra às drogas, 272

Mianmar
Facebook, 385

migração
como arma, 277

mortalidade infantil, 250

mortes por desespero, 350

mudança climática, 436–437

mudanças climáticas
PIB, 102

N

nacionalismo, 374–380

Nanmoku, Japão, 223
declínio nos nascimentos, 228
longevidade, 228

nazismo
Holocausto, 282

neonazismo, 174–176

Nick Griffin, 149

nipster, 173

notícias falsas, 384–406

O

ópio, 66

oposição, 121

Oriente Médio, 185

OxyContin, 353

P

pandemia de Covid-19, 8, 408

Paquistão e Índia, 126

Partido Nacional Britânico (BNP), 149

patriarcado, 254

Pax Americana, 187

perda de espécies, 91–100

perspectiva de declínio
extrema direita, 248

perspectiva global, 51

pessoas em idade produtiva, 242–262

Plano Marshall, 334

poluição, 59–82
Nova Delhi, 64

populismo, 377

Primavera Árabe, 53
censura, 54
jasmim, símbolo, 54

R

racismo, 167

realocação de instalações emissoras de dióxido de carbono, 64

514 ÍNDICE

redes sociais, 382–406
  Covid-19, 386
  sentimentos, 389
refugiados, 264–278
  crise, 269–270
  Europa, 266
  reação política, 277
  registro, 271
Reino Unido, 193
  direita populista, 316
revisionismo do Holocausto, 150
Revolução Bolchevique, 363
revolução da informação
  empregos, 421
Revolução de Bougainville, 79
Revolução Industrial, 32
  educação, 33
Revolução Islâmica, 427
Rodada de Doha, 438
Rússia
  interferência na campanha
    eleitoral dos EUA, 383

S

Saddam Hussein, 184
safáris
  caça, 96
Século Americano, 55–56
Segunda Guerra Mundial, 9
seitas fundamentalistas, 176–177
Sir Creek, 122
Síria, 266
  guerra civil, 273
sistema internacional, 275

sociedades capitalistas típicas
  e mulheres, 240
sonho americano, 328
subprime, crise, 195
sucesso, 427

T

taxa de fecundidade, 241–262
Ted Cruz, 373
teorias da conspiração, 387
Terceiro Reich, 291
trumpismo, 297, 363
Turquia, 278

U

ultranacionalismo, 164
  economia, 165
União Europeia, 200
  e a Grécia, 209

V

Vale do Silício, 381
velocidade das mudanças, 44
verdade
  desafios, 381
videogames e filmes violentos,
  139
violência armada, 416
Vladimir Putin, 370
Voltaire, 148

W

WBUR, estação de rádio, 17

Projetos corporativos e edições personalizadas
dentro da sua estratégia de negócio. Já pensou nisso?

Coordenação de Eventos
Viviane Paiva
viviane@altabooks.com.br

Contato Comercial
vendas.corporativas@altabooks.com.br

A Alta Books tem criado experiências incríveis no meio corporativo. Com a crescente implementação da educação corporativa nas empresas, o livro entra como uma importante fonte de conhecimento. Com atendimento personalizado, conseguimos identificar as principais necessidades, e criar uma seleção de livros que podem ser utilizados de diversas maneiras, como por exemplo, para fortalecer relacionamento com suas equipes/ seus clientes. Você já utilizou o livro para alguma ação estratégica na sua empresa?

Entre em contato com nosso time para entender melhor as possibilidades de personalização e incentivo ao desenvolvimento pessoal e profissional.

PUBLIQUE SEU LIVRO

Publique seu livro com a Alta Books. Para mais informações envie um e-mail para: autoria@altabooks.com.br

 /altabooks   /alta-books   /altabooks   /altabooks

CONHEÇA OUTROS LIVROS DA **ALTA BOOKS**

Todas as imagens são meramente ilustrativas.

Este livro foi impresso nas oficinas gráficas da Editora Vozes Ltda.,
Rua Frei Luís, 100 – Petrópolis, RJ.